Georg Seeßlen
Detektive

Grundlagen des populären Films

THE BIG SLEEP (Lauren Bacall, Joe Downing, Humphrey Bogart)

Georg Seeßlen

Detektive

Mord im Kino

Die deutsche Bibliothek – CIP-Einheitsaufnahme
Seeßlen, Georg
Detektive : Mord im Kino / Georg Seeßlen. Überarb. und aktualisierte Neuaufl. – Marburg : Schüren, 1998
ISBN 3-89572-425-0

Schüren Presseverlag
Deutschhausstraße 31 · 35037 Marburg
www.schueren-verlag.de
© Schüren Presseverlag 1998
Überarbeitete und aktualisierte Neuauflage
Alle Rechte vorbehalten
Redaktion: Fernand Jung
Für die Fotos danken wir ARD und ZDF sowie dem
Institut Jugend-Film-Fernsehen, München.
Druck: Clausen & Bosse, Leck
Printed in Germany
ISBN 3-89472-425-0

Inhalt

Mythologie des Detektiv-Genres

Stationen der Detektiv-Literatur
  Anfänge der Detektiv-Literatur   7
  Der „Vater" der Detektiv-Literatur: Edgar Allan Poe   13
  Sherlock Holmes   17
  Der Detektiv als Held von Massenliteratur   24
  Detektiv-Literatur auf der Flucht vor der Trivialität   32
  Von Agatha Christie zu Edgar Wallace   37
  Amerikanische Detektive von Philo Vance bis Ellery Queen   41
  „Private Eyes"   45
  Hammett und Chandler   49

Geschichte des Detektiv-Films

Sherlock Holmes 1902 bis 1943   54

Agatha Christie im Film   65

Detektive vom Roman zur Leinwand
  Philo Vance   75
  Bulldog Drummond   83

Die orientalischen Detektive
  Charlie Chan   87
  Mr. Moto   98
  Mr. Wong   100

Serial-Detektive   102

Screwball-Intermezzo: Die Serie der „Thin Man"-Filme   109

George Pollock und die britischen Miss Marple-Filme   116

Metamorphosen des Privatdetektivs
  Die Geburt des „private eye"   121
  Der Niedergang des „private eye"   140
  Die Wiedergeburt des „private eye"   143

Sherlock Holmes 1959 bis 1979   157

1975–1998: Nostalgie, Parodie und Revision

Das Kino der Entschleunigung: Die Detektiv-Klassiker
Sherlock Holmes kehrt zurück 162
Agatha Christie revisited 174

Mord hinter Kirchenmauern
Detektive im Mittelalter 185
Der Mord und das Beichtgeheimnis 189
Die seltsamen Wege des Pater Brown 194

Der schwere Fall des Private Eye
Alte Detektive sterben nicht 197
Closed Room Mysteries: Mörderspiele 199
Back to the Forties: Nostalgia und Neo Noir 205
Es war einmal: der Detektiv 211

Die komischen Detektive
Die Noir-Parodien 219
Von der Parodie zur Klamotte 225
Der Detektiv als Antiheld 229

Die europäischen Detektive
Flics privés 232
Giallo und Whodunit 289
Deutsche Detektive 240

Der Detektiv im Posthistoire: Zwei Schritte zurück und einer vor
Black Detectives 243
Die letzten Boy Scouts 251
Die Detektivinnen 254
Spiritual Detectives 260

Anhang

Zitierte Bücher und Aufsätze 267
Bibliographie 268
Verzeichnis lieferbarer Filme auf Video 271
Titelregister 273
Personenregister 277

Mythologie des Detektiv-Genres

Stationen der Detektiv-Literatur

Anfänge der Detektiv-Literatur

In Detektivgeschichten geht es um Probleme, Rätsel, die gelöst werden, von einem, der vor allein das Interesse hat, das Problem zu lösen, weil es ihn fasziniert, nicht, weil er etwas davon hat. Doch diese Distanz ist, wie gezeigt worden ist (vergl. das Kapitel „Kriminalistik als Mythos"), eine nachträgliche „Kurskorrektur" innerhalb des Genres. In den Vorformen der Detektiv-Gattung dagegen geht es für die Helden, die sich als „Detektive" bewähren müssen, durchaus um Kopf und Kragen. Es mag ein wenig müßig sein, darüber zu rechten, wo man nun die Geschichte der Detektiv-Erzählung beginnen läßt, ob beim Orakel, in der Bibel, beim Volksrätsel, in den Erzählungen von „1001 Nacht", oder auch bei Voltaire, in dessen „Zadig" (1747) es einen bemerkenswerten Fall von Deduktion (*detection*) gibt: Zadig schließt auf die Verfassung des Hundes und des Pferdes der Königin, die beide verschwunden sind, und er tut dies, ohne sie gesehen zu haben, er liest aus den Indizien heraus, was er weiß, und was ihm beinahe zum Verhängnis wird: Er bestimmt die Größe der Tiere und sagt im Fall des Pferdes sogar aus, daß es mit Silber beschlagen ist. Die Königin läßt ihn auspeitschen, bis er ihr seine Detektion erklären kann: So etwa hatte das Pferd einen Strauch in einer bestimmten Höhe gestreift, woraus Zadig dessen Größe erschlossen hat; der Schwanz des Pferdes hatte den Staub in einem gewissen Umkreis aufgewirbelt, an Steinen hatte Zadig den Abrieb der Hufe entdeckt etc. Ganz ähnlich sollte später auch Sherlock Holmes auf seine Schlüsse kommen; und ähnlich mußten bei ihm gleichsam „klinische" Bedingungen geschaffen sein.

Eine erste Verbindung solcher Deduktionen mit dem Verbrechen findet man in Henry Fieldings „Jonathan Wild" (genauer: „History of the Life of the Late Mr. Jonathan Wild the Great" – 1743); die Schauergeschichten der *gothic novels* machten sich schließlich die Struktur des literarischen Rätsels zu eigen, um die Probleme freilich schließlich ans Irrationale, Mystische zu verweisen. Lösen sich schließlich hier die Rätsel, was nicht immer der Fall ist, dann selten auf Grund einer Detektion.

Als ersten „Kriminalroman" bezeichnen daher viele Autoren den Roman „Things as They are, or: The Adventures of Caleb Williams" von William Godwin aus dem Jahr 1794 (dt. Die Abenteuer des Caleb Williams – 1931). Es geht hier um den sympathisch wirkenden Landedelmann Falkland, der unter den Verdacht gerät, seinen tyrannischen Nachbarn Tyrell ermordet zu haben. Beim Prozeß wird er jedoch freigesprochen; man verurteilt einen von Tyrells Angestellten und dessen Sohn, da man bei ihnen ein abgebrochenes Messer gefunden hat, dessen Klingenrest exakt auf das Stück Klinge paßt, das im Körper des Toten stak. Caleb Williams ist ein Junge, der Jahre spater als Sekretär in die Dienste Falklands tritt. Es häufen sich für ihn die Indizien, daß Falkland doch mit dem Mord in Beziehung stand, und Caleb Williams verfolgt – gleichsam als Amateurdetektiv – die Spuren, bis er die Wahrheit entdeckt hat: Falkland ist tatsächlich der Mörder Tyrells. Er hatte die Indizien gegen die Gehängten selbst gefälscht. Das Opfer solcher von Falkland gefälschter Indizien wird auch Caleb; Falkland versteckt Schmuck in seinen Habseligkeiten und läßt ihn als Dieb verhaften. Wieder in Freiheit, gewahrt Caleb, daß Falkland ihn verfolgt, um den unliebsamen Zeugen zu beseitigen. Er muß die mannigfaltigsten Verkleidungen annehmen, um ihm und seinen Häschern zu entkommen. Zuletzt und nach unendlichen Strapazen gelingt es Caleb doch noch, seinen einstigen Herrn vor Gericht zu bringen und der gerechten Strafe zuzuführen.

Godwin, der erste Ehemann von Mary Wolstonecraft-Shelley, der Autorin des „Frankenstein", hatte im Grunde versucht, einen Roman gegen das Rechtssystem seiner Zeit zu schreiben, das Klassenvorrechte zu sichern hatte. Wie ja sehr vieles der „Trivialliteratur" dieser Zeit und deren Vorläufer polemische Züge aufwies, so waren fast alle literarischen Darstellungen von Verbrechen und Gerichtsurteilen literarisch verbrämte Diskurse über Moral und Rechtsprechung.

Die Rationalisierung, später Hauptmerkmal der Gattung, ist hier ein Mittel zum Zweck, was sich wohl auch von einem anderen Vorläufer der modernen Detektiv-Literatur sagen läßt, den Memoiren des Eugène François Vidocq (1775–1857) (vergl. dazu den Abschnitt „Historische Vorbilder" im Kapitel „Die Geburt des neuen Helden").

Zum wirklichen Helden wurde der Polizist/Detektiv in den Arbeiten von Charles Dickens, die auf die zahlreichen Publikationen biografischer Berichte von Polizeidetektiven folgten. Die *sensation novelists*, die das Erbe der *gothic novels* angetreten hatten, verbanden das Interesse an Schrecken und Sensationen mit einem Hang zum Dokumentarischen, zum „Tatsächlichen", und auch Dickens, der zu ihren prominentesten Vertretern gehörte, ließ es sich angelegen sein, das Romantische und das Melodramatische auch im Hier und Jetzt zu finden. Schon von daher ist die Neigung verständlich, das Verbrechen und seine Bekämpfung zu thematisieren. Hinzu kommen die Justizreformen und die Entwicklung der Polizei, schließlich ein erwachendes soziales Bewußtsein vom Verbrechen und seinen Ursachen, das die Literatur reflektierte. Das Schreckliche, das Romantische und das „Faktische" ließen sich so auf einen Nenner bringen.

Dickens hatte keineswegs von Anfang an eine so positive Einstellung zur Polizei und zur Kriminalistik, wie es in seinen Artikeln und Romanen nach 1850 zum Ausdruck kommt. Aber von Beginn an waren seine Detektiv-Gestalten Abbilder von wirklichen Polizisten, und auch die Fälle, die sie zu lösen hatten, waren von wirklichen Fällen inspiriert, welche die Presse diskutierte. So sind die von Charles Dickens porträtierten Detektive, auch und gerade dort, wo sie nur als Nebenfiguren auftauchen, den wirklichen Polizisten seiner Zeit ähnlicher, als dies später im Genre der Fall sein sollte. Im „Oliver Twist" (1838) etwa tauchen zwei Bowstreet Runners, Blathers und Duff, auf; sie erscheinen aber keineswegs als Meister der Detektion, sondern sorgen eher für komische Szenen. Einen größeren Anteil an Interesse haben Detektive im Werk Dickens' erst seit „Martin Chuzzlewit" (1844), wo ein Angestellter einer Versicherungsfirma, Nadget, einen Mord aufklärt, um seine Firma vor Schaden zu bewahren. Nadget wird als professioneller „Spürhund" eingeführt, und auch sein Vorgehen ist einem tatsächlichen Fall nachgebildet, bei dem im Jahr 1835 ein Giftmord von der Versicherungsfirma des Opfers aufgeklärt wurde. Nun mag schon diese Motivation den „Detektiv" als eher zweideutige Gestalt ausweisen, geht es ihm doch weniger um die Gerechtigkeit als darum, zu verhindern, daß seine Firma zahlen muß. Aber das eigentümliche, wenig Vertrauen erweckende Auftreten des Detektivs in „Martin Chuzzlewit" hat andere Ursachen. Obwohl er auf der Seite des Guten steht, wird er uns als nicht gerade sympathisch dargestellt: ein „kleiner, alter, ausgetrockneter Mann", der „schäbig, ja verschimmelt" wirkt, macht der Detektiv eine eher unglückliche Figur, auch wenn ihm der Erfolg nicht versagt bleibt. Seine Erscheinung korrespondiert mit seinen Methoden, die nicht um jeden Preis ehrbar sind. Immer scheint er von Schuldgefühlen geplagt, zugleich scheint er mit finsteren Mächten zu korrespondieren; er hat etwas Diabolisches an sich. (Einmal schließt er eine Tür, „so sorgfältig, als plane er einen Mord"; er bleibt ein „Mann der Geheimnisse", „er war als Geheimnis geboren ... Wie er lebte, war ein Geheimnis, wo er lebte, war ein Geheimnis, und sogar, was er war, war ein Geheimnis".)

Mit diesem Bild vom Polizisten mochte Dickens einem populären

Urteil entsprochen haben; darüber hinaus gehörte Nadget zu seinen Porträts einer neuen, urbanen Klasse von Menschen, die die Fähigkeit zu wirklicher Kommunikation verloren haben. Sie machen, wie Nadget, aus sich selbst ein Geheimnis, während sie die Geheimnisse anderer, durchaus ähnlich versteinerter Menschen zu ergründen suchen. Während diese Gestalt in zahlreichen Variationen in Dickens' Werk auftaucht, wird das Urteil des Autors über Polizei und Detektive einer Revision unterzogen, die durchaus typisch für die Zeit sein mag.

In der von ihm gegründeten Zeitschrift „Household Words" veröffentlichte er zwischen 1850 und 1853 eine Reihe von Artikeln zum Thema Polizei und kriminalistische Aufklärungsarbeit, darunter etwa „A Detective Police Party" und „Three Detective Anecdotes". In „On Duty With Inspector Field" beschreibt Dickens eine nächtliche Polizeistreife mit dem Polizeibeamten, der zum persönlichen Freund des Autors geworden war, und er, der wohl Dickens' Meinung von der Polizei zum Positiven änderte, war auch Vorbild für weitere Detektiv-Gestalten von Dickens.

Fiktion und Tatsache vermengen sich in Dickens' Berichten, in denen Inspector Field/Wield und andere Polizisten Methoden der Detektion vorführten. In diesen Berichten werden viele der Vorgehensweisen von späteren (realen und literarischen) Detektiven beschrieben, vor allem und immer wieder die Verkleidung, die Falle am Tatort und die Überführung von Verdächtigen vermittels Indizien. Mehr noch als der Mord scheint die Polizei der Diebstahl zu beschäftigen, ja es scheint, daß die Polizei, wie Dickens sie schildert, mehr Ehrgeiz darin setzt, Eigentum zu schützen als Leben. Mittlerweile waren Dickens' Vorbehalte in direkte, von einigen seiner Zeitgenossen als ein wenig befremdlich angesehene Bewunderung umgeschlagen: Der Polizist war zugleich ein Abenteurer, wie Dickens ihn bewunderte, und ein Vertreter des sozialen Fortschritts, in den der Autor seine Hoffnungen setzte. In dieser Funktion taucht der Detektiv auch als Inspector Bucket in dem Roman „Bleak House" (1853) wieder auf, wo er seine Gestalt als menschlicher, allerdings extrem intelligent handelnder Rationalisierer erhält, mit einigen skurrilen Eigenschaften (bis hin zum sprachlichen Manierismus). Dickens zeigt den Detektiv zuallererst in einer Funktion als Beschützer – Inspector Bucket mag kein eindimensionaler Held sein, er ist aber gerade dort, wo man ihn braucht, und es gelingt ihm, den Glauben an die grundsätzliche Rationalisierbarkeit der Welt aufrechtzuerhalten.

Die *sensation novelists* konnten im allgemeinen mit der Detektiv-Figur, die Dickens in seinen Artikeln und Romanen geformt hatte, wenig anfangen, ja es erschienen sogar Arbeiten, die Dickens' Detektiv-Konzeption attackierten oder verächtlich zu machen versuchten. Eine Aus-

Stationen der Detektiv-Literatur 11

nahme allerdings bildet Wilkie Collins, ein Freund und Mitarbeiter Dickens', der dem Detektiv, mittlerweile eine vertraute, aber wenig heroische Figur in der Unterhaltungsliteratur, in seinem 1868 publizierten Roman „The Moonstone" (Der Mondstein) ein neues Denkmal setzte. Der Roman, der zunächst in der von Dickens herausgegebenen Zeitschrift „All the Year Round" abgedruckt wurde, ist tatsächlich (auch) als „Problemroman" (wie Boileau und Narcejac den ganz auf einen Fall und seine Lösung konzentrierten Roman des Genres nennen) konstruiert. Es geht um einen Diamanten, der dem englischen Offizier Herncastle in Indien geraubt wurde, der dessen brahmanische Wächter getötet hat. Der Stein taucht in England wieder auf – als Geschenk für die schöne Miss Verinder. Drei Brahmanen haben den Bräutigam Miss Verinders, Mr. Franklin, in Trance versetzt, so daß er den Stein aus dem Zimmer des schlafenden Mädchens stiehlt. Verwirrende Indizien tauchen auf, Verdächtigungen werden ausgesprochen. Sergeant Cuff, der allerdings erst im letzten Drittel des Romans in Erscheinung tritt, kann schließlich Licht in die mysteriöse Angelegenheit bringen.

Dieser Sergeant Cuff, neben Poes Dupin wohl der Ahn aller literarischen Detektive, ist, wie die Detektive bei Dickens, alles andere als ein attraktiver oder auf Anhieb liebenswürdig erscheinender Mann, „ein grimmiger, älterer Mann, so erbarmungswürdig mager, daß man glauben konnte, er habe kein Gramm Fleisch auf den Knochen. Er war ganz in bescheidenes Schwarz gekleidet, trug aber einen weißen Binder um den Hals. Sein Gesicht war scharf wie eine Axt, und seine Haut war gelb, trocken und mehlig wie ein Herbstblatt. Mit seinen stahlgrauen Augen sah er einem auf verwirrende Weise ins Gesicht, so als würde er darin nach etwas suchen, wovon man selber nichts wußte. Sein Gang war leise, fast sanft; seine Stimme klang melancholisch; seine zu langen Finger waren gekrümmt wie Vogelkrallen. Man hätte ihn für einen Pfarrer, einen Leichenbitter oder sonst etwas Ähnliches halten können, aber bestimmt nicht für das, was er wirklich war." Dies ist der erste Eindruck, den wir von dem Detektiv erhalten, eine zugleich groteske und ein wenig diabolische Gestalt, nicht unähnlich dem Detektiv in Dickens' „Martin Chuzzlewit". Aber wir lernen auch andere Seiten des Detektivs kennen, der ein leidenschaftlicher Rosenzüchter ist und der gelegentlich ganz leutselig von seinen Detektionen, ja von sich selbst als Person etwas mitteilt. Anders als Dupin ist Cuff auch als Mensch auf eine spezifische Weise faszinierend.

In Ezra Jennings findet Cuff sein Gegenbild, den jungen Amateurdetektiv, der am Tag als Assistent eines Arztes arbeitet und sich des Nachts in die Phantasiewelt des Opiumrausches flüchtet – wie später erklärt wird, ist er früher einmal unter falscher Anklage vor Gericht gestanden, was sein Leben beinahe ruiniert hat. „Seine Erscheinung spricht zunächst gegen ihn", sagt jemand, der ihn in Schutz nehmen möchte. Ezra Jennings geht, trotz seiner eher mysteriösen Attitüden, beinahe noch strenger nach rational-wissenschaftlichen Methoden vor als Cuff, der sich mehr auf „gesunden Menschenverstand" verläßt.

Der Roman, der in Bruff und Murthwaite noch zwei weitere detektivähnliche Gestalten einführt, überläßt nicht einem von ihnen die Lösung des Falles, sondern läßt jeden der Detektive einen wichtigen, für ihn typischen Schritt zur Aufklärung des Geheimnisses tun. So wirkt die Handlung beinahe wie ein Testfeld für die verschiedensten Formen der Detektion, denen freilich nicht immer zu folgen ist (zudem ist die Detektion ja nur eines unter vielen Elementen des Romans, wenn auch sein roter Faden). Mit späteren Kriminalromanen gemeinsam hat Collins' Arbeit, daß die Leser durch die Handlungsführung auf falsche Fährten geführt und zu falschen Schlüssen verleitet werden, nicht zuletzt, weil der Detektiv (oder die Detektive) dem Anschein nach ebenfalls diese Spuren zu verfolgen scheinen.

Hatte mit Poes Dupin-Geschichten (siehe nächstes Kapitel) der Detektiv seine Methode gefunden, so hatte er in den Arbeiten von Dickens und Collins zu seiner „Person", vielmehr zu einer Form des Auftretens gefunden, die die richtige Mischung aus Präsenz und Distanz darstellte, welche den Zugang zum Fall/Problem erleichterte, ohne sich selbst in den Mittelpunkt zu drängen. Diese Figur ließ sich in mannigfaltigen Variationen den Fällen und Milieus anpassen; sie hatte ihren Teil Übermenschlichkeit, ihren Teil Allzumenschlichkeit, es war etwas von einem Teufel und etwas von einem Schutzengel an ihr. Zwischen Ezra Jennings und Inspector Cuff ließen sich die vielfältigsten Mischungen und Ergänzungen phantasieren, doch in ihrem Kern, und ganz sicher im Idealtyp Sherlock Holmes, lassen sich nahezu alle Detektive in der Geschichte des Genres auf diese beiden (oder einen von ihnen) zurückführen.

Daß schließlich zunächst der Amateurdetektiv über den Polizisten als Held der Kriminalliteratur obsiegte, hat verschiedene Gründe. Der Amateurdetektiv ließ sich letztlich leichter mit dem Erbe von *gothic novel* und *sensation novel* vereinbaren als der Polizist, der obendrein gegen Mitte des neunzehnten Jahrhunderts in England in Mißkredit geraten war. „Zwischen ‚The Moonstone' und der Veröffentlichung von Arthur Conan Doyles ‚A Study in Scarlet' 1887 gibt es kaum einen wichtigen Beitrag zur Entwicklung der Detektivliteratur. Dickens' ‚The Mystery of Edwin Drood' bleibt ein qualvolles Fragment, während Collins' eigene spätere Versuche in der Detektivliteratur unübersehbare Zeichen des Talentverfalls tragen wie alle seine späteren Arbeiten. Anderseits waren die 1870er und 1880er Jahre von wenig Talent und mittelmäßigen Werken gekennzeichnet. Doch zeigt die Belletristik dieser Zeit eine bezeichnende, wenn auch letztendlich nicht völlig auflösbare Änderung in der Präsentation des Detektivs. War der Polizist in der erzählenden Literatur der fünfziger Jahre mit Respekt und Bewunderung wiedergegeben worden, so wichen diese nun der Desillusionierung und dem Zynismus." (Ian Ousby)

Diese Einstellungsänderung mag mit dem zusammenhängen, was man eine erste Vertrauenskrise der modernen englischen Polizei in der Öffentlichkeit nennen könnte: Es war zu Bestechungsskandalen gekommen, in anderen Fällen hatten sich Polizisten zu offensichtlich als *agents provocateurs* betätigt, schließlich überführte man Polizisten, selbst einträgliche, gesetzeswidrige Geschäfte zu betreiben. Kritik an solchen Affären fanden ihr Echo auch in Erzählungen wie „Checkmate" (1870) von Sheridan LeFanu oder in „Who Killed Zebedee" (1881) von Wilkie Collins, wo ein Polizeidetektiv gesteht, bei einem ihm anvertrauten Mordfall bewußt geschwiegen zu haben, um den Mörder zu decken.

Zwischen 1878 und 1884 war das „Criminal Investigation Department" einer völligen Neuordnung unterzogen worden, aber auch die zweifellos dadurch gestiegene Effektivität der (immer noch verhältnismäßig kleinen) englischen Polizeiorganisation konnte nicht verhindern, daß Terror auf den Straßen von London herrschte und einige der aufsehenerregendsten Fälle ungeklärt blieben. Das Vertrauen in die Polizei sank auf den Nullpunkt durch die Hysterie, die sich an dem Fall von „Jack the Ripper" entzündete. Wenn die Polizei die Mörder nicht überführen konnte, mußte es ein anderer tun, vielleicht ein „Detektivberater". War die erste „Geburt" des literarischen Detektivs aus einem Gefühl der Anerkennung für die Polizei erfolgt, so verdankte sich seine zweite „Geburt" der Furcht und dem Mißtrauen, dem Gefühl, von der Polizei allein nicht hinreichend geschützt zu sein.

Der „Vater" der Detektiv-Literatur: Edgar Allan Poe

Edgar Allan Poe, der Romantiker mit einer übergroßen Sehnsucht nach Europa, der in einer Welt des Puritanismus und der Pragmatik zugleich seine „Besessenheit", seine erotischen Phantasien in immer bizarrere Verkleidungen bringen mußte und so immer irrationalere Welten erfand, und den logischen Verstand triumphieren sehen wollte, dieser Edgar Allan Poe hat mit seinen *tales of ratiocination*, was man mit „Rationalisierungsfabeln" listiger übersetzen könnte als mit „Erzählungen der Logik", gewissermaßen die (dialektische) Korrektur zur Schauerromantik geschaffen. In „The Murders in the Rue Morgue" (Der Doppelmord in der Rue Morgue) aus dem Jahr 1841 hat er das Urmodell eines *Closed Room Mystery* oder *Locked Room Mystery* geschaffen: Die Tat geschieht in einem Raum, in dem es scheinbar keinen Weg nach drinnen und keinen Weg nach draußen geben kann. Die Deduktion des Helden, Auguste Dupin, entwickelt sich an Hand von Zeugenaussagen (Zeugen verschiedener Nationalität glauben den Täter jeweils in einer anderen Sprache sprechen gehört zu haben) und Objekten (Dupin entdeckt, daß eines der scheinbar zugenagelten Fenster nur durch eine Feder gehalten wird) und kommt schließlich zu dem Schluß, daß die Morde von einem Orang-Utan begangen worden sein müssen, der seinem Halter entwichen war.

Dupin ist auch der Held von „The Mystery of Marie Roget" (Der Fall Marie Roget), der im Jahr darauf erschien und sich an tatsächliche Begebenheiten hielt. Die Erzählung wird in Form von Zeitungsausschnitten wiedergegeben (die den wirklichen glichen) nebst den Folgerungen, die Dupin aus ihnen zieht. So wird hier Dupin zum Ahnherrn aller *armchair detectives*, also jenes Typs von Detektiv, der, um einen Fall zu lösen, seinen Sessel kaum verläßt, sondern ausschließlich nach Berichten aus der Zeitung, von der Polizei oder seinen Assistenten gelieferten Informationen vorgeht.

Eine dritte Erzählung um Dupin, „The Purloined Letter" (Der verschwundene Brief) erschien 1844, und auch sie ist das Muster für eine ganze Richtung innerhalb der Detektiv-Literatur, nämlich jener Erzählungen, die davon ausgehen, daß sich gerade diejenige Lösung, welche zum Beginn der Untersuchungen am unmöglichsten erscheint, sich am Ende als die richtige, ja augenscheinliche erweist. Es geht um ein verschwundenes Dokument, das Dupin schließlich dort findet, wo es am allerwenigsten vermutet wurde, nämlich in einem Briefaufbewahrer.

Wie etwa Dickens und Wilkie Collins als Wegbereiter für den Detektivroman gelten dürfen, ist Poe der Vater der Detektiv*geschichte* (*detective short story*), und er ist damit der Ahn des amerikanischen Zweigs des Genres, das sich immer mehr aus der *short story* als aus dem Roman entwickelte. Und während sich in England die Gattung aus dem Verbrechens- und Polizeiroman herausbildete, war in der amerikanischen Spielart des Genres der Held von Beginn an ein Amateurdetektiv.

„Für eine Analyse der Detektivliteratur ist es wichtig, die Gesamtstruktur der ersten Geschichte, ‚The Murders in the Rue Morgue', aufzuzeigen, da nur durch sie der Geist erkennbar wird, aus dem heraus Poe diese Geschichte schrieb. Ein wesentliches Element, nämlich das Motto und der einführende Essay über den *analytical mind*, fehlt in vielen Fassungen der Erzählung. Das Zitat, das aus Brownes ‚Urn Burial' stammt, behauptet die Fähigkeit des menschlichen Geistes, alle Rätsel auflösen zu können, die der menschliche Geist selbst geschaffen hat. Das bedeutet für die Detektiverzählung, daß das listige Verhüllen einer Tat durch den Verbrecher durch die Ingenuität des Detektivs enthüllt werden kann, und das heißt für die Analyse der Detektiverzählung: was im Erzählten versteckt wird, wird auch wieder im Erzählvorgang enthüllt. In den nachfolgenden allgemeinen Überlegungen verficht Poe die These, daß die Fähigkeit zur Lösung solcher Rätsel im Menschen vervollkommnet werden kann. Zur Illustration dieser Gedanken wird die Geschichte des Detektivs C. Auguste Dupin als Beweis erzählt." (Paul G. Buchloh/Jens P. Becker)

Poe hat also im Grunde die erste Detektivgeschichte und die erste Theorie zum Genre in einem verfaßt. Er geht aber zugleich ein wenig über den eigenen Ansatz der *ratiocination* hinaus, indem er den Leser zu der Schlußfolgerung verleitet, übermenschliche oder übernatürliche Elemente müßten bei dem „unmöglichen" Mord an den beiden Frauen im Spiel sein. Die *clues* führen hier nicht nur zu falschen, sondern gar zu unvernünftigen Schlüssen. Mit dem Gegenbeweis wird bedeutet, daß es eigentlich keine anderen als vom Menschen geschaffenen Rätsel gibt. Nur von dieser Voraussetzung her kann die Methode des Poeschen Detektivs wirksam werden, alles „Denkunmögliche" auszuschließen, bis allein das Denkmögliche als das Tatsächliche übrigbleibt.

Freilich schließt dieser logische Vorgang eine Reihe von Erfahrungen aus, da er sich ganz auf Konstruktionen verläßt. Wohl bleibt der Zufall – in Grenzen – gestattet, nicht aber „sinnloses" Verhalten von Menschen. Anders ausgedrückt erscheinen uns in der Detektiv-Literatur alle jene Eigenschaften und Handlungen von Menschen, die wir nicht sogleich verstehen, entweder als das bewußte Vortäuschen von Tatsachen, das Verwischen von Spuren, gar die Verstellung der eigenen Persönlichkeit, oder aber als das Verhalten von Menschen, die solcher Täuschung zum Opfer gefallen sind. Wie die Psychologie anfänglich, so muß auch die Detektiv-Literatur zunächst einen Idealzustand annehmen, bei dem die menschliche Existenz völlig frei von Rätseln wäre. Der Detektiv wäre demnach eine Art von Sisyphos, in Ewigkeit damit beschäftigt, menschliche Beziehungen zu „enträtseln". Diese Aufgabe wäre objektiv zu lösen, denn es gibt ja den Zustand der Unschuld, der Offenheit, der „Rätsellosigkeit", subjektiv aber unlösbar, weil die Menschen die Rätsel schneller schaffen, als sie von noch so vielen und noch so brillanten Detektiven beiseite geschafft werden können. Der angestrebte, ideale Zustand der Unschuld bleibt also eine wenn auch rationale Metaphysik. Das Paradox ist nicht aufzulösen, gibt aber eine hinreichende Erklärung für gewisse Aspekte des Lebens; es erklärt, warum man die Welt verstehen könnte, und warum man sie doch nicht versteht. Dieser Typus des Detektivromans, den man als *crossword puzzle type* bezeichnet hat, muß seine erzählerischen Mittel ganz in den Dienst dieser seiner Metaphysik stellen.

Poe hatte bereits in „The Purloined Letter" wesentliche Elemente der ersten beiden Erzählungen um Dupin beiseite gelassen, so die theoretische Beweisführung für die Möglichkeiten der *ratiocination* aus „The Murders in the Rue Morgue" und den freilich in letzter Konsequenz scheiternden Versuch, das Modell seiner Detektion auf einen tatsächlichen Fall anzuwenden aus „The Mystery of Marie Rogêt", schließlich sogar den Mord als Ausgangspunkt der Handlung, die Charakterisierung des Detektivs als romantischen Außenseiter (Dupin wird hier vielmehr, wie eine Reihe seiner Nachfolger, zu einem geehrten Mitglied der Society selbst und hat dementsprechend alles Düstere und Geheimnisvolle abgestreift), eine falsche Fährte, die auf eine phantastische Lösung führen könnte und die wirkliche Bedrohung, die die Begleitumstände des Falles vermittelt. Poe begann hier bereits die von ihm geschaffene Gattung (die erst wesentlich später im engeren Sinne fortgeführt wurde) zu verlassen.

„Thou Art the Man" (Du bist es) aus dem Jahr 1844 schließlich ist eine Parodie auf das frühere Werk (wenn die Erzählung auch lange Zeit nicht als solche erkannt und als „Ausrutscher" des Autors in die Gefilde übelster Kolportage gewertet wurde), in der alle Elemente der früheren Erzählungen karikiert erscheinen: Der Mörder ist der gute Durchschnittsamerikaner „Old Charly Goodfellow", das Phantastische wird nicht dem Leser suggeriert, sondern als Taschenspielertrick des Helden dargestellt, der die Leiche durch Bauchreden zum „Leben" erweckt. Der Mörder fällt nach einem Geständnis tot um. (Dupin kommt übrigens in dieser Geschichte nicht vor.)

In Poes Detektivgeschichten (wie in weiten Teilen seines Werks) geht es um die Darlegung von paradoxen Verhältnissen: In „The Murders in the Rue Morgue" geht es darum, daß das Unerklärliche gerade das am leichtesten zu Erklärende ist, in „Mystery of Marie Rogêt" darum, daß umgekehrt der sinnfälligste Anschein der trügerischste ist, und in „The Purloined Letter" (Der entführte Brief/Der verlorene Brief) wird gezeigt, wie etwas gerade dadurch verborgen werden kann, indem man es nicht verbirgt (Gilbert K. Chesterton hat später zu diesem Gedanken die Apotheose geschaffen, als er einen Mörder eine Leiche auf einem Schlachtfeld verbergen ließ, das mit Toten übersät ist.) „Mit der Darstellung dieses Prinzips des Paradoxen war Poes dichterisches Interesse aber erschöpft, und die Detektivgeschichte begann seine sprunghafte Natur zu langweilen: er war kein Erle Stanley Gardner oder E. Philipps Openheim. Poe ging es um ein Prinzip, das er mit Leidenschaft ergreifen konnte, nicht um Unterhaltung der Nerven. ‚Du bist es' ist Poes parodistische Absage an eine Literaturgattung, deren Sinn sich für ihn erschöpft hatte. Die primitive Konstruktion, der alberne Stil, das alles kam hundert Jahre zu früh – Poe nahm mit seiner Parodie übertreibend vorweg, was Hunderte von Schreibern so billiger wie schreiender Hefte ‚spannender Kriminalliteratur' jahrzehntelang im Ernst verfaßt haben und was heute noch seine Leser findet." (Fritz Wölcken)

Freilich, Poe schrieb nicht nur aus literarischem Interesse, sondern auch, um seinen Lebensunterhalt zu verdienen. Ganz konnte er also die Wünsche seines Publikums nie außer acht lassen, er mußte sich auf einen sicher nicht konfliktfreien Dialog mit seinen Lesern einlassen. Daß Edgar Allan Poe als Stammvater mehrerer Genres der „Trivialliteratur" wirken konnte, liegt nicht nur an seiner spezifischen, wenn man so will, geistesgeschichtlichen Situation zwischen Romantik und Rationalismus, sondern vielleicht sogar mehr noch an den materiellen Bedingungen seiner Arbeit. Er hatte die ideale Technik für das neue Medium der Unterhaltungsmagazine entwickelt. Poe arbeitete für dreißig solcher Magazine und war bei fünf zeitweiliger Herausgeber. Den Bedarf dieser Magazine bildeten vor allem Kurzgeschichten und *serial fiction*, also in (zumeist drei) Teilen abgedruckte Erzählungen. Poe arbeitete durchaus in den von diesem Medium entwickelten Formeln und verwendete nahezu immer Darstellungsformen, die den Lesern in der einen oder anderen Weise vertraut waren. Doch er, der als Herausgeber übrigens auch eine Artikelserie über François Vidocq initiiert hatte, gab in seinen Dupin-Geschichten der Form der melodramatischen Mordgeschichte, die überaus populär war, einen kleinen, wenn auch entscheidenden Stoß. Er hatte mit dem Detektiv eine Figur geschaffen, die noch faszinierender als der Mord war, eine Figur für das zwanzigste Jahrhundert.

Sherlock Holmes

Die Figur des Detektivs setzt sich aus den mannigfaltigsten Elementen und Vorbildern zusammen, aus dem Verbrecher, wie bei Vidocq beschrieben, aus dem Gentleman-Ganoven à la Raffles, aus dem rationalistischen Theoretiker wie bei Poe, aus dem Polizisten wie bei Dickens, aus dem bürgerlichen Psychologen bei Simenon, aus Wissenschaftler, Reporter, Westerner, Abenteurer, Müßiggänger, Künstler und so weiter. Im Fall des wohl berühmtesten aller Detektive, Sherlock Holmes, kommt noch ein weiteres Vorbild hinzu: der Arzt. Arthur Conan Doyle hatte Medizin in seiner Geburtsstadt Edinburgh in Schottland studiert, und dort hatte ein gewisser Joseph Bell die chirurgische Abteilung geleitet, der zumindest zwei Eigenschaften mit dem Detektivberater Holmes gemeinsam hatte: Er war berühmt dafür, bei seinen Patienten aus kleinen

Anzeichen, die seinen Kollegen zumeist entgangen waren, Schlüsse auf die wahre Natur ihres Leidens zu ziehen, und er war berüchtigt für seine zynische, arrogante Art im Umgang mit anderen Menschen und vor allem mit seinen Studenten. In einer hübschen kleinen Inversion wurde später der hilflos-bewundernde Adlatus, als der sich auch der Student Conan Doyle gefühlt haben mochte, in den Holmes-Geschichten ein Arzt, der Dr. Watson. Da sich auch Conan Doyle später als Landarzt versucht hatte, bis er sich aus kaum einem anderen Grund als Geldmangel mit dem Verfassen von Unterhaltungsliteratur befaßte, liegt es nahe, daß in der Beziehung Watson-Holmes ein wenig auch von der Beziehung Conan Doyle-Professor Bell liegt, und sicher ist nicht unwahrscheinlich, daß dieses Abbild einer „idealen" Beziehung zum Erfolg der Holmes-Erzählungen beigetragen hat. Tatsächlich hat auch der Blick des Detektivs viel gemeinsam mit dem „diagnostischen Blick" des Arztes, und Holmes glich auch in zahlreichen Äußerlichkeiten, von der hageren Gestalt bis zur Adlernase, dem verehrten Lehrer seines Autors.

Nachdem Doyle nach den beiden Romanen „A Study in Scarlet" und „The Sign of Four" (1890) nicht mehr die ausufernden, in fremde Länder und an exotische Plätze führenden Abenteuerelemente verwendete und ganz bewußt an Poe in seinen Erzählungen anknüpfte, hatte er die richtige Form in den abgeschlossenen Fällen gefunden, die jede der Geschichten beinhaltete, welche durch die Hauptpersonen und etliche Nebenfiguren Kontinuität erhalten. In „A Study in Scarlet" allerdings hatte Sherlock Holmes den von seinem Freund Dr. Watson gezogenen Vergleich mit Auguste Dupin entrüstet von sich gewiesen, da dieser seiner Meinung nach ein Stümper sei. Ein etwas gewagter literarischer Coup, da doch Holmes sehr offensichtlich von Poes Figur profitierte und Doyle kaum ein Element anwendete, das nicht bei diesem Autor in anderer Form schon vorgekommen war. Vor allem die Vermittlung der Deduktion durch einen Erzähler, der von den Geistestaten des Helden beinahe noch verblüffter ist als der Leser, oder die Schlußfolgerungen des Detektivs aus Zeitungsnachrichten waren bereits bei Poe erschienen. Schließlich verbindet Holmes mit Dupin auch die Idee, daß das Unheimliche oder Ungewöhnliche viel leichter zu durchschauen sei als das Alltägliche, scheinbar Normale.

Aber auch in der Umsetzung einer Ideologie, Theorie oder Lebenshaltung in die unterhaltende Literatur setzt Conan Doyle Poe fort. In „A Study in Scarlet" liest Watson, der als Militärarzt in Indien erkrankte und nach London kam, um sich auszukurieren, wo er seine Wohnung mit dem zunächst etwas geheimnisvollen Holmes teilt, in einer Zeitung einen Artikel („Das Buch des Lebens"), in dem es heißt, daß man auf rein deduktivem Weg die verborgenen Gedanken eines jeden Menschen erschließen könne, allein durch die Beobachtung des rein äußerlichen Verhaltens. Richtig angewandt, sei diese Methode so unfehlbar und exakt wie die Lösung einer mathematischen Gleichung. Als Beleg dafür wird angeführt, daß sich aus einem einzigen Tropfen Wasser etwa Existenz und Form des Atlantischen Ozeans oder der Niagara-Fälle beweisen ließen, auch wenn es sonst keine Kenntnisse davon gäbe. Schließlich erfährt Dr. Watson, daß der Verfasser des Artikels niemand anderes ist als Sherlock Holmes, der ihm am Frühstückstisch gegenübersitzt. Die weitere Handlung, im Grunde das ganze Werk von Doyle auf dem Feld der Detektiv-Literatur, ist der Antritt des praktischen Beweises für diese Behauptung.

Dabei ist dies nicht so sehr ein rationalistisches Ideal, als das sich das Werk versteht, als vielmehr eine „metaphysische" und doch verweltlichte Abbildung der auf die Naturgesetze, die menschliche Natur und den menschlichen Geist übertragene Prädestinationslehre. Ist der Detektivroman ein „Gebet gegen die Körperlichkeit des Menschen", so ist er zugleich eine Lobpreisung der Prädestination. Die in dem Artikel aus Conan Doyles Roman „erhobenen Ansprüche gehen aber weit über die Leistungen von Professor Bell und Sherlock Holmes hinaus. Es sind Ansprüche metaphysischer Art, die genau dem Gefühl entsprechen, das bei Poe zu der Erfindung der Dupin-Geschichten geführt hat. Es wird nichts weniger behauptet, als daß durch logische Deduktion die Welt erkennbar sei, die ganze Welt, ohne jede Ausnahme und Einschränkung. Die Niagara-Fälle und der Atlantische Ozean sind in ihrer zufälligen Erscheinungsform bereits in jedem Tropfen Wasser nicht nur enthalten, sondern dem menschlichen Geiste erkennbar enthalten. Dieses Erkennen geschieht in der streng mathematischen Weise der euklidischen Geometrie." (Fritz Wölcken)

Was da vorgenommen wird, im Genre und parallel dazu, auf einer sehr populären Ebene jedenfalls, ist nichts anderes als die Abschaffung, eher die Absetzung des Zufalls. Alles, was existiert, wäre so vernünftig, funktionierend nach angewandten Kräften, die mit sich gleichbleiben. Geschichte (Geschichte der Natur wie Geschichte der Menschen) wäre demnach das Obsiegen oder Unterliegen wechselnder Quantitäten. Es liegt auf der Hand, daß diese Gedanken auch die Grundlage der bürgerlichen Demokratie sind, wo sie auf den sozialen Korpus angewendet werden. Wie die positive Einstellung zu den Naturgesetzen und ihrer absoluten Gültigkeit, so ist auch die positive Einstellung zur Entwicklung der bürgerlichen Demokratie von einer eingeschriebenen Gegenkraft begleitet, dem Unheimlichen. Das bürgerliche Bewußtsein verlangt nach Garantien, die paradoxerweise gerade in vor- oder nichtdemokratischen Kräften gesucht werden. Eine solche Kraft ist, auf der

Ebene der Imagination, der Detektiv, der zugleich für die Aufrechterhaltung der Demokratie (durch seine Kontrolle der Society) sorgt und demokratische Verhaltensformen jederzeit außer Kraft setzen kann. So führt ein gerader Weg von Sherlock Holmes zu James Bond.

„A Study in Scarlet" ist allerdings nur seiner äußeren Rahmenhandlung nach schon ein Detektivroman im späteren Sinne, dazwischen befindet sich eine längere Abenteuergeschichte, die in die Zeit der Besiedlung des Westens in Amerika führt. In einem Haus in London wird ein ermordeter Amerikaner gefunden, und bald darauf endet ein weiterer amerikanischer Staatsbürger in England durch Mord. Sherlock Holmes, den die Polizei zur Beratung in diesem Fall hinzugezogen hat, findet die Spuren, die in die Vergangenheit führen, auf ein Jahrzehnte zurückliegendes Ereignis bei den Mormonentrecks, und löst den Fall.

Spätestens mit den Erzählungen Conan Doyles, die nach den beiden Romanen entstanden, war Sherlock Holmes eine Gestalt geworden, die jedermann kannte und die einen vom Autor nicht intendierten Grad an „Wirklichkeit" hatte. Den eher bescheidenen handwerklichen Fähigkeiten seines Autors verdankte Holmes diese Popularität wohl weniger als einem allgemeinen Bedürfnis nach einer solchen Gestalt. Hartnäckig hielt sich lange Zeit der Glaube an die wirkliche Existenz des Detektivs, und als Conan Doyle seiner Heldengestalt, die ihn selbst so weit überragte, überdrüssig geworden war und sie in der Erzählung „Die Memoiren von Sherlock Holmes" sterben ließ, durch die Hand seines Erzfeindes Professor Moriarty, gab es unter den Lesern einen derartigen Proteststurm, daß Conan Doyle sich gezwungen sah, die Figur wieder auferstehen zu lassen. Dies war nicht ganz einfach zu bewerkstelligen, da in „Die Memoiren von Sherlock Holmes" beide, der Detektiv und sein Erzfeind Moriarty, im Kampf miteinander in die Wasserfälle der Reichenbachschlucht gestürzt waren, nachdem man Watson unter Vorspiegelung falscher Tatsachen vom Ort des Geschehens weggelockt hatte.

Mit „The Hound of the Baskervilles", mit dem Doyle wieder auf die Form des Romans zurückgriff, versuchte er, den Fall als aus dem Nachlaß des Detektivs stammend auszugeben. Aber das Publikum wollte nicht nur neuen Lesestoff mit dem Detektiv, es konnte den Tod dieses Helden nicht akzeptieren, und so ließ der Autor 1903 in der Erzählung „Das Abenteuer des leeren Hauses" seine Figur den heimtückischen Anschlag überlebt haben und nach London zurückkehren.

Holmes war der Held des Positivismus geworden, der gewissermaßen wiederum die säkularisierte Form des protestantischen Prädestinationsdenkens war (und somit wie geschaffen für einen sozialen Konsens trotz Ausbeutung und Elend). Und er schaffte, was vor ihm keine der Gestalten des Genres, ja der populären Mythologie überhaupt geschafft hatte, alle Tugenden des zeitgemäßen Weltbildes auf die eine Person zu vereinigen und alle Elemente desselben so stimmig und so vereinfacht wiederzugeben, daß er Ausdruck und Garant des allgemeinen Konsens wurde. Zugleich hatte der Autor seine Erzählungen von allem gereinigt, was der Konzentration auf des Wesentliche einer Detektivgeschichte hinderlich war. In der immer gleichen Konstruktion von Mord-Deduktion-Lösung war die am Beginn des Sherlock Holmes-Universums gestandene Philosophie sozusagen zu einer selbstverständlichen Voraussetzung verinnerlicht. Dennoch beinhalten auch die Holmes-Geschichten noch genügend romantische, *gothische* Momente, ohne die eine wirkliche Detektivgeschichte nicht denkbar ist, um ihre Figur und ihre Abenteuer interessant zu machen. Holmes ist zugleich ein Positivist, was sein Vorgehen anbelangt, als auch ein ziemlich hemmungsloser Spätromantiker, was seinen Lebensstil betrifft. Er, der die Tage in verdunkelten Zimmern verbringt, Rauschgift zu sich nimmt, in sich versinken kann, sich eine künstliche Welt schafft wie eine Figur von Joris Carl Huysmans, er flieht aus dem wirklichen Leben, sosehr er es zu durchschauen vermag. Und seine Gegner haben immer einen Rest von Phantastischem an sich, sie könnten gelegentlich auch bloß seinen Morphiumträumen entstammen. Er ist ein Exzentriker und scheinbar Unangepaßter, ein Mensch, der nach eigenen Gesetzen lebt, kurz, die lebende Versöhnung von Romantik und Positivismus.

Viel mag zur Beliebtheit von Sherlock Holmes, die quer durch die Bevölkerungsschichten reichte, die durch bestimmte Dialogstellen in den Büchern vorgenommene Popularisierung der deduktiven Denkmethode (oder, um der Wahrheit die Ehre zu geben, oft auch nur deren Anmaßung) beigetragen haben. Solche „Sherlockismen", die zur Zeit der Erscheinung der Bücher rasch Allgemeinplätze und modische Ausdrücke zu werden pflegten, dürften damals etwa denselben Stellenwert gehabt haben wie heute bestimmte Stellen aus „Asterix" („die spinnen, die Römer") oder aus Schlagern und Blödelliedern, die freilich an die Stelle popularisierten Positivismus eine Art von Fatalismus gesetzt haben. Beides ist eine Form, „distanziert" miteinander zu kommunizieren, sich Beobachtungen und Schlüsse mitzuteilen, auch in Situationen, die weniger dramatisch sind als die, in denen sich Holmes und Watson befinden. Diese dialogische Auflösung des Deduktionsprozesses dient natürlich neben der Pointierung auch dem Verständnis. (Ein Beispiel: „Ist da noch irgendein Punkt, auf den Sie mich aufmerksam machen möchten?" – „Ja, auf den eigentümlichen Vorfall mit dem Hund in der Nacht." – „Aber der Hund hat in der Nacht nichts getan." – „Das eben ist der eigentümliche Vorfall." Holmes' Credo lautet: „Nichts täuscht mehr als eine nackte Tatsache." Er demonstriert seine Überlegenheit:

„Ehe wir überhaupt nach Stoke Moran kamen, wußte ich schon, daß wir dort einen Ventilator finden würden.")

In solchen und ähnlichen Textstellen, die gewissermaßen den Schlüssel zum Verständnis des Erfolgs bilden, offenbart sich die Lust (des Autors) an der erfolgreichen Methode seiner Figur, der Stolz, wenn man so will, auf seine Erfindung, der sich als kollektiver Stolz auszubreiten vermochte, vermittelt über die Figur des Dr. Watson, sehr naiv und doch raffinierter, als es sich eine Ideologie je hätte ausdenken können. Holmes ist nicht nur deswegen eine mythologische Figur, weil er in sich den Widerspruch zwischen Romantik und Positivismus „heldisch" verklärte, sondern auch, weil er die Hoffnungen und Wünsche einer Zeit aufs perfekteste verkörperte. Auf ganz ungebrochene, ja fröhliche Art funktionierte Sherlock Holmes als Speerspitze eines Systems kulturpolitischer Aneignung. Das Überlegenheitsgefühl, das sich allemal über Helden der populären Mythologie vermittelt, durch die Teilhabe des Publikums, es ist hier von der Stärke zur List/zum Verstandesgemäßen verschoben, und schon darin steckt eine weitere Erklärung für den Erfolg. Es ist gewissermaßen ein Akt der Verinnerlichung von Abenteuer: An die Stelle des geografischen Reisens in die unentdeckten Welten treten die Reisen in die soziale Geografie des ungelösten Falles, an die Stelle der Herausforderungen durch den „Wilden" ist die Herausforderung des Geistes durch den Rückfall in die Barbarei, den Mord, getreten, an die Stelle kultureller Machtansprüche ist der Sherlockismus getreten usw.

Holmes ist das romantische Gegenbild zur Polizei, zugleich entlarvt er diese Institution als zutiefst ungeistig, letztlich nicht fähig, im positivistischen Sinne zu denken. Die Kritik an der Polizei richtet sich hier freilich (wie noch lange Zeit) nicht an deren unkontrollierbare oder bürokratische Macht, sondern im Gegenteil an deren Ineffektivität und deren Zurückhaltung im Umgang mit dem Verbrechen. Der Polizist ist eine fast künstliche Kontrastfigur, die das durch Holmes gegebene Überlegenheitsgefühl festigt; er ist der Versager, durch den der Erfolg des Detektivs nur um so strahlender erscheint. Die Polizei ist auch (noch lange) zu solchen inoffiziellen Pakten mit der Unterwelt außerstande, wie sie der Privatdetektiv schließen kann. Zum Beispiel verfügt Holmes über eine kleine Armee von Jugendlichen, die die „Baker Street Irregulars" genannt wird (Baker Street ist der Sitz des Büros von Sherlock Holmes), und die für ihn Beobachtungs- und Spitzeldienste übernimmt.

Eine wiederkehrende rhetorische Formel in den Romanen und Erzählungen Conan Doyles ist es, daß das Verbrechen in der Gegenwart zurückführt in eine im dunkeln liegende Vergangenheit, so in den amerikanischen Westen, in die Zeit der Ku-Klux-Klan-Morde, in die Kolonialkriege in Indien oder in die Goldgräber-Ära in Australien. Es ist oft (und wohl fälschlicherweise) darauf hingewiesen worden, daß diese Variationen literarischer *idées fixes* eher unter die Schwachstellen des Autors einzuordnen seien. Tatsächlich hat aber gerade solche Formelhaftigkeit, die freilich in späteren Formen des Genres so weit verfeinert wurde, daß sie als solche nicht mehr zu erkennen ist, erheblich zu seiner Konstitution beigetragen. Die *ratiocination* betrifft Ereignisse aus einem fernen, unzivilisierten wilden Land, das eigentlich bereits befriedet ist, aus dem sich aber ein unerfüllter Rest in Form verbrecherischer Beziehungen, oder Beziehungen, die zu einem Verbrechen führen, in die Gegenwart hinübergerettet hat. Holmes ist der Mann, der die aus dunkler Vergangenheit stammenden Geheimnisse löst, der die wilden Reste versunkener, blutig unterworfener Kulturen besiegt. Auch hier ist Holmes jedoch in erster Linie Vermittler; zwischen Wildheit und Zivilisation wie zwischen Romantik und Positivismus vermittelt er Möglichkeiten der Koexistenz. Ein solcher Widerspruch läßt sich im übrigen auch an der Person des Autors ablesen, der eine zweibändige „Geschichte des Spiritualismus" neben seinen rationalistischen Detektivgeschichten und seinen an Jules Verne und H. G. Wells orientierten wissenschaftlichen Zukunftsromanen verfaßte. Die geistesgeschichtliche Spaltung, die Dialektik zwischen Rationalismus und Mystizismus, die sich viel weniger zu bekämpfen als sich aneinander zu steigern schienen, führt zu Versuchen, das Rationale vom Irrationalen zu trennen, beides unverbunden nebeneinanderzustellen, aber auch das Irrationale in die strukturierende Welt des Rationalen zu integrieren. So ist Doyles Versuch, den Spiritismus zu legitimieren, nicht ein Versuch, ihn als Fortsetzung der Religion zu begreifen, gegenüber der er eine tiefe Skepsis verspürte, nachdem eine Erziehung, ganz auf christliche Ideale abgezielt, ihn den Schrecken irrationaler Bedrohungen gelehrt hatte, sondern er versuchte, den Spiritismus ins System des Rationalismus einzubeziehen, ihn gleichsam wissenschaftlich zu klären.

Sherlock Holmes bewegt sich allein in einer Welt des Rationalen, jedenfalls soweit wir an seinen Unternehmungen teilhaben, und doch wissen wir, daß er sich des Nachts auf Reisen in ebenso vollständig irrationale Welten begibt. Der eindeutig und vollständig erklärbaren Welt steht eine ebenso eindeutige Welt des Nichterklärbaren gegenüber, und nur weil Holmes, mit oder ohne Einverständnis seines Autors, ein Wanderer zwischen diesen Welten ist, ist er der Held des Tages. Der Mensch, der seine technische Intelligenz feiert, die zugleich seine Bestimmung ist, die Welt, das Universum zu versklaven, ist zur gleichen Zeit berührt oder bedroht von mystischen Kräften, die zwar nicht zu erklären sind, die aber, wie auch Doyles diesbezügliche Ausführungen zeigen, in den Rahmen eines Systems, einer Geschichte, von Regeln und Ordnungen gebracht werden können. Sie sind die eigentlichen Manifestationen dessen, was technische (patriarchalische) Intelligenz (Macht) verdrängen mußte. Zwischen Rationalismus und Irrationalismus entwickelt sich die Zwangsneurose als Umgangsform. Durch die extreme Aufspaltung von Rationalität hier und Irrationalität da konnte Sherlock Holmes zu einem so bedingungslosen Vertreter der einen Seite werden, ohne sie vollständig zu verkörpern. Die Sherlock Holmes-Erzählungen waren der Beginn, aber auch schon der Höhepunkt der strikt positivistischen Detektiv-Literatur. Schon die direkten Nachfolger ließen durchaus zu, daß neben der analytischen Denkmethode (die eben zugleich extrem rationalistisch und romantisch-intuitiv war) andere Formen der Erkenntnis treten, etwa eine Eigenschaft, die Holmes nicht nur völlig abgeht, sondern die in seiner Welt auch zu nichts getaugt hätte: Menschenkenntnis.

Der Detektiv als Held von Massenliteratur

Viel mehr als sie zu erfinden hatte Poe die Mordgeschichte strukturiert, hatte sie moralisch und rational komensurabel gemacht; er lieferte, wonach den Leser gelüstete. „Poe hat nicht das Grausige und Schreckliche popularisiert; er spezialisierte sich in Grauen und Greueln, weil er sah, daß sie populär waren" (Howard Haycraft).

Sah sich Poe noch in einem steten Kampf mit Verlegern und verhielt er sich gelegentlich bei allen Versuchen, den Bedürfnissen des Publikums entgegenzukommen, nicht „marktgerecht", so befand sich der Franzose Emile Gaboriau in voller Übereinstimmung mit seinen Produktionsbedingungen. „Gaboriau war in einer Feuilleton-Schreibfabrik und als Journalist tätig gewesen, als er im Jahr 1863 im ‚Pays' den Zeitungsroman ‚L'Affaire Lerouge' veröffentlichte. Erfolg hatte dieser Kriminalroman erst beim zweiten Abdruck 1866 und als Buch. Mit Lecoq entwickelte er eine Detektivfigur, die in fünf Romanen auftrat. Mit seinen Kriminalromanen knüpfte Gaboriau an die Geheimnis-Thematik des französischen Feuilletonromans, insbesondere bei Sue an. Weitere Bezugspunkte waren für ihn die Memoiren Vidocqs und die Schriften von J. F. Cooper. Die Struktur und die Vermittlungsformen seines Zeitungsromans wurden von den Aufgaben und Funktionen dieser Publikationsform geprägt: Es gibt bei ihm keine Figur ohne Konflikte und keinen Satz ohne Emphase, durfte doch in keiner Folge die Zuwendungsintensität der Leser nachlassen. Gaboriau kam den Lesern und ihren Erwartungen viel weiter entgegen als etwa Sue oder Poe, wenn er in den Einführungen mit Lecoq einen ‚gewöhnlichen' Mann zur Identifikation anbot. Die Figur des Detektivs erweist sich hier bereits als funktional

Stationen der Detektiv-Literatur 25

eingesetztes Bindemittel zwischen dem Publikationsorgan und den Lesern." (Knut Hickethier/Wolf Dieter Lützen)

Auch Sherlock Holmes, die Detektivgestalt von Arthur Conan Doyle, verdankte seinen Erfolg nicht zuletzt den Medien, durch die er Verbreitung fand. Nachdem sich Doyle zunächst mit „A Study in Scarlet" in der Art Gaboriaus an einer großangelegten Arbeit versucht hatte, verwendete er in der Folgezeit hauptsächlich die Form der Kurzgeschichte, wie sie Poe entwickelt hatte. Diese erwies sich als ideal für das Medium der Unterhaltungszeitschriften, die zu dieser Zeit größte Verbreitung fanden, und die billigeren Bücher. Durch die Revolutionierung der Reproduktionstechniken und durch die Einführung der Anzeigenwerbung, die dadurch möglich geworden war, wurden periodische Druckerzeugnisse so billig angeboten, daß sich binnen weniger Jahre ein Massenmarkt konsolidierte. Dieser Markt entwickelte einen „Hunger" nach talentierten Schriftstellern, die es verstanden, den Wünschen ihrer Leser entgegenzukommen. Spezielle Agenten fahndeten nach Autoren für die Magazine, und so gehörte auch Conan Doyle zu den Entdeckungen des amerikanischen Magazins „The Lippincott's Magazine", das neben anderer Kriminalliteratur nach und nach alle Sherlock Holmes-Erzählungen publizierte.

Der Detektiv als Serienheld, der in den Magazinen geboren worden war, kam in den Romanheften, den Dime Novels, wie sie sich in Amerika um 1860 herausbildeten, zur Blüte. Diese Form der Unterhaltungsliteratur löste schließlich auch in Europa die bis anhin gebräuchliche Form der „Kolportageromane" ab, jener umfangreichen Erzählungen mit nicht enden wollenden Verästelungen und Variationen der Handlung, die in wöchentlichen Lieferungen von Kolporteuren ins Haus gebracht wurden und von den Autoren solange weitergesponnen wurden, wie das Interesse der Abbonnenten anhielt. Während der Kolportageroman aus möglichst vielen Elementen zusammengesetzt war und in die verschiedensten sozialen, historischen und geografischen Situationen führte, um (bei einem Umfang von nicht selten bis zu 3000 Seiten insgesamt) Vielfältigkeit zu erreichen und die Spannung aufrechtzuerhalten, konnten sich die Dime Novels stärker auf eine Formel, auf ein Genre festlegen. Hier entstanden die hauptsächlichen Genres der Unterhaltungsliteratur, wie sie im wesentlichen noch heute bestehen: Western, Abenteuer, Romanze, Phantastik und Detektiv-Literatur.

Mehr oder weniger waren die meisten dieser frühen Serienroman-Detektive ihrem großen Vorbild Sherlock Holmes verpflichtet, doch tritt bei ihnen ein für den „gehobenen" Detektivroman kaum wirksames Element in den Vordergrund: *Action*. Der Held begibt sich in Gefahren, deren sich einer der klassischen *armchair detectives* niemals aussetzen würde, und er muß sich zunehmend mit jener dunklen Welt auseinandersetzen, in der es einen politisch-wirtschaftlichen Zusammenhang zwischen Verbrechen und bürgerlicher Macht gibt; mit dem organisierten Gangstertum verwandelt sich die Stadt in den Asphaltdschungel. Ganz anders als bei den klassischen Detektiven ist der Serien-Detektiv, wie er um die Jahrhundertwende in Amerika entstand und bald auch nach Europa exportiert wurde, nicht so sehr durch seine Funktion im Spiel der Detektion allein bestimmt; er ist keine Denkmaschine mit etwelchen Schrullen, sondern als Held Träger von in ihn projizierten Träumen und Wünschen. Er „borgt" sich Eigenschaften von Abenteuer- und Westernhelden. Nick Carter, der berühmteste der Serienheft-Detektive, dessen Abenteuer auch in Deutschland seit dem Jahr 1907 in der Serie „Nick Carter, Amerikas größter Detektiv" veröffentlicht wurden, ist ein Held, wie er in Europa bislang noch nicht denkbar gewesen war. „Nick Carter tritt das Erbe von Kit Carson und Buffalo Bill an, transportiert jedoch die Abenteuer der Prärie in die Welt der Großstadt. Indem er es tut, schafft er unbewußt eine neue, bunte, kühne Bilderwelt, die einer neuen Art des Empfindens entspricht. Die wuchernde Stadt mit ihren Baustellen, ihren Bauzäunen, ihren freien Geländen, diese disparate Stadt (...) wird leicht zu einem furchtbaren Dschungel, in dem alles möglich ist – zumal das Außergewöhnliche. Für die Spiele der Intelligenz bleibt hier wenig Platz. Die Unterwelt kann nur von einem erobert und erforscht werden, den niemand kennt und der entschlossen ist, als erster zu schießen. Nick Carter ist bereits das Heldenlied des einsamen Mannes in der Metropole aus Brettern und Beton." (Boileau/Narcejac)

Das Genre der Serien-Detektivliteratur ist also eine Art Korrektur der klassischen, bürgerlichen, konservativen Detektiv-Literatur, die in ihrem Unterhaltungsanspruch Wirklichkeit überhaupt auszugrenzen vorgab, in Wahrheit aber bürgerliche Idealvorstellungen transportierte. Der „proletarische" Detektiv vom Schlage Nick Carters dagegen trieb sich im Sumpf der Großstadt herum, wohl wissend, daß die neue *frontier*, die moralische und kulturelle Grenze zu Wildnis und Barbarei im Herzen der Städte lag. War der klassische Detektiv ein Held der ländlich düsteren Idyllen, ein Held der Muße und der Melancholie (dem Ideal der *leisure class*), ein Held der Herrschaftsarchitekturen und der sozialen Schranken, so ist der neue Detektiv à la Nick Carter ein Held der Industrialisierung, ein Held der Proletarisierung. Dieser Detektiv schaute nur selten bei der Society nach dem Rechten (obwohl auch dies einmal vorkommen konnte), sondern er durchforschte vor allem die nicht weniger geheimnisvolle, nicht weniger dem Blick des normalen Menschen verborgene Welt der Slums und des Business. Wie der frühere *whodunit-*

Detektiv aber ist er unser Abgeordneter, unser Späher in einer Welt, die sich unserer Kontrolle zu entziehen droht.

Die Detektiv-Gattung schien für die Form der Serienromane wie geschaffen durch die Struktur eines zu lösenden Falles, der jeder Folge die Handlung abgab. Der stehenden Figur des Helden konnte dabei eine Vielfalt von immer phantastischer und bizarrer werdenden (Super-)Verbrechern gegenübergestellt werden, und jede Nummer konnte mit einer neuen Schöpfung aufwarten. Nick Carter hatte es etwa mit „Carruther, dem Verbrecherkönig" oder „Inez Navarro, dem weiblichen Dämon" zu tun, „Nat Pinkerton, der König der Detectivs" kämpfte mit „Hudsonpiraten" oder einem „Erpresserklub", und Sherlock Holmes, der Serienheld, der mit der Schöpfung Conan Doyles nicht mehr als den Namen gemeinsam hatte, mußte sich zum Beispiel mit einem „Mädchenmörder von Boston" oder dem „Vampir von London" auseinandersetzen. Oft setzten die Serienromane tatsächliche Geschehnisse, die in der Presse die Runde machten, in Handlung um. Während der *whodunit*-Roman Wahrscheinlichkeit und Logik zu vermitteln trachtete, ging es in den Serienromanen um eine Form von Authentizität.

Die Produktion solcher Serienromane reicht von den Anfängen des Jahrhunderts mit kurzen Unterbrechungen während des Ersten Weltkriegs und in Deutschland während der Zeit der nationalsozialistischen Herrschaft bis in unsere Zeit, und von den literarischen und thematischen Grundlagen her hat sich verhältnismäßig wenig geändert. Die Helden sind allerdings gewissermaßen ein wenig bürokratisiert geworden, ihr Legitimationsanspruch hat nicht mehr viel mit einem „Westerner der Stadt" zu tun. Möglicherweise läßt sich von der wechselnden Popularität von Polizeidetektiv oder Privatdetektiv auf die Stimmung der Zeit und auf das Verhältnis zu staatlicher Legitimation schließen. „Dominierten anfangs die unabhängigen Privatdetektive wie Nick Carter oder Hobbydetektive wie Sherlock Holmes, so wird heute das Feld von angestellten FBI-Agenten und Polizisten beherrscht. Privatdetektive treten heute in der Regel in enger Verbindung mit dem allmächtigen Polizeiapparat auf oder dienen gar nur als Tarnbezeichnung der G-men. Privatdetektive wie Nick Carter sind seit langem im Rückzug begriffen. Ihr ständiger Erfolg gegen das organisierte Verbrechen ist angesichts der realen hochtechnologisierten Polizeiapparate besonders unglaubwürdig geworden. So wie Nick Carter bedienen sich heute nur noch wenige phantastischer Spezialausrüstungen. Eine solche Ausnahme im derzeitigen Serienangebot ist der Privatdetektiv Anthony Quinn, der als die ‚Schwarze Fledermaus' in der gleichnamigen Reihe des Pabel Verlags auftritt. Er entstammt mit seinem schwarzen Umhang, der Maske und einer bei geheimen Operationen entstandenen Nachtsichtigkeit eher der

Comic-Familie der Superman und Batman. Die FBI-Agenten Jerry Cotton/Bastei, Kommissar X (Jo Walker)/Pabel und FBI-Inspektor Rex McCormick vom Marken-Verlag führen das Feld an. Jeder Verlag komplettiert sein Repertoire an Krimiserien mit ihren Helden aus den verschiedensten Kombinationen von freiem Detektiv und Polizeiapparat: Cliff Corner, Glenn Collins, Larry Kent, Mr. Chicago (Eliot Ness), John Cameron, John Cain, Allan Walton, Inspektor Kennedy, John Drake und viele mehr." (Hickethier/Lützen) Mittlerweile ist auch auf diesem Gebiet das Taschenbuch in den Vordergrund getreten, und man hat das Hauptaugenmerk auf *Tie-ins* zu Kriminal-Fernsehserien gelegt.

Eine ganz ähnliche Handlungskonstruktion bieten eine Reihe von TV-Serien an, die Detektive vorstellen, welche zwar im Auftrag einer Polizei-Organisation arbeiten, aber ansonsten ganz auf sich allein gestellt operieren („Der Chef", „Drei Engel für Charlie", „Mission Impossible" etc.). Während Jerry Cotton und Kommissar X in den sechziger Jahren auch zu Helden von Film-Serien wurden, besteht nun ein Großteil des Angebots aus Romanen um die Helden der beliebten TV-Kriminalserien (die durchaus, wie im Fall von Friedhelm Werremeyer und seinen „Trimmel"-Romanen, eine eigene Qualität haben können). Insgesamt ist eine Angleichung der Erzählweise an die Konventionen der filmischen Darstellung des Genres festzustellen. (Die schnelle Schnittfolge der Serienkrimis findet sich in knapper werdenden Absätzen wieder; die Anzahl der handelnden Personen wird beschränkt; Szenen voller *Action* werden bevorzugt, etc.)

In Amerika waren die Dime Novels um die Jahrhundertwende allmählich von den Pulp-Magazinen („Pulp", von dem holzhaltigen Papier, das verwendet wurde) abgelöst worden. Zwar variierten literarische Qualität und Form der Pulps, die *novelettes*, Kurzgeschichten, Illustrationen und allerlei Füllmaterial von Gedichten, Briefen bis hin zu Rätseln enthielten, all dies zentriert zumeist um ein Thema, von Zeppelin-, Railroad- und Aviation-Stories bis hin zu „Ranch Romances", doch richteten sie sich in erster Linie, wie Tony Goodstone bemerkt, „an die Mittelschicht und den Teil der Unterschicht mit einer Schulbildung".

In den zehner Jahren, in denen die Pulps ihre erste Blüte erreichten (zumindest was die Zahl der publizierten Magazine anbelangt), reagierten die in ihnen gepflegten Literaturformen vor allem auf eine demoralisierende soziale Lage, in der Ideologie und Wirklichkeit weit auseinanderfielen und in der die Reichen ein Leben des (öffentlichen) Luxus lebten und die Armen in den Slums eines, das kaum noch menschenwürdig zu nennen war. Mittelstand und Proletariat mußten beständig damit rechnen, ins Subproletariat der Ghettos abzusinken, wo nur Kriminalität vor dem Elend bewahren konnte. Diese Furcht war die Kehrseite des amerikanischen Traumes vom Aufstieg und beherrschte auch die Phantasien der populären Literatur, die einmal von großen Taten, das andere Mal von noch größeren Bedrohungen berichtete. Die Pulps boten nicht nur eine Literatur des Eskapismus, sie beinhalteten auch nicht selten einen verkappten literarischen Kommentar zu einer Situation, deren Ungerechtigkeit und Explosivität nicht mehr verborgen bleiben konnte. Die Abenteuer-, Kriminal- und Science-fiction-Magazine fanden Formen, beides zu verbinden, oft auf hohem literarischem Niveau und geprägt von einer treibenden Kraft der Innovation und des Experimentierens. Zu den Autoren der Pulps gehörten Autoren wie Joseph Conrad, Rudyard Kipling, Mark Twain, H. G. Wells oder O. Henry. Aber auch die Schöpfer der berühmten Endlos-Epen wie der „Tarzan"-Erfinder Edgar Rice Burroughs oder der Erneuerer der Western-Story, Max Brand, der Romantik und Pathos in die *tall tales* des Western brachte, publizierten in den Pulps.

Der Vorteil der Pulp-Magazine gegenüber den Dime Novels – 1919 wurde die letzte Dime Novel-Serie, „The New Buffalo Bill Weekly", in ein Pulp-Magazin umgewandelt – war neben einer größeren Variationsbreite die Experimentierfreudigkeit, die das Medium förderte. Oft wurde von einer Serie erst dann die nächste Nummer vorbereitet, wenn die Verleger sicher waren, daß das Publikum das Konzept positiv aufgenommen hatte. Statt eine nur mäßig erfolgreiche Serie fortzusetzen, bevorzugte man es, neue Konzepte auszuprobieren. Da die Pulp-Magazine nicht unbedingt an einen feststehenden Helden gebunden waren, ließ sich auch innerhalb einer Serie Neues versuchen. Jedes aktuelle Ereignis, von Lindberghs Ozean-Überquerung bis zu spektakulären Kriminalfällen, fand seinen Niederschlag in den Pulps, und jedes soziale Problem, von den Kriegsehen bis zu den letzten Ausbrüchen von „Wildheit" im Westen, wurde zum Thema. Und natürlich widmeten sich die Erzählungen und Illustrationen in den Pulps auch jeder technischen Errungenschaft. Die Pulps dramatisierten und „mythisierten" jeden Aspekt des amerikanischen Lebens; sie wurden zu einer „Chronik von unten". Die neue technische und vertriebliche Form der Unterhaltungsliteratur ging einher nicht nur mit einer veränderten literarischen Technik (Renaissance der Kurzgeschichte), sondern auch mit einer veränderten Stimmung. Der romantische Lakonismus der Pulp-Literatur war das Gegenteil der naiv optimistischen Dime Novels.

Das erste Pulp-Magazin des Detektiv-Genres erschien seit 1919 bei Street & Smith; „Detective Story Magazine" erschien unter der Ägide eines „Nick Carter", der als Herausgeber zeichnete. In den zwanziger Jahren, der großen Zeit der Gangster, der Prohibition und der Jazz-Kultur, erschienen Pulps wie „Gangster Stories", „Racketeer Stories" oder

„F.B.I. Stories". Später etablierten sich Pulps, die eher mysteriöse Detektiv-Gestalten wie „The Shadow", „The Spider" usw. präsentierten.

„Für die Autoren waren die Pulps wahre Goldgruben. Die Legende will, daß sie für einen Cent pro Wort schrieben, aber die meisten Verleger zahlten immerhin fünf Cent. In der härtesten Zeit während der Depressionsjahre konnten so fleißige Autoren wie Max Brand ein Einkommen wie Hollywood-Stars verzeichnen. Überdies boten die Pulps mit ihren Hunderten von thematisch spezialisierten Titeln für viele junge Autoren die Möglichkeit, zum erstenmal an die Öffentlichkeit zu treten und ihre Fähigkeiten zu entwickeln. Viele Autoren konnten entweder ihre Geschichten an die Film-Firmen verkaufen, oder sie stiegen auf (oder ab) zu Drehbuchautoren in Hollywood. Aber vor allen Dingen schrieben die Autoren für die Pulps, weil es Spaß machte. Die Pulp-Stories erfaßten das emotionale Klima der Zeit, und sie waren im allgemeinen handlungsstark, naiv und gewalttätig. In eine 5000-Wörter-Story wurde dabei von den Autoren so viel Energie gepackt wie in eines von DeMilles überlangen Bibel-Epen. Die Motive waren meist puritanisch in ihrer moralischen Aussage, von heroischer Ausstrahlung, und Sex war selten auch nur angedeutet, da die Postbestimmungen eine Art Zensur-Institution bildeten. Aber wer fragte schon nach Sex bei so viel Action." (Tony Goodstone) Freilich, die viktorianische Form von Erotik, die Szenen von bedrohter weiblicher Unschuld, von Gewalt gegen Frauen, die ihrerseits ihren Eros recht offensiv zeigten, sollte geradezu zu den Markenzeichen der Pulps werden.

Während in den dreißiger Jahren der Superheld mit seinen phantastischen Fähigkeiten und seinen ebenso phantastischen Gegenspielern das Feld beherrschte, behaupteten sich unter den Detektiv-Pulps neben denen mit maskierten Helden jene, die eine neue Form der Kriminalliteratur repräsentierten. Die Pulps der zwanziger Jahre hatten noch vor allem Erzählungen nach dem klassischen Modell des *crossword puzzle type* der Detektiverzählung gebracht. (Beigefügt waren oft auch detektivische Rätselspiele.) Der Detektiv neuen Schlages erschien zuerst in dem Magazin „The Black Mask" in Erzählungen von Autoren wie Carroll John Daly, die allerdings nur den Charakter der Helden, nicht aber die Konstruktion der Handlung veränderten. Erst mit dem Herausgeber Joseph T. Shaw und den von ihm präsentierten Autoren änderten sich Mitte der zwanziger Jahre auch Stil und Konstruktion im Genre. Shaw förderte vor allem Dashiell Hammett, der, wie er meinte, „seine Geschichten mit einer neuen Art von Authentizität und Dichte zu erzählen versteht". Das „Black Mask"-Magazin wurde zum Sammelbecken der Autoren, die man später als Schule der *hard-boiled*-Kriminalromane bezeichnete, und andere Magazine imitierten diesen Stil, der vor allem auf die Zeichnung von Charakteren und den persönlichen Konflikten der Helden angelegt war, wobei das Verbrechen nur auslösendes Moment war. Shaw meinte: „Die Szene ist wichtiger als der Plot, in dem Sinne, als ein guter Plot nur dazu da ist, gute Szenen zu ermöglichen. Die ideale Mystery-Geschichte wäre für mich so eine, die man auch lesen würde, wenn man wüßte, daß das Ende weggelassen worden ist." Diese Art der Detektiv-Literatur setzte sich durch, ohne die klassische ganz zu verdrängen. Kleinere Meister trieben in den dreißiger und vierziger Jahren diesen Stil freilich gelegentlich bis zur unfreiwilligen Selbstparodie voran.

Das Ende der Pulps kam durch die steigenden Kosten von Papier und Herstellung nach dem Zweiten Weltkrieg. Comics und TV hatten einen Teil der Motive absorbiert und fortgesetzt. Die eine Form der Nachfolge für die Pulps bildeten die *male magazines*, die Männer-Magazine, voll mit Action, Gewalt und Sex; die andere wurde durch den Siegeszug der Paperbacks gegeben. Beide Formen hatten weniger mit der Zensur zu kämpfen als die Pulps, und so verwundert es nicht, daß es auch hier zu den Degenerationen der *hard boiled school* der Detektiv-Literatur kam, die zu Sex und Crime Sadismus und Reaktion fügten wie Mickey Spillane.

Wie bei der Sience-fiction haben sich auch bei der Detektiv-Literatur einige wenige Magazine über die fünfziger Jahre hinaus erhalten (so ist das „Black Mask"-Magazin in „Ellery Queen's Mystery Magazine" aufgegangen, das in Deutschland in Buchform publiziert wird). Als stilbildendes literarisches Medium haben die Magazine jedoch ihre Funktion in den fünfziger Jahren verloren.

Nachdem das Taschenbuch zum bevorzugten Medium des Detektiv-Genres geworden war, obsiegte wieder der Roman über die Detektivgeschichte. Der Name der Autoren wurde wichtiger als etwa Reihen oder wie früher Magazin-Namen, deren Herausgeber eine bestimmte Linie verfolgten. Die Organisation des Marktes über Agenturen und Optionen mit relativ kurzen Fristen hatte zur Folge, daß die Programme der einzelnen Verlage sich mehr und mehr entspezifizierten. Ein Autor kann in den verschiedensten Reihen von Detektiv- und Kriminalliteratur publiziert werden. So konnte es geschehen, daß die Entwicklung des Genres nur noch von einzelnen Autoren beeinflußt wurde, kaum noch von „Schulen" oder Gruppierungen um ein Medium. Dennoch haben manche Reihen ihre Präferenzen und können (man denke an die *série noire* in Frankreich) prägend auf den Publikumsgeschmack einwirken. In Deutschland teilen sich etwa ein halbes Dutzend Verlage den kleiner werdenden Markt, wobei etwa die Reihe von Diogenes auf die Pflege der Klassiker des „literarischen Krimis" und der Handlungsliteratur, also Hammett, Chandler, MacDonald, Highsmith, Ambler etc. spezialisiert ist, die von Ullstein sich auf die amerikanischen Autoren und Goldmann auf die englischen konzentriert und bei Rowohlt der neue, anspruchsvolle Kriminalroman bevorzugt wird (Autorennamen wie Giorgio Scerbanenco, Harry Kemelman, Sjöwall/Wahlöö, Boileau/Narcejac, Chester Himes, Sébastien Japrisot, Philip MacDonald, Hansjörg Martin etc. mögen als Beleg dienen).

Detektiv-Literatur auf der Flucht vor der Trivialität

Gerade die Detektiverzählung ist ein Genre, das immer zwischen „Literatur" und „Trivialität" zu oszillieren scheint und das, hierin nur der Science-fiction verwandt, Talente angezogen hat, die ohne weiteres auch in der „Hochliteratur" reüssieren könnten oder es auch getan haben. Auf der anderen Seite versuchen viele Autoren in ihren Arbeiten, sei es durch die literarische Form, sei es durch die Vermittlung eines Anliegens, die Grenzen des trivialen Unterhaltungsstoffs zu überschreiten. Gerade durch seine Konstruiertheit ist der Detektivroman geeignet, mit moralischen, religiösen oder sonstigen Elementen aufgeladen zu werden. So möchte man dem synchronen Raster für das Genre (seiner Stellung in der populären Mythologie) ein diachrones zuordnen (die Reaktion der Autoren auf Geschichte im weitesten Sinne). Eine Elite der Detektiv- und Kriminalliteratur-Schriftsteller unterscheidet sich vom Gros der Autoren dadurch, daß die Feuilletons der großen Zeitungen ihnen gelegentlich eine Rezension widmen, daß ihre Bücher zumeist erst in einer teuren Hardcover-Ausgabe vertrieben werden, bevor sich das Taschenbuch ihrer bemächtigt, und daß sie sich weniger an die Formeln halten müssen, die Verleger, Lektoren etc. als die publikumswirksamsten erachten. (Tatsächlich kommt Neuerung einem Markt wie dem Kriminalroman-Markt nur von ganz oben oder von ganz unten zu.) Zu einer solchen Elite gehören jene Bücher, von denen man sagt, sie seien „mehr als nur ein Detektiv- oder Kriminalroman".

Unter den englischen Autoren, die die Detektiv-Literatur zu adeln verstanden, ohne sich je gegen ihre Voraussetzungen zu wenden, ist sicher an prominenter Stelle Gilbert Keith Chesterton zu nennen, der mit seinem Father Brown einen ungewöhnlichen Detektiv schuf. Der Pfarrer, der als Detektiv Polizisten und Verbrecher gleichermaßen zu verblüffen weiß, ist eigentlich alles andere als ein missionarischer Mensch. Er überzeugt bei seiner eher weltlichen Leidenschaft der Detektion dadurch, daß sich offenbar Katholizismus und jene Art von Rationalität, aus der sich das Genre ableitet und die es propagiert, durchaus miteinander vertragen. Er ist einer von den äußerlich eher unbedarften Erscheinungen unter den Detektiven, und wenn er so eitel ist wie alle Detektive, so weiß er dies doch gut zu verbergen. Pater Brown, der seinen ersten Auftritt 1909 in der Erzählung „Das blaue Kreuz" hat, wird von seinem Schöpfer beschrieben: „Sein Gesicht war rund und öde wie ein Norfolk-Knödel und seine Augen so wasserfarben wie die Nordsee. Er hatte mehrere braune Papierpakete im Arm, deren er nur mühsam Herr werden konnte. Er trug einen großen schäbigen Regenschirm, der ihm immer wieder zu Boden fiel. Er schien nicht zu wissen, welches der gültige Abschnitt seiner Rückfahrkarte war." Unnötig zu sagen, daß diese Hilflosigkeit nur die sehr genaue Beobachtung seiner Umwelt verbarg.

„So viele Eigenschaften Pater Brown mit den Trivialhelden seiner Zeitgenossen gemeinsam haben mag, er überragt sie nicht nur durch das Selbstbewußtsein seines Autors, der sich durch die Bocksprünge seiner Phantasie, durch groteske Vergleiche, verblüffende Paradoxe und durch eine weltstädtische Poesie auszeichnet und der im übrigen nie daran gezweifelt hat, daß die Detektivgeschichte eine legitime Kunstform ist. Pater Brown hat am Ende seiner ersten Geschichte mehrere braune Papierpakete und seinen Regenschirm verloren, das richtige braune Paket aber mit dem kostbaren blauen Kreuz, das ihm gestohlen werden sollte, das hat er gerettet. Dieses kostbare Kreuz wird er sich auch in den Geschichten nicht nehmen lassen, in denen es gar nicht vorkommt: es ist die christliche Konterbande, die er zwischen Strolchen, Dieben, Einbrechern, Erpressern und manchmal, wenn auch selten, unter Mördern versteckt. Schon in seiner ersten Geschichte gibt er das Geheimnis seiner Erfolge als Amateurdetektiv preis. Den Meisterdieb Flambeau, der sich zu seinem Freund entwickeln wird, verblüfft er durch seine umfassende Kenntnis des Trickbetrugs: er ist darüber aufs beste informiert durch seine kriminellen Beichtkinder. Der Beichtstuhl als Schule des Detektivs, und dies nicht nur im platten Sinn der Belehrung über Tricks: ‚Haben Sie nie daran gedacht, daß ein Mann, der sich immer wieder von Berufs wegen anderer Leute Sünden anhört, das Böse im Menschen wahrscheinlich einigermaßen kennt?' Pater Brown hat eine moralische bis religiöse Witterung für das Böse, er ahnt die Täter schon, bevor er noch Spuren und Beweise gesucht hat." (Georg Hensel)

Die wirklichen Gegner des Paters Brown sind viel weniger die Verbrecher als die ewigen Skeptiker, die Menschen, die sich verschließen; er ist ein Gegenbild der Rationalisten wie Dupin oder Sherlock Homes. die notgedrungen zunächst jedem Menschen das denkbar Schlechteste zutrauen. Auch er weiß seinen Verstand zu gebrauchen, aber er weiß, vor allem, auch um die Existenz des Guten.

Von anderer Art ist der von Dorothy Sayers erfundene Detektiv Lord Peter Wimsey, der seinen ersten Fall in „Whose Body?" (Ein Toter zuwenig, 1923) zu lösen hatte. Dieser Lord Peter Wimsey ist der vollendete

Snob, ein Aristokrat, der seine Fälle als Hobby betrachtet. Dorothy Sayers' erste Romane sind die Apotheose des *crossword puzzle type* des Detektivromans, an Präzision und Strenge, wenn nicht an Spannung denen von Agatha Christie überlegen. Doch die Form begann ihr Eigenleben zu führen, Widersprüche taten sich auf. Mit „Gaudy Night" (Aufruhr in Oxford, 1935) versuchte sie, das Handwerk der Detektiverzählung ein wenig zu reflektieren. Die Verlobte von Lord Peter versucht einen Kriminalroman zu schreiben, und sie kommt um so mehr mit ihrer Konstruktion in Schwierigkeiten, je mehr sie ihren Personen psychologische, einfach menschliche Dimensionen gibt. „Du mußt dann eben die Methode der Kreuzworträtsel aufgeben und zur Abwechslung einen Roman über wirkliche Menschen schreiben", meint der Amateurdetektiv dazu. Als hätte sich auch die Autorin diesen Gedanken zu eigen gemacht, schrieb sie in der Folgezeit gewissermaßen Gesellschaftsliteratur mit einem „Überzug" von Detektiv-Literatur. Die Probleme, die der typische Detektivroman ausspart, drängen mit Macht zurück, so etwa überfallen in Dorothy Sayers' letztem Detektivroman, „Busman's Honeymoon" (Lord Peters abenteuerliche Hochzeitsfahrt, 1937) den Detektiv Zweifel an der Rechtmäßigkeit seines Tuns; er leidet darunter, daß er die Hinrichtung eines Menschen zu verantworten hat. „Wer um das Seelenheil eines Mörders ernsthaft besorgt ist, der ist schlecht geeignet, ihn zu überführen: Lord Peter, dem als Serienheld Entwicklungen versagt sind und der deshalb länger als alle anderen Romanfiguren der Dorothy Sayers jeglicher Veränderung widerstanden hat, ist aus der Trivialschablone ausgebrochen und hat sich damit als Detektiv unbrauchbar gemacht." (Georg Hensel)

Während Pater Brown die Verbrecher zu verstehen gelernt hat und während Lord Peter Wimsey sich selbst seine Leidenschaft der Menschenjagd mit dem Verstand austreibt, indem er Verantwortung zu spüren beginnt, wird aus Georges Simenons Kommissar Maigret ein „raccommodeur", ein Einrenker von Schicksalen, der unter Umständen sogar einen Täter laufen läßt, nachdem er seine Motive verstanden hat. Hier geht es kaum noch um das Problem, wie im traditionellen Detektivroman, hier geht es in erster Linie um Menschen. Das Verbrechen steigt hier aus dem Kleinbürgertum auf, als Folge einer prinzipiellen „Untröstlichkeit" des Menschen, seines Lebens in Unglück und Abhängigkeit. Die Welt, in der Maigret, selber schon ein wenig von Melancholie gezeichnet, kaum Ordnung schaffen, nur verstehen kann, setzt sich aus lauter kleinen privaten Tragödien zusammen, die schließlich zu einer großen führen.

Simenon hatte, bevor er um 1973 seine literarische Produktion auf kleine „Bekenntnisschriften" reduzierte, einen gewaltigen Ausstoß an

Büchern – er gab sich allerhöchstens zwei Wochen für die Fertigung eines Romans, da er länger nicht in einem von ihm geschaffenen Milieu „leben" könne. Insgesamt hat er etwa 215 Romane veröffentlicht (nicht gerechnet jene Bücher, die er am Anfang seiner Laufbahn unter verschiedenen Pseudonymen verfaßt hatte), ein gut Teil davon Romane um die Figur des französischen Kommissars Maigret.

Dieser Kommissar Maigret tauchte zum ersten Mal in dem 1929 erschienenen Roman „Pietr-le-Letton" auf; er ist ein etwa 45 Jahre alter wuchtiger Polizist, der von seinem Büro in Paris, Quai des Orfèvres 36, aus, das ihm zur zweiten Heimat geworden ist, mit einem kleinen Team, bestehend aus den Inspektoren Lucas, Lapointe, Janvier und Torrence, Fälle in der Hauptstadt, gelegentlich auch in der Provinz und sogar im Ausland zu lösen hat. Er ist ein Plebejer mit kleinen Bedürfnissen und Wünschen, der seine Pfeife liebt, einen kleinen Wein, das Prasseln des Ofens, den selbstgemachten Pflaumenschnaps, das gute Essen daheim bei Madame Maigret, deren Liebe sich in Schweigsamkeit zeigt. Maigret stammt aus einer vergangenen Zeit, und er ist Vertreter einer untergegangenen Klasse von Menschen; vielleicht gerade deswegen reagiert er so sensibel, so verstehend auf seine Mitmenschen, ein Arzt, der weiß, daß man bei der Heilung von Krankheiten den ganzen Menschen sehen muß, auch wenn dann „nicht alles aufgehen" kann. Niemals urteilt, niemals verurteilt er; er läßt die Menschen, die ein Verbrechen begangen haben, sich selbst erlösen durch das Geständnis. Er ist des Zorns fähig, aber selten für lange Zeit.

Allein 1931 erschienen acht weitere Maigret-Romane von Simenon, es folgte eine Unzahl weiterer, daneben psychologische Kurzromane, bei denen gleichsam auf Maigret als „Führer" durch die Beziehungen verzichtet wurde und bei denen der Leser selbst zum (verstehenden) Detektiv werden mußte. Seine Arbeit, die ihm den Ehrentitel eines „Balzacs ohne Längen" (Marcel Ayme) einbrachte, reihte Porträt an Porträt; ein kleines bürgerliches Pandämonium des Verbrechens in geordneten Verhältnissen. Und schon 1932 sicherte sich der Film zum erstenmal einen Kommissar-Maigret-Stoff, wobei es wohl kaum als Zufall zu bezeichnen ist, daß es Jean Renoir war, der „La nuit du carrefour" (Die Nacht an der Kreuzung) inszenierte. 1972 trennte sich Simenon mit dem Roman „Maigret et Monsieur Charles" endgültig von seiner Figur, nachdem er sie schon das eine oder andere Mal in Pension geschickt hatte, um ihn wieder zum Dienst in sein Büro zurückzuholen.

Maigret hat es selten mit Berufsverbrechern zu tun, die dem Polizisten wie dem Autor „langweilig" vorkommen; seine „Klienten" sind Verbrecher, „die Menschen sind wie Sie und ich und die schließlich eines schönen Tages jemanden ermorden, ohne sich darauf vorbereitet zu haben", wie es in dem 1950 erschienenen Buch „Les Mémoires de Maigret" heißt. Die Maigret-Romane markieren den Übergang vom Detektivroman zum modernen Thriller, den Autoren wie Patricia Highsmith, Boileau/Narcejac, Ross MacDonald, Margaret Millar, Stanley Ellin und andere repräsentieren; der Detektiv ist hier nicht mehr auf der Suche nach der Lösung des Falles, sondern nach der menschlichen Wahrheit, die dahinter liegt. Er durchmißt die Welt der kleinen Leute, zu denen er selbst gehört. Ja, er ist die Summe aller positiven Eigenschaften des liberalen Kleinbürgertums. „Maigret ist ein Mythos, und Mythen sind statisch: sie dürfen abgewandelt, nicht grundsätzlich verändert werden, sonst verlieren sie ihre Kraft. Immer wieder wollen wir lesen, daß Maigret von seinem Büro am Quai des Orfèvres beobachtet, wie auf der Seine die Schlepper ihren Schornstein senken, wenn sie unter dem Pont Saint-Michel durchfahren; daß zu den Dauerverhören belegte Brote und Bier von der Brasserie Dauphine geholt werden; daß Frau Maigret geblümte Hauskleider trägt und ihren Mann mit Essen und Schweigen verwöhnt; daß Maigrets Schwägerin alljährlich aus dem Elsaß Pflaumenschnaps mitbringt." (Georg Hensel) Soviel verstehen wie Maigret kann wohl nur einer, der sich selbst ganz und gar in Gewohnheit und innerem Frieden geborgen weiß.

Die Methode Maigrets und die Methode des Autors, seine Leser an den Prozessen zwischen den Personen zu beteiligen, sind deckungsgleich. Es ist die Suche nach dem Einfachen, in dem das Wahre liegt. „Klassisch ist die Klarheit seiner Prosa: lauter einfache Sätze, und jeder Satz stellt etwas Neues fest und bringt die Geschichte weiter. Simenon reiht Fakten aneinander: die Schlußfolgerungen werden dem Leser überlassen.

Kein Leser kann die von Simenon provozierten Schlußfolgerungen ziehen, ohne sich selbst so nüchtern zu sehen wie Simenon seine Personen: wer Simenon liest, der wird gezwungen, sich selbst zu ertappen. Seinen Lesern fügt Simenon den wollüstigen Schmerz zu, der mit Selbsterkenntnis verbunden ist.

Wer im 21. Jahrhundert erfahren will, wie im 20. Jahrhundert tatsächlich gelebt und gefühlt worden ist, der muß Simenon lesen. Andere Autoren mögen mehr als er wissen über die Gesellschaft. Über den einzelnen Menschen weiß keiner so viel wie er.

So ist es kein Wunder, daß man ihn oft mit einem Arzt verglichen hat, und zu Ärzten unterhält schon sein Kommissar Maigret ein gutes Verhältnis. Mit Dr. Paul, dem Gerichtsarzt am Quai des Orfèvres, spricht er wie mit einem Vertrauten, und der einzige Mensch, den er mit Frau jeden Monat einmal besucht und einmal einlädt, ist Dr. Pardon. Bei diesem Pariser Arzt gibt es den fetten, schweren Reiskuchen, von dem es so trefflich heißt, daß er ‚das Friedlich-Behagliche, aber ein wenig Öde dieser Zusammenkünfte unterstrich'.

Maigret, der wie alle begabten Bauernkinder entweder Arzt oder Anwalt werden sollte, hat sein Medizinstudium nach zwei Jahren abgebrochen und ist beides geworden: der Kriminalkommissar, von dem es so oft und in ‚Maigret und der Minister' wörtlich heißt: ‚Er kam sich wahrscheinlich wie ein Arzt vor, den man in höchster Not gerufen und in dessen Hände der Patient sein Schicksal gelegt hat.'." (Hensel)

Bei Maigret ist für den Leser an die Stelle von distanzierter Bewunderung für den Detektiv Vertrautheit, ja Liebe getreten, und wie die anderen Versuche, der Detektiv-Gestalt andere Dimensionen und menschliche Tiefe zu geben, führt auch dies dazu, daß sich der Detektiv als literarische Figur tendenziell selbst aufhebt. Simenons Welt ist so „warm", wie die von Patricia Highsmith „kalt" ist, obwohl sich beide Autoren darum bemühen, das Verbrechen als ein menschliches Verhalten darzustellen, auf das man nicht vorbereitet ist und das Opfer, Zeugen und Täter verwirrt und zu Ausgestoßenen macht. Auch die Arbeiten dieser Schriftstellerin, die kaum noch dem Detektiv-Genre zuzurechnen sind, kreisen um das, was Simenon den *homme nu*, den nackten Menschen, genannt hat, der durch die Kriminalhandlung sichtbar gemacht wird. Das Bemühen, den „nackten Menschen" sichtbar zu machen, der im Verbrechen ganz auf sich selbst zurückgeworfen wird, seine gesellschaftliche Funktion als *homme habillé*, als ver- oder doch gekleideter Mensch verliert, ist wohl zum Hauptanliegen der modernen psychologischen Kriminalliteratur geworden. Daneben versuchen sich Autoren wie Chester Himes, der zwei schwarze Polizeidetektive in den Ghettos von Harlem operieren läßt, und Harry Kemelman, dessen Detektiv ein Rabbi ist, in der Kunst des „Klärens" am Talmud geschult, an sozialkritischen Implikationen, was auch für einige der neuen deutschen Kriminalautoren zutrifft. Der „logische Detektiv" aber wirkt dagegen wie das Überbleibsel aus einem anderen Jahrhundert. Maigret hat, auf seine sanfte, aber an die Wurzeln gehende Weise, Sherlock Holmes den endgültigen Garaus gemacht.

Von Agatha Christie zu Edgar Wallace

Die Zeit vor und nach dem Zweiten Weltkrieg bedeutete eine neue Blüte für den englischen Kriminalroman; die Kriminallektüre war zu so etwas wie einem Volkssport geworden. Aufbauend auf den Arbeiten von Autoren wie Dorothy Sayers, Israel Zangwill, der mit einem einzigen Roman des Genres, „The Big Bow Mystery" (1892), das Interesse am *closed room mystery* und am „unmöglichen Mord" entfacht hatte, oder Richard Hull, der etwa mit „The Murder of My Aunt" (1934) eine komödiantische Seitenlinie der Gattung initiierte (um nur einige extreme Beispiele zu nennen), entwickelte sich die Kriminalliteratur in England zu einer variantenreichen und ein wenig manierierten Gattung für Kenner, die die mannigfaltigsten Talente anzog. Doch die unbestreitbar populärsten beiden Schriftsteller des Kriminalromans, die auch den Nichtadepten der Gattung bekannt sind und gleichsam zu Synonymen für den englischen Detektivroman geworden sind, waren Agatha Christie und Edgar Wallace. Sie hatten es verstanden, das Genre so stark zu vereinfachen und mit Bestätigungen gewisser Lebensweisen zu versehen, daß ihre Arbeiten gewissermaßen zum nationalen Selbstverständnis beitrugen. Während Agatha Christie das manieristische *whodunit* mit immer skurrileren *plot-twists* versah, fügte Edgar Wallace seinen (eher schlampig konstruierten) Kriminalromanen bizarre und phantastische Elemente bei und arbeitete mit einer Anhäufung von Sensationen.

Agatha Christie ist neben ihren bekanntesten Theaterstücken („Die Mausefalle" läuft etwa seit 25 Jahren in einem Londoner Theater) vor allem durch die Romane um den kleinen, stutzerhaften Belgier, Privatdetektiv Hercule Poirot, bekanntgeworden, der nach ihrer eigenen Aussage eine Art Gegenbild zu Sherlock Holmes bilden sollte. Dieser zunächst immer ein wenig komisch wirkende Detektiv mit einer gelegentlich fast penetranten Vorliebe dafür, seine „kleinen grauen Zellen" zu loben, hatte Fälle zu lösen, die fernab von Realität und Psychologie lagen, dafür aber große Ähnlichkeit mit Typologie und Konstellation in Märchen hatten. Während der Detektiv selbst nichts anderes ist als die Verkörperung einer fixen Idee, nämlich des Triumphes des Geistes über die Emotionalität und die Leidenschaft, besteht der Reigen der rundum verdächtigten Personen aus schematischen Metaphern für einzelne Leidenschaften: Der eine „bedeutet" die Angst, der andere die Rachsucht, der dritte die Begierde, der vierte die Eifersucht, der fünfte die Eitelkeit und so fort. Da die Personen in Agatha Christies Romanen so zu Chiffren geworden sind, stellen sich auch beim Leser keine störenden Empfindungen ihnen gegenüber ein; niemals läßt die Autorin so etwas wie Mitleid mit den Ermordeten oder Bedrohten aufkommen, ja es gibt wohl kaum einen Autor, der so gründlich tötet wie sie, da sie oft auch noch die Erinnerung an den getöteten Menschen „versachlicht". Ohne daß wir des Prozesses bewußt werden, leitet die Autorin unsere Gedanken derart, daß wir alles, was geschieht, so überraschend es auf der logischen Ebene sein mag, als tiefe Befriedigung, als „gerecht" erleben. Die leichte Irritation, die von späteren Kriminalromanen ausgehen kann, welche unsere moralische Urteilskraft auf die Probe stellen, fehlt hier völlig; es ist absolut unmöglich, sich in einem Agatha Christie-Roman

„frei zu bewegen": Die Autorin nimmt den Leser fest bei der Hand, läßt sich Zeit, eine Vorgeschichte zu entwickeln, konfrontiert ihn mit einigen Leichen und schüttelt ihn im letzten Viertel des Buches gründlich durch, wenn es an die Auflösung geht. Da wird nämlich immer eine für sich überraschende Lösung angeboten, der Leser glaubt, die Spannung wäre überstanden, da zeigt sich diese Lösung als falsch, und eine neue, ebenso pointierte Lösung wird präsentiert. Dieser Vorgang mag sich drei- oder viermal wiederholen.

Die Interieurs in den Romanen Agatha Christies sind eine eigentümliche Mischung aus Vertrautheit und Exotik; entweder sind es heimatliche Räume, die sich durch fremdes Land bewegen, Flugzeuge, Schiffe, Bahnen etc., oder es sind heimische Räume, in die etwas (oder jemand) Fremdes eingebrochen ist. Das Verbrechen entwickelt sich an den Schnittpunkten von drinnen und draußen, dem (Familien-)Ich und der Welt. „Merkwürdig bleibt die Zwischenstellung in vielen Romanen Agatha Christies: Interieurs, die strenggenommen keine sind (das Innere eines Flugzeugs, eines Schlafwagens, das Zwischendeck eines Nildampfers), Interieurs, die gleichsam Fühler ausstrecken, ohne daß die Umgebung ganz zur Landschaft wird, Landschaftsausschnitte, die interieurhaften Charakter bekommen dadurch, daß sie wie Zimmer behandelt werden." (Helmut Heissenbüttel) Wie man sich Gefühle nur in Form der Manieren vorstellen kann, so sind die Natur und das Leben selbst nur in gleichsam eingegrenzten Formen möglich, nur als Garten darf etwas wachsen. Aber zwischen Wildnis und Garten ist die Situation der Helden in Agatha Christies Romanen ambivalent.

„Um die Leidenschaften besiegen zu können, muß man zunächst die Welt aussperren. In der regressiven Situation des geschlossenen Raums entsteht schließlich ein kollektives Schuldgefühl (vgl. Sigmund Freud: Totem und Tabu), wenn sich herausstellt, daß jeder der Anwesenden ein Motiv zur Tat hatte. Geläutert und erlöst verlassen die ‚Unschuldigen' den Ort des Gerichts. Um die ungeheure Popularität zu verstehen, die solche quasi-religiösen Kriminalromane gerade im angelsächsischen Raum verzeichnen, muß man wohl einen Blick auf das tradierte Gedankengut der puritanischen protestantischen Religion werfen. Es gibt hier weder die Beichte noch die Vergebung der Sünden auf Erden durch Buße, also muß der Wunsch nach Erlösung für den übermächtig werden, der, seinem Glauben gemäß, mit seinem Gewissen allein bleiben wird. Im Angesicht der Sünde, der Tat oder vielmehr Untat gewordenen Leidenschaft bricht jede puritanische, konditionierte Gemeinschaft auseinander. Durch das öffentliche Bekenntnis des Verbrechers, zu dem der Detektiv ihn zwingt, richtet er die zerstörte Grenze zwischen Gut und Böse wieder auf. Daß er sich zumeist selbst richtet, befreit seine Umwelt von der schwierigen Entscheidung, ob ihm vergeben werden kann oder nicht. Die Erlösung in der ‚Theologie des Kriminalromans' ist der Moment, wo die Schuld sichtbar, der Schuldige seinem Gewissen überantwortet ist. In allen lebt die Sünde, doch der eine, der Mörder, hat ihr nachgegeben und wäscht mit seinem Tod die anderen rein. Der klassische Kriminalroman kennt keine Gnade; er ist deshalb grausamer und inhumaner als die neuere, mit Gewalttätigkeiten nicht eben sparende Handlungsliteratur. Niemals wird ein Hercule Poirot mit seinen Widersachern Mitleid haben, wie etwa Chandlers Marlowe oder Kemelmans Rabbi Small." (Seeßlen/Kling) Wohl aber spielt er die Gerechtigkeit, entscheidet, wie in „Murder on the Orient Express" darüber, ob Schuldige der Justiz ausgeliefert werden oder nicht.

„The Duchess of Death", wie man die Autorin nannte, verbreitete in ihren Romanen, deren zunehmende Altmodischkeit kaum jemanden störte, das Ritual einer Befreiung im Milieu einer Behaglichkeit, welche mit der grundsätzlichen Geborgenheit einhergeht, die ihre Personen und Plätze ausstrahlen und nach der Klärung des Falles erneut zu bieten versprechen. Mit insgesamt 84 Büchern (von denen allerdings einige unter Pseudonym verfaßte Romanzen sind) mit insgesamt 300 Millionen Exemplaren Auflage ist sie die erfolgreichste Kriminalautorin überhaupt. Schon in den vierziger Jahren hatte Agatha Christie den Roman „Curtain. Poirot's Last Case" geschrieben, in dem den gealterten Poirot der Tod ereilt. Der Roman wurde aber erst 1975 veröffentlicht. Neben ihrem etwas gockelhaften belgischen Detektiv kreierte die Autorin 1930 eine ihm konträr entgegengesetzte Figur, die schrullige Amateurdetektivin Miss Marple, die statt ihrer „grauen Zellen" gelegentlich auch ihre Intuition ins Spiel bringen durfte.

Verglichen mit Agatha Christie war Edgar Wallace ein Meister des schlechten Geschmacks. In seinen Büchern wimmelt es von abartigen Mördern, tierähnlichen Wesen, Geheimbünden und sadistischen Wiedergängern. Aber mit solchen Versatzstücken der Kolportageliteratur konnten sehr viele Romane dieser Zeit aufwarten, ohne daß sie je die Popularität der von Wallace verfaßten erreichten. Wie bei Agatha Christie ist auch bei Wallace das Syndrom einer Erlösung ausschlaggebend, zu der sich ein einfaches, eingängiges Weltmodell gesellt, das Willy Haas beschreibt: „Die Architektur der Welt bei Herrn Wallace gleicht ziemlich genau der Architektur der alten Mysterienbühne. Oben, im Himmel, steht der König von Groß-Britannien, die Minister, die Polizeibeamten von Scotland Yard (Erzengel; es gibt auch gefallene), der biedere Sheriff, der brave Scharfrichter, der gütige Zuchthausdirektor. Darunter: die Erde mit den handelnden Menschen. Zutiefst: die Hölle der Verbrecher. Zwischen den beiden Letzteren ist der bei Wallace psychologisch interessanteste Ort: ‚das Fegefeuer', der Ort der lässigen Sünder, des sündigen Mädchens, das noch gerettet wird, des sündigen Hochstaplers, der dann der Polizei hilft; vor allem aber der Ort der geheimnisvollsten Wallaceschen Figur: ‚des Halbmenschen', des Halbtiers, des *missing link*, des kaummenschlichen Höhlenwesens, das in den Kloaken, toten schmutzigen Seitengäßchen, ungebrauchten unterirdischen Gasröhren, Kellern, geheimen Gängen und Katakomben haust: Der Nicht-Schurke, der alle Schurkereien begeht, der mythologische Zyklop, der die ganze Last der Verbrechen trägt, der schuldig lebt und unschuldig-rührend stirbt wie ein Kind."

Der Polizist/Detektiv in Edgar Wallaces Romanen ist, anders etwa der Heldenfigur bei Agatha Christie, nicht bloß Katalysator der Wahrheit, sondern selbst ein Bote des Guten, der ins Purgatorium hinabsteigt, um die der Erlösung bedürfenden und ihrer wert befundenen Menschen zu erheben. Zugleich ist er aber immer auch ein wenig ein Orpheus, der seine Eurydike aus der Unterwelt befreien will. Bedroht ist diese von allen Seiten, dem Schurken, dem Tier und dem schlimmen Verwandten, der nach ihrem Erbe trachtet wie in bester Tradition des Melodramas. So funktioniert ein Roman wie der andere, Entwurf und Bestätigung einer „methaphysischen" Gegenwelt, in der auf Logik und Gerechtigkeit Verlaß ist. Wie bei Agatha Christie ist auch bei Wallace ein Mord nichts wirklich Erschütterndes, weil das Opfer von vornherein zu dieser Rolle bestimmt ist. Es gibt in diesen Romanen einen bestimmten Typus von Mensch, der leicht verschlampte, aber nicht bösartige Mensch mit wenig Wissen um seine Situation, der häufig nur dazu da ist, um Opfer eines Mordanschlages zu werden. Andere Opfer sind selbst in Unrecht verstrickt. Das reine, schreckliche Tier-Halbwesen (das eine Verkörperung auch in „King Kong" fand, an dem Wallace arbeitete) muß sterben als Abspaltung der bösen Leidenschaften, die selbst nicht böse sind, weil sie kein Bewußtsein von sich haben, und der Schurke muß sterben als Zeichen der Gerechtigkeit; fast immer kommt er so ums Leben, wie er es anderen zugedacht hat.

Der theologische Aspekt ist es wohl, der beiden Autoren, Christie wie Wallace, eine „Gemeinde" erhalten hat über den Tod ihres Stils und ihrer Logik hinaus.

Amerikanische Detektive von Philo Vance bis Ellery Queen

Unter den Nachfolgern, die Holmes, Poirot oder Lord Peter Wimsey in Amerika fanden, sticht der Detektiv Philo Vance hervor, weniger, weil er eine neue Form der Detektion anwenden würde, sondern eher, weil mit ihm der kriminalistische „Problemroman" einen Endpunkt erreichte. Sein Erfinder, S. S. Van Dine (Pseudonym für Willard Huntington Wright), beschreibt den Helden wie folgt: „Er war knapp unter sechs Fuß groß, schlank, sehnig und elegant. Seine gemeißelten, regelmäßigen Gesichtszüge gaben ihm den Ausdruck von Stärke und Strenge, aber es ging auch eine zynische Kälte von ihm aus, die ihn alles andere als gemütlich erscheinen ließ. Er hatte abweisende graue Augen, eine gerade, schmale Nase und einen Mund, der sowohl Grausamkeit als auch Askese verriet." Die von einem Adlatus („Van Dine") berichteten Fälle des Detektivs, der klassische Bildung so souverän handhabt wie gastronomische Raffinessen, stehen in ihrer Konstruktion zwischen dem englischen Problemroman und dem mehr auf Stimmungen konzentrierten amerikanischen Kriminalroman; nach dem Urteil literarischer Kritiker vereinigen sie auch die Untugenden beider Formen der Gattung, sie sind weder als *crossword puzzles* ernst zu nehmen noch psychologisch schlüssig, noch finden sie je zu einer authentischen Wiedergabe von Milieu. Statt dessen ist die Schrulligkeit und Übermenschlichkeit des Detektivs hier bis zu einem Grad an Absurdität vorangetrieben. „Dabei versuchte Van Dine, im Beruf Privatgelehrter und begabter Dilettant auf mehreren wissenschaftlichen Gebieten, den Detektivroman mit ‚höherem' Bildungsgut zu versehen: Die Bücher sind voll von Fußnoten, und Vance belegt seine Deduktionen gern durch literarische Beispiele oder lateinische Zitate. Mit ‚The Benson Murder Case', 1927 (dt. Mordakte Benson), begann der Reigen der wirklichkeitsfremden und immer ein wenig borniert wirkenden Romane, es folgten ‚The Canary Murder Case', ‚The Greene Murder Case' und so fort bis zu ‚The Winter Murder Case' (1939)." (Seeßlen/Kling)

Philo Vance ist ganz eindeutig der Polizei überlegen, die in Van Dines Romanen als Ansammlung von selten dummen und ignoranten Menschen erscheint. Staatsanwalt Markham richtet seine Hilfegesuche denn auch lieber direkt an den Amateurdetektiv als an seine Beamten. Der ist, nachdem er den verzwickten Fall gelöst hat, gelegentlich auch bereit, der Justiz vorzugreifen. In „The Greene Murder Case" (1927) läßt Philo Vance die von ihm als Schuldige Erkannte vor den Augen des Staatsanwalts Selbstmord begehen, obwohl er dies verhindern hätte können. Auch in „The Bishop Murder Case" (1929) nimmt er das Gesetz in die eigenen Hände, und er verteidigt sich mit den bekannten Vergleichen: „Do you bring a rattlesnake to the bar of justice? Do you give a mad dog his day in court? I felt no more compunction in aiding a monster like Dillard into the beyond than I would have in crushing out a poisonous reptile in the act of striking." Kein englischer Detektiv würde sich so offenherzig zur Selbstjustiz bekennen wie Philo Vance, und all sein elegantes Auftreten täuscht in manchen Szenen der Romane nicht darüber hinweg, daß er *au fond* ein Killer ist. Zwar hat auch schon Sherlock Holmes den Tod eines Mörders zumindest in Kauf genommen – „Indirekt also trifft mich die Schuld an Dr. Grirnesby Royllotts Tod, aber ich muß gestehen, Watson, diese Schuld lastet nicht allzu schwer auf meinem Gewissen", heißt es am Ende von Arthur Conan Doyles „Das gefleckte Band". Aber als *raison d'être* erscheint dieses Element der Selbstjustiz erst für die amerikanischen Detektive zu wirken.

Der legitime Nachfolger von Philo Vance wurde Nero Wolfe, der schwergewichtige, von Rex Stout kreierte Detektiv, auch er den angenehmen Seiten des Lebens zugetan, ein Orchideenzüchter, Gourmet und Kunstkenner, vielleicht nicht ganz so blasiert und selbstgerecht wie Philo Vance, dafür übermäßig eitel und träg – zur Aufklärung seiner Fälle verläßt er kaum seinen Schreibtisch und läßt die notwendigen Recherchen vor Ort von seinem Assistenten Archie Goodwin vornehmen, der auch die Rolle des Chronisten innehat. Die Detektiv-Gestalt ist hier gleichsam aufgespalten in die Figur der *thinking machine* und den *street wise* Schnüffler. Man kann nicht sagen, daß Nero Wolfe Spaß an der Menschenjagd empfindet, nur widerwillig begibt er sich an die Arbeit, für die er seine Kunden ganz ungeniert schröpft – er hat einen aufwendigen, wenn auch vollständig ichbezogenen Lebensstil. „Der Detektiv als Narziß – eine Konstellation, die uns unter anderem auch bei Agatha Christie begegnet – ist eine Erscheinung der Krise des Problemromans und der ihm zugrunde liegenden Weltsicht. Sherlock Holmes war zwar schon eitel (und Eitelkeit ist das Kennzeichen einer bloß geistig rationalen Überlegenheit), doch narzißtisch war er nicht. Nero Wolfe hingegen verbirgt die Tatsache, daß er im Sinne der literarischen Konstruktion eine ‚leere' Person ist, hinter fortwährender Veräußerlichung seiner persönlichen Schrullen. Beim Problemroman gilt die größte Aufmerksamkeit des Lesers nicht dem Detektiv, sondern dem ‚Fall'. Nero Wolfe und seinen Autor scheint dies zu kränken, und er versucht mit allen zur Verfügung stehenden Mitteln, seine Person in den Vordergrund zu stellen." (Seeßlen/Kling) Er kann letztlich nicht die Emanzipation seines Dr. Watson, von Archie Goodwin, verhindern. Ihm passieren all die Dinge, die die Arbeit des Detektivs so faszinierend machen, Gefahr, Liebe, Freundschaft, Sex.

Obwohl er, wie oft betont wird, keiner Fliege etwas zuleide tun kann, tendiert auch Nero Wolfe dazu, den Tod der von ihm entlarvten Verbrecher willentlich herbeizuführen. Und auch er fühlt sich der Polizei himmelhoch überlegen. In einem späteren Nero Wolfe-Roman, „The Doorbell Rang" (1965), muß sich der Detektiv mit dem FBI auseinandersetzen; die Polizeiorganisation erscheint wie eine negative utopische Karikatur bürokratisch-technischer Machtapparate, die gefährlich werden, wenn sie von außen in Frage gestellt werden und bei denen die Selbsterhaltung und die Erhaltung der eigenen Unberührbarkeit schwerer wiegt als der eigentliche Auftrag. Wolfe soll mit Gewalt und mit bürokratischer Bedrohung (seine Lizenz soll ihm genommen werden) daran gehindert werden, Vorgängen in diesem Apparat nachzugehen. Hier wird der Detektiv ganz direkt zum Kritiker und Konkurrenten, auch wenn im Lauf der Handlung beide, die Polizei wie der Privatdetektiv, mehrmals gegen die Gesetze verstoßen. Im amerikanischen Zweig des Genres ändert dies jedoch nichts an der moralischen Überlegenheit des Privatdetektivs, sowenig es später etwas an der Überlegenheit des Polizisten ändert, wenn er seine Kompetenzen überschreitet.

In ihrem Verhältnis zum Recht, zur Polizei, zur Selbstjustiz sind Philo Vance und Nero Wolfe „amerikanisch", in der Art und Weise ihrer Detektion noch ein wenig „englisch", und in ihrem Snobismus erscheinen sie gar als Parodien des englischen Gentleman-Detektivs. Der neue Privatdetektiv, der seine Fälle kaum am Schreibtisch, sondern in den Bars, Straßen, Bahnhöfen und Hotelhallen zu lösen hatte, war dagegen durch und durch amerikanisch. Er mißtraute der Logik allein, verließ sich lieber auf seine Kenntnisse der Rituale in der Unterwelt; er konnte eins und eins zusammenzählen, und er hatte den Mut, es zu tun, so wie es sein „Vorbild", Nick Carter, getan hatte (vgl. auch das Kapitel „Der Detektiv als Held von Massenliteratur").

Nick Carter hatte seinen ersten Auftritt in der Erzählung „The Old Detective's Pupil, or, The Mysterious Crime of Madison Square" in der Zeitschrift „New York Weekly" vom 18. September 1886. Die Figur, die von John Coryell erfunden worden war, wurde von Frederick Marmaduke Van Rensselaer Dey aufgenommen, der in der folgenden Zeit pro Woche eine Nick Carter-Geschichte produzierte. Dieser Detektiv neuen Schlages war ein tugendsamer Mann, der nicht rauchte, nicht trank, nicht fluchte. Der Autor betonte, daß er niemals eine Nick Carter-Geschichte schreiben würde, die man nicht in einer Religionsstunde den Kindern vorlesen hätte können. (Dies läßt sich vor dem Hintergrund puritanischer Religiosität verstehen, der ein Verstoß gegen die Sitte schwerer wiegt als Gewalt gegen nicht der „Gemeinde" angehörende Menschen. Nick Carter mochte zwar auf einige genußreiche, aber verpönte Dinge verzichten, keineswegs aber verzichtete er auf Gewalt – und wenn er mit einem Kriminellen konfrontiert war, konnte es sogar vorkommen, daß er zum Mittel der Lüge griff, um ihn zu überführen. Und auch er gehört zu jenen Detektiven, die den Tod der von ihnen verfolgten Verbrecher zumindest billigend in Kauf nehmen.)

Zwar hatte Nick Carter es oft mit phantastischen Gegnern und immer wieder mit *mad scientists* aller Art zu tun, doch seine Methoden waren durchaus realistisch zu nennen. Er jagte den Verbrecher, bis er ihn bei Ausübung einer kriminellen Handlung erwischte, und was dann folgte, war nie eine normale Verhaftung, sondern ein Show-down mit allen Möglichkeiten der gegenseitigen Bedrohung. Nick Carter mußte sich dabei auf seine Sinne und seinen Kampfinstinkt mehr verlassen als auf den Intellekt, der eher als teuflische Genialität – bei seinen Gegnern zu suchen war.

Ellery Queen, der Held der von dem Autorenduo Frederic Dannay und Manfred B. Lee (unter dem Pseudonym Ellery Queen) geschaffenen Romanserie, wird als Verfasser von Kriminalliteratur und Privatdetektiv vorgestellt. Gelegentlich mit Hilfe seines Vaters, eines Polizeibeamten, löst er seine Fälle auf relativ konservative Weise. So liebt er es, am Schluß die Verdächtigen zu versammeln, um aus ihrer Mitte den wahren Täter zu bestimmen. Doch führen seine Fälle diesen Privatdetektiv Queen gelegentlich in Situationen oder an Orte – etwa den erfundenen Ort Wrightville, der im Mittelpunkt mehrerer Erzählungen steht –, die wie ein Alptraum von Amerika und seines gesellschaftlichen Konsenses erscheinen. Queens Detektiv „arbeitet" in einer Welt, die wirklich krank ist, krank an der Wurzel, so daß auch die Lösung des Falles diese Welt kaum ruhiger, bewohnbarer macht. So wie alle Figuren mehr oder weniger als Besessene erscheinen, so sind ihre Handlungen grotesk und grausam zugleich, beileibe nicht so zu rationalisieren, wie wir aus dem Genre gewohnt sind. Der amerikanische Privatdetektiv kann ein Vigilant sein, der das Gesetz in die eigene Hand nimmt, Ordnung schafft, mit allen, auch durch nichts als die eigene Person legitimierten Mitteln; er ist aber auch Parzival, besessen von der Suche nach dem Gral, und er ist manchmal ein Orpheus, der in eine Art amerikanischer Hölle herabsteigt, um jemanden zu retten. Er hat eine Menge zu tun, sich selbst zu retten.

„Private Eyes"

Der Privatdetektiv in der amerikanischen populären Mythologie ist eine Figur, die so wenig (und andererseits doch so viel) mit der Wirklichkeit des Privatdetektivs in Amerika und anderswo zu tun hat wie der grandios kombinierende Sotland Yard-Detektiv mit dem wirklichen Polizisten. Die Freiheiten, die sich der literarische Privatdetektiv herausnimmt, kämen seinem Vorbild kaum in den Sinn. Wer eine Lizenz als Privatdetektiv beantragt, muß etwa im Staat New York eine mindestens dreijährige Dienstzeit bei der Polizei absolviert haben, darf nicht vorbestraft sein, und es ist ihm sogar die Bezeichnung „Private Detective" verboten. Das Tragen von Waffen ist nur in Ausnahmefällen gestattet. Der wirkliche Privatdetektiv ist eine unheroische Gestalt, meist mit inferioren Aufgaben beschäftigt, der Überwachung von Gebäuden, der Beschattung untreuer Ehepartner oder des Diebstahls verdächtigter Angestellter. Und ganz sicher ist er das Gegenteil eines Anwalts der Gerechtigkeit. George V. Higgins, der Autor von „The Friends of Eddie Coyle", schreibt: „Der normale Privatdetektiv tut sich hervor dadurch, daß er durchgebrannte Ehefrauen in flagranti in einschlägigen Motels erwischt. In wirklich ernsten Fällen ist er das Schlimmste, was einem zustoßen kann. Der einzige, den ich je in einem etwas wichtigeren Prozeß erlebt habe, war wegen illegalen Waffenbesitzes angeklagt. Er weinte."

Wenn also die „Arbeit" des Privatdetektivs den Durchschnittsbürger so wenig berührt und ihn, wenn überhaupt, nur als Belästigung erreicht, so muß sich der literarische Privatdetektiv einer anderen Legitimation erfreuen als der, einen Berufsstand zu glorifizieren, dem man die eigene Sicherheit anvertraut weiß. Zum einen verdankt der amerikanische Privatdetektiv seine literarische Existenz einem gewissen Mißtrauen gegenüber der Polizei; er ist gewissermaßen das korrigierte, „freiere" Bild eines Polizisten. Vom englischen Amateurdetektiv unterscheiden ihn sein Professionalismus (an seiner Detektion ist nichts Spiel; es geht, so oder so, immer um sein Leben), seine ambivalente Haltung zur urbanen Unterwelt und der notwendige körperliche Einsatz bei seiner Arbeit. Er gehört nicht einer privilegierten Klasse an, sondern muß so sehr um seine Existenz kämpfen, daß er gelegentlich auch Fälle übernehmen muß, die ihm nicht gefallen.

Zum anderen aber ist der amerikanische Privatdetektiv die mythologische Fortschreibung des Westerners. Dieser (legendenhafte, literarische, filmische) Westerner ist der Mann, der der Zivilisation entflieht und doch zugleich ihr Wegbereiter ist; er ist der Moralist, der doch immer wieder das Böse, die Gewalt akzeptiert; der ewige Pfadfinder, der seiner „notwendigen Sünden" wegen an den Plätzen, die er für die Folgenden auskundschaftet, keinen Frieden finden kann; er ist, wie William Ruehlman (dessen Grundthesen vom Privatdetektiv als „Racheengel" und Gesetzlosen hier zugestimmt wird) andeutet, eine Gestalt wie Moses, der sein Volk ins Gelobte Land führt, doch selber dessen Segnungen nicht erfahren darf, „Shane" (vgl. den Band „Western"), der, wie es in dem Roman von Jack Schaefer heißt, „getan hat, was getan werden mußte" – einer der sündigt, damit es die anderen nicht zu tun brauchen. Aber er ist auch auf der anderen Seite des Gesetzes zu finden, wie viele große Legendengestalten des Westens als Vertreter des Gesetzes ebenso wie als *outlaws* wirken konnten. Zum Mythos des Westerners wie des Privatdetektivs gehört es, daß sie, wenn es sein muß, der „moralischen Integrität" folgend, die Grenze des Gesetzes überschreiten können, ohne von uns verurteilt zu werden. Raymond Chandler definiert den Privatdetektiv als einen „Mann der Ehre", der aus Instinkt, „ohne Gedanken daran und auf jeden Fall ohne darüber ein Wort zu verlieren", das Gute tut. Aber wie beim Westerner schließt dies auch beim Privatdetektiv nicht aus, daß er gelegentlich einen ungesunden Geschmack an der Gewalt entwickelt, daß er Frauen gegenüber nicht immer der schützende Ritter ist und daß er sich manchmal, insbesondere unter dem Einfluß von Alkohol, in einen alles andere als sympathischen Burschen verwandeln kann. Der Privatdetektiv kämpft, wie der Westerner, gegen ein feindliches, gleichwohl faszinierendes System, das nach barbarischen Regeln funktioniert, um die Etablierung oder Aufrechterhaltung eines (zivilisatorischen) Ideals, dessen Vollender sich schließlich für den Umgang mit ihm zu gut geworden sind.

Ganz anders als in den klassischen *whodunits* geht es in den Romanen und Erzählungen um die Figur des *private eye* nicht um ein Spiel, schon gar kein intellektuelles; der Kampf, den der Privatdetcktiv gegen politische oder kriminelle Konspiration führt, ist bitterer Ernst. Er „mag seinen Beruf", meistens, weil er gar keine andere Möglichkeit hätte, aber der Privatdetektiv arbeitet nur für zwei Dinge: Geld und die Erhaltung der Berufsehre. Die Wildnis droht, den Garten zurückzuerobern, den die Gesellschaft geschaffen hat. Weil es dabei kaum um einen „Täter" gehen kann, sondern nur um ein geheimes Geflecht, sind alle schuldig. Nur dem Privatdetektiv, der sich aus den gesellschaftlichen Zwängen befreien kann, selbst aus dem Zwang zur Legalität, ist zuzutrauen, daß er einen Status der Unschuld wiederherstellen kann. Die eigene Unschuld hat er indes zu verlieren, unwiederbringlich.

Der klassische Detektiv überführt den Täter, und es kommt gelegentlich vor, daß er ihn entkommen läßt, wenn seine Motive sein Mitleid erregen. Mit der Bestrafung hat er jedenfalls selten etwas zu tun. Sein Motiv ist der Schutz von Bedrohten. Anders der amerikanische Privatdetektiv, der sehr oft auch die Bestrafung des Verbrechers in die eigene Hand nimmt: Sein Motiv ist Strafe und Rache. Er ist im Grunde ein Vigilant, der Gestalt gewordene Bürgersinn, der sich gegen das Verbrechen auflehnt und, wo die staatlichen Behörden zu versagen scheinen, zur Selbstjustiz greift. Die Gewalt, die der Privatdetektiv ausübt, hat oft auch eine unbewußt religiöse Dimension, es ist eine Fortsetzung des puritanischen Glaubens an die Rechtfertigung von Gewalt gegen die Nichtgläubigen. Es ist kein demokratischer, sondern ein moralischer Auftrag, in dem der Held handelt, um so brutaler, ja sadistischer, wie seine moralischen Ansprüche rigider (und unwirklich) sind. (Mickey Spillane, der Autor der wohl brutalsten Romane des Genres, ist ein ehemaliger Angehöriger der „Zeugen Jehovas"-Sekte.) Der Privatdetektiv ist kein „Einrenker von Schicksalen", kein Kämpfer für Recht und Gesetz, kein entschlossener Bürger, der für die Verwirklichung seiner und anderer Rechte eintritt, sondern ein Rächer, der die tausend kleinen und großen Demütigungen, die uns widerfahren, durch die Macht der Gewalt und der alltäglichen Korruption, an ihren Urhebern blutig sühnt, möglicherweise mit noch härteren Mitteln, als seine Widersacher anwenden. Dafür lieben wir ihn.

Es ist nicht zu übersehen. daß dieser Held eine Form von (religiösem) Wahnsinn ausstrahlt; er fühlt sich (vor einem strengen, strafenden Gott) verantwortlich nicht nur für seine eigenen Taten, sondern für den Zustand der Gesellschaft, in der er lebt. (Auch hierin ähnelt er Moses, der, erzürnt über den Tanz seines Volkes ums Goldene Kalb, die Tafeln mit den Geboten Gottes zerschlägt.) Der Detektiv muß die Gesellschaft mit aller Gewalt so formen, daß sie seinem Idealbild entspricht, um sich zu retten. In seinem Eifer verschreibt er sich manchmal dem Teufel, um Gottes Entwurf vom Garten zu erfüllen. Wie Gott in Father Brown *seinen* Detektiv, *seinen* Rationalisierer gefunden hat, so hat er im *private eye seinen* Killer gefunden, dessen moralische Widersprüche ihn freilich verdammen und von Gott weiter entfernen denn je. Er ist das Paradox eines Evangelisten mit einer Pistole, einer, der in Gottes Namen straft. (Selbst der Polizist hat ein wenig von dieser Figur; auch er ist, wenn er als Held gesehen wird, mehr ein Rächer als ein Vertreter der Ordnung.)

Während der klassische Detektiv ideologische, „philosophische" Probleme einer allenfalls mittelständischen Klasse zu reflektieren hatte, ist der Privatdetektiv die „Antwort" auf ganz direkte, alltägliche Probleme, die Gefühle von Unsicherheit, Bedrohung, Verfall. Die Stadt ist von Zusammenbrüchen geprägt; der Verkehr, die Ordnung, die Energieversorgung, die Müllabfuhr, ganze Stadtviertel brechen zusammen. In Donald E. Westlakes Roman „Cops and Robbers", der später von Aram Avakian auch verfilmt wurde, faßt jemand die Frustrationen des Städters zusammen: „Diese Stadt ist eine Schande. Eine Schande, sage ich! Man ist hier seines Lebens nicht mehr sicher. Und wer kümmert sich darum? Tut irgendwer was dagegen? Alles bricht zusammen, und niemand tut etwas dagegen. Jeder ist in der Gewerkschaft. Die Lehrer streiken, die U-Bahnen streiken, die Krankenhäuser streiken. Geld, Geld, Geld – und wenn sie schon mal arbeiten, tun sie wirklich was? Geben sie Unterricht? Daß ich nicht lache! Die U-Bahn ist eine Gefahr, eine Bedrohung! Schaut euch die Straßen an! Gehaltsaufbesserung, Bezahlung, und schaut euch die Straßen an! Und ihr Polizisten! Gib Geld, gib Geld, gib Geld, und wo seid ihr? Die Wohnung wird einem ausgeraubt, und wo seid ihr? Irgendein Junkie fällt auf der Straße eine Frau an, und wo seid ihr? Wo sind die Bullen, wenn man sie braucht?"

Irgend jemand, und wenn er erfunden ist, muß gegen solche Mißstände etwas tun können. Es kann nur eine Figur wie der Privatdetektiv sein, der kaum noch Gefühle hat, die ihn davon abhalten würden, jemandem, der nicht auf seiner Seite steht, eine Kugel in den Kopf zu schießen.

Hammett und Chandler

Dashiell Hammett, der zunächst in „Pearson's Magazine" und H. L. Menckens „Smart Set" (dem – zumindest ökonomischen – Vorläufer des „Black Mask"-Magazins) publizierte, hatte, was das Geschäft der Privatdetektive anbelangt, einiges an eigener Erfahrung gesammelt; er war Angestellter der Pinkerton-Agentur in Baltimore und San Francisco gewesen (eine gewisse Rolle hatte er bei der Jagd nach Fanny Brices betrügerischem Ehemann gespielt, und er hatte an dem Fall gearbeitet, dessen skandalöse Umstände den Komiker Fatty Arbuckle die Karriere kosteten). Dieser Tatbestand hat, neben der direkten Sprache des Autors, viele Historiker des Kriminalromans dazu verleitet, den Realismus Hammetts als Naturalismus mißzuverstehen und die Authentizität seiner Arbeiten für „bare Münze" zu nehmen. Seine erste literarische Detektivgestalt, den namenlosen Continental Op, der 1923 zum erstenmal erscheint, schuf er zwar in Anlehnung an eigene Erfahrungen, und vor allem dessen Vorgesetzter, „The Old Man", hat eine Entsprechung in der Organisation der Pinkerton-Büros gehabt. Aber Hammett schrieb keine dokumentarische Literatur; er verwandelte eine Haltung in Handlung, in Sprache.

Dieser Detektiv, der in insgesamt 36 Kurzgeschichten auftritt, die meisten davon im „Black Mask"-Magazin veröffentlicht, ist alles andere als ein heroischer Charakter; er ist dick, an die vierzig Jahre, und er behandelt seine Fälle nüchtern, ohne sich je auf eine emotionale Anteilnahme einzulassen – es sei denn die der Rache. Seine Waffe im Kampf gegen oft überlegen scheinende Gegner ist seine Erfahrung, gelegentlich auch das Bewußtsein davon, daß man ihn für zu unwichtig hält, um ihn zu töten. Er hat ein lakonisches Verhältnis zur Gewalt; Mitleid kann er sich in seinem Beruf nicht leisten, am allerwenigsten Mitleid mit sich selbst. In „The Scorched Face" (1925) bemerkt er über den Mann einer Frau, die sich gerade umgebracht hat: „Er tat mir leid, aber ich hatte Arbeit zu erledigen." Auch Gefühle Frauen gegenüber weiß er sich zu versagen. Sein Beruf, der zugleich seine Moral ist, bringt es mit sich, daß er auch ihnen gegenüber vor allem mit Gewalt agiert; er erschießt eine Frau so, wie er einen Mann erschießt. Seine Motivation besteht einzig und allein darin, daß er seinen Beruf liebt: „Ich bin gern Detektiv", sagt er in „The

Gulting of Couffignal" (1925), „ich liebe die Arbeit. Und Liebe zur Arbeit bewirkt, daß man sie so gut verrichtet, wie man eben kann. Sonst hätte es keinen Sinn, sie zu tun ... Ich verstehe nichts anderes, mir macht nichts anderes Spaß, ich möchte ganz einfach nichts anderes verstehen oder gerne tun. So etwas kann man nicht mit Geld aufwiegen. Geld ist schon eine gute Sache, ich habe nichts dagegen. Aber in den vergangenen achtzehn Jahren hat es mehr Spaß gemacht, Schwindler zu jagen und Rätsel zu lösen ... Ich kann mir keine angenehmere Zukunft vorstellen, als noch so etwa zwanzig Jahre von dieser Art."

Diese Liebe zu seinem Job ist mehr oder weniger die Liebe zur Gewalt, die er auskostet (und die der Autor mit einer Art von beißender Poesie beschreibt); er liebt die Gewalt, die er empfängt, und er liebt noch mehr die Gewalt, die er anderen zufügt. Er tötet aus geringem Anlaß, ganz einfach, weil es zu seinem Job gehört, das Beste zu tun, und das Beste scheint ihm, das Böse durch ihre Vertreter auszulöschen. In „$ 100.000 Blood Money" (1927) erschießt er einen verräterischen Angestellten der Continental Detective Agency, um seiner Firma Ärger zu ersparen – es wird kein dunkler Fleck geduldet, und was getan werden muß, wird getan, ohne daß ein Wort darüber verloren würde. Der Continental Op denkt und verhält sich wie ein Mafioso. Er ist nicht korrupt, weil er das für unprofessionell halten würde und es ihm den Spaß nähme, aber eine über den Professionalismus, die Hingabe an die Firma und den „Old Man" an deren Spitze hinausgehende Moral hat er nicht. Er ist nicht ein Kämpfer gegen den Sumpf der Kriminalität, der Unterordnung unter ein System von blutigem Wahnsinn mit Methode, er ist ein Teil davon.

Die Sprache der Straße, der Unterwelt-Slang, die blumige Namensgebung der Gangster, die Verkürzungen, die die Presse erfunden hat – all das verarbeitet Hammett zu einer neuen Form der Poesie; es ist zugleich ein künstlerischer und ein politischer Akt, in dem ein verdrängter Aspekt des amerikanischen Lebens seine literarische Form findet. „Die Op-Stories sind die ersten amerikanischen Detektivgeschichten, die man mit Fug als Literatur bezeichnen kann, und sie verlieren mit der Zeit nichts an ihrer Wirkung, vor allem weil der inhumane Op Siege erringt, die in seiner Welt allenfalls von kurzer Dauer sind. Diese Art von Anti-Held, der brutal durch die Umstände wird, die es von ihm verlangen, findet Zustimmung in einem Land, das zunehmend mißtrauisch gegenüber der großen Geste reagiert, und in einem Jahrhundert, dessen wirklich strahlende Helden à la Patton oder T. E. Lawrence geistig verwirrte Menschen waren. Der Op greift nicht über seine Zeit hinaus, er ist ihr vollkommener Ausdruck" (William Ruehlman). Und auch er ist – besonders in Hammetts Roman „Red Harvest" – ein Racheengel, der

Amok läuft, wenn zu seinem professionellen Zynismus ein persönliches Motiv tritt.

Die Veränderung der Detektiv-Gestalt und die Veränderung der literarischen Technik schufen eine neue Form der Detektivgeschichte. „Die konventionelle Kriminalgeschichte konzentriert sich auf die geistige Stärke des Untersuchungsführenden; die neue Art der Kriminalgeschichte betont den hautnahen Kontakt des Detektivs mit dem Verbrecher ... In (Hammetts) Geschichten sieht der Autor das Verbrechen nicht als eine abgeschlossene Geschichte, die mit dem Verstand angegangen werden muß, sondern als einen dynamischen Ablauf, der mit Stärke und mit Klugheit abgewickelt werden muß ... Der Privatdetektiv paßt altehrwürdige Vorstellungen von Nachforschung modernen Polizeimethoden an. Er sammelt minuziös Fakten. Er geht auf die Straße, nicht in sein Arbeitszimmer oder in ein Labor, abgesichert durch seine Vertrautheit mit den Verhaltensformen des Verbrechers, durch seinen Scharfsinn, seinen Mut, seine Ausdauer, sein Glück ... Er bekommt seine Informationen durch Überwachung und durch Befragung von jedermann, der auch nur entfernt mit dem Verbrecher in Verbindung steht. Schließlich sucht er oft Unterstützung bei anderen Privatdetektiven, bei Hotel- und Polizeidetektiven, bei bezahlten Informanten, bei Taxifahrern und Eisenbahnangestellten.

Diese Techniken wären jedoch wertlos ohne die Fähigkeit des Detektivs, die Wichtigkeit einer Information richtig einzuschätzen sowie Fehler und Schwächen auszunützen, wenn er mit seinen Gegnern direkt konfrontiert ist." (Leonard Marsh)

Nach dem Roman „The Dain Curse" ließ Hammett die Figur des Continental Op fallen und schrieb die beiden folgenden Romane, „The Maltese Falcon" und „The Glass Key", in der dritten Person. Sein Held war nun der Privatdetektiv Sam Spade, der in Härte dem Continental Op in nichts nachsteht, der aber wohl einen stärker ausgeprägten moralischen Kodex hat (auch wenn er seine moralischen Regungen eher verbergen will). Auch seine Moral besteht aus nicht viel mehr als „Mut, Würde und Geduld", aber so leicht wie dem Continental Op fällt ihm das Töten nicht (was nicht heißt, daß er darauf verzichten könnte). Er ist ein Mann, der „es haßt, geschlagen zu werden, ohne zurückzuschlagen", ein „blonder Satan", der mit der Frau seines Partners schläft; in einer Welt, in der nichts wirklich sein kann, was es scheinen muß, und in der jeder scheinen will, was er nicht sein kann, ist er so etwas wie ein „nachgemachter Held" (Ruehlman).

Während sich in „The Glass Key" Hammetts gesellschaftskritischer Ansatz am deutlichsten zeigt, beinhaltet „The Maltese Falcon" bereits einiges von den mehr spielerischen, satirischen Mitteln, die dann in „The

Thin Man", einem Kriminalroman um einen Privatdetektiv, der sich aus seinem Job zurückzieht, weil er eine (reiche) Frau geheiratet hat, aber doch noch einmal in einen mysteriösen Fall verwickelt wird, zum Tragen kommen.

Raymond Chandler kam erst spät und mehr aus wirtschaftlicher Notwendigkeit denn aus innerer Überzeugung zur Kriminalliteratur. Auch seine ersten Arbeiten wurden in dem Magazin „Black Mask" veröffentlicht, Kurzgeschichten um Detektive wie Johnny Dalmas oder Pete Anglich, die aber alle schon den einen oder anderen Zug mit seiner späteren Schöpfung, dem „Private Investigator" Philip Marlowe, gemeinsam haben, der seinen großen Auftritt in dem Roman „The Big Sleep" (1939) hat. Beschrieben wird er als Mann um Ende Dreißig, der über einige Bildung verfügt und früher für den Staatsanwalt gearbeitet hat, bevor man ihn entließ. „Das Entscheidende an Marlowe ist seine Integrität, sein Bewußtsein von der Kaputtheit der Welt und sein Versuch, der allgegenwärtigen Korruption die eigene Unbestechlichkeit, Würde, Ehrlichkeit und Mut zur Kritik entgegenzusetzen. Natürlich erschießt er niemals eine Frau. Seine Loyalität den Klienten gegenüber ist, wenn er sie akzeptiert – unerschütterlich. Für sie läßt er sich auch von der Polizei zusammenschlagen und hat immer noch die Kraft, intelligent spitze Bemerkungen dazu zu machen." (Bettina Thienhaus)

Marlowe ist also, im Gegensatz zu Sam Spade, ein „offener" Moralist, der im „faulen und kranken Herzen unserer Zivilisation" (Chandler), den Städten Los Angeles und Hollywood, seine Fälle zu lösen versucht, die meist mit kleinen (oft vorgetäuschten) Aufträgen beginnen. Im Verlauf seiner Untersuchungen wird dem Privatdetektiv erst klar, wie groß das Ausmaß der Intrige ist, in die er hineinschlittert. Er versucht loyal zu bleiben und seinen Klienten zu decken, der eine dubiose Rolle in der Verbindung von Verbrechen und der bürgerlichen Macht spielt, dabei weder schuldig noch unschuldig ist, aber mit dem festen, wenn auch nie ausgesprochenen Willen, sich aus der Verstrickung mit dem Verbrechen zu lösen. Meistens handelt es sich dabei um eine Frau, die zu retten der Detektiv all seine Kraft und seine Intelligenz einsetzen muß. „Was stimmt nicht mit dir?" fragt Marlowe am Ende von „The Big Sleep". „Nichts, was du nicht ändern könntest", antwortet die Frau.

Eine wesentliche Rolle in den insgesamt sieben Romanen Chandlers spielt die Topografie der Stadt Los Angeles, die der Detektiv von den Vierteln der Reichen bis zu den schummrigen Bars kennt. Die positiven Auftraggeber, zu denen er sich bekennt, sind Abtrünnige aus den Vierteln der Reichen über der Stadt auf den Hügeln, es sind Renegaten einer Klasse, die Marlowe (wie Chandler) ob ihrer „Verlogenheit" zutiefst verachtet. Diese Klasse hat ihrer Vergnügungssucht und ihres Machthungers willen eine notwendige Verbindung mit dem Verbrechertum, aber sehr häufig sind es schließlich nicht die Gangster selbst, die das Böse verschulden, wenn Marlowe auch immer wieder ihre Brutalität zu spüren bekommt. An Korruption und Brutalität kann es die Polizei jederzeit mit den Gangstern aufnehmen, wenn es auch unter den Gangstern wie unter den Polizisten den einen oder anderen integren Burschen gibt.

Marlowe lebt und arbeitet in einer dem Verderben preisgegebenen Welt, „einer Welt, in der Gangster ganze Nationen regieren können und Städte manchmal sogar regieren, in der Hotels, Apartmenthäuser und berühmte Restaurants sich im Besitz von Männern befinden, die ihr Geld mit Bordellen gemacht haben, in der ein Filmstar Zuträger einer Bande sein kann und der nette Mann von gegenüber Boss eines Glücksspielsyndikats ist; eine Welt, in der ein Richter, der den ganzen Keller voll von geschmuggeltem Alkohol hat, einen Menschen ins Gefängnis schicken kann, weil er einen Flachmann in der Tasche hatte ..., eine Welt, in der Zeugen eines Überfalls bei hellichtem Tag werden und sehen können, wer es war, sich aber lieber sofort in der Menge verdrücken, als daß sie irgendwem davon erzählten, weil der Verbrecher vielleicht Freunde mit langen Pistolen hat oder weil ihre Zeugenaussage der Polizei vielleicht gar nicht gefällt und weil in jedem Fall der Winkeladvokat von Verteidiger die Möglichkeit hat, sie in öffentlicher Gerichtsverhandlung zu beschimpfen und fertigzumachen." (Raymond Chandler)

Die Marlowe-Romane sind in Ich-Form gehalten und enthalten, weit mehr als die Bücher von Hammett, Reflexionen und Gedanken des Helden, die nicht unmittelbar in Aktionen überleiten. Den kompromißlos harten Stil der Handlungsliteratur hatte Chandler schon ein wenig verlassen, und gemessen an Hammett ist er fast schon wieder melodramatisch.

Mit Sam Spade und Philip Marlowe hatte die Detektiv-Literatur zwei eschatologische Helden hervorgebracht; es mochte hinterher intelligentere, realistischere, aufklärerischere Detektivromane geben; es gab keine, die das Entsetzen über den Zustand der Welt in Amerika so direkt wiedergaben.

Geschichte des Detektiv-Films

Sherlock Holmes 1902 bis 1943

Es nimmt nicht wunder, daß Sherlock Holmes die erste Detektivfigur war, deren sich der Film annahm. Natürlich war die Film-Adaption von Detektiv-Stoffen in der Stummfilmzeit nicht gerade sonderlich „werkgetreu" zu bewerkstelligen, da die Gedankengänge der Detektion nur sehr verkürzt wiedergegeben werden konnten. Auf der anderen Seite erfreuten sich Detektivromane jeglicher Provenienz solch hoher Popularität, daß das neue Medium kaum daran vorbeigehen konnte. So versuchte man, mehr Augenmerk auf Aktionen, *mystery* und Spannung zu legen.

Die ersten Sherlock Holmes-Filme kamen nicht aus England, sondern aus Amerika und Dänemark. Noch einige Monate bevor man in den USA den Film THE GREAT TRAIN ROBBERY produzierte, der nicht nur als der erste Western der Filmgeschichte gilt, sondern auch als einer der ersten Filme mit einer durchgehenden Handlung, drehte man bei Biograph den Film SHERLOCK HOLMES BAFFLED. Dieser Film (von dem keine Kopie mehr existiert) dürfte kaum eine wirkliche Handlung gehabt haben, vielmehr handelte es sich wohl um eine Abfolge von „lebenden Bildern", die Schlüsselszenen aus den Romanen und Erzählungen Conan Doyles wiedergaben und den zahlreichen Illustrationen zu den Sherlock Holmes-Geschichten nachempfunden waren, die damals den Büchern und Magazinen beigegeben waren und ihre eigene Ästhetik entwickelt hatten, die vermutlich nicht ganz ohne Einfluß auf das neue Medium gewesen ist. (Es ist bemerkenswert, daß Holmes schon früh zu einem optischen Mythos wurde, was nicht nur an der vom Autor präzis gefaßten Charakterisierung von Holmes, Watson und ihrer Widersacher bis hin zur Kleidung liegen mag, sondern auch an der Attraktivität der „Dramatisierung" der Schauplätze; es gab, gewissermaßen, eine optische Entsprechung zum „Sherlockismus".) Der Film hatte im übrigen eine Gesamtlänge von dreißig Sekunden.

Bei Vitagraph folgte im Jahr 1905 eine weitere Film-Version des Stoffes von Conan Doyle, „The Adventures of Sherlock Holmes". Dieser Film erreichte immerhin eine Länge von acht Minuten, und es sind sogar die

Namen des Regisseurs (James Stuart Blackton, der aus England stammte, mit Edison zusammengearbeitet hatte und auch für die erste Film-Version von „Raffles" verantwortlich zeichnete, die im selben Jahr wie sein Sherlock Holmes-Film entstanden war) und des Hauptdarstellers (Maurice Costello, der später zu einem begehrten romantischen *action*-Helden wurde) bekannt. Da als Vorlage für den Film der Roman „The Sign of Four" benannt wurde, ist anzunehmen, daß der Film bereits versuchte, zumindest im Ansatz die Geschichte eines Falles und seiner Lösung wiederzugeben.

Den nächsten Versuch, den bekannten Detektiv auf die Leinwand zu bringen, unternahm der dänische Regisseur Viggo Larsen, der in seinen elf zwischen 1908 und 1911 entstandenen Sherlock Holmes-Filmen die Rolle des Helden auch selbst übernahm. Larsen, Mitarbeiter von Ole Olsen, der in Kopenhagen das erste Kino eröffnet hatte, 1906 die „Nordisk Film Kompagni" gegründet und sich nach der gemeinsam mit Larsen vorgenommenen Inszenierung des skandalumwitterten Films LØVEJAGTEN (für den zwei Löwen vor der Kamera erschossen wurden) ganz auf die Produktion verlegt hatte, war zunächst durch seine romantischen Filme und seine „sozialen Dramen" bekannt geworden. Danach hatte er sich berühmter, oft phantastischer Stoffe der Weltliteratur angenommen, so „La dame aux camélias" von Alexandre Dumas im Jahre 1907, „Trilby" von George du Maurier 1908, „Doctor Jekyll and Mr. Hyde" von Robert Louis Stevenson 1909 etc. Neben der inszenatorischen Meisterschaft Larsens waren diese Filme vor allem durch spektakuläre Szenen gekennzeichnet, von denen manche mehr boten, als der amerikanische Film derselben Zeit aufzubieten hatte. Produziert wurden alle diese Filme wie auch Larsens vorhergehende Arbeiten von Ole Olsen in Dänemark. Dagegen waren Larsens Sherlock Holmes-Filme gleichsam „internationale" Produktionen – vier von ihnen wurden in Großbritannien, zwei in den USA und fünf in Deutschland produziert. Was jedoch blieb, war die verhältnismäßig aufwendige Produktion, eine Vorliebe für Außenaufnahmen und Larsens Gespür für spektakuläre Wirkungen.

Viggo Larsen als einem sehr behenden, tatendurstigen Sherlock Holmes, der sich kaum auf die *thinking machine* reduzieren ließ und geistig wie körperlich „gesünder" war als sein literarisches Modell zur Seite stand mit Alwin Neuss ein Dr. Watson, der öfter in die Handlung eingriff, als man das von der von Conan Doyle kreierten Figur gewohnt ist. (Folgerichtig sollte der in Deutschland geborene Schauspieler später selbst in die Rolle des Detektivs schlüpfen.) Die Filme von Larsen spekulierten vor allem mit den Sensationen attraktiver Schauplätze, furioser Stunts und für die damalige Zeit außergewöhnlicher Tricks und der Wirkung eines – selten genug im Genre – durch und durch sympathischen und „menschlichen" Sherlock Holmes. Darüber hinaus waren seine Filme geprägt von einem Einfallsreichtum, der über die Elemente der literarischen Vorlage hinaus an Figuren und Handlungsmomenten benutzte, was sich bot. So haben es Holmes und Watson im Verlauf der Serie nicht nur mit dem schurkischen Dr. Moriarty zu tun, der Conan Doyles Feder entstammt, sondern etwa auch mit dem von E. W. Hornung 1889 ins Leben gerufenen Meisterdieb Raffles, der hier freilich seine romantischen Züge zugunsten von Bösartigkeit und List verloren hatte.

1908 hatte eine unabhängige amerikanische Produktionsfirma den Film „Sherlock Holmes and the Great Murder Mystery" produziert, ein Film, der in groben Zügen der Erzählung „The Murders in the Rue Morgue" von Edgar Allan Poe folgte, wobei dessen Chevalier Auguste Dupin einfach durch den populären Sherlock Holmes ersetzt worden war. Überhaupt waren weder Werktreue noch Fragen des Copyright zu dieser Zeit dazu angetan, die Filmschöpfer an Invention und Variation zu hindern. So entstanden 1910 in Deutschland zwei Filme, in denen Sherlock Holmes Arsène Lupin, den zweiten der großen Gentleman-Ganoven der populären Literatur (erfunden von dem französischen Autor Maurice Leblanc), zum Gegner hatte. 1912 gab es eine Serie von französischen Filmen, in denen neben der Figur des Detektivs der Autor, Sir Arthur Conan Doyle, in Person auftrat und in das Geschehen eingriff.

In Frankreich entstanden 1914 und 1915 Film-Versionen von „A Study in Scarlet" und „The Hound of the Baskervilles", dann aber obsiegte die Attraktivität der eher phantastisch ausgeformten Kriminalstoffe um die Figuren von „Fantômas" und „Judex", die vor allem in den Serials von Louis Feuillade das Publikum begeisterten, in der Gunst der Kinogänger über den britischen Detektiv. In England selbst waren die Filme um eine ganz ähnliche Figur, „Ultus", weitaus populärer als „reine" Detektiv-Filme. George Pearson, der die meisten dieser Filme inszenierte, führte auch Regie bei dem ersten Sherlock Holmes-Film, der eine Länge von sechs Rollen hatte, A STUDY IN SCARLET (1914), mit James Bragington in der Rolle des Detektivs. Der Produzent dieses Films, G. B. Samuelson, wagte 1916 mit VALLEY OF FEAR (Regie: Alexander Butler) einen weiteren langen Sherlock Holmes-Film mit ähnlich hohem Produktionsniveau. Noch im selben Jahr entstand in den USA unter der Regie von Arthur Berthelet SHERLOCK HOLMES mit William Gilette in der Titelrolle. Der Erfolg dieser Filme hielt sich in Grenzen, nicht nur weil das Publikum phantastische Stoffe vorzog, sondern auch weil jeder Regisseur und jeder Darsteller seine eigene Vorstellung vom Meisterdetektiv und seinem Gegner zu verwirklichen versuchte. Der Stoff schien aber nach der Kontinuität einer Film-Serie zu verlangen, durch die die Identifikation des Publikums erreicht werden konnte und die es erlaubt hätte, die Erwartungshaltung so in die Konstruktion der – zweifellos mit „filmischen" Elementen aufgefüllten – Handlung einzubeziehen, daß mit Bekanntem, Vorausgesetztem operiert werden durfte. (Es gibt wohl überhaupt kein anderes Genre, das so sehr dem Seriencharakter, zumindest wiederkehrender Figuren verpflichtet ist wie der Detektiv-Film.)

Eine solche Serie begann in Deutschland 1914 mit DER HUND VON BASKERVILLE (Regie: Rudolf Meinert), in der zunächst der bereits erwähnte Alwin Neuss Sherlock Holmes verkörperte. Meinert, der später die Nachfolge von Joe May als künstlerischer Leiter bei Decla antreten sollte und an der Produktion von Wienes DAS CABINET DES DR. CALIGARI (1919) beteiligt war, führte auch Regie bei DAS EINSAME HAUS (1914), während den letzten Film, in dem Neuss den Sherlock Holmes spielte, DAS UNHEIMLICHE ZIMMER (1915), der durch seine Aufklärungs- und Sittenfilme bekannt gewordene Richard Oswald inszenierte. Eugen Burg übernahm die Hauptrolle in DAS DUNKLE SCHLOß (1915 – Regie: Willy Zehn), und schließlich entstanden zu der Serie 1920 noch zwei „Nachzügler", in denen Erich Kaiser Titz den Detektiv verkörperte. Zwischen 1917 und 1919 entstand eine weitere Serie von (insgesamt neun) Sherlock Holmes-Filmen mit Fortsetzungscharakter unter der Regie von Karl Heinz Wolff, in denen Hugo Flink die Hauptrolle spielte. Unter Titeln wie DER ERDSTROMMOTOR (1917), DIE INDISCHE SPINNE (1918) oder DIE GIFTPLOMBE (1918) spulte sich ein Abenteuer mit phantastischen und grotesken Elementen ab, das mit Conan Doyles Vorstellungen von der Arbeit eines „Detektivberaters" nur wenig gemein hatte.

In Amerika hatte sich der Film unterdessen des Theaters bemächtigt; es entstanden zahllose Verfilmungen populärer Bühnenstücke, deren Stars die Filme zum Erfolg bringen sollten. Eine solche Adaption war auch der bereits erwähnte Film „Sherlock Holmes" aus dem Jahre 1916, der William Gilette, Autor und Hauptdarsteller des gleichnamigen Theaterstücks, mit dem er seit immerhin siebzehn Jahren erfolgreich gewesen war, in seiner ersten Kinorolle präsentierte. Diese Identifikation des Darstellers mit der Rolle zahlte sich für diesen und einige spätere Filme aus, in denen profilierte Schauspieler ihre Version des Detektivs entwarfen. Gilettes Bühnenstück diente auch als Vorlage für den 1922 entstandenen „großen" Sherlock Holmes-Film in den USA, mit einem „großen" Darsteller in der Titelrolle, John Barrymore. Hier begann der Sherlock Holmes des Films eine menschliche Dimension zu entwickeln; Sherlock Holmes bekam eine Seele.

Der Film, der John Barrymore in der Rolle des Sherlock Holmes präsentierte, trug nicht nur durch diese Star-Besetzung dazu bei, das Genre der Detektiv-Filme und vor allem der Doyle-Verfilmungen respektabler zu machen; SHERLOCK HOLMES war eine für den Standard der Zeit beachtliche Produktion mit einem Budget, das man sonst keinem Film dieser Art zugebilligt hätte. Der von dem Produzenten Sam Goldwyn initiierte, in England unter der Regie von Albert Parker gefertigte Film profitierte ein wenig von einer Mode fürs Kontinentale in den Vereinigten Staaten und gab sich in allem so britisch wie möglich. Der Film, der eine Gesamtlänge von 136 Minuten aufwies, war freilich, wie es gelegentlich in den Kritiken hieß, eher ein Film über John Barrymore als einer über Sherlock Holmes. Barrymore, der seinen großen Durchbruch als Filmdarsteller in der Hauptrolle von John S. Robertsons Version von DR. JEKYLL AND MR. HYDE (1920) erreicht hatte, mußte sich in einer deutlichen Reminiszenz an diesen Film als seinen Erzfeind verkleiden und ihm in dieser Maskerade an anderer Stelle dieser Geschichte gegenübertreten. Da dieser Moriarty (Gustav von Seyffertitz) weniger der kühl rechnende „Napoleon des Verbrechens" als eine fast dämonische Gestalt war und Verkleidungen und Szenen wie die erwähnte „Doppelgängerszene" eine bedeutende Rolle spielten, war Parkers Film in der Nähe des phantastischen Films angesiedelt, was den Mangel an *detection* im Stummfilm ein wenig auszugleichen vermochte.

Neben dem etwas geheimnisvollen Holmes, Doktor Watson (Roland Young, der hier sein Film-Debüt gab) und dem abgrundtief bösen Moriarty spielte in SHERLOCK HOLMES die Stadt London eine Hauptrolle (wie sehr viel später Detektiv- und Polizeifilme oft auch als Städteporträts funktionierten); dieses London zeigte sich von seiner positiven Seite (der typische Blick auf die Themse, Piccadilly Circus mit Pferdedroschken und -wagen, den neuen Automobilen und dem Gewimmel von Menschen) und seiner negativen Seite (die dunklen Seitenstraßen, in denen das Verbrechen zu Hause zu sein scheint).

Der amerikanischen Prestige-Produktion SHERLOCK HOLMES folgten einige „kleinere" Doyle-Verfilmungen in England, so THE SIGN OF FOUR (1923 – Regie: Maurice Elvey), wo wie bei THE HOUND OF THE BASKERVILLES (1921 – Regie: Maurice Elvey) Eille Norwood den Meisterdetektiv verkörperte. Dazu gehörte auch eine fünfzehnteilige Serie um den Helden. Auch in Deutschland versuchte man sich erneut an einer Filmfassung von THE HOUND OF THE BASKERVILLES; Regie bei „Der Hund von Baskerville" (1929) führte Richard Oswald. Die Darsteller dieses Films waren international: Carlyle Blackwell (Sherlock Holmes) kam aus den USA (er war in einer der ersten Versionen von UNCLE TOM'S CABIN aufgetreten und hatte auch in SHERLOCK HOLMES eine Rolle gespielt), Georges Seroff (Watson) kam aus Frankreich, und der deutsche – wenn es so etwas gibt: Charakterschurke – Fritz Rasp spielte Holmes' Gegenspieler – diesmal nicht Moriarty, sondern Dr. Stapleton. Auch Oswalds Film war mit 130 Minuten Länge schon beinahe ein Mammutfilm.

Der nächste amerikanische Sherlock Holmes-Film, THE RETURN OF SHERLOCK HOLMES (1929 – Regie: Basil Dearden, Clive Brook), wurde noch als Stummfilm begonnen, doch noch während der Drehzeit zu einem Tonfilm umgeändert. Clive Brook spielte einen jugendlichen, doch nicht zu allzu anstrengenden Aktionen bereit scheinenden, ein wenig blasiert wirkenden Sherlock Holmes, und H. Reeves-Smith war ein pragmatischer, gelegentlich ein wenig überflüssig wirkender Doktor Watson. Der Film, der zur Hauptsache auf einem Ozeandampfer spielte und aus verschiedenen Handlungselementen aus zweien von Arthur Conan Doyles Sherlock Holmes-Stories zusammengestellt war („The Dying Detective", „His Last Bow"), konzentrierte sich auf lange Dialog-Passagen (und wirkt heute „altmodischer" als einige der erhalten gebliebenen stummen Detektiv-Filme).

Clive Brook, immerhin ein sehr „kontinentaler" Detektiv (was offensichtlich ein Maß an Eingebildetheit mit einschloß), hatte eher für die Erklärungen zu sorgen (die ein wenig umständlich ausfielen, aber, wie es heißt, hatte Clive Brook eine Stimme, die beim Publikum des frühen Tonfilms Gefallen fand), während die Aktion seinem Feind Dr. Moriarty (Harry T. Morey) überlassen blieb. Der hatte schon all die üblen Tricks auf Lager, die die *heavies* späterer Serienfilme des Detektiv-Genres auszeichneten (so verwendete er ein Zigarettenetui mit einer vergifteten Nadel, die bei nichtsahnendem Gebrauch tödliche Folgen haben konnte).

Clive Brook trat noch zweimal als Sherlock Holmes auf, so im Jahr 1930 in der Episode MURDER WILL OUT (Regie: Rowland V. Lee) aus „Paramount on Parade". Neben Brook als Holmes präsentierte die Detektiv-Parodie die beiden anderen bei Paramount in mehreren Filmen agierenden *mystery*-Stars, William Powell als Philo Vance (vgl. das Kapitel „Detektive vom Roman zur Leinwand") und Warner Oland als Fu Manchu in satirischen Szenen. (Übrigens bedeutet die Szene, in der die Detektive von dem geheimnisvollen Fu Manchu getötet werden, wie William K. Everson mitteilt, den einzigen Leinwand-Tod von Sherlock Holmes). 1932 trat Clive Brook in William K. Howards SHERLOCK HOLMES zum letztenmal in der Rolle des britischen Detektivs auf. Sein Doktor Watson war diesmal Reginald Owen, der selbst in A STUDY IN SCARLET (1933 – Regie: Edwin L. Marin) die Rolle des Detektivs übernehmen sollte. William K. Everson schreibt über diesen Film: „Fox' ‚Sherlock Holmes' ist einer der vergnüglichsten und stilvollsten aller

Holmes-Filme, auch wenn er möglicherweise für die puristischen Fans von Conan Doyles literarisehem Werk eine kleine Enttäuschung darstellte. Nach den offiziellen Angaben war das Drehbuch auch zu diesem Film nach dem erwähnten Theaterstüek von Gilette (vgl. den Abschnitt „Sherlock Holmes 1902 bis 1920" – der Verf.) aufgebaut, aber abgesehen davon, daß beide Male die Auseinandersetzung der beiden Geistesgrößen Holmes und Moriarty im Vordergrund steht, gibt es kaum eine Ähnlichkeit. Merkwürdigerweise stimmt nicht einmal die offizielle Inhaltsangabe, die vom Studio herausgegeben wurde, mit der tatsächlichen Handlung des Films überein; Bertram Millhauser (der später als einer der ständigen Autoren an der Holmes-Serie von Universal arbeitete) hatte die Handlung in die Gegenwart der dreißiger Jahre verlegt, und der *plot* folgte in Ansätzen Motiven aus Conan Doyles Erzählung ‚The Red Headed League'. Eine Reminiszenz an Gilettes Stück war Hohnes' romantische Beziehung zu Alice Faulkner (gespielt von Miriam Jordan) und sein endlicher Rückzug in die Wonnen des Familienlebens am Schluß des Films. Die Aktualisierung des Stoffs wurde so weit getrieben, daß Moriarty mit den für diese Zeit typischen Methoden aus den Gangsterfilmen, mit Bomben und Maschinengewehren, operiert. Holmes erhielt keine Möglichkeit, seine geistigen und rhetorischen Fähigkeiten unter Beweis zu stellen; seine detektivischen Fähigkeiten bleiben eher eine Behauptung, und sein berühmtes ‚Elementary, my dear Watson!' war eher ein verbaler Tick, der auf Beobachtungen folgte, für die es keines detektivischen Spürsinns bedurft hätte. Watson selbst, von Reginald Owen gespielt, hatte nur ein paar sporadische Auftritte; tatsächlich hatte man Owen in der Besetzungsliste noch unter Herbert Mundin plaziert, der eine wenig bedeutende Nebenrolle innehatte.

Aber wenn der Film auch der literarischen Vorlage nicht gerecht werden konnte, so bleibt er doch erstklassig als filmisches Drama. Der Regisseur William K. Howard war ein Meister des raffinierten, eleganten Thrillers, der an den Höhepunkten der Spannung die Szenen akkurat zu komponieren und perspektivisch zu dramatisieren verstand, dessen Filme rasant und präzis geschnitten waren und der eine Neigung für ‚deutsches', expressionistisches Licht und Dekor hatte. Der erste Akt des Films mag als ein Muster dafür dienen, wie dramatische Bravour und cineastisches Gespür miteinander verknüpft werden können. In einer Reihe von verblüffenden Silhouetten-Aufnahmen durch eine Gaze hindurch werden wir Zeuge, wie Moriarty – wunderschön gespielt von Ernest Torrence, der jeden seiner Sätze mit falscher Würde und hinterlistiger Bescheidenheit hervorbringt – vor Gericht gebracht und zum Tode verurteilt wird und wie er sich der Jury zuwendet und meint, der Strick, an dem ein Moriarty aufzuhängen wäre, sei noch nicht erfunden, und wie er Holmes, die Geschworenen und alle anderen, die für seine Verurteilung verantwortlich sind, damit bedroht, daß sie vor ihm sterben würden."

Arthur Wontner stellte den Meisterdetektiv in einer Serie von B-Filmen dar, die mit THE SLEEPING CARDINAL (1931 – Regie: Leslie S. Hiscott) begann und nach insgesamt fünf Filmen mit SILVER BLAZE („Murder at the Baskervilles" – 1937 – Regie: Thomas Bentley) endete. Dieser ganz britisch unterkühlte Detektiv blieb einer der unaufdringlichsten und wirksamsten des Genres. Je einen Auftritt als Sherlock Holmes hatten die britischen Schauspieler Raymond Massey und Robert Rendel. Gleich drei Holmes-Filme entstanden im Jahr 1937 in Deutschland: DER HUND VON BASKERVILLE (Regie: Carl Lamac) mit Bruno Guttner und Fritz Odemar als Holmes und Watson, SHERLOCK HOLMES (Regie: Erich Engels) mit Hermann Speelmans in der Titelrolle und die Parodie DER MANN, DER SHERLOCK HOLMES WAR (Regie: Karl Hartl). Hier beginnen der angebliche Sherlock Holmes (Hans Albers) und der angebliche Dr. Watson (Heinz Rühmann) ihre Untersuchungen über eine Falschgeldaffäre in einem Zug mit dem Verhör zweier Damen, Jane und Mary Berry (Marieluise Claudius, Hansi Knoteck), den Nichten des kürzlich verstorbenen Professors Berry. „Holmes" und „Watson" machen auf Berrys Schloß die Entdeckung, daß dieser einer der geschicktesten Fälscher der Welt gewesen ist, der neben Geld auch wertvolle Briefmarken gefälscht und durch seine verzweigte Bande in Umlauf gebracht hatte. Die beiden geraten in die Gefangenschaft der Helfershelfer des Professors, werden aber von der Polizei bei einer Razzia aus dem Kohlenkeller des Leihhauses „Lombard" befreit. Allmählich ergeben sich Zweifel an der Identität des Detektivs und seines Adlatus, und die beiden werden in Haft genommen. Es stellt sich schließlich heraus, daß das Sherlock Holmes- und Dr. Watson-Spiel eine Finte war. Unter den dramatischen Komödien des UFA-Films gehört diese sicher zu den gelungensten, und anläßlich der Wiederaufführung des Films hieß es im Jahre 1958 in der Zeitschrift „Filmkritik": „Lehrreich der Hinweis, daß man sich auch hierzulande einmal auf gute Kriminalfilme und gar -lustspiele verstand: auf eine einfallsreiche Intrige, eine lückenlose Konstruktion, auf Witz, Charme und Atmosphäre."

Die langlebigste und erfolgreichste Serie von Filmen um Sherlock Holmes und Dr. Watson in Amerika wurde 1939 mit THE HOUND OF THE BASKERVILLES („Der Hund von Baskerville" – Regie: Sidney Lanfield) begonnen. Mit Basil Rathbone trat ein Sherlock Holmes an, der, ganz Überlegenheit und Eleganz, es gewiß geschafft hätte, die Figur aus den Niederungen des B-Films zu reißen, wenn die *plots* und vor allem die

The Adventures of Sherlock Holmes (Basil Rathbone, Nigel Bruce)

die Regie-Arbeit das Ihre dazu getan hätten. Mit einem zwischen Biedersinn und Naivität angesiedelten Watson (Nigel Bruce), John Carradine und Lionel Atwill unter den Nebendarstellern, konnte sich Rathbone als sehr viktorianischer Detektiv, als brillanter und vor allem exzentrischer Mann zeigen. Die Atmosphäre dieses Films und seiner Nachfolger ist der des Horrorfilms verbunden, nicht nur der Nebel, die Schatten, die einsamen Straßen, die „dramatischen Unwetter" und die überladenen Interieurs deuten auf eine innere Kongruenz, sondern auch die handelnden Figuren selbst. Dabei wird aus Sherlock Holmes eine Art von „gutem" *mad scientist*; er ist als Mensch nicht zu fassen, sondern eher als einer, der mit dem Okkulten vertraut ist, auch wenn er das Rationalisierbare sorgsam davon zu scheiden weiß, ein, bei aller Rationalität, Vertreter der „weißen Magie".

Die noch im selben Jahr entstandene Fortsetzung zu THE HOUND OF THE BASKERVILLES, THE ADVENTURES OF SHERLOCK HOLMES (Regie: Alfred Werker), konfrontierte den Detektiv und seinen Helfer mit Professor Moriarty, den George Zucco als phantastischen Schurken gab, mit allen Ingredienzeen eines pervertierten englischen Gentleman: ein wirklicher Gegner für Holmes, der sich ebenso über seine eigenen schurkischen Pläne (diesmal geht es um den Raub der Kronjuwelen) freut, wie sich der Detektiv an seinen Deduktionen ergötzt: Zwei intellektuelle Narzißten in einem Duell.

Mit diesen beiden – im übrigen recht erfolgreichen – Filmen hatte die 1942 begonnene Serie von B-Filmen außer den beiden Hauptdarstellern nur wenig gemeinsam. Insgesamt zwölf Filme der Serie entstanden bis zum Jahr 1946; den ersten, SHERLOCK HOLMES AND THE VOICE OF TERROR („Sherlock Holmes – Die Stimme des Terrors" – 1942), inszenierte John Rawlins, alle anderen Roy William Neill. Den Gesetzen der Serien-Detektivfilme dieser Zeit folgend, hatte man aus Dr. Watson eine Art komischen *sidekick* gemacht, der aus dem unvergleichlichen Team ein ganz anderes Gespann machte, als es Conan Doyle im Sinn gehabt haben mochte. Dr. Watson ist nun nicht mehr der Vertreter des Publikums, nicht der bescheidene, doch gebildete Chronist und Zeuge, der dem Meisterdetektiv seine Weisheit abverlangt, sondern ein dem Gelächter preisgegebener Tor, der obendrein noch einige Vorurteile über britisches Wesen bestätigen muß. Auch Holmes' Typus hatte sich geändert. Indem man Rathbone seine Neigung zum Outrieren, besser gesagt: sein „therapeutisches" Spielen, durchgehen ließ, erhielt man einen Sherlock Holmes, der beides, brillant und neurotisch, ganz ohne Bezug zum Wesen seiner „Arbeit" zu sein schien. Dem Trend der Zeit gemäß mußte auch Sherlock Holmes seinen Beitrag zur „mythologischen Vaterlandsverteidigung" leisten, und so war es unerläßlich, die Handlung in die Gegenwart zu verlegen, ein Umstand, der die Entfremdung des viktorianischen Detektivs von seiner Umwelt noch verstärkte, ohne daß aus dieser „Ungleichzeitigkeit" irgendeine Inspiration für die Filme gewonnen worden wäre. Offensichtlich war man sich des Widerspruchs zwischen der Konzeption und der Darstellung der Holmes-Figur und den *plots*, die für Dick Tracy vielleicht angemessen gewesen wären, gar nicht bewußt. Gelegentlich mußte der genial bösartige Moriarty gar als Agent der Nazis auftreten.

64 Geschichte des Detektiv-Films

Was blieb, war freilich die Nähe der Holmes-Filme zum phantastischen Genre. So gibt es in SHERLOCK HOLMES AND THE SEERET WEAPON („Sherlock Holmes – Die Geheimwaffe" – 1942) eine Szene, in der Moriarty (Lionel Atwill) Holmes in einem phantastischen Laboratorium „operiert", d.h., er entzieht seinem Gegner nach und nach alles Blut, und Holmes' Rettung erfolgt kurz vor dem Tropfen Blutes, der, wie Moriarty feixt, „die Sache erledigen" sollte. Schon in den Titeln der Filme, die mit den Kurzgeschichten und Romanen von Arthur Conan Doyle gelegentlich einige Motive, meist aber überhaupt nichts gemeinsam hatten, bezogen sich die Produzenten auf Themen der Phantastik, so etwa bei SPIDER WOMAN („Das Spinnennetz" – 1944), THE SCARLET CLAW („Sherlock Holmes sieht dem Tod ins Gesicht" – 1943) oder THE HOUSE OF FEAR („Das Haus des Grauens" – 1945); die zweite Garde der Horror-Darsteller hatten Gastauftritte, so etwa – neben George Zucco – Gale Sondergaard in der Titelrolle von SPIDER WOMAN und Rondo Hatton in PEARL OF DEATH („Sherlock Holmes jagt den Teufel von Soho" – 1943/44).

THE WOMAN IN GREEN *(Henry Daniell, Basil Rathbone)*

In einem Revuefilm mit den beiden Komikern Olsen und Johnson, CRAZY HOUSE (1943 – Regie: Edward F. Cline), hatten Basil Rathbone und Nigel Bruce eine freiwillige Parodie ihrer Holmes- und Watson-Rollen gegeben; die letzten, mit zunehmend geringem Budget produzierten Filme der Serie tendierten dazu, unfreiwillige Parodien zu werden. Ohne seinen viktorianisch/gothisch/englischen Hintergrund war Sherlock Holmes nicht er selbst; seine Deduktionen mußten kindisch erscheinen, denn sie verblüfften nur in einer Welt der intellektuellen „Unschuld". Fassungslos und mit einer Ahnung von übersinnlichen Kräften, die da wohl am Werk waren, mußte seine Umgebung sein; in einer informierten Gesellschaft, vor allem einer, die sich ans Verbrechen gewöhnt hatte, mußte er medioker und ein wenig komisch wirken. Holmes' Wiedergeburt, die lange auf sich warten ließ, konnte er nur in seiner Zeit erleben, und bezeichnenderweise geschah auch sie gewissermaßen im Schuß des gothischen Horrors.

Agatha Christie im Film

Obwohl sicherlich eine der bedeutendsten Autorinnen des klassischen englischen *whodunits* (gegen dessen Regeln sie nicht selten verstieß), haben die Romane von Agatha Christie sehr viel seltener den Weg zur Leinwand genommen als die anderer Autoren. Das mag nur bedingt damit zusammenhängen, daß sie sehr viel „literarischer", weniger auf äußere Effekte angelegt sind als etwa die von Edgar Wallace. Auch die Tatsache, daß ihr Detektiv, der kleine stutzerhafte Belgier Hercule Poirot, nicht gerade das Muster eines Filmhelden abgab, wird eine Rolle spielen. Vielleicht mochte auch ein wenig Ehrfurcht vor den literarischen Vorlagen im Spiel gewesen sein, deren Konstruktion nicht immer leicht filmisch aufzulösen war und die allzuoft mit der Schlußpointe (oder einer Abfolge von Schlußpointen) stehen und fallen. Der Film kann der Konstruktion des Kriminalromans, also der Konstruktion vom Ende her, nicht immer folgen, und immer war es schwer, in den Agatha Christie-Adaptionen etwas anderes zu realisieren als abgefilmtes Kriminaltheater. Die *clues* fanden sich in den Dialogen der Protagonisten.

In den frühen dreißiger Jahren hatte man in England versucht, ein Film-Ebenbild von Hercule Poirot zu schaffen, und der Held der Verfilmung von LORD EDGWARD DIES (1934), der von Austin Trevor gespielt wurde, glich dem Helden der Romane, war ebenso alt, ebenso egozentrisch und ebenso „unenglisch" gekleidet, aber der spezifische Charme der Vorlagen, die Kauzigkeit und die fast poetische Unwirklichkeit der Agatha Christie-Stoffe, ließ sich offenbar allein durch Werktreue nicht auf die Leinwand übertragen. 1937 folgte in den USA die erste Film-Version von LOVE FROM A STRANGER (Regie: Rowland V. Lee), die Geschichte einer Frau (Ann Harding), die ihren Mann (Basil Rathbone) für einen gesuchten Mörder hält. Ein Remake des Films unter demselben Titel entstand 1947 unter der Regie von Richard Whorf; die Hauptrollen spielten Sylvia Sidney und John Hodiak. Es zeigte sich, daß gerade jene Romane von Agatha Christie sich für eine Film-Adaption anboten, die starke Momente von Suspense und Thrill aufwiesen und ohne Detektiv-Gestalt auskamen. Da die Autorin der Exposition eines Falles meist großen Stellenwert einräumt, boten sich für die Agatha Christie-Filme Charakterporträts verschiedener, eigentümlicher Menschen, die in den Sog eines Verbrechens geraten, als Gestaltungsprinzip an. Doch sind wohl nur jene Filmversionen von Stoffen der Autorin von einigem Bestand, die eine Form der Ironie für die Darstellung von Verbrechen und „Auflösung" gefunden haben.

In TEN LITTLE NIGGERS (dt. Zehn kleine Negerlein/Letztes Wochenende) hatte Agatha Christie das Muster für einen *closed room mystery*-Fall geliefert und zugleich dessen ironische Aufhebung. Mit nur wenigen (aber einigen einschneidenden) Veränderungen übertrug 1945 René Clair in seinem amerikanischen Film AND THEN THERE WERE NONE („Das letzte Wochenende") diesen Roman auf die Leinwand. Clair übertrug in dieser Geschichte von zehn Menschen, die sich in einem Haus für ein Wochenende treffen und der Reihe nach ermordet werden, die literarische Ironie des Regelbruchs (man erwartet ja, daß sich einer der zehn Personen als der Mörder herausstellt, ganz nach Gewohnheit des *closed room*-Falles, auch wenn es hier keinen Detektiv gibt, der ihn uns

AND THEN THERE WERE NONE *(Louis Hayward, June Duprez)*

überführen würde, aber alle zehn Personen werden ermordet) in eine filmische Form (folgerichtig ließ er auch ein Happy-End zu). Nur ein grundsätzlicher Optimist wie Clair konnte aus solch einem Stoff einen heiteren Film machen, der zwar nicht des schwarzen Humors, aber jeglichen Zynismus entbehrte. Die zweite Film-Version dieses Romans schuf George Pollock (vgl. das Kapitel „George Pollock und die britischen Miß-Marple-Filme") im Jahr 1965, eine dritte entstand 1974 unter der Regie von Peter Collinson unter dem Titel TEN LITTLE INDIANS („Ein Unbekannter rechnet ab"), der die Handlung nach Persien verlegte.

1958 verfilmte Billy Wilder Agatha Christies Bühnenstück „Witness for the Prosecution" unter dem gleichen Titel (dt. Zeugin der Anklage), und obwohl viele Kritiker der Meinung sind, es handelte sich dabei um einen weniger typischen Film des Regisseurs, gibt es doch zahlreiche innere Verwandtschaften zwischen dem Vorstellungskreis des Regisseurs Wilder und dem der Autorin Christie. Es ist, wenn man so will, ein Film über die nahezu unbegrenzte Fähigkeit des Menschen, zu täuschen und getäuscht zu werden. Es geht um den berühmten Londoner Strafverteidiger Wilfried Robarts (Charles Laughton), dessen Arzt ihm dringend geraten hat, seinen Beruf aufzugeben und jede Aufregung zu vermeiden. Listig umgeht er einige der drakonischsten Maßnahmen; so läßt er sich auch von einer fürsorglichen, strengen Krankenschwester (Elsa Lanchester) die Zigarre nicht nehmen (eine Schublade wird zum Aschenbecher). Als er von seinem Compagnon erfährt, daß ein gewisser Leonard Vole (Tyrone Power) angeklagt ist, die reiche Witwe French ermordet zu haben, packt ihn noch einmal sein beruflicher Ehrgeiz. Immer am Rande einer Herzattacke übernimmt er den Fall und arbeitet sich in ihn hinein, so leidenschaftlich wie früher. Trotz der gelegentlichen humoristischen Einschübe, die Wilder für Laughton schrieb, entwickelt sich die weitere Handlung sehr „schwarz": Es wird klar, daß Vole regelmäßig bei der Witwe zu Gast war, und ein Alibi für die Mordzeit hat er auch nicht. Vole beteuert seine Unschuld und behauptet, von dem Reichtum der Ermordeten nicht gewußt zu haben, der ihm nun in Aussicht gestellt ist. Bei Robarts erscheint die schöne Frau Voles (Marlene Dietrich), die offensichtlich der einzige Mensch ist, der den Angeklagten entlasten könnte. Doch sie weigert sich, ihm zu helfen. Die ehemalige Nachtclubsängerin, die Vole während des Krieges auf dem Kontinent kennengelernt hat, übt auf den Verteidiger so viel Faszination aus wie später vor Gericht auf die Geschworenen. Niemand vermag zu sagen, ob sie eine von Rachegefühlen verzehrte oder eine berechnende Frau, ob sie Opfer oder Gestalterin der Intrige ist. Mehrmals vertauschen sich die Rollen von Schuldigen und Opfern, und am Schluß nimmt die Intrige eine um die andere überraschende Wendung. Das Komplott, das die Zeugin der Anklage ausgeführt hat, besser noch: ein Komplott im Komplott, ein gespieltes Komplott also, erweist sich schließlich auch für sie als trügerisch, sie wird zur betrogenen Betrügerin. Vor den Augen Robarts', dem doch noch Zweifel gekommen sind, ermordet sie Vole und ermöglicht so, daß ihn doch noch die gerechte Strafe trifft.

„Obgleich das spezifisch englische Milieu der Agatha Christie auf den ersten Blick ein kulturelles Aufeinanderprallen [dies wird von den Autoren als Konstante im Werk Billy Wilders gedeutet – d. Verf.] im Sinne Wilders nicht zu kennen scheint, überraschen die Thriller dieser ungewöhnlich fruchtbaren Autorin stets durch ihre Schlüsse, was an Wilders Filmen oft kritisiert wird, und sind nach dem Konzept einer großangelegten Intrige konstruiert, die Betrüger und Betrogene endlos austauschbar macht: Wer der Täter war, entdecken wir gewöhnlich erst auf der letzten Seite, wenn der Bösewicht – stets jene Person, die als erste in Frage kommt und als letzte verdächtigt wird – durch so etwas wie einen Deus ex machina entlarvt wird. Die Verkleidung ist auch in Agatha Christies Repertoire dramatischer Effekte ein wesentlicher Kunstgriff, wie schon bei Sir Arthur Conan Doyle, dessen Sherlock Holmes ein Vorläufer der verschiedenen exzentrischen Detektive von Miss Christie ist. Da die erzählerischen Mittel bis zu einem gewissen Grad dieselben sind, überrascht es nicht, daß Wilder dem Werk von Agatha Christie grundsätzlich schon Sympathien entgegenbringt und aus ihrem erfolgreichen Bühnenstück ‚Witness for the Prosecution' (uraufgeführt am 28. Oktober 1953 in London) einen seiner gelungensten Filme macht. Wilder verändert das Original nur unwesentlich (sogar die Rückblende, die während des Krieges in Deutschland spielt und die so charakteristisch für Wilder ist, gibt es schon im Original, und sie bedurfte nur einer Erweiterung), doch seine subtilen Akzentverschiebungen in der Charakterisierung der Figuren (insbesondere beim Strafverteidiger und bei der hinzugekommenen Krankenschwester) und sein sinnreiches Einsetzen von Objekten (wovon sich nichts im Original findet) machen aus ‚Witness for the Prosecution' ein imponierendes Inventar bevorzugter Themen und Effekte Wilders. Vielleicht ist der Film letztlich deshalb kein Meisterwerk wie ‚Double Indemnity' und ‚The Private Life of Sherlock Holmes' geworden, mit denen ihn viel verbindet, weil er stofflich zu reichhaltig ist und Wilder sich nicht auf wenige Punkte konzentrieren konnte." (Neil Sinyard/Adrian Turner)

In Wilders Film geht es nicht nur um ein Spiel mit Täuschungen, er ist nicht als Konstruktion und Spiel angelegt wie seine Vorlage, sondern er verbindet die Lösung mit der Entlarvung von Vorurteilen, von unserem Glauben an alltägliche Selbstverständlichkeiten. Es geht schließlich auch um Kino-Mythen: Wir wissen, Marlene Dietrich ist eine *femme fatale*, ihr wäre alles zuzutrauen (und dennoch einiges zu verzeihen), Tyrone Power ist das Urbild eines bescheidenen amerikanischen Helden, selbstlos und chevaleresk, Charles Laughton ist immer ein wenig kauzig und hat Züge des Komischen, aber obendrein ist er immer auch brillant, unbestechlich, genialisch und nicht zu täuschen, und die englische Justiz – nun, auf sie kann man sich verlassen, ihr entgeht kein Verbrecher. Aber Marlene Dietrich ist zugleich viel berechnender, als man geahnt hat, und viel verletzlicher, weil ihre Motivation „reine" Liebe ist, und Tyrone Power ist kalt und gefühllos. Der von Charles Laughton gespielte Verteidiger läßt sich nicht nur von seinen absurden Methoden lenken (er leitet den Sonnenstrahl durch sein Monokel ins Gesicht seines Gegenübers und schließt aus seinem Verhalten auf den Wahrheitsgehalt seiner Aussagen), sondern auch von seiner tief verwurzelten Frauenfeindschaft, der die böse Frau, Marlene Dietrich, als Bestätigung erscheint (nicht umsonst ist er so versessen auf diesen Fall). Diese Frauenfeindlichkeit erweist sich, wie in vielen Filmen Wilders, als institutionalisiert, es ist nicht nur die des Verteidigers, sondern auch die des Gerichts, die des Rechts, die des Publikums auch. Die Besetzung der Hauptrollen ist also in Billy Wilders Film, wenn man so will, ein Teil der Intrige (sicht man den Film ein zweites und drittes Mal, so sind die Hinweise, die der Regisseur gibt, gar nicht zu übersehen, und dennoch haben wir uns, ganz seiner Berechnung folgend, von der Aura der Stars, von unserer eigenen Erwartung täuschen lassen), und was bei Agatha Christie nur Überraschung, die „Drehung" des *plots* um einige Windungen mehr ist, als wir vom Genre gewohnt sind, das ist im Film die Kritik unserer Mythengläubigkeit. Billy Wilders Film hat ein Happy-End: Sir Robarts, eine Art von Erleichterung im Blick, wird die Verteidigung von Christine übernehmen; Elsa Lanchester ruft ihm hinterher, als er seine Kakaoflasche auf dem Tisch vergessen hat, in der er heimlich und, wie er glaubt, unentdeckt Brandy hat: „Sie haben Ihren Brandy vergessen." Zumindest im Genre des Detektivromans gibt es einen Zusammenhang zwischen Frauenfeindschaft und Täuschung.

Mit ungleich gröberer Komik arbeitet der nächste Agatha Christie-Film, THE SPIDER'S WEB („Das Spinngewebe" – 1960 – Regie: Godfrey Grayson), wie überhaupt ganz offensichtlich englische Regisseure am wenigsten aus den Stoffen der Autorin zu machen verstanden. In diesem ebenfalls nach einem Bühnenstück entstandenen Film findet sich das *closed room mystery* kaum filmisch aufgelöst; was man erfährt, erfährt man über den Dialog. Ein junger Diplomat (John Justin) hat einen alten Landsitz erstanden, dessen Vorbesitzer, wie man sich erzählt, ermordet worden ist. Die Handlung kommt ins Rollen, als an einem Wochenende, bei dem etliche Gäste dort weilen, ein weiterer geheimnisvoller Gast eintrifft. Die Schilderung „britischer Skurrilitäten" waren die einzigen Attraktionen dieser B-Produktion, in der sich (wieder einmal) eine „plane" Verfilmung eines Christie-*whodunits* als untauglich erwies.

In THE ALPHABET MURDERS („Die Morde des Herrn ABC" – 1964 – Regie: Frank Tashlin) spielt Tony Randall einen eher komischen Hercule Poirot. Seine Gegenspieler in dieser Karikatur einer Mörderjagd bei der Aufklärung einer Mordserie, die sich um die Buchstaben des Alphabets rankt, sind die undurchdringliche Mrs. Amanda Beatrice Cross (Anita Ekberg) und der englische Polizist Hastings (Robert Morley). Zwar hat dieser Film ein für das Genre seltenes Tempo, aber Tashlin konnte an diesem Stoff (bei dem er zum erstenmal nicht am Drehbuch mitgeschrieben hatte) kaum seine Verzahnung von Groteske und sozialer Persiflage entwickeln: „Mit dem amerikanischen Background war Tashlins gesellschaftsbezogenen Witz der Grund entzogen. ‚The Alphabet Murders' ist eine Kriminalkomödie, wie sie ähnlich auch Hamer oder Makkendrick hätte inszenieren können, vielleicht sogar besser – nur unvollkommen gelingt Tashlin die Integration von Spannung und Komik, diese dominiert anfangs sehr auf Kosten der Kriminalintrige, die erst von der Mitte an so recht in Gang kommt. Das Beste sind die Typenzeichnungen und einzelne Gags (...), und der kurze Auftritt von Miss Marple (Margaret Rutherford) aus dem ‚Wachsblumenstrauß'." (Enno Patalas)

Sehr viel mehr zurückgenommen ist die Ironie in Sidney Lumets MURDER ON THE ORIENT EXPRESS („Mord im Orient-Expreß" – 1974). Grundlage der Intrige in dem nach dem gleichnamigen Roman von Agatha Christie entstandenen Film ist ein Jahre zurückliegender Vorfall, die Entführung und Ermordung eines Babys, wovon wir in einem Prolog erfahren. Lumet, der sich oft von „geschlossenen Räumen" fasziniert gezeigt hat, sieht auch in dem luxuriösen Zug, der sich durch exotische Landschaften zu bewegen hatte, weniger ein (Verkehrs-)Medium mit einer eigenen Ästhetik und einem eigenen Tempo (wie es vielen Filmen, in denen Züge eine Rolle gespielt haben, einen eigentümlichen Reiz verlieh), sondern als „geschlossenen Raum", als Falle, in der sich Opfer, Täter und Rationalisierer gefunden haben. Der amerikanische Industrielle/Gangster (Richard Widmark) wird auf dem Weg von Istanbul nach Wien durch zwölf Messerstiche getötet. Der zufällig in dem Zug mitreisende Hercule Poirot (Albert Finney) nimmt sich des Falles an und verhört nacheinander sämtliche Passagiere. Mit dieser Lösung, die oft als „unfilmisch" charakterisiert worden ist, kommt Lumet zumindest dem Geist der Vorlage, dem Geist des Detektivromans nahe, der sich nicht für die Bewegung und das Draußen interessiert und eine gewisse Behäbigkeit in der Erzählung braucht. Konsequent leuchtet Lumet das „Interieur" aus, gruppiert seine Verdächtigen immer wieder

Murder on the Orient Express (Albert Finney)

Murder on the Orient Express (Michael York, Jacqueline Bisset)

um und zeigt auch im Bild Beziehungen, die schließlich zur Lösung des Falles führen. Diese Lösung entwickelt sich zudem als Abfolge von Star-Auftritten, welche zugleich die Gleichwertigkeit aller Verdächtigen betonen und wie Zitate aus der Filmgeschichte wirken. Verhört und verdächtigt werden unter anderen Lauren Bacall, Ingrid Bergman, Vanessa Redgrave, Michael York, Jean-Pierre Cassel, Sean Connery, Sir John Gielgud, Anthony Perkins. Allmählich erkennt Hercule Poirot das Gemeinsame aller Mitreisenden: Sie alle haben in der einen oder anderen Weise mit der Familie des entführten und getöteten Kindes zu tun, und der Mord erweist sich als gemeinschaftlich begangene Rachetat an dem Schuldigen, ein „widerlicher Mord auf widerliche, jedoch vielleicht nicht unverdiente Art", wie Poirot bemerkt, der am Schluß, als er die Täter überführt hat, die Gerechtigkeit selber in die Hand nimmt und der Polizei, die sich dem eingeschneiten Zug nähert, einen unbekannten Mörder, der längst das Weite gesucht hat, präsentieren wird.

„Der Regisseur hält sich stilistisch sehr stark an die literarische Vorlage und nimmt dadurch Vor- und Nachteile – bei Sidney Lumet kann man sicherlich sagen: bewußt – auf sich. Die präzise Konstruktion, mit der Agatha Christie den Fall für den Zuschauer bis zum Schluß undurchschaubar und verwirrend gestaltet hat, läßt dem Zuschauer nicht viel Chance bei der Mitsuche nach dem Täter. Andererseits bietet gerade der letzte Teil eine geistreiche Analyse, die, fotografisch gekonnt, nahezu völlig für die dramaturgischen Schwächen des Stoffes entschädigt. In der technischen Durchführung selbst kann man vom Film kaum Nachteiliges sagen. Der Regisseur verstand es gut, die klassische Einheit von Zeit, Raum und Ort zu gestalten. Fotografie und Schnitt vermitteln die Atmosphäre dieser endlosen Fahrt anschaulich, das Aufgebot hervorragender Schauspieler macht die Suche nach dem Schuldigen abwechslungsreich und psychologisch interessant." (Kaspar Mikurda). Kurz, es handelt sich um einen altmodischen Film, der seine Altmodischkeit mitinszeniert.

Michael Apteds Film AGATHA („Das Geheimnis der Agatha Christie" – 1978) profitiert von der Tatsache, daß es im Leben der Autorin selbst eine blinde Stelle gibt, ein „Geheimnis", wie es ohne weiteres Ausgangspunkt für die Intrige in einem ihrer Romane hätte sein können: Am 3. Dezember 1926 hatte die damals 36 Jahre alte Schriftstellerin ihr Haus in Sunningdale verlassen und verschwand für elf Tage spurlos. Ihr Auto wurde ganz in der Nähe ihres Hauses gefunden, aber die großangelegte Suchaktion der Polizei blieb ohne Erfolg. Tatsächlich hatte sich Mrs. Christie unter dem Namen Theresa Neele in einem Hotel des Seekurortes Harrogate eingemietet. Ein Musiker des Hotelorchesters entdeckte schließlich die frappierende Ähnlichkeit der Mrs. Neele mit den von

Agatha Christie im Film 73

allen Zeitungen veröffentlichten Fotos von Agatha Christie. Ihr eilends herbeigeholter Mann, Oberst Archibald Christie, bestätigte sodann, daß Theresa Neele niemand anderes als Agatha Christie sei. Vor der Presse erklärte er, unterstützt durch die Aussagen zweier Ärzte, daß seine Frau vorübergehend das Gedächtnis verloren habe. Was der Sache allerdings einen merkwürdigen Anstrich gab, war der Name, unter dem sich die Kriminalautorin im Hotel angemeldet hatte; schließlich war bekannt geworden, daß eine Miss Neele die Geliebte von Oberst Christie war. Zwei Jahre nach diesem mysteriösen Vorgang ließ er sich denn auch scheiden und heiratete jene Miss Neele.

Kathleen Tynan, die Autorin von „Agatha", versuchte nun, aus den vorhandenen Anhaltspunkten (Agatha Christie selbst hat bis zu ihrem Tod im Jahr 1976 beharrlich über den Vorfall geschwiegen) zu rekonstruieren, was in diesen elf Tagen geschehen sein könnte und welche Motive im Hintergrund zu vermuten wären. Ihre Agatha Christie (Vanessa Redgrave) ist eine sensible, fast ein wenig hilflose Frau, die zusammenbricht, als ihr Mann ihr eröffnet, daß er sie verlassen werde. Nach Harrogate gelangt sie zwar in Trance, aber doch nicht ganz ohne konkrete Absichten, denn dort verbringt die wirkliche Miss Neele (Celia Gregory), die Geliebte ihres Mannes, gerade einen Kuraufenthalt. Die Agatha Christie des Films versucht sich auf eine Art an ihrer Konkurrentin zu rächen, die einem ihrer Bücher entnommen sein könnte. Sie will durch ihren Selbstmord auch die Rivalin vernichten. Das Schlimmste allerdings wird durch einen amerikanischen Zeitungs-Kolumnisten (Dustin Hoffman) verhindert, der das Geheimnis der Agatha Christie gelöst hat, teils aus professioneller Neugier heraus, teils weil er schmerzlich in die schöne Schriftstellerin verliebt ist. Ein Happy-End für die beiden kann es allerdings nicht geben, weil der Schluß des Films wieder in die Wirklichkeit zurückverweist, und in dieser hat Agatha Christie 1930 den Archäologen Max E. L. Mallowan geheiratet.

Apteds Film löst nicht ganz ein, was das Drehbuch verspricht, er versagt sich jede Reflexion über den Zusammenhang zwischen Leben und Schreiben. (Ich selbst notierte damals zu diesem Film: „Aus diesem Stoff hätte gewiß ein brillanter ‚kleiner' Film werden können. Daß er es nicht geworden ist, das ist weniger dem Drehbuch anzulasten [auch wenn dieses nicht gerade vor Subtilität strotzt], als der Regie von Michael Apted, der allzu viele der Möglichkeiten des Themas verschenkt, andere Elemente dagegen so sehr überzieht, daß man sich bald satt daran geschen hat. Ein paar alte Gemäuer, viele nostalgische Kostüme und immer wieder dämmriges ‚englisches' Licht genügen nicht, um Atmosphäre zu schaffen, sosehr die Bilder von Vittorio Storaro gelegentlich zu bewundern und nicht mehr aus dem Kopf zu bekommen sind. Ein bißchen verlassen kommen einem auch die Schauspieler vor, denen ganz offensichtlich zu ihren Charakteren nicht sehr viel eingefallen ist und die auch vom Regisseur nicht mit entscheidenden Impulsen versehen worden sind. Die zwangsläufigen Brüche zwischen den realen Gegebenheiten und der Fiktion des Films [vor allem in der Beziehung zwischen Vanessa Redgrave und Dustin Hoffman] hätten wohl nur mit einem Element beseitigt werden können, das sich der Film so gut wie gar nicht gestattet: Ironie. So bleibt ein Stück gepflegter, nicht unsympathischer Unterhaltung mit einigen Sehauwerten und [allzu] wenigen schauspielerischen Höhepunkten; ein Film, der keine Spuren hinterläßt.") Immerhin darf wohl auch dieser Film als Hinweis auf das problematische Verhältnis zwischen Film und Agatha Christie und ihrer Arbeit gelten. Es ist, als hätten sich die Film-Versionen immer ein wenig davor gefürchtet, darin Verborgenes ans Licht zu bringen, und auch Apteds Film scheut davor zurück, die Gleichung zwischen Verbrechen und Sexualität aufzumachen, die im Werk eines männlichen Autors wie selbstverständlich mitinszeniert wird und unproblematisch erscheint. Daß so viele Christie-Adaptionen ein Moment der Unehrlichkeit, der Mutlosigkeit aufweisen, mag auch an der Unfähigkeit liegen, das Weiblich-Erotische darin aufzuspüren und wiederzugeben. Im besten Fall wurden so überkonstruierte, skurrile und langatmige Filme mit erheblichem Staraufgebot daraus, wie es auch bei diesem Film nach einem Poirot-Stoff der Autorin der Fall ist.

Agatha Christies Arbeiten zeichnen sich durch eine gewisse Behäbigkeit aus, die vom Film nie so ohne weiteres adaptiert werden konnte. Man hatte entweder neue Elemente hinzuzufügen, Akzente zu verschieben oder das Material ironisch zu handhaben, wollte man nicht der Gefahr anheimfallen, zu langweilen, indem man unfreiwillig offenbarte, daß die Konstruktion nur Oberfläche war. Selbst die für die Autorin typischen Wechselspiele von Täter und Opfer, wie in dem Psycho-Krimi ENDLESS NIGHT („Mord nach Maß" – 1971 – Regie: Sidney Gilliat), wirken in allzu vordergründigen Inszenierungen ein wenig platt. Ganz sicher aber ist das Werk dieser Autorin filmisch noch längst nicht ausgeschöpft, doch so wie die Autorin oft den Mut gehabt hat, gegen die Regeln ihres Genres zu verstoßen, so ist wohl eine Agatha Christie-Verfilmung nur möglich, wenn der eine oder andere Regelverstoß in Kauf genommen wird, wenn, wie in den Filmen von Clair und Wilder, mit der Verdrängung, deren Produkt zweifellos diese Detektivromane (auch) sind, das Verdrängte ans Licht gebracht wird.

Detektive vom Roman zur Leinwand

Philo Vance

Wie Willard Huntington Wright alias S. S. Van Dine dazu kam, seinen Meisterdetektiv Philo Vance zu erfinden, das gehört zu den Legenden in der Geschichte der Kriminalliteratur: Nach einem Nervenzusammenbruch hatte der Arzt dem Publizisten, Kritiker und Romanautor Wright empfohlen, in seiner Rekonvaleszenzzeit nichts Aufregenderes an geistiger Kost zu sich zu nehmen als Detektiv-Literatur, und Wright tat dies mit der ihm eigenen Gründlichkeit. Als Lesefrucht dieser Zeit und gewissermaßen als Querschnitt der traditionellen Figuren der Gattung entstand der snobistische, intellektuelle Detektiv Philo Vance, dessen Fälle in vertrackten Intrigen bestanden, die mit den Verbrechen der Wirklichkeit nur sehr wenig zu tun hatten. 1926 war der erste Detektivroman unter dem Autorennamen S. S. Van Dine, THE BENSON MURDER CASE, erschienen (alle Romane von Van Dine sollten das charakteristische „ ... Murder Case" im Titel tragen), und er wurde ein Erfolg bei Publikum und Kritik, so daß Wright in den folgenden Jahren seine Arbeit auf das Genre des Detektivromans konzentrierte. Philo Vance, in vielem Abbild des Autors und seiner Träume, trat in insgesamt zwölf Romanen Van Dines, in siebzehn Filmen und in einer Unzahl von Folgen einer Radio-Serie auf.

Bereits zwei Jahre nachdem Van Dine seine Detektivroman-Serie begonnen hatte, wurde die erste Film-Version (und zwar nach dem zweiten Philo Vance-Roman) in Hollywood geschaffen; THE CANARY MURDER CASE (1928 – Regie: Malcolm St. Clair) entstand in einer stummen und einer Tonfassung (die von Regisseur Frank Tuttle ergänzt wurde). Die Rolle des Philo Vance spielte William Powell, der für einige Zeit identisch sein sollte mit dem eleganten Detektiv wie Philo Vance oder Nick Charles in den „Thin Man"-Filmen (vgl. das entsprechende Kapitel). William Powell war in der Stummfilmzeit vorwiegend in *heavy*-Rollen herausgestellt worden, und dies verlieh ihm, bei aller lächelnden Eloquenz, eine Aura von Härte und Kälte, so daß zu spüren war: dieser Mann konnte, wenn es die Situation erforderte, auch sehr brutal reagieren.

Die Handlung war für den Detektiv-Film dieser Zeit recht komplex: Eine Sängerin (Louise Brooks) wird ermordet aufgefunden, Zeuge des Mordes war nur ein Einbrecher. Es stellt sich heraus, daß die Sängerin eine Reihe von Männern erpreßt hat, die nun alle unter Verdacht geraten. Einer von ihnen ruft Philo Vance zu Hilfe. Unterdessen hat der Mörder auch den Zeugen beseitigt. Vance hat seinen großen Auftritt, als er den Mörder bei einem Kartenspiel entlarvt.

Powell, der sein Film-Debüt 1922 in dem Film SHERLOCK HOLMES gegeben hatte und als Schurke vor allem in Western eingesetzt war, bevor er mit der Rolle des Philo Vance zum Star avancierte, verzeichnete seine größten Erfolge in kriminalistischen Sujets mit komödiantischem *touch* oder als sympathischer „Verbrecher" wie in ONE WAY PASSAGE („Reise ohne Wiederkehr" – 1932 – Regie: Tay Garnett). Er spielte in den nächsten Filmen um Philo Vance den Detektiv mit einer lässigen, arrogant scheinenden Distanziertheit, hinter der sich Spürsinn und beizeiten ein Instinkt für die Jagd nach Menschen verbergen konnte. Eugene Pallette war der Polizeisergeant Ernest Heath, der in einer Mischung aus Neid und Bewunderung auf den Spuren des Privatdetektivs die Mörder jagte. Diese stehende Figur in den Van Dine-Verfilmungen hatte zwar auch für komische Töne zu sorgen, so wie jede Privatdektiv-Gestalt ihren komischen Polizisten als Gegenüber zu brauchen schien, aber er war keineswegs so tölpelhaft gezeichnet, wie das in anderen Serien der Fall war. E. H. Calvert spielte District Attorney John F. X. Markham, bei dem die Fäden zusammenliefen.

Diese drei Darsteller bildeten auch in THE GREENE MURDER CASE (1929 – Regie: Frank Tuttle) ein Team. Hier ging es um ein *closed room mystery* in einem alten Haus und die genreüblichen gegenseitigen Morde in einer Familie, der es um eine Erbschaft gebt. Das alte, verfallene Herrschaftshaus spielt in diesem Film eine Hauptrolle, und eine Reihe von Filmen. die ihre Handlung um eine Mordserie in einem alten Haus konzentrierten – ein beliebtes Motiv bis in unsere Tage –, verdanken ihre Wirkung diesem Film eines Regisseurs, der sich ansonsten kaum um inszenatorische Besonderheiten bemühte, dafür aber ausgiebig seinen Stars und den Dekorationen Gelegenheit gab, das Publikum zu beeindrucken. Ganz gegen ihre sonstigen Rollen war Jean Arthur hier die böse Frau, und zum Höhepunkt des Films wird sie über verschneite Dächer gejagt und stürzt in den Hudson River.

Bereits nach zwei Filmen war die Serie so erfolgreich, daß erste Parodien und filmische Verweise entstanden; so haben in THE LAUREL AND HARDY MURDER CASE („Pat und Patachon jagen mit Dick und Doof Gespenster"/„Ohne Furcht und Tadel" – 1930 – Regie: Lau Lauritzen) Stan Laurel und Oliver Hardy eine aus Tuttles Film ganz ähnliche Situation zu überstehen: Stan ist Erbe eines riesigen Vermögens, und er muß, um das Erbe antreten zu können, eine Nacht in einem alten, geisterhaften Haus verbringen. Er und sein Freund Oliver bekommen es mit Mördern und Geistern zu tun, bis Stan aufwacht und merkt, daß alles nur ein Traum war. Regisseur Frank Tuttle verwendete in THE STUDIO MURDER MYSTERY (1929) Eugene Pallette und E. H. Galvert in Hauptrollen, und einer der Hauptdarsteller (Warner Oland in der Rolle eines Filmregisseurs) liest gerade S. S. Van Dines „The Benson Murder Case".

Der dritte Philo Vance-Film bildet eine Ausnahme, weil MGM die Produktion übernahm und statt des bewährten Teams ihre Vertragsschauspieler einsetzte. So war in THE BISHOP MURDER CASE (1930 – Regie: Nick Grinde, David Burton) Basil Rathbone der Detektiv, James Donlan war Sergeant Heath und Glarence Goldert Staatsanwalt Markham. Philo Vance hat es hier mit einem irren Mörder zu tun, der sich selbst „Bischof" nennt und Kinderreime als Vorbilder für seine Mordtaten nimmt. Basil Rathbone ist ein gewiß „ungemütlicherer" Philo Vance, dessen Eleganz eher eine Tarnung für seinen scharfen Intellekt ist, der sich stets zu beweisen hat, wohingegen Powell stets lässig blieb; ihm schienen die richtigen Gedanken stets zuzufliegen, und er blieb amerikanisch kühl. Basil Rathbone war ein Philo Vance mit einem Schuß abgründiger Leidenschaft, und er ging in seiner „britischen" Überheblichkeit für das amerikanische Publikum fast eine Spur zu weit, um ein wirklicher *hero* zu sein. Der Film versuchte sich in der Einbeziehung subjektiver Aufnahmen, die das Publikum das Geschehen bisweilen „durch die Augen des Mörders" miterleben ließen. Alles in allem schien der MGM-Philo Vance und die Art, wie seine Arbeit dargestellt wurde, ein wenig zu intellektuell für einen Film des Genres.

Noch im selben Jahr erschien der dritte Philo Vance-Film von Paramount mit Powell, Pallette und Galvert in den Hauptrollen. (Der MGM-Film war übrigens ganz auf die Gestalt des Detektivs selbst zugeschnitten gewesen und hatte den beiden in der Paramount-Serie so wichtigen Nebenfiguren des Polizisten und des Staatsanwalts nur wenig Raum gegeben.) Die Regie bei THE BENSON MURDER CASE, also der Verfilmung des ersten Romans von S. S. Van Dine, führte wieder Frank Tuttle. Der Film handelt von einem Mord, der bei einer Jagd begangen wurde, wobei der Hauptverdächtige direkt neben Philo Vance stand, während der Mord geschah. Die Handlung bleibt zur Hauptsache auf die Geschehnisse in einer Jagdhütte während einer stürmischen Nacht begrenzt, in der Philo Vance den Schuldigen entlarvt. (Da das Opfer, wie sich herausstellt, wiederum ein Erpresser war, gibt es genügend falsche Spuren, um Vances Deduktionsfähigkeiten gebührend auf die Probe zu stellen.)

Auch Philo Vance alias William Powell hatte seinen Kurzauftritt in der satirischen Detektiv-Episode von PARAMOUNT ON PARADE (1930 – vgl. auch das Kapitel „Sherlock Holmes 1922 bis 1943"), wo er zusammen mit Sherlock Holmes (Glive Brook) und Sergeant Heath (Pallette) versucht, den schurkischen Fu Manchu (Warner Oland) zu fangen, wie Holmes aber von diesem erschossen wird (natürlich blieb auch für Philo Vance dies der einzige Kino-Tod).

Während in den Jahren 1931 und 1932 S. Van Dine für eine Serie von Kurzfilmen um die Figur des Philo Vance (Donald Meek) und Heath (John Hamilton) Originalskripte verfaßte, die kaum über dem Durchschnitt derartiger Kurzfilme lagen, und während man ein von Van Dine geschriebenes Drehbuch für einen Film mit dem geplanten Titel „The Blue Moon Murder Case" von Seiten des Studios (Warner Bros.) bis zur Unkenntlichkeit verändert hatte (Wright hat mit seiner direkten Arbeit für den Film nie sonderlich viel Glück gehabt), hielt der Erfolg der *feature films* mit William Powell und Eugene Pallette unvermindert an. (Den Part des John F. X. Markham übernahm in den nächsten Filmen Robert McWade.)

THE KENNEL MURDER CASE (Ralph Morgan, Arthur Hohl, William Powell, Eugene Pallette, Robert McWade)

THE KENNEL MURDER CASE (1933 – Regie: Michael Curtiz) entstand bei Warner Bros.; der letzte Film mit Powell in der Hauptrolle zeigt wieder die für die Filme dieser Serie mittlerweile typischen Ingredienzien, so etwa den stufenweisen „Einstieg" in den Fall: Zuerst wird ein toter Hund gefunden, dann wird der Mann gefunden, der ihn getötet hat, in einen engen Raum eingeschlossen und tödlich verwundet. Die Parade der Verdächtigen, die Philo Vance und Heath examinieren, besteht unter anderen aus dem Bruder des Opfers (Frank Conroy), einem korrupten Agenten (Jack LaRue), einem chinesischen Diener (James Lee), einem Rivalen des Toten im exklusiven Kennel-Club (Paul Cavanagh), und der

Freundin des Agenten (Helen Vinson). Die Intrige will, daß eine Sammlung chinesischen Porzellans, die das Opfer angelegt hat, eine wichtige Rolle spielt, und Philo Vance entdeckt schließlich, daß es zwei Menschen waren, die in derselben Nacht einen Mordanschlag auf das Opfer geplant hatten und dabei aufeinandergetroffen sind. Der Stoff kam Michael Curtiz' Faible für expressionistische Ausleuchtungen und ungewöhnliche Kameraeinstellungen entgegen, und der Film bleibt wohl einer der wenigen Filme der Philo Vance-Serie, die über das bloß handwerklich Durchschnittliche in Inszenierung und Kameraarbeit hinausgehen.

„Auch wenn der Film notgedrungen dialoglastig ist, gelingt es dem Regisseur, die statische, schwerfällige Art der früheren Vance-Filme von Paramount, ‚The Canary Murder Case' und ‚The Greene Murder Case' (beide inszenatorisch plump und zu lang geraten), die auch viele der folgenden filmischen Versuche mit Philo Vance verderben sollte, zu überwinden. Vom beeindruckenden Beginn an, den Titeln, die über zerbrochenen Fensterscheiben aufleuchten, entwickelt ‚The Kennel Murder Case' Tempo und Spannung. Vom Drehbuch her langsame, statische Szenen werden durch ungewöhnliche Kamerabewegungen aufgebrochen sowie durch Einsatz von *low-angle*-Kompositionen, also aus niedrigen Blickwinkeln aufgenommenen Bildern, die das Publikum in eine heimliche Komplizenschaft zu versetzen scheinen. Der Film hat eine Reihe von außerordentlich geschickten Modell-Aufnahmen der aneinandergrenzenden Häuser vorzuweisen, die eine so wichtige Rolle in der Handlung spielen, und Curtiz greift oft auf Kamera-Schwenks zurück, um den Rhythmus der Erzählung auch in den räumlich begrenzten Sequenzen nicht zu schleppend werden zu lassen." (William K. Everson)

In den folgenden Jahren probierte man einige neue Darsteller und immer wieder neue Konzeptionen für Philo Vance aus, und allmählich bewegten sich die S. S. Van Dine-Verfilmungen auf den Status von B-Filmen zu. Warren William fügte sich in THE DRAGON MURDER CASE (1934 – Regie: H. Bruce Humberstone) in etwa in die Konzeption von William Powells elegantem Detektiv. In THE CASINO MURDER CASE (1935 – Regie: Edwin L. Marin) übernahm Paul Lukas die Hauptrolle, und in THE GARDEN MURDER CASE (1936 – Regie: Edwin L. Marin) war Edmund Lowe Philo Vance. Hatte man mit Paul Lukas versucht, einen Detektiv vorzustellen, der exakt dem Bild entsprechen sollte, das S. S. Van Dine entworfen hatte, einen Detektiv, der sich vor allem auch als Wissenschaftler versteht (ein Versuch, der vom Publikum nicht angenommen wurde, vor allem auch, weil Lukas wie Basil Rathbone so sehr dem Image eines intellektuellen Europäers entsprach, daß die amerikanischen Zuschauer ihn nicht mit dem bei allem Snobismus doch auch yankeehaften Detektiv identifizieren konnten), so war Edmund Lowe, ein Detektiv mit einem etwas ausdruckslosen Gesicht, wieder mehr der elegante, allerdings bei Gelegenheit auch „harte" Detektiv. Seit THE KENNEL MURDER CASE war neben dem Polizisten Heath und dem Staatsanwalt Markham noch eine weitere Nebenfigur, der Gerichtsmediziner Doremus, eingeführt worden, den Etienne Girardot spielte.

Während mit diesen Filmen in den USA die Philo Vance-Filme endgültig zum B-Film geworden waren, brachte auch England mit Wilfred Hyde-White einen eigenen Film-Philo Vance hervor: In THE SCARAB MURDER CASE (1936 – Regie: Michael Hankison) nimmt der amerikanische Detektiv die Gelegenheit eines Urlaubs in England wahr, um Scotland Yard einen Besuch abzustatten und die Methoden der englischen Polizei zu studieren. Natürlich kommt er gerade rechtzeitig, um den Beamten des Yard bei der Aufklärung des Mordes an einem Millionär behilflich zu sein. Der deutsche Regisseur Ewald André Dupont inszenierte in Amerika den nächsten Philo Vance-Film, A NIGHT OF MYSTERY (1937), den ersten Film, der nicht den charakteristischen, den Romanen von Van Dine entlehnten Titel mit der Endung „ ... Murder Case" trug und in Wahrheit ein Remake von „The Greene Murder Case" war. Der Film, der sich nur wenig über den Produktionsstatus eines der in diesen Jahren populären Detektiv-Serienfilme bewegte, zeigte Grant Richards in der Rolle des Detektivs, Roscoe Karnes als (nun wieder mehr komisch wirkenden) Heath und Purnell B. Pratt als Markham. Der renommierte E. A. Dupont hatte wie mit nahezu allen seinen amerikanischen Filmen auch hier keine glückliche Hand (vor allem im Umgang mit dem Studiosystem); er war in Deutschland mit seinem Film VARIETÉ (1925) bekannt geworden und wurde wenige Zeit später von Universal unter Vertrag genommen. Nach nur einem Film war er wieder nach Deutschland zurückgekehrt. Nach einem erneuten Erfolg in Europa mit ATLANTIC (1929) arbeitete Dupont in den Jahren 1933 bis 1939 wieder in den USA, wo er jedoch nie anderes als handwerkliche Durchschnittsqualität zu fertigen in die Lage gesetzt wurde. Seine Versuche, den B-Produktionen, die man ihm übertrug, einen extravaganten, „europäischen" *touch* zu geben, mußten, wie auch im vorliegenden Fall, am falschen Objekt versagen.

Nach diesem Fehlschlag (der durch ein sehr niedriges Budget, mit dem Dupont nicht so zu arbeiten verstand wie die amerikanischen B-Spezialisten, ebenso mitverursacht war wie durch den Tod der Hauptdarstellerin Helen Burgess während der Dreharbeiten, nachdem die noch fehlenden Szenen mit einer der Schauspielerin nur entfernt ähnlich sehenden Darstellerin gedreht wurden; schließlich war auch Grant Richards zu sehr ein zwar liebenswürdiger, auch tatkräftiger, letztlich aber doch durchschnittlicher Held, um dem eleganten Detektiv wieder Leben zu verleihen) konnte nur noch die *freiwillige* Parodie folgen. In THE GRACIE ALLEN MURDER CASE (1939 – Regie: Alfred E. Green) ist die eigentliche Hauptfigur nicht der Detektiv (wieder dargestellt von Warren William), sondern Gracie Allen, der weibliche Teil des Komiker-Duos Burns and Allen. Gracie Allen, die als Partnerin/Gegnerin von George Burns (der übrigens in dem Film zunächst mitgewirkt hatte, dessen Szenen später aber geschnitten wurden) in einer Serie von Filmkomödien mit ihren naiv-aggressiven Wortverdrehungen und Mißverständnissen jedes an sie gerichteten Ansinnens ihre Umwelt zur Verzweiflung zu bringen hatte, war das typische dumme, um nicht zu sagen „dämliche" Weibchen und zugleich der vitale Protest gegen diese Rolle; nie konnte man sicher sein, ob sie sich nicht diebisch über die chaotischen Situationen freute, die sie anrichtete – sie konnte einen „Boss", der hinter seinem Schreibtisch saß und von dem sie eigentlich eine Arbeit wollte, in kurzer Zeit so fertigmaehen, wie es die Marx-Brothers mit Mühe zu Dritt geschafft hätten. Sie spielte in diesem von S. S. Van Dine selbst für sie entworfenen Film ein Mädchen, das in einer Parfümfabrik arbeitet. Sie lernt einen jungen Mann (Kent Taylor) kennen und verliebt sich in ihn (so wie sich Gracie Allen eben in einen Mann verlieben konnte); der aber liebt eine andere (Ellen Drew). Unterdessen ist ein Verbrecher (Lee Moore) aus dem Gefängnis ausgebrochen, und ausgerechnet als sie mit dem Mann ihrer Träume in einem Club diniert, stößt Gracie Allen auf seine Leiche. Der junge Mann wird wegen Mordes verhaftet, weil man sein Zigarettenetui neben dem Toten gefunden hat. Gracie heuert Philo Vance als Detektiv an, um die Unschuld des jungen Mannes zu beweisen. Während Vance bemerkt, daß die „Verwirrung" von Gracie Allen keineswegs nur von den erduldeten nervlichen Strapazen herrührt, sondern offensichtlich ein permanenter Zustand ist, kann er ihr nicht abgewöhnen, ihn „Fido" Vance zu nennen. Eine Sängerin wird im Nachtclub ermordet, und Vance kommt schließlich dem schurkischen Besitzer und seinem korrupten Anwalt auf die Spur. Den Mörder jagen am Ende Gracie Allen und Philo Vance auf einer langen Verfolgungsjagd mit einem Motorrad. Die Komödien-Elemente in THE GRACIE ALLEN MURDER CASE kamen besonders zur Geltung, weil der eigentliche „Fall" durchaus ernst genommen wurde, und auch Warren Williams „Fido" Vance blieb trotz aller wegen Gracie Allen erduldeten Frustrationen in allen Situationen der souveräne, immer einen Schritt vorausdenkende Detektiv.

Nachdem Willard Huntington Wright im Jahr 1939 gestorben war, griff man bei Warner Bros. zunächst wieder auf einen bereits verfilmten Stoff von S. S. Van Dine zurück. CALLING PHILO VANCE (1940 – Regie:

William Clemens) ist ein Remake von THE KENNEL MURDER CASE, das freilich der Handlung des Originals nur in groben Zügen folgte und wenig von der Atmosphäre von Curtiz' Film aufwies. Wie in vielen Detektivfilm-Serien dieser Zeit (obwohl man die Philo Vance-Filme mit ihren wechselnden Produktionsfirmen, Regisseuren, Autoren und vor allem Hauptdarstellern und Konzeptionen kaum so nennen kann) mußte der Detektiv (James Stephenson als so liebenswürdiger wie zupackender Philo Vance) seine Fähigkeiten nun in den Dienst der Polizeibehörden stellen. Philo Vance war nun nicht mehr der leidenschaftslose, vor allem durch seine geistigen Fähigkeiten bestechende Detektiv, sondern ein *tough guy*, wie er in den *großen* Detektiv-Filmen zu Beginn der vierziger Jahre präsentiert worden war. Aber auch diese B-Produktion konnte den Filmen um die Detektiv-Figur keine neuen Impulse geben, auch wenn der Film – nicht zuletzt wegen seines Hauptdarstellers – von der Filmgeschichtsschreibung unter die besseren des Genres gezählt wird.

Während in den vierziger Jahren eine populäre Radio-Serie Philo Vances neue Abenteuer verbreitete (der Detektiv wurde gesprochen zunächst von Jackson Beck, dann immerhin von einem so bekannten Darsteller wie José Ferrer), wurde lange Zeit kein neuer Philo Vance-Film gedreht. 1947 erst gab es einen Versuch, die Film-Figur wiederzubeleben. Die Producer's Releasing Corporation, eine für überaus schnell und billig, aber auch mit einem gewissen eigenen Stil gefertigte Filme bekannte *independent company*, ließ drei jeweils in weniger als zwei Wochen gedrehte Philo Vance-Filme herstellen, die freilich mit der Konzeption von S. S. Van Dine nur noch wenig gemein hatten und die auch die mittlerweile zur festen Personage der Filme gewordenen Nebenfiguren wie Heath, Markham oder Doremus nicht mehr aufwiesen. Philo Vance war nun einer der harten Detektive vom Schlage Sam Spades oder eher Dick Tracys. Im ersten Film, „Philo Vance Returns" von dem Regisseur William Beaudine, den man wegen seiner schnellen Arbeitsweise, bei der jeweils eine Aufnahme für eine Sequenz genügen mußte, *one shot* nannte, wird kurz vor der Heirat mit einem reichen Playboy die junge Braut ermordet und kurz darauf eine der vier Exfrauen des bedeutenden Mannes. Philo Vance (William Wright) jagt die Schuldigen bis zum vorhersehbaren Ende. In PHILO VANCE'S SECRET MISSION (Regie: Reginald LeBorg) und PHILO VANCE'S GAMBLE (Regie: Basil Wrangell) spielte Alan Curtis den Detektiv, und auch er war ein aktionsorientierter, sich selten mit Finessen der Detektion aufhaltender Held. Man hatte versucht, wie in den erfolgreichen Detektiv-Serien, die freilich ihre Blütezeit schon hinter sich hatten, die Personage durch einen komischen *sidekick* (Frank Jenks) zu ergänzen. Im letzten Film mit Philo Vance als

Helden ist der Detektiv Berater bei einem Verlag für Kriminalliteratur (diesem Vorbild sollte später der Nick Charles der TV-Serie folgen), und am Ende des Films ist Vance verheiratet. Im Gegensatz zu anderen Detektiven schien ihm das behagliche Familienleben die Lust nach weiteren detektivischen Abenteuern genommen zu haben.

Bulldog Drummond

1920 war in England der erste Roman um den ehemaligen Armee-Captain Hugh „Bulldog" Drummond von Herman Cyril McNeile erschienen, der unter dem Pseudonym Sapper schrieb. (Nach McNeiles Tod setzte Gerard Fairlie die Serie fort, die weiterhin unter dem Autorennamen Sapper publiziert wurde.) Drummond ist ein Draufgänger, ein Mann, der das Abenteuer sucht und, zumindest in den Büchern von Sapper, das Gesetz nicht immer ernst nimmt. Aus dem Ersten Weltkrieg zurückgekehrt, arbeitet er bei einer Zeitung, aber es fehlt ihm der Drill seiner Kriegsjahre, und so gilt seine eigentliche Leidenschaft dem kriminalistischen Abenteuer, in dem er seinen Scharfsinn, aber auch seine Taktik einsetzen kann und ein wenig die Gewalt, an die er gewöhnt ist. Sowenig die Bulldog Drummond-Bücher als literarisch anspruchsvolle Werke gedacht waren, sowenig funktionierten sie als reine *crossword puzzle*-Konstruktionen; Suspense, Action und gelegentliche phantastische Zutaten waren wichtiger als der Beweis von Scharfsinn – Bulldog Drummond war das Gegenteil von einem *armchair detective*. Diese Linie führten auch die Filme fort, in denen Drummond die Verbrecher in einer Mischung aus Skalpjagd, chevareskem Eintreten für bedrohte Frauen und Detektion verfolgte.

Die ersten beiden Bulldog Drummond-Filme entstanden in England, und der erste Darsteller des Detektivs in BULLDOG DRUMMOND (1922 – Regie: Oscar Apfel) war Carlyle Blackwell, der in der deutschen Produktion DER HUND VON BASKERVILLE aus dem Jahr 1929 Darsteller des Sherlock Holmes werden sollte (vgl. das Kapitel „Sherlock Holmes von 1922 bis 1943"). Schon hier hatte es Drummond mit Gangstern und anderen sinistren Geheimorganisationen zu tun, die gelegentlich eher phantastische Methoden anwendeten. So bekämpft Jack Buchanan als Drummond in BULLDOG DRUMMOND'S THIRD ROUND (1925 – Regie: Sidney Morgan) einen Gangsterring, der hinter einer Formel her ist, mit welcher man künstliche Diamanten herstellen kann.

Der erste Bulldog-Drummond-Tonfilm entstand 1929 in Amerika und folgte wiederum Sappers erstem Roman, der schildert, wie Drummond zu seiner Berufung als Detektiv kommt. Wieder ist der Held (Ronald Colman) in BULLDOG DRUMMOND (Regie: F. Richard Jones)

84 Geschichte des Detektiv-Films

ein Mann, der nach dem Krieg die Aufregung und das Abenteuer vermißt, und um irgendeine Aufgabe übernehmen zu können, die seinem Tatendrang gerecht wäre, setzt er eine Anzeige in die Zeitung. Es meldet sich eine junge Frau (Joan Bennett), deren Onkel in einer dubiosen Nervenheilanstalt gefangengehalten wird, wo er, wie sich herausstellt, gefoltert wird, um sein beträchtliches Vermögen einem schurkischen Arzt (Lawrence Grant) zu überschreiben. Es gelingt Drummond, das Opfer zu befreien, doch der *mad scientist* nimmt seinerseits das Mädchen gefangen. Damit zwingt er Bulldog Drummond, wirklich Ernst zu machen, und der Schurke findet den Tod durch eine Kugel des Detektivs.

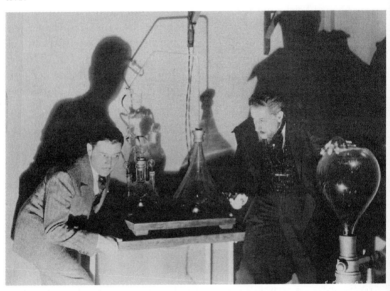

BULLDOG DRUMMOND *(Ronald Colman, Lawrence Grant)*

Ronald Colman war für diesen Abenteurer als Detektiv eine ideale Besetzung, er war ein fahrender Ritter, ein Mantel-und-Degen-Held (später Hauptfigur in einer der Verfilmungen von „The Prisoner of Zenda"), ein vollendeter Kavalier und Held jener mythischen, nie stattfindenden Kriege, die um die Ehre der Frauen und des reinen Vergnügens willen geführt werden, kurz, Ronald Colman war ein romantischer Held, den es in die amerikanische Großstadt verschlagen hatte, wo seine Feinde weder gewöhnliche Gangster noch jene Erbtantenmörder sein konnten, die man im Dining Room einer Herrschaftsvilla zu entlarven hatte. Bulldog Drummonds/Ronald Colmans Gegner waren groteske *mad scientists* und vermummte, maskierte Verbrecher, also Zauberer und schwarze Ritter. Aus dem englischen Detektiv war ein romantischer Amerikaner geworden.

Doch Colman sollte den Bulldog Drummond nur noch einmal, in BULLDOG DRUMMOND STRIKES BACK (1934 – Regie: Roy Del Ruth) spielen, wo der Detektiv beinahe von einem listigen orientalischen „Prinzen" (wer anders als Warner Oland hätte ihn spielen sollen) hereingelegt wird. Sein komischer *sidekick* Algy (Charles Butterworth), ein Sancho Pansa der Detektion, heiratet in diesem Film, doch seine Braut (Una Merkel) hat nicht viel von ihm, da er selbst in der Hochzeitsnacht noch an Drummonds Fall arbeiten muß.

Der Mischung aus Abenteuer, *comedy relief* und phantastischen Elementen folgten beinahe alle Bulldog Drummond-Filme der nächsten Zeit. In TEMPLE TOWER (1930 – Regie: Donald Gallagher) hat Bulldog (Kenneth MacKenna) es mit einem „maskierten Würger" und einer Bande zu tun, die sich „Parisian Apaches" (!) nennen; in THE RETURN OF BULLDOG DRUMMOND (1934 – Regie: Walter Summers), einer englischen Produktion mit Ralph Richardson in der Titelrolle, versucht der Held den Frieden zu sichern, indem er Kriegsgewinnlern das Handwerk legt, und Bulldog besiegt sie noch einmal in BULLDOG DRUMMOND AT BAY (1937 – Regie: Norman Lee), wo der Held (John Lodge) verhindern muß, daß die Pläne für ein automatisches Flugzeug in die falschen Hände geraten. (Bulldog Drummond ist der einzige Held der B-Detektivfilme, der sich öfter mit solchen Kriegstreibern auseinandersetzen mußte als mit ausländischen Spionen.) Ray Milland war eine überzeugende Variante des Detektivs in BULLDOG DRUMMOND ESCAPES („Bulldog Drummond – Mord im Nebel" – 1937 – Regie: James Hogan), ein Film, der ein versteckes Remake des ersten Drummond-Films war und der sicher zu einer Serie geführt hätte, wäre Ray Milland nicht zu einem für solche B-Produktionen zu großen Stars avanciert.

Nachdem also die Versuche der Sapper-Adaptionen bis dahin noch zu keiner wirklichen Serie geführt hatten, unternahm man bei Paramount schließlich das Unterfangen. durch gleichbleibende Konzeption und gleichbleibende Darsteller in der Titelrolle wie in signifikanten Nebenrollen Kontinuität in der Publikumsansprache zu erreichen, was sich für den B-Detektivfilm als vorteilhaft erwiesen hatte. „Bei Paramount entschloß man sich nach dem enormen Erfolg des Films mit Ray Milland, eine Serie von Bulldog Drummond-Filmen zu beginnen. Man nahm John Howard unter Vertrag, der den Drummond spielte, und Paramount setzte John Barrymore in der Rolle des Inspector Neilsen, Bulldogs Freund, ein. Dies erwies sich als die eigentliche Attraktion und die Erfolgsgarantie für die ersten Filme der Serie. Von den sieben Filmen der Reihe waren die ersten drei mit Barrymore die interessantesten und weitaus besten. Von den Darstellern aus ‚Bulldog Drummond Escapes' hatte man Reginald Denny als Algy, E. E. Clive als Drummonds Butler und Drummonds Freundin Phyllis Cleavering übernommen, die abwechselnd von Louise Campbell und Heather Angel verkörpert wurde." (Michael R. Pitts) In dieser Serie wurden die phantastischen Elemente zugunsten „echter" Detektion, für die Inspector Neilson eher verantwortlich war als Bulldog Drummond, und Aktion vernachlässigt; ein wiederkehrendes Handlungsmoment war das der Verkleidung: Irgend jemand, egal ob der Schurke, Bulldog oder der Inspektor, mußte sich in den ersten Filmen der Serie so in eine andere Person verwandeln, daß man zumindest glauben mochte, jemand, der ein weniger scharfsinniger Beobachter war als man selbst, hätte die Verkleidung nicht zu durchschauen vermocht.

In BULLDOG DRUMMOND IN AFRICA („Bulldog Drummond – Abenteuer in Afrika" – 1938 – Regie: Louis King, der für die Inszenierung von dreien der Serienfilme verantwortlich zeichnete, während bei den anderen James Hogan die Regie führte) übernahm H. B. Warner die Rolle des Neilson, und diese Figur trat nun mehr und mehr in den Hintergrund. Die Bulldog Drummond-Filme unterschieden sich kaum noch von den zahllosen anderen Detektiv-Serien dieser Zeit, und was das Produktionsbudget betraf, so bewegten sie sich eher noch unter dem Durchschnitt. Dasselbe gilt für die zwei Filme, die, nach dem Ende der Paramount-Serie mit ARREST BULLDOG DRUMMOND („Bulldog Drummond – Das Geheimnis der Strahlenkanone" – 1939 – Regie: James Hogan), Columbia mit Ron Randell in der Hauptrolle, und die zwei Filme, die Fox im Jahr 1948 mit Tom Conway als Bulldog Drummond produzierte.

Die in späteren Jahren gedrehten Filme nach Stoffen von Sapper hatten mit dem Original nur noch wenig gemein. Der im Jahr 1951 gedrehte Film CALLING BULLDOG DRUMMOND (Regie: Victor Saville) stellte einen Kontrast zu den üblichen Filmen des Genres dar; hier hat sich der alternde Bulldog (Walter Pidgeon) von der detektivischen Menschenjagd zurückgezogen, tritt aber noch einmal in Aktion, um einer Polizeibeamtin (Margaret Leighton) bei der Bekämpfung eines Verbrecherringes zu helfen. Dieser leicht ironische Film blieb der letzte Bulldog Drummond-Film für sechzehn Jahre, während das englische Fernsehen eine Bulldog Drummond-TV-Serie mit Robert Beatty in der Hauptrolle produzierte.

In den späten sechziger Jahren versuchte man es noch einmal mit einer komödiantischen Konzeption, wobei eigentlich nicht recht klar ist, warum man überhaupt den Namen Bulldog Drummond für eine Figur wählte, die mit der von Sapper konzipierten und in den früheren Filmen hinreichend definierten und variierten Figur nicht das geringste gemeinsam hatte. DEADLIER THAN THE MALE („Heiße Katzen" – 1966 – Regie: Ralph Thomas) zeigt Bulldog Drummond als James Bond-Parodie, und in dem Film wurde, wie in dem Nachfolgestreifen SOME GIRLS DO (1969 – Regie: Ralph Thomas), jene Mischung aus Pop, Sex, Sadismus und Komik, dargeboten in attraktiven Dekorationen voller verrückter Farben und Formen, verwandt, die für die Kriminal-/Agentenfilme jener Zeit typisch waren. Dem adretten Bulldog (Richard Johnson) wurde dabei eher weniger Aufmerksamkeit geschenkt als den weiblichen Stars der beiden Filme (Elke Sommer, Sylva Koscina, Daliah Lavi, Sydne Rome).

Die Bulldog Drummond-Filme waren, wie ihre literarischen Vorlagen, immer ein wenig *pulpy*; sie häuften Sensationen, Phantastisches und Komisches, ließen Aktion auf Aktion folgen und verstießen, so gut es ihnen möglich war, gegen ein paar Regeln des guten Geschmacks. Aber darüber war allzuoft vergessen worden, die Figuren selbst dem Publikum näherzubringen, sie mit einer „Seele" zu versehen. In einem schlechten Charlie Chan-Film gibt es immer noch Charlie Chan selbst, den man einfach mögen kann, auch wenn er nicht seinen besten Tag hat; in einem schlechten Bulldog Drummond-Film gab es selten etwas anderes zu genießen als die ersten Szenen, in denen man den *villains* begegnete.

Die orientalischen Detektive

Charlie Chan

Der wohl berühmteste unter den „orientalischen Detektiven" des amerikanischen Serienfilms, Charlie Chan, hatte ein Vorbild in der Wirklichkeit, oder besser gesagt, deren zwei. Bei Recherchen zu einem Roman war der amerikanische Kriminalautor Earl Derr Biggers 1923 in den Zeitungen von Honolulu auf Berichte über zwei chinesische Detektive, Chang Apana und Lee Fook, gestoßen, die auf Hawaii einige sensationelle Fälle gelöst hatten. Derr Biggers verband diese Vorbilder mit einer in den zwanziger Jahren allgemein verbreiteten Vorliebe für Exotik, die auch in der Unterhaltungsliteratur ein Echo auf die innenarchitektonischen Chinoiserien hervorrief. Charlie Chan, der Chang Apana und Lee Fook nachempfunden war, hatte seinen ersten Auftritt in THE HOUSE WITHOUT A KEY (1925), wo er allerdings noch eine Nebenfigur war. Doch als die Leser der „Saturday Evening Post", wo der Roman zuerst veröffentlicht worden war, nach weiteren Charlie Chan-Geschichten fragten, entstand mit „The Chinese Parrot" der erste Roman eines Zyklus um den chinesischen Detektiv mit der ausgesuchten Höflichkeit und der scharfen Beobachtungsgabe.

Charlie Chan ist einer jener biederen Detektive, die in sich Eigenschaften des Sherlock Holmes und des Dr. Watson zu vereinen scheinen. Der Detektiv ist ein braver, fast spießiger Familienvater, jeder Aufregung und Unregelmäßigkeit abhold, der sich gleichwohl, berufshalber, in die mörderischsten Hirne hineinversetzen konnte. Seine orientalische Herkunft ist so nicht nur ein Zeichen für seine Vorgehensweise, die von Geduld und Beharrlichkeit, aber auch von einem unbestechlichen Blick charakterisiert ist, sondern auch, so sehr wie seine Biederkeit, Tarnung, die immer wieder die Verbrecher dazu verleitet, ihn zu unterschätzen und unvorsichtig zu werden.

1926, also ein Jahr nach Veröffentlichung des ersten Charlie Chan-Romans, entstand die erste Film-Version, THE HOUSE WITHOUT A KEY, als Serial in zehn Kapiteln. Frank Leon Smith adaptierte den Stoff für den Serial-Regisseur Spencer Gordon Bennet. Charlie Chan (George Kuwa) war in dieser Film-Reihe eher noch weiter in den Hintergrund getreten als in Earl Derr Biggers' Roman, während die wirklichen Helden von zwei in zahlreichen Serials zusammen auftretenden Stars, Allene Ray und Walter Miller, dargestellt wurden.

THE CHINESE PARROT (Regie: Paul Leni), der Film, der noch im selben Jahr herauskam wie das Buch, präsentierte den japanischen Schauspieler Kamiyama Sojin in der Rolle des Charlie Chan, der nun die Hauptfigur der Handlung war. Chan, hier noch ganz ohne die komischen Seitenlinien der Handlung charakterisiert (die im Stummfilm freilich auch schwer zu bewerkstelligen gewesen wären, denn die Komik der Vorlagen bestand vor allem aus Dialogen), ist ein Meister der Verkleidung und des Fallenstellens, der das Rätsel verschwundenen Perlenschmucks löst, und wie im Titel angedeutet, ist es schließlich ein Papagei, der den Schlüssel zum Geheimnis bildet.

1929 entstanden zwei Film-Fassungen von „Behind That Curtain", eine stumm, die andere mit Ton. Im Gegensatz zu dem ein Jahr vorher publizierten Roman ist Charlie Chan (E. L. Park) hier wieder zur Nebenfigur degradiert, und auch sonst gingen die Autoren Sonya Levien und Clarke Silvernail und der Regisseur Irving Cummings sehr frei mit Earl Derr Biggers' Vorlage um.

Zu einer populären Filmfigur wurde der orientalische Detektiv erst durch die Darstellung von Warner Oland in CHARLIE CHAN CARRIES ON (1937 – Regie: Hamilton MacFadden). Der in Schweden geborene Schauspieler war einer der bekanntesten *heavy*-Darsteller der Serials gewesen und hatte als Spezialität seinen *oriental villain* entwickelt, den

Die orientalischen Detektive 89

schurkischen Chinesen, Mongolen oder Japaner, der, Verachtung im Blick, die Welt des weißen Mannes auszulöschen bereit war und sich zu diesem Zweck erst einmal das eine oder andere gute amerikanische Mädchen fangen ließ. Er verkörperte den ersten Dr. Fu Manchu auf der Leinwand in den Filmen THE MYSTERIOUS DR. FU MANCHU (1929 – Regie: Rowland V. Lee), THE RETURN OF FU MANCHU (1930 – Regie: Rowland V. Lee) und DAUGHTER OF THE DRAGON (1931 – Regie: Lloyd Corrigan), und er bedrohte als *oriental villain* Marlene Dietrich in SHANGHAI-EXPRESS („Shanghai-Expreß" – 1932 – Regie: Josef von Sternberg). Diesen Hintergrund brachte Warner Oland, ironisch gebrochen, in die Rolle des Charlie Chan ein, und wie der Detektiv immer einen Rest vom *outlaw* an sich hat, etwas vom reformierten Banditen (oder gar vom „verhinderten" Gangster), so ist der orientalische Detektiv eine Fortsetzung des faszinierenden *oriental villain* auf der anderen Seite des Gesetzes.

Der Film, der um eine Serie von Morden auf einer Kreuzfahrt um die Welt konstruiert ist, führt den chinesischen Meisterdetektiv erst in der zweiten Hälfte ein, überläßt ihm von da an aber ganz das Feld. (Dieses Konstruktionsprinzip sollte sich noch in anderen Filmen der nun folgenden Serie bewähren.) CHARLIE CHAN CARRIES ON hat einige der Grundelemente der Serie entwickelt, so die Aphorismen, die Charlie Chan produziert und als alte chinesische Spruchweisheiten ausgibt, den romantischen *Subplot* um ein Paar, das sich durch das Abenteuer, das der Fall produziert, endlich kriegt, die Versammlung aller Verdächtigen am Schluß, bei der Charlie Chan den Täter entlarvt.

Noch im selben Jahr kam der zweite Film der Charlie Chan-Serie mit Warner Oland heraus: THE BLACK CAMEL („Charlie Chan – Der Tod ist ein Schwarzes Kamel" – 1931 – Regie: Hamilton MacFadden). In Hawaii wird der Filmstar Shela Fane (Dorothy Revier) ermordet, wo sie gerade einen Film gedreht hat, und Charlie Chan soll den Fall lösen. Unter den Verdächtigen ist auch der den Zuschauern als „Dracula" und Darsteller einer ganzen Reihe von Bösewichtern natürlicher und übernatürlicher Art bekannte Bela Lugosi als der Magier Tarnevero, der einen sicher klassischen Kino-Satz zu Charlie Chan sagen darf: „Shela mußte sterben, weil sie zuviel wußte!" Während das Paar des Films (Sally Eilers, Robert Young) zueinanderfindet, entlarvt Charlie Chan den Mörder. Charlie Chan wird in diesem Film auch als Familienvater (von zwölf Kindern) vorgestellt. Unter seinen blumigen Sentenzen befinden sich solche wie: „Alibi verschwindet wie Loch in Wasser".

Da kein weiteres Material von Derr Biggers vorlag, drehte man in den folgenden zwei Jahren Remakes der ersten Filme; CHARLIE CHAN'S CHANCE (1932 – Regie: John G. Blystone) ist ein Remake von BEHIND

THAT CURTAIN, und CHARLIE CHAN'S GREATEST CASE (1933 – Regie: Hamilton MacFadden) ist ein Remake von HOUSE WITHOUT A KEY. Freilich war Charlie Chan nun die definitive Hauptfigur und hatte reichlich Gelegenheit, seine Weisheiten von sich zu geben, wie etwa: „My day's work has been useless as life preserver for fish." Auch CHARLIE CHAN'S COURAGE (1934 – Regie: George Hadden und Eugene Forde) war ein Remake; THE CHINESE PARROT diente als Vorlage. 1933 war Earl Derr Biggers gestorben, und die Drehbücher der folgenden Filme wurden als Originalstoffe geschrieben, erstellt von Autoren wie Philip MacDonald, Robert Ellis, Helen Logan, W. Seott Darling, Charles Belden u.a.

Die Formel für die Charlie Chan-Filme wurde in den nächsten Filmen dahingehend erweitert, daß der Held nun die Welt bereist und jeder Fall (und also jeder Film) einen anderen geografischen Hintergrund aufweist: CHARLIE CHAN IN LONDON („Charlie Chan in London" – 1934 – Regie: Eugene Forde), CHARLIE CHAN IN PARIS (1935 – Regie: Lewis Seiler), CHARLIE CHAN IN EGYPT („Charlie Chan in Ägypten" – 1935 – Regie: Louis King), CHARLIE CHAN IN SHANGHAI („Charlie Chan in Shanghai" – 1935 – Regie: James Tinling). In CHARLIE CHAN IN PARIS hat Lee Chan (Keye Luke) als Charlies „Sohn Nummer eins" seinen ersten Auftritt, der so gern in die Fußstapfen seines mittlerweile berühmten Vaters treten würde, aber stets übereifrig ist und vorschnelle Schlüsse zieht und durch seine Tolpatschigkeit in gefährliche, aber auch komische Situationen gerät.

In CHARLIE CHAN IN EGYPT hat der Held einen anderen Assistenten, den Neger „Snowshoes", der von Stepin Fetchit, einem populären schwarzen Komödianten dieser Zeit, dargestellt wird. Diese Auffächerung der komischen Rollen: der weise lächelnde Charlie, mit seinen Gedanken immer allen anderen voraus und doch die Inkarnation des Siegs der Einfalt über die Niedertracht, das Geschehen mit vieldeutigen Sprüchen und bizarren Vergleichen kommentierend, „Sohn Nummer eins", voller Übereifer und stets das Falsche unternehmend, und schließlich „Snowshoes", ängstlich und mit großen Augen immer das Schlimmste erwartend, ansonsten mit der Begabung versehen, Sätze und Gedanken zu kleinen surrealistischen Kunstwerken zu verdrehen, ließ breiteren Raum für komische Variationen, und zu dieser Zeit waren einige Charlie Chan-Filme wohl wegen ihrer komödiantischen Elemente noch mehr geschätzt als wegen ihrer Mystery-Komponenten.

In CHARLIE CHAN IN SHANGHAI übernahm wieder Keye Luke als „Sohn Nummer eins" den Part des komischen *sidekick* CHARLIE CHAN'S SECRET („Charlie Chans Geheimnis" – 1935 – Regie: Gordon Wiles) ist wieder mehr auf die Konstruktion des kriminalistischen *plot* ausgerichtet und spielt, wie etliche Filme der Serie, mit spiritistischen Unternehmungen, die den Detektiv aber keineswegs von seinen logischen Schlußfolgerungen abhalten können. Eine alte Bekannte von Charlie Chan, Alice Lowell (Rosina Lawrenee), eine gutgläubige Anhängerin spiritistischer Séancen, bittet den Detektiv, nach ihrem verschollenen Neffen zu forschen, der Erbe ihres Vermögens ist. Der Familie der reichen Witwe, ihren Töchtern und deren Ehemännern bzw. Freunden, kann natürlich am Wiederauffinden des Erben wenig gelegen sein. Das Mordkomplott deckt sich schließlich bei einer gespenstischen Séance auf, bei der der Geist des Verschwundenen beschworen wird und dieser auch wirklich erscheint – allerdings nicht als Geist.

Nach ganz ähnlichen Mustern waren die folgenden Filme der Serie konstruiert: Ein bestimmtes Milieu wird charakterisiert, und ein für dieses Milieu „typisches" Mordverbrechen – mit den in diesem Milieu wahrscheinlichen Mordmethoden und -werkzeugen begangen – ruft den Detektiv auf den Plan. Nachdem durch Zufall, oder weil Charlie es so eingefädelt hat, alle Beteiligten in einen Raum zusammengeführt sind, konfrontiert der Detektiv die Gruppe mit einer Tatsache (oder einer „Erscheinung"), die den wahren Schuldigen entlarvt, sei es, weil dieser sich ertappt oder in die Falle gelockt fühlt, sei es, weil er an seinem Verstand zweifeln muß. Der Schuldige unternimmt einen Fluchtversuch, wobei er sich nicht selten einer Geisel bedient, er wird aber von Charlie Chan, der hier seine Behendigkeit ausspielen kann, einem seiner Assistenten oder einem aus der Gruppe der Verdächtigen, – zumeist dem „Unheimlichsten" –, aufgehalten. Zur Konstruktion der Filme gehört weiter, daß einmal ein Mordanschlag auf Charlie Chan selbst verübt wird, dem der Detektiv um Haaresbreite entgeht, der aber auch einen entscheidenden Hinweis auf den Täter hinterläßt. An entscheidenden Stellen der Handlung pflegt in Charlie Chan-Filmen das Licht auszugehen – ein wirkungsvoller und zugleich sparsamer Effekt.

Charlie Chan besuchte den Zirkus (CHARLIE CHAN AT THE CIRCUS – „Charlie Chan im Zirkus" – 1936 – Regie: Harry Lachman), den Rennplatz (CHARLIE CHAN AT THE RACE TRACK – „Charlie Chan beim Pferderennen" – 1936 – Regie: H. Bruce Humberstone), die Olympischen Spiele in Berlin (CHARLIE CHAN AT THE OLYMPICS – „Charlie Chan bei den Olympischen Spielen" – 1937 – Regie: H. Bruce Humberstone), den Broadway (CHARLIE CHAN ON BROADWAY – „Charlie Chan am Broadway" – 1937 – Regie: Eugene Forde) etc. Eine Besonderheit bildet CHARLIE CHAN AT THE OPERA („Charlie Chan in der Oper" – 1936 – Regie: H. Bruce Humberstone), der ein wenig mit Versatzstücken aus dem Film THE PHANTOM OF THE OPERA spielt, den Rupert Julian 1925 inszeniert hatte und der 1929 mit neuen Szenen ergänzt in einer Ton-

Version herausgebracht worden war. Boris Karloff, der als populärer Star des Horror-Genres dafür garantierte, daß dieser Film der Serie überdurchschnittliche Reputation erlangte und entsprechend hohe Einspielergebnisse erzielte, spielt den Opernsänger Gravelle, der nach einem Brand des Opernhauses für tot gehalten wird. Gravelle aber hat entkommen können. Seines Gedächtnisses beraubt, findet er Unterschlupf in einem Heim. Eines Tages sieht er ein Zeitungsfoto von seiner Frau (Margaret Irving), einer Sopranistin, und ihrem Liebhaber (Gregory Gaye), und schlagartig kommt die Erinnerung zurück. In dem Liebhaber seiner Frau erkennt er den Mann, der versucht hat, ihn durch das Feuer zu töten. Er bricht aus dem Heim aus und schleicht sich in das Opernhaus. Er kleidet sich in ein Mephisto-Kostüm, und während einer „Faust"-Aufführung werden Gravelles Frau und ihr Liebhaber erdolcht. Gravelle wird als Mörder verhaftet, doch Charlie Chan, den man in den Fall eingeschaltet hatte, läßt die Oper noch einmal spielen und entlarvt den wirklichen Mörder. Wie in mehreren Filmen der Serie wird also der Auftritt des Horror-Stars (später auch bekannte Gangster-Darsteller) als *red herring* benützt, er tritt auf als der eindeutig schuldig Scheinende, der sich am Ende doch als unschuldig erweist.

In vielen Filmen der Serie traten prominente Schauspieler in Gastrollen auf, so etwa Ray Milland in „CHARLIE CHAN IN LONDON", Rita Hayworth (damals noch unter ihrem Geburtsnamen Rita Cansino) in CHARLIE CHAN IN EGYPT, J. Carrol Naish in CHARLIE CHAN AT THE CIRCUS, Lon Chaney in CHARLIE CHAN ON BROADWAY. Wie Boris Karloff in CHARLIE CHAN AT THE OPERA hatten auch gerade solche Darsteller wie Lon Chaney Gelegenheit, ihren „Typus" zu erfüllen und zugleich ein wenig zu karikieren. Am Ende sollte sich jedenfalls immer herausstellen, daß eher die „sympathischen" Darsteller wie James Stewart als Mörder in Betracht kamen als die gewohnten *heavies*. So geläufig die Formel nach einigen Filmen auch war, wirkte sie doch nie abgegriffen, da die Horrorstars und *heavies* je ihren eigenen Mythos in die Rollen einbrachten. Zwischen schuldig und nichtschuldig gab es, wie die Rolle Karloffs zeigt, auch in den Charlie Chan-Filmen eine Menge Möglichkeiten.

1938, während der Dreharbeiten zu CHARLIE CHAN AT THE FIGHTS, starb Warner Oland. Das Drehbuch zu diesem Film wurde kurzerhand ein wenig umgearbeitet und als Grundlage für einen Film der „Mr. Moto"-Serie verwendet, wobei man auch gleich die Rolle von Keye Luke in die Serie übertrug: Er agierte von nun an als Mr. Motos (Peter Lorre) Assistent.

Warner Oland war eigentlich nicht zu ersetzen, dennoch entschied man sich bei Twentieth Century-Fox dafür, wegen ihrer hohen Populari-

Die orientalischen Detektive 93

tät die Serie fortzusetzen. Man hatte mehrere Darsteller getestet, darunter Leo Carillo, den „Cisco Kid" der Leinwand, Noah Beery, einen der eindruckvollsten *heavies* der Stummfilm- und frühen Tonfilmzeit, und Charlie Lang, einen chinesischstämmigen Schauspieler, der Charlie Chan in der Radio-Serie um den orientalischen Detektiv verkörperte. Der neue Charlie Chan aber wurde Sidney Toler, der vordem nur in einigen *supporting roles* zu sehen gewesen war, vorzugsweise in Western wie THREE GODFATHERS („Helden aus der Hölle" – 1936) von Richard Boleslawsky oder MYSTERIOUS RIDER (1938) von Lesley Selander.

Im ersten Film, in dem Sidney Toler auftrat, CHARLIE CHAN IN HONOLULU („Charlie Chan in Honolulu" – 1938 – Regie: H. Bruce Humberstone), wurde konstatiert, daß „Sohn Nummer eins", Lee Chan, zum Studium in New York weilt; seine Rolle als Assistent des berühmten Vaters (der ebenso wie sein Vorgänger auch für den *comic relief* zu sorgen hatte) übernahm „Sohn Nummer zwei", Jimmy Chan, in insgesamt elf Filmen verkörpert von Sen Yung (er war übrigens der chinesische Koch der Familie Cartwright in der langlebigen Familien-Westernserie BONANZA).

In diesem Film tut sich Jimmy mit seinem jüngeren Bruder Tommy (Layne Tom jr.) zusammen, um den Fall eines Mordes auf einem Schiff auf eigene Faust zu klären. Auf dem Schiff befindet sich neben allerlei zwielichtigen Gestalten auch ein verrückter Wissenschaftler (George Zucco, ein weiterer Horrorfilm-Star in einer Gastrolle – er war geradezu abonniert auf die Darstellung des *mad scientist*), der mit den Gehirnen exekutierter Verbrecher experimentiert. Aber auch hier erweist sich, daß nicht diese unheimliche Gestalt der wirkliche Mörder ist, den Charlie Chan schließlich stellt. Charlie wird überdies im Film Großvater und läßt sich auch in den gefährlichsten Situationen nicht davon abhalten, seine Weisheiten zu verbreiten („Making bedfellow of serpent no guarantee against snake bite"). Mehr Kummer als die Lösung des Falles bereiten ihm seine Sprößlinge, denen gegenüber er sich aber dennoch als liebender und sogar verständnisvoller Vater erweist.

Sidney Toler erwies sich als würdiger Nachfolger von Warner Oland, und auch er verstand es, die komödiantischen Züge in der Rolle des orientalischen Detektivs herauszuarbeiten. Neu war die Entwicklung von *running gags* in manchen Filmen. So hat der Held etwa in CHARLIE CHAN IN RENO („Charlie Chan in Reno" – 1939 – Regie: Norman Foster) beständig Ärger mit einem hinterwäldlerischen Sheriff (Slim Summerville) und einem hysterischen Taxifahrer (Eddie Collins), deren Nerven den Aufregungen um Charlie einfach nicht gewachsen sind.

In der folgenden Zeit überwogen Sujets mit phantastischem Einschlag: Es geht um einen geheimnisvollen – natürlich falschen – „Scher" namens Dr. Zodiac (Gerald Mohr) in CHARLIE CHAN IN TREASURE ISLAND (1939 – Regie: Norman Foster), den Michael R. Pitts „einen der besten Filme der Charlie Chan-Serie" nennt. Lionel Atwill war der nächste Star des Horror-Genres, der einen Auftritt in der Serie hatte, in CHARLIE CHAN'S MURDER CRUISE („Charlie Chan auf Kreuzfahrt" – 1940 – Regie: Eugene Forde). CHARLIE CHAN AT THE WAX MUSEUM („Charlie Chan im Wachsfigurenkabinett" – 1940 – Regie: Lynn Shores) beinhaltet Anklänge an Filme wie MYSTERY OF THE WAX MUSEUM („Das Geheimnis des Wachsfigurenkabinetts" – 1933 – Regie: Michael Curtiz): Ein Gangster (Marc Lawrence, ein Gangster-Darsteller in vielen Filmen des Genres, darunter Frank Tuttles THIS GUN FOR HIRE („Die Narbenhand") aus dem Jahr 1941 und John Hustons KEY LARGO („Hafen des Lasters") aus dem Jahr 1948, den Charlie ins Gefängnis gebracht hat, sinnt auf Rache. Er bricht aus und gelangt zu einem Wachsfigurenkabinett, dessen Besitzer (C. Henry Gordon) vermittels plastischer Chirurgie sein Gesicht verändert. Der Gangster und der *mad scientist* hecken einen Mordplan gegen Charlie Chan aus; er soll während einer Radiosendung der „Crime League", die direkt aus dem Wachsfigurenkabinett übertragen wird, auf der Nachbildung eines elektrischen Stuhls „hingerichtet" werden. Doch ein anderer findet den für Charlie intendierten Tod durch einen vergifteten Pfeil. Um den Fall vollends zu verwirren, wird der Gangster ermordet, und die Frau eines Mannes, der für ein Verbrechen hingerichtet wurde, das er nicht begangen hat (was Charlie Chan in seiner Rundfunksendung bewies), taucht auf und wird unter Mordverdacht verhaftet. In gewohnter Manier versammelt Charlie wiederum die Verdächtigen und entlarvt den Mörder, indem er einen zweiten Pfeil von der Art des Mordwerkzeugs benutzt.

In DEAD MEN TELL („Charlie Chan auf dem Schatzsucherschiff" – 1941 – Regie: Harry Lachman) geht es um eine Mordserie, für die zunächst der Geist eines Piraten verantwortlich gemacht wird. In zwei Filmen, CHARLIE CHAN IN THE CITY OF DARKNESS (1939 – Regie: Herbert I. Leeds) und CHARLIE CHAN IN PANAMA („Charlie Chan in Panama" – 1940 – Regie: Norman Foster) hat Charlie Chan es mit den Auswirkungen des Krieges zu tun. Wie jede Figur aus der populären Mythologie hatte er seinen Patriotismus unter Beweis zu stellen – er tat dies mit der ihm eigenen Eleganz.

Die Serie der Charlie Chan-Filme von Twentieth Century-Fox wurde 1942 mit CASTLE IN THE DESERT („Charlie Chan – Das Schloß in der Wüste" – Regie: Harry Lachman) beendet. Zwei Jahre später sicherte sich die auf B-Filme spezialisierte Firma Monogram, die vor allem durch ihre Western reüssiert hatte, die Rechte an der Figur und übertrug wiederum Sidney Toler die Rolle des Charlie Chan. „Heute werden die

Charlie Chan-Filme von Monogram oft sehr gering eingeschätzt. Natürlich hatten sie bei weitem nicht die Budgets aufzuweisen, die man bei Twentieth Century-Fox bereitgestellt hatte, aber auch diese Filme erwiesen sich als recht populär. Keiner der siebzehn Charlie Chans von Monogram sollte ein Klassiker werden, aber sie waren alle recht unterhaltsam und gewiß nicht schlechter als der Durchschnitt der B-Detektivfilme zwischen Mitte und Ende der vierziger Jahre, und in einigen Fällen waren sie sogar um einiges besser." (Michael R. Pitts)

Der erste Charlie Chan-Film von Monogram, CHARLIE CHAN IN THE SECRET SERVICE (1944 – Regie: Phil Rosen), in dem der orientalische Detektiv einen Nazi-Agenten unschädlich machen muß, führt drei neue Figuren in die Handlung ein: Charlie Chans Tochter Iris (Marianne Quon), seinen „Sohn Nummer drei" Tommie (Benson Fong) und den Chauffeur Birmingham Brown (Mantan Moreland), der eine Stepin Fetchit ähnliche Rolle spielte und eine neue komödiantische Note in die Filme brachte. Mantan Moreland, „der Mann mit den schnellsten Augen im Westen", war der typische *coon*, der so treue wie tolpatschige Diener, immer in Gefahr, vor dem eigenen Schatten zu erschrecken oder über die eigenen Beine zu stolpern.

Benson Fong und Mantan Moreland traten in beinahe allen Charlie Chan-Filmen von Monogram in der nächsten Zeit auf, während Marianne Quon als Iris es bei einem Gastspiel beließ. Doch aus der großen Familie Chan hatten noch weitere Mitglieder ihre Auftritte: Frances Chan, eine weitere Tochter des Detektivs (Frances Chan!), erschien in BLACK MAGIC (1944 – Regie: Phil Rosen), und Eddie Chan (Edwin Luke) in THE JADE MASK (1945 – Regie: Phil Rosen). In den späteren Filmen der Monogram-Serie übernahm Victor Sen Yung die Rolle des Tommie Chan von Benson Fong, so in DANGEROUS MONEY („Charlie Chan – Gefährliches Geld" – 1946 – Regie: Terry Morse) und THE TRAP („Charlie Chan – Die Falle" – 1947 – Regie: Howard Bretherton).

An der Formel für die Charlie Chan-Filme wurde bei Monogram nur wenig geändert; Agentenstoffe, Sujets mit phantastischem Einschlag und reine Mystery/Detection-Themen wechselten einander ab. Was an *production value* und dem Einsatz von prominenten Gaststars als *red herrings* verlorengegangen war, versuchte man durch Suspense und skurrile Details am Rande wettzumachen. Charlie Chans Gegner hatten indes die Tendenz, immer allmächtiger, grotesker und geheimnisvoller zu werden – zumindest war das die gelegentlich kühne Behauptung der Filme, die nicht immer von der Aura der Darsteller erfüllt werden konnte. Manche Filme der Serie, wie etwa DANGEROUS MONEY, kommen mit drei, vier *sets* aus, eine Not, aus der die Regisseure gelegentlich durchaus eine Tugend zu machen verstanden.

1947 starb Sidney Toler, und die Rolle des Detektivs wurde für die nächsten Filme der Serie an Roland Winters übertragen, der mittlerweile die Verkörperung des Charlie Chan in der Radioserie übernommen hatte. Victor Sen Yung blieb Tommie Chan, und auch Birmingham Brown alias Mantan Moreland stand weiter mit rollenden Augen und zitternden Beinen an der Seite Charlies. Ein wenig hatten allerdings die Kreativität und das Engagement der an der Serie Beteiligten nachgelassen; die Möglichkeiten der Formel schienen erschöpft, und selbst auf der Ebene des B-Films war unterdessen eine weniger statische Erzählweise Gepflogenheit geworden. Was blieb, war freilich der Zauber der von Earl Derr Biggers geschaffenen Figur. Die ersten beiden Filme, in denen Roland Winters die Hauptrolle spielte, THE CHINESE RING (1947 – Regie: William Beaudine) und THE DOCKS OF NEW ORLEANS (1948 – Regie: Derwin Abrahams) waren Remakes von Filmen aus der „Mysterious Mr. Wong"-Serie; THE FEATHERED SERPENT (1948 – Regie: William Beaudine) gar ist eine vom Autor Oliver Drake selbst vorgenommene Umarbeitung des Drehbuchs für einen Western der „Three Mesquiteers"-Serie aus dem Jahr 1936.

In den folgenden Filmen wurde wieder mehr Gewicht auf das Element der Detektion gelegt (neben Charlies sporadischer Arbeit beim Geheimdienst), während die komischen Seitenlinien der Handlungen ausgebaut wurden. In THE SHANGHAI CHEST (1948 – Regie: William Beaudine) etwa gibt es einen herrlichen Nonsense-Dialog zwischen Birmingham Brown und einem Verwandten (Willie Best), den er im Gefängnis besucht. In THE FEATHERED SERPENT kehrt „Sohn Nummer eins", Keye Luke, noch einmal in Charlie Chans mittlerweile angewachsenes Team zurück, und er steht auch im letzten Film-Abenteuer Charlies seinem Vater zur Seite. Mit THE SKY DRAGON (1949 – Regie: Lesley Selander), dem insgesamt siebenundvierzigsten Film um den chinesischen Detektiv, beendete Monogram die Serie. Pläne, sie in England fortzusetzen, scheiterten, weil durch die Abwertung des Pfundes ein erhoffter wirtschaftlicher Vorteil ausblieb.

Die Reihe wurde ans Fernsehen verkauft, wo sie mit Erfolg lange Zeit in den verschiedensten *markets* ausgestrahlt wurde. 1956 schließlich startete man eine eigene TV-Serie, „The New Adventures of Charlie Chan", mit J. Carrol Naish als Charlie und James Hongals „Sohn Nummer eins", dem man statt des chinesischen Lee den Vornamen Barry gegeben hatte. Während es diese Serie auf 39 Episoden brachte, konnte Roland Winters sein Image als Charlie Chan in der Werbung verwenden, wo er unter anderem für chinesische Restaurants mit dem Slogan warb: „Tell 'em Charlie sent you." 1971 drehte man bei Universal den Film CHARLIE CHAN: HAPPINESS IS A WARM CLUE („Charlie Chan – Ein wohlge-

Die orientalischen Detektive 97

hütetes Geheimnis" – Regie: Leslie Martinson) mit Ross Martin in der Rolle des Detektivs, der als Pilotfilm für eine neue Charlie Chan-Serie gedacht war, zu der es jedoch nie kam. Statt dessen produzierten die Hanna-Barbera-Studios eine Trickfilm-Serie (Keye Luke synchronisierte den Detektiv), in der alle zehn Kinder Charlie Chans dem Vater bei der Aufklärung heikler Fälle zur Seite standen. (Dem Geschmack der Zeit – die Serie lief von 1972 bis 1974 – entsprechend, hatten die Chan-Geschwister eine Pop-Band formiert, deren Auftritte mit einschlägiger Bubblegum-Musik mehr Zeit beanspruchten als die eigentliche Handlung.)

Mit seinem „Danke sehr, vielmals", das Höflichkeit, vorgetäuschte Unterwürfigkeit und Distanz gleichermaßen beinhaltete, wandte sich Charlie an eine Welt der Weißen, an der er, so weltläufig er war, nicht eigentlich teilhatte. Er hatte sich eine Lebensform bewahrt, eine Idylle, in der er und die Seinen leben konnten, ohne der allfälligen Korruption und dem allfälligen Wahnsinn unkontrollierter Leidenschaften zu verfallen. Er war – und ist – sympathisch wie ein kluges, unschuldiges Kind, „ein ausgesprochen liebes Kerlchen" (P. E. Grim), das nichtsdestotrotz immer wieder zeigt, daß es sich nicht herumschubsen läßt. Seine Überlegenheit ist ganz eindeutig nicht nur geistiger, sondern auch menschlicher Natur. Schließlich waren Figuren wie Charlie Chan wohl auch als Teil einer „Eingemeindung" der asiatischen Bevölkerung in den „Himmel" der populären Mythologie gelesen worden, nachdem die asiatischen Schurken in deren „Hölle" so faszinierende Gestalten hervorgebracht hatten. Der Widerspruch war zu lösen, daß die Asiaten zwar zu den Kriegsgegnern gehörten, daß aber zur gleichen Zeit in den eigenen Reihen eine große Zahl asiatischer Männer bewies, daß sie gute Amerikaner waren. Schon von daher war es notwendig, neben den bösen den guten Asiaten zu setzen, und was der erste an Lüsternheit und Perversion aufzuweisen hatte, das hatte der zweite, wie Charlie Chan, an Bürgerlichkeit und Familiensinn. „Ein Geheimnis der Chan-Formel bestand darin, daß das amerikanische Publikum an die Überlegenheit des Asiatischen im Bösen glauben gelernt hatte, gaben doch die Chinesen (wie der von Oland selbst gespielte Fu Man Chu) besonders raffinierte und grausame Schurken auf der Leinwand ab. Um so bemerkenswertere Resultate waren zu gewärtigen, stand diese unheimliche Geisteskraft einmal auf der Seite des Guten; für die Drehbuchautoren ergab sich zudem der Vorteil, daß westliche Logik und Wahrscheinlichkeit nicht unbedingt vonnöten waren." (Jürgen Wehrhahn)

Es war mehr als Biederkeit mit Geisteskraft gepaart, was Charlie Chan ausstrahlte, es war – so paradox das für einen Helden von Mystery-Filmen klingen mag – eine Art von Glück, das zärtliche Gefühl von Menschen füreinander, die wissen, daß sie eine Menge von den Schweinereien der Welt nicht mitmachten, ein kindlicher Traum eben, von Charlie Chan, der sich selbst, und die Schwachen, beschützt.

Mr. Moto

Der Erfolg, den die Twentieth Century-Fox mit ihrer Charlie Chan-Serie zu verzeichnen hatte, veranlaßte den Produzenten Sol M. Wurtzel, der auch eine Reihe der Chan-Filme produziert hatte, eine zweite Serie mit ähnlicher Konzeption erarbeiten zu lassen. Als Vorlage wählte man die Romane von Phillips Marquand, die den japanischen Detektiv Mr. Moto zum Helden hatten, einen Meister der Verkleidung und der Verstellung. Als Darsteller des Helden gewann man Peter Lorre, der zugleich hintergründiger und aktiver erschien als Warner Oland oder Sidney Toler als Charlie Chan und der die vornehme bürgerliche Zurückhaltung seines Konkurrenten nicht immer bewahrte. Durch seine runde, randlose Brille beobachtete er neugierig und scharf seine Umgebung, und seine kleine Gestalt schien ständig in Bewegung. Peter Lorre spielte nicht Mr. Moto, er lieh ihm seine Persönlichkeit.

Anders als bei Charlie Chan erfuhr man in der Mr. Moto-Serie nur wenig über den persönlichen oder familiären Hintergrund des Helden. Er blieb für das Publikum eine so mysteriöse Gestalt wie für seine Widersacher. Hatte man bei Charlie Chan das Gefühl, er könne ohne weiteres „zur Familie gehören", so vertraut war man mit seinen Schrullen, seinen Sprüchen, seiner Beziehung zu seinen Kindern und seinen Freunden, so blieb Mr. Moto ein sympathischer, aber doch fremder Mensch, der ganz in seinen Abenteuern aufging und ein Privatleben darüber hinaus nicht zu haben schien. Während Charlie Chan froh war, wenn er in den Schoß seiner Familie zurückkehren konnte, und das Verbrechen bekämpfte, damit Familien wie die seine in Ruhe leben konnten, zog es Mr. Moto offensichtlich zum Abenteuer; die Gefahr erst gab seiner Gestalt die Konturen. Sein Vorgehen war energischer; er war, wenn es darauf ankam, mit einer Pistole zur Hand, und er konnte sich jederzeit mit Jiu-Jitsu auch gegen größere und stärkere Gegner verteidigen. Andererseits konnte sich Mr. Moto seiner Umgebung bis zur Unauffälligkeit anpassen und sich im Hintergrund halten, bis – gegen Ende des Films – die Zeit zum Zuschlagen gekommen war. Es machte ihm sichtlich Spaß, jemanden zu überführen. Nein, ein „ausgesprochen liebes Kerlchen" war Mr. Moto nicht.

Von den acht Filmen der Mr. Moto-Serie inszenierte sechs Norman Foster, der auch für einige der wirkungsstärksten Charlie Chans verantwortlich zeichnete. An die Stelle der Konzentration auf wenige Schauplätze und die Entlarvung des Täters im Kreis aller versammelten Verdächtigen in den Chan-Filmen traten bei der Mr. Moto-Serie eine Vielzahl von in einem Film verwendeten Schauplätzen und eine stärkere Betonung von Action-Elementen. Peter Lorre, der zunächst gegen sein Image als Horror-Darsteller anzuspielen hatte, überzeugte das Publikum vor allem durch seine Natürlichkeit und das darstellerische *understatement*. So geheimnisvoll Mr. Moto auch sein mochte, so sehr war er doch ein ganz normaler Mann, dessen Gedankengänge durchaus nachvollziehbar waren. Mr. Moto ist ein japanischer Kaufmann in der Chinatown von San Francisco mit einer unstillbaren Leidenschaft fürs Detektiv-Spielen, der sich in die unmöglichsten Situationen bringt und sich mit ebenso „unmöglichen" Methoden wieder daraus befreit. Wie Charlie Chan mußte auch Mr. Moto seine detektivischen Fähigkeiten in den vierziger Jahren durch patriotische, behördliche Aufträge legitimieren lassen.

Aber zunächst ist Mr. Moto noch ein reiner Amateur. Im ersten Film der Serie, THINK FAST, MR. MOTO („Mr. Moto und der Schmugglerring" – 1937 – Regie: Norman Foster), setzt er sich auf die Spur einer Schmugglerbande, gerät auf einen Hochseedampfer und mit diesem, nachdem er einige Anschläge auf sein Leben überstanden hat, nach Shanghai, wo er schließlich die Drahtzieher im Hintergrund des Verbrechens entlarven kann. In THANK YOU, MR. MOTO („Mr. Moto und der China-Schatz" – 1937 – Regie: Norman Foster) sucht der Held den Schatz des Dschingis-Khan und muß sich dabei mit skrupellosen Abenteurern herumschlagen. Der nach einem Charlie Chan-Skript entstandene Film MR. MOTO'S GAMBLE („Mr. Moto und der Wettbetrug" – 1938 – Regie: James Tinling) weist nicht nur zwei SIDEKICKS für den japanischen Detektiv auf, Keye Luke und den früheren Boxkämpfer Maxie Rosenbloom als Schüler einer von Moto gegründeten Schule für Kriminalistik, sondern auch einen für die Serie bis anhin untypischen *comedy relief* (den vor allem Maxie Rosenbloom beizusteuern hatte). Es geht um den Mord an einem Boxer, der vermittels eines vergifteten Boxhandschuhs ins Jenseits befördert wurde, und dies unter den Augen von Mr. Moto und seinen beiden Schülern.

MR. MOTO TAKES A CHANCE („Mr. Moto und der Dschungelprinz" – 1938 – Regie: Norman Foster) stellt den japanischen Detektiv in den Dienst der Verteidigung, und THE MYSTERIOUS MR. MOTO („Mr. Moto und der Kronleuchter" – 1938 – Regie: Norman Foster) läßt ihn im Dienste Interpols einen entkommenen Verbrecher rund um die Erde jagen. MR. MOTO'S LAST WARNING („Mr. Moto und die Flotte" – 1939 – Regie: Norman Foster) bringt den erneuten Einsatz des Helden in der Gegenspionage, und auch in MR. MOTO IN DANGER ISLAND („Mr.

Moto und die geheimnisvolle Insel" – 1939 – Regie: Herbert I. Leeds) ist er ein Helfer staatlicher Behörden. Bemerkenswert an diesem Film ist der Auftritt einer neuen komischen Nebenfigur, des Catchers „Twister McGurk" (Warren Hymer), der als Mr. Motos Leibwache fungierte. Aber auch er überlebte diese eine Episode der Serie nicht.

Der Film MR. MOTO TAKES A VACATION („Mr. Moto und sein Lockvogel" – 1939 – Regie: Norman Foster), der den Helden zu den Ausgrabungsarbeiten bei den Schatzkammern der Königin von Saba führt, beendete die Serie. Zum einen war Lorre der Rolle überdrüssig geworden, die kaum schauspielerische Variationen zuließ, und zum anderen konnte Mr. Moto gegen die antijapanische, ja antiasiatische Stimmung des Kinopublikums nicht jene Beweise des Biedersinns vorbringen wie Charlie Chan. Zudem hatte die Serie ihre Formel schneller verbraucht, weil die komischen Nebenfiguren in ihnen keine Kontinuität erhielten und weil Mr. Moto den berühmten „Chanograms", Charlies abgründigen Weisheiten, nichts Gleichwertiges entgegenzusetzen hatte. Die Mr. Moto-Filme waren nie so „familiär" wie die um Charlie Chan. Ein 1965 unternommener Versuch, mit dem Film THE RETURN OF MR. MOTO (Regie: Ernest Morris), in dem Henry Silva die Rolle des Detektivs spielte, eine neue Serie um den Helden zu initiieren, scheiterte.

Neben Peter Lorres sanftem, doch tatkräftigem Detektiv und den gelegentlich auftretenden komischen Nebenfiguren waren es vor allem die *heavies*, die der Mr. Moto-Serie Glanz verliehen. Unter den Darstellern von Tätern, als solchen Verdächtigten und den skurrilen *red herring*-Charakteren befinden sich Schauspieler wie Sig Rumann, J. Carrol Naish, Sidney Blackmer, John Carradine, Ricardo Cortez, George Sanders, Joseph Schildkraut und Lionel Atwill. Mehr noch als die Autoren der Charlie Chan-Serie waren die Drehbuch-Verfasser der Mr. Moto-Filme bestrebt, mit Stereotypen der Detektiv-Serien ein Spiel zu treiben. In der letzten Folge der Serie erweist sich für einmal der typische *red herring*-Darsteller (Lionel Atwill) tatsächlich als Schuldiger.

Mr. Wong

Monogram, die Firma, die später auch die Charlie Chan-Serie fortsetzen sollte, begann 1948 mit einer auch gemessen an dem Standard der Chan- und Mr. Moto-Serie niedrig budgetierten Serie um den orientalischen Detektiv James Lee Wong, der der Phantasie des Kriminalautors Hugh Wiley entstammte. Die Serie, die nach den im „Collier's"-Magazin publizierten Kurzgeschichten entstand, hatte jedoch eine unschlagbare Attraktion, den Hauptdarsteller. Boris Karloff, wohl der berühmteste unter den Horrorstars, sah zwar nicht gerade sehr „chinesisch" aus, aber er war geheimnisvoll und exotisch genug, dies vergessen zu lassen. Er hatte in WEST OF SHANGHAI (1937 – Regie: John Farrow) den chinesischen General Wu Yen Fang dargestellt, und wie Warner Oland alias Charlie Chan vor ihm, so war auch er die Reindarstellung des *oriental villain*, Sax Rohmers Fu Manchu; er spielte den chinesischen Superverbrecher mit den Welteroberungsplänen allerdings nur einmal, in THE MASK OF FU MANCHU („Die Maske des Fu Manchu" – 1932 – Regie: Charles Brabin). Auch er verkörperte also die Konversion des faszinierend bösen Asiaten, dem auch bei seiner Arbeit für das Gesetz nie ganz das Gefährliche, Unberechenbare verlorenging.

Mit Grant Withers als einfältigem, sturem Polizei-Inspector Street und Marjorie Reynolds als dessen Freundin Bobby, einer aufgedrehten Reporterin, standen der Serie zwei verläßliche Nebenfiguren zur Verfügung, die für Action und *comedy relief* zu sorgen hatten. Mr. Wong muß sich bei der Lösung seiner Fälle nicht nur mit Verbrechern herumschlagen, die gelegentlich phantastische oder utopische Waffen anwenden und oft um weltumspannende Geheimorganisationen verfügen, sondern auch mit dem beschränkten Inspector Street, der die kriminalistische Arbeit des Detektivs eher behindert und niemals Mr. Wongs Detektionen folgen kann, und (ab dem dritten Film der Serie) mit der quirligen Reporterin, die immer dann einen Wirbel inszeniert, wenn Mr. Wong ihn gar nicht brauchen kann.

Der erste Film der Serie, MR. WONG, DETECTIVE (1938 – Regie: William Nigh) gibt das Modell für die folgenden Filme: In San Francisco ruft Dayton (John Hamilton), der Besitzer einer Chemie-Fabrik, den Detektiv Mr. Wong zu Hilfe, weil er von dem Wissenschaftler Karl Roemer (John St. Polis) bedroht wird. Dieser behauptet, man habe ihm die Formel für ein geruchloses, unsichtbares Kampfgas geraubt. Noch bevor Mr. Wong seine Recherchen aufnehmen kann. wird Dayton tot aufgefunden: er starb an einer Gasvergiftung. Roemer wird verhaftet und ins Gefängnis gebracht. Doch da werden auf dieselbe Weise auch Wilk (Hooper Atchley) und Meisel (William Gould), die beiden Partner Daytons, ermordet. Mr. Wong entdeckt, daß ein internationaler Spionagering hinter dem Verbrechen steckt; die Morde wurden vermittels zerbrechlicher Glasbehälter durchgeführt, die durch die Geräusche von Polizeisirenen (!) zerspringen und ihre Opfer durch das entweichende Gas töten. Der Mörder versucht nun, Mr. Wong zu beseitigen; natürlich wird gerade dies ihm zum Verhängnis.

Die folgenden Filme der Serie, alle unter der Regie von William Nigh entstanden (freilich mit sinkendem Budget ausgestattet), wiesen ähnlich konstruierte Intrigen, versetzt mit bewährten Elementen der *whodunits,* auf. Verschlungene Konstruktion des *plot* und raffinierte Mordmethoden blieben das Merkmal der Serie. Es gibt Zwerge, vergiftete Pfeile, eine chinesische Prinzessin (Lotus Long) in MR. WONG IN CHINATOWN (1939), einen Schmugglerring und ein „ferngesteuertes" Radio, mit dem ein Alibi gefälscht wird, in THE FATAL HOUR (1940), eine Romeo-und-Julia-Geschichte mit tödlichen Auswirkungen in DOOMED TO DIE (1940), dem letzten Film der Serie mit Boris Karloff in der Hauptrolle.

Man unternahm bei Monogram noch einen Versuch, die Serie nach dem Weggang von Boris Karloff fortzusetzen. Keye Luke, bekannt als Charlie Chans „Sohn Nummer eins", spielte Jimmy, den Sohn von James Lee Wong, in PHANTOM OF CHINATOWN (1941 – Regie: Phil Rosen). Der Film, der ganz auf die phantastischen Ingredienzien des Subgenres verzichtete und einen ungewohnten Realismus aufwies, wurde jedoch beim Publikum kein Erfolg, und die Serie wurde abgebrochen.

Der *oriental detective* des amerikanischen Films, der in den fünfziger Jahren keinen Platz mehr in der populären Mythologie hatte, ist eine jener Formeln für den Detektiv, die der Gestalt neuen Appeal gaben und eine Verbindung zum „benachbarten" Genre des phantastischen Films schufen. Zugleich aber war diese Gestalt auch Niederschlag einer Auseinandersetzung mit der rassischen Typologie; der Versuch, die „östliche Weisheit" nicht nur als intellektuell überlegene Kraft des Bösen, sondern auch als integrationsfähiges, ja fruchtbares Moment für die abendländische Gesellschaft darzustellen, hatte eine eher kauzige, alles andere als realistische Figur hervorgebracht, eine Figur, wenn man so will, des Friedens.

Serial-Detektive

Neben Western- und Science-fiction-Stoffen erwiesen sich in den dreißiger Jahren Detektivgeschichten als hrauchbarste Grundlage für Serials. Natürlich konnte für die actionbetonte Form der *cliffhangers* nicht die „Denkmaschine", der *armchair detective* des Genres, als Held in Frage kommen, sondern es mußte ein tatkräftiger, athletischer Held sein, der seinen Gegnern nicht nur mit geistiger, sondern vor allem mit physischer Überlegenheit beikommen konnte. Hatten sich die Serien-Filme oft an literarische Vorlagen angelehnt, so bevorzugten die Serials, bei den Detektiv-Stoffen wie in anderen Genres, Comic strips.

Der berühmteste aller Comic strip-Detektive ist Dick Tracy. Von seinem Erfinder, dem Zeichner und Texter Chester Gould, als amerikanisches Gegenbild zu Sherlock Holmes und seinen Nachfolgern gedacht, zugleich eine Figur, die dem erwachenden öffentlichen Zorn über das ungehemmt wuchernde Gangstertum entsprach, war dieser in einer nicht genannten, aber leicht als Chicago zu identifizierenden amerikanischen Großstadt operierende Polizeidetektiv eine Sympathiefigur für alle, die die Wiederherstellung von Law and Order mit allen Mitteln befürworteten. Dick Tracy war ein „Falke", und er machte keinen Hehl daraus.

Dick Tracy (Dick = slang für Polizist/Polizeidetektiv; trace = Spur, to trace = etwas nachspüren, aufspüren) nahm seinen Kampf gegen das Verbrechen am 4. Oktober 1931 in der Sonntagsbeilage des „Detroit Mirror" auf, bald darauf erschienen Comic strips um den Polizisten mit dem kantigen Profil, der unnachsichtig gegen alle Verbrecher vorging und mindestens so viel Gewalt anzuwenden bereit war, wie er immer wieder selbst „einstecken" mußte, als Tages-Strip wie in den Sonntagsbeilagen vieler amerikanischer Zeitungen, und es dauerte nicht lange, da war er so etwas wie eine nationale Institution. (Al Capp parodierte die Süchtigkeit seiner Leser nach neuen Abenteuern in der Comic-Figur Fearless Fosdick [to fossick = herumstöbern, herumschnüffeln] in der Serie Li'l Abner.)

Dick Tracy war – vermeintlich anders als seine Kollegen von der wirklichen Polizei, die Gould mit seinem Comic strip zu mehr Entschlossenheit bei der Verbrechensbekämpfung aufzufordern schien – ein Apologet der Gewalt (nicht zuletzt deshalb, weil er, wie in den ersten Folgen berichtet wurde, auch persönliche Gründe für seinen Rachefeldzug gegen das Gangstertum hatte). „Von Anfang an wurde so in ‚Dick Tracy' die Gewalt dargestellt. Bis dato waren im Comic strip Gewalt, Blut und Verbrechenstechniken mehr oder weniger tabu gewesen. Die Öffentlichkeit reagierte heftig auf den Strip, aber Gould ließ sich nicht von seiner Erzählweise abbringen, da er die Ansicht vertrat, die Wirklichkeit sei bei weitem blutiger als seine Serie.

‚Dick Tracy' wurde deshalb in den Anfangsjahren gelegentlich voll den Comicsseiten einiger Zeitungen verbannt, aber nie für mehr als eine Woche. Sobald das Blut aufgewischt war, kam ‚Dick Tracy' wieder zurück.

Chester Gould zeichnet seine Serie in einem äußerst flächigen Stil, der einen Eindruck von Realität vermitteln soll, wenngleich seine Charaktere nicht realistisch sind. Die Unzahl von fast karikaturhaft verzerrten Verbrechern, deren Name meist ihrer Physiognomie entspricht, tritt schon bald nach dem Beginn der Serie in Erscheinung (zum Beispiel Pruneface, Flattop, Miss Egghead oder the Mole, also Dörrpflaumengesicht, Flachkopf, Miss Eierkopf und Maulwurf).

Allein in den ersten 24 Jahren seiner Existenz wurde Dick Tracy 27mal angeschossen. Von den Fehltreffern zeugt inzwischen seine Sammlung von knapp fünfzig durchschossenen Hüten. Aber man wollte Tracy nicht nur mit Kugeln ans Leben. Er wurde geschlagen, fast eingefroren, chloroformiert, in die Luft gesprengt, mit 90 Stundenkilometer hinter einem Auto hergeschleift und erblindete auf längere Zeit, als man ihm sein Haus über dem Kopf ansteckte. Und wenn ihm wieder einmal ein Verbrecher seine Revolverhand zerquetscht hatte, bewies er dieselbe schnelle Genesungskraft wie bei allen anderen Verletzungen. Seinem scharfgeschnittenen Profil und besonders seiner berühmten Hakennase wurde jedoch nie Schaden zugefügt." (Wolfgang J. Fuchs/Reinhold Reitberger)

Die Dick Tracy-Comics, die bis 1977 von Chester Gould gezeichnet wurden, waren recht „filmisch" komponiert; Goulds Zeichnungen sind mit Stilelementen der „Schwarzen Serie" in Zusammenhang gebracht wurden. Der Held selber freilich ist ein eher eindimensionaler Charakter, der Comic strip-Vorgänger der Helden von Polizeifilmen. „Breitschultrig, mit verkniffenem, hakennasigem Gesicht und hochgeschlagenem Mantelkragen, wurde Dick Tracy zum Inbegriff des fast mechanisch zuschlagenden Arms der Justiz. Unerbittlich schießt und boxt er sich durch den Morast der Unterwelt: ein insgesamt wenig sympathischer, aber bis heute ungeheuer beliebter Detektiv von der hartgesottenen Sorte." (Günter Metken)

1935 war Dick Tracy zum Helden einer Radio-Serie avanciert; zwei Jahre später gab er sein Debüt als Film-Held in dem von Republic produzierten Serial in fünfzehn Kapiteln, DICK TRACY (Regie: Ray Taylor, Alan James). Dick Tracy wurde von Ralph Byrd dargestellt, den komischen *sidekick* Mike McGurk spielte Smiley Burnette, der als komischer Alter eine Reihe von B-Western- und Serial-Cowboyhelden bei ihren Abenteuern begleitet hatte, Tracys Adoptivsohn „Junior" war Lee Van Atta und seine Freundin Gwen Kay Hughes. In den fünfzehn Kapiteln des Serials kämpft Dick Tracy gegen eine Bande, die von einem unheimlichen, maskierten Mann geführt wird, der „der Lahme" oder auch „die Spinne" genannt wird. Als übelste von vielen üblen Schurkereien kidnappt die Bande Dicks Bruder Gordon (Richard Beach) und macht aus ihm vermittels einer Operation einen willenlosen Sklaven. Die Spinnen-Gang, die auch über einen phantastischen Flugapparat verfügt, will einen Angriff auf die amerikanischen Schlüsselindustrien durchführen. Doch Dick Tracy wagt sich in die Höhle des Löwen und besiegt die Spinne.

Sosehr Ralph Byrd im Wesen wie in der äußeren Erscheinung dem Dick Tracy zu entsprechen schien, den das Comic-Publikum liebte, so sehr unterschied sich doch das Serial durch seinen phantastischen *plot* von der mehr realitätsbezogenen Zeichenserie. Chester Goulds Detektiv bekämpfte die wirklichen Gangster, oder zumindest deren Karikaturen, der Dick Tracy des Serials mußte sich mit den teuflisch-genialen Welteroberern herumschlagen, die das Serial nun einmal als Feindgestalten hervorgebracht hatte. Freilich wußte man, was man dem Image des Detektivs schuldig war: „Dick Tracy" weist einige an den Maßstäben der Serials gemessen extrem gewalttätige Szenen auf, und man sparte auch mit Schock-Effekten nicht.

Das Publikum liebte diesen Dick Tracy. so wie es den von Chester Gould liebte. Und Ralph Byrd wurde so sehr mit dem hartgesottenen Detektiv identifiziert, daß es ihm schwerfiel, irgendeine andere Rolle im Film zu bekommen. 1948 folgte das zweite Serial um die Figur, DICK TRACY RETURNS (Regie: William Witney, John English), in dem Tracy zum G-man befördert worden war. Auch diese fünfzehn Folgen begannen mit einer sehr brutalen Exposition (immerhin richteten sich die Serials ja auch an ein sehr junges Publikum): Der junge Polizist Ron Merton (David Sharpe) wird von einem der fünf schrecklichen Söhne des noch schrecklicheren „Pa" Stark (Charles Middleton, der „König der heavies" in den Serials, der vor allem durch die Verkörperung von Ming, dem Grausamen in „Flash Gordon", berühmt wurde) auf offener Straße niedergeschossen. Er überlebt den Anschlag und wird ins Krankenhaus gebracht, wo man ihn in eine „eiserne Lunge" legt. Um einen gefährlichen Zeugen zu beseitigen, schleicht sich der skrupellose Pa Stark ins Krankenhaus und setzt die eiserne Lunge außer Funktion. Der verbrecherische Clan der Starks stiehlt und mordet weiter; unter anderem gelingt es ihnen sogar, ein Torpedoboot der US-Regierung in ihre Gewalt zu bringen. Aber Dick Tracy, Gwen (Lynn Roberts), Mike McGurk (Lee Ford) und Junior (Jerry Tucker) bleiben den Verbrechern auf der Spur. Einer nach dem andern von Starks Söhnen wird erschossen oder kommt auf andere Weise bei den kriminellen Unternehmungen der Familie um, bis schließlich nur Pa Stark übrigbleibt. Als dieser in seinem Versteck gestellt wird, bringt er durch eine List und mit etwas Nitroglycerin Dick Tracy in seine Gewalt und zwingt ihn, das Fluchtflugzeug zu fliegen. Dick Tracy bringt das Flugzeug in große Höhe, dann springt er nach einem waghalsigen Manöver plötzlich hinaus und landet, während Stark mit dem Flugzeug abstürzt, sicher an einem Fallschirm.

Im dritten Tracy-Serial von Republic, DICK TRACY'S G-MEN (1939 – Regie: William Witney, John English), kämpft der Held mit Zarnoff, dem Kopf einer Spionageorganisation, der die Exekution in der Gaskammer überlebt, weil seine Leute die Leiche stehlen und sie durch allerlei phantastische Maßnahmen wieder lebendig machen. Nach vielen Aktionen kommt es zwischen Zarnoff und Dick Tracy in der Wüste zum letzten Kampf, bei dem sich der Spion durch seine Grausamkeit selbst richtet.

Der Bösewicht dieses Serials hatte nichts anderes im Sinn als die Vernichtung der Vereinigten Staaten. es war ein Feind, der von außen kam.

Um seine anfänglichen Erfolge bei diesem Vorgehen zu demonstrieren, hatten die Regisseure in die Handlung Wochenschau-Aufnahmen großer Katastrophen eingeschnitten, darunter etwa den Brand des Luftschiffes „Hindenburg" über dem Landeplatz von New York. Auch der Schurke aus dem letzten von Republic produzierten Dick Tracy-Serial, DICK TRACY VS. CRIME, INC. (1941 – Regie: William Witney, John English), ist alles andere als ein gewöhnlicher Gangster. Es ist ein vermummter Superverbrecher, genannt „The Ghost", der mit Hilfe des bösen Doktor Luzifer (John Davidson) die Gabe erlangt bat, sich unsichtbar zu machen. Gegen das Überhandnehmen des Gangstertums hat sich eine achtköpfige Gruppe von Vigilanten formiert, doch das achte Mitglied ist, ohne daß die anderen davon ahnen, „The Ghost" selbst. Der Superverbrecher zerstört halb New York, bevor Dick Tracy ihn stoppen kann. Schließlich findet Traey durch Indizien heraus, daß der Verbrecher Mitglied der Vigilanten sein muß, und er stellt ihn. Als sich dieser wieder unsichtbar macht, verfolgt ihn der Detektiv mit einem Spürhund. Auf der Flucht gerät der Verbrecher an eine Hochspannungsleitung und nimmt, wie fast alle Schurken bei „Dick Tracy", der irdischen Justiz die Arbeit ab.

Die Filme, die seit 1945 von RKO um die Figur des Detektivs gedreht wurden, waren den Comic strips ähnlicher als die Serials. Wie in den Comics hatte es Tracy hier mit geradezu grotesken Figuren zu tun, bei denen das Komische und das Bedrohliche zusammenfielen. DICK TRACY/DICK TRACY, DETECTIVE (1945 – Regie: William Berke) handelt von einem Verbrecher (Mike Mazurki), der aus dem Gefängnis entkommt und Rache an den Menschen sucht, die ihn hineingebracht haben. Dick Tracy (Morgan Conway) versucht, das Schlimmste zu verhindern, doch es gelingt dem Verbrecher nicht nur, drei Menschen zu töten, er entführt auch Tracys Freundin (Anne Jeffreys), die hier der Vorlage folgend Tess Trueheart heißt. Der Detektiv kann dem Verbrecher am Ende doch eine Falle stellen, natürlich nicht ohne sich dabei selbst in höchste Gefahr zu bringen.

Der *heavy* des zweiten Dick Tracy-Films, DICK TRACY VERSUS CUEBALL (1946 – Regie: Gordon Douglas), entstammt der Phantasie von Chester Gould – glatz- und kugelköpfig ist er einer der „häßlichen Verbrecher" des Zeichners, an deren Physiognomie bereits die ganze Schurkerei abzulesen ist, die in ihm angelegt ist. Im dritten Film der Reihe, DICK TRACY'S DILEMMA (1947 – Regie: John Rawlins), übernahm Ralph Byrd wieder die Rolle des Detektivs, und er spielte auch den Helden im letzten Film der Serie, DICK TRACY MEETS GRUESOME (1947 – Regie: John Rawlins). Die Handlung weist nun wieder phantastische Einschläge auf, verbunden mit Gouldschen grotesken Verkürzungen: Der genial-verrückte Doktor L. E. Thal (Edward Ashley) entwickelt ein geheimnisvolles Gas, das Menschen für kurze Zeit so paralysiert, daß sie für tot gehalten werden. Der Gangster Gruesome (Boris Karloff) atmet dieses Gas ein und fällt in Ohnmacht, gerade als die Polizei eintrifft. Die Polizei hält ihn für tot und bringt die „Leiche" zur Wache. Des Nachts entkommt Gruesome und begeht gemeinsam mit L. E. Thal einen Bankeinbruch, dessen Zeuge Tess Trueheart (Anne Gwynne) wird. Sie ruft Dick Tracy zu Hilfe, der den Einbruch jedoch nicht mehr verhindern kann. Die Wissenschaftlerin Dr. I. M. Learned (June Clayworth), die heimlich in Dr. L. E. Thal verliebt ist, informiert Dick Tracy darüber, daß der berühmte Erfinder A. Tomic (Milton Parsons) verschwunden ist. Gruesome und ein Komplice werden gestellt, doch Gruesome entkommt wieder. Er ermordet Dr. L. E. Thal und Dr. I. M. Learned, die ersteren gerade dazu überredet hat, auf den Pfad der Tugend zurückzukehren und sich der Polizei zu stellen. Dick Tracy nimmt die Stelle des verwundeten Komplicen von Gruesome ein, und dieser kommt plangemäß, um sich von einem Zeugen zu befreien. Er entführt den Verwundeten, nicht ahnend, daß sich unter der Decke Dick Tracy befindet, in der Verkleidung als Krankenschwester aus dem Hospital. Als jedoch die Polizei die Spur verliert und nicht, wie abgemacht, die Verhaftung vornehmen kann – Dick Tracy hätte es sich denken können –, muß der Detektiv allein den monströsen Verbrecher besiegen.

Dieser Film, der vor allem im Ausland weniger als Dick Tracy- denn als Boris Karloff-Film vermarktet wurde, erscheint bereits als Selbstparodie der Serie (nicht nur wegen der aus dem Chester Gould-Comic entlehnten Namensgebungen) und als Parodie auf das Genre der B-Detektivfilme überhaupt, dessen Entwicklung sich dem Ende zuneigte. Die Popularität des Detektiv-Films dieser Art war erheblich zurückgegangen, zum einen, weil sich kaum neue Elemente der Handlungsführung ergaben, zum anderen, weil der „schäbige Privatdetektiv" seinen Aktionsradius auch auf den B-Film ausdehnte. Die Dick Tracy-Serie wurde eingestellt, ebenso wie zahlreiche andere Detektivfilm-Serien in dieser Zeit (THE FALCON, CHARLIE CHAN etc.), doch bereits 1950 startete ABC-TV die 39teilige Fernsehserie „Dick Tracy", die wiederum Ralph Byrd in der Hauptrolle präsentierte. 1961 folgte eine Zeichentrickserie, bei der Chester Gould als *technical advisor* fungierte.

War Dick Tracy noch ein Detektiv, der bei allen seinen fast übermenschlichen Fähigkeiten noch so etwas wie einen Rest Glaubwürdigkeit besaß, so waren die meisten seiner Konkurrenten in den Serials noch mehr phantastischer Provenienz und hatten mit einem traditionellen *armchair detective* so viel zu tun wie der Zorro der Serials mit einem Westerner. Ohne eine zünftige Verkleidung oder zumindest eine dekorative Maske gab es kaum einen Serial-Helden. Sie kamen von den Radio-Serien und den Comics, und manche von ihnen aus den Pulps, und es waren Gestalten, die dem Publikum in anderer Form oft seit Jahren vertraut waren. Während THE SHADOW (1940) alias Victor Jory beim Übergang vom Radio zum Film etwas von seiner geheimnisvollen Ausstrahlung (und einiges von seinen phantastischen Fähigkeiten) einbüßte, mühten sich CAPTAIN MIDNIGHT (1942), MANDRAKE THE MAGICIAN (1939), gespielt von Warren Hull, BATMAN (1943), SECRET AGENT X-9 (1937) oder THE GREEN HORNET (1940), die Ausstrahlung und den Charme ihrer Radio- und Comic-Vorlagen zu erreichen. Zu den vergleichsweise „realistischen" Detektiv-Figuren der Serials gehörten etwa die „Junior G-Men of the Air" in dem gleichnamigen Serial aus dem Jahr 1942, dessen Helden die aus einer Reihe von Gangsterfilmen bekannten DEAD END KIDS waren, oder CHICK CARTER, DETECTIVE (1946). Schließlich wurde auch die dokumentarische Radio-Sendung „Gang Busters", die die Wiedergabe eines (mehr oder weniger) authentischen Falles aus den Polizeiakten mit einem Fahndungsaufruf des FBI verband, in die Form eines Serials gebracht, wobei freilich nicht nur der dokumentarische Charakter verlorenging, sondern auch jeder Anspruch auf Glaubwürdigkeit der Handlung (was ohnehin alles andere als die Stärke der Serials war). GANG BUSTERS (1942) handelt von einer Verbrecherorganisation, die sich „The League of Murdered Men" nennt und sich aus Gangstern zusammensetzt, die hingerichtet und durch den einen oder anderen phantastischen Trick wieder zum Leben erweckt worden waren. Ohne einen solchen phantastischen *gimmick* kam zu dieser Zeit kein Serial mehr aus.

So wie es unter den Detektiv-Serials keines gab, das sich genau an die „Regeln" des Genres gehalten hätte, so gab es auf der anderen Seite sehr viele Serials, die in den verschiedensten Milieus spielten, die ein starkes Element von – freilich entsprechend naiver – Detektion beinhalteten. Kaum eines der Western-Serials kam ohne die Suche nach einem Schuldigen und die letztendliche Entlarvung eines sich tarnenden Verbrechers in biedermännischer Maske aus, und die Helden von Dschungel- oder Zukunftsabenteuern mußten sich nicht nur als Männer der Tat, sondern auch als Detektive bewähren. Ähnliches gilt natürlich auch für die wenigen weiblichen Hauptfiguren der Serials. Die *clues*, die die Serial-Helden verfolgten, waren jedoch immer entweder so offensichtlich, daß sie keinem Zuschauer verborgen bleiben konnten, oder sie kamen gleich gar nicht vor und wurden als Deus ex machina erst im Nachhinein aufgetischt.

Die maskierten Detektive der Serials hatten gegenüber den „literarischen" oder den realistisch gezeichneten Detektiven des Films einen großen Vorzug: Wenn zwar auch sie das Gesetz in die eigenen Hände genommen hatten, so verabscheuten sie es doch, ihre Gegner ins Jenseits zu befördern. „The Lone Ranger", der sich vor allem als Detektiv im Westen zu bewähren hatte, schoß mit silbernen Kugeln, die immer nur verwundeten, nie töteten; „The Green Hornet", eine der beliebtesten Serial-Gestalten, bediente sich einer Gaspistole, die die Schurken betäubte. „The Green Hornet" (Gordon Jones, später Warren Hull) alias Britt Reid konnte auch seinen Diener Kato (Keye Luke) einsetzen, der mit den asiatischen Kampfarten vertraut war (in dieser Rolle in der TV-Serie gleichen Namens begann übrigens die Karriere des Kung Fu-Stars Bruce Lee). Waren sie außer Gefecht gesetzt, überließ man die Verbrecher dem Gesetz. Selbst die Figur des maskierten Detektivs „The Spider", die in den Pulps als besonders gewalttätiger und gnadenloser Rächer aufgetreten war und mit seinen Gegnern kurzen Prozeß zu machen pflegte, war in den von Columbia produzierten Serials THE SPIDER'S WEB (1938) und THE SPIDER RETURNS (1941) ein weniger martialischer und weniger selbstgerechter Held. Zudem tendierte man seit Beginn der vierziger Jahre dazu, die Serials mit Komik zu versetzen. Für eine „seriöse" Detektion blieb zwischen Phantastik, freiwilligem und unfreiwilligem Humor und Action kaum noch Raum. Mit dem Ende der Serials war auch der phantastische Detektiv zumindest von der Leinwand verschwunden.

Screwball-Intermezzo: Die Serie der „Thin Man"-Filme

THE THIN MAN ist der Titel des 1934 publizierten Romans von Dashiell Hammett, in dem der ehemalige Privatdetektiv Nick Charles auftritt, der in allem das Gegenteil zu Sam Spade und zum „Continental Op" desselben Autors ist. Der in Ich-Form gehaltene Roman präsentiert einen attraktiven, nonchalanten und intellektuellen Helden. Er war nicht einsam, sondern im Gegenteil sehr verheiratet, mit einer Frau, die, wie er selbst, dem Leben und der Gesellschaft gegenüber ironische Distanz bewahrte. Er war kein *tough guy*, aber „er ähnelt dem früheren Erzähler darin, daß er zynisch ist, was seine emotionalen und intellektuellen Reaktionen auf die meisten Leute und Ereignisse betrifft" (Walter Blair). Nick Charles war keine *thinking machine*, wie sie das Genre auf dem Festland bevorzugt hatte, er fühlte sich durchaus wohl, dort, wo „etwas los" war, und hatte, obwohl das Vermögen seiner reichen Frau ihm ein Leben nach aristokratischem Zuschnitt erlaubte, seine Freunde aus den unteren Etagen der Gesellschaft nicht vergessen.

Noch im selben Jahr entstand bei MGM die Film-Version des erfolgreichen Romans, THE THIN MAN („Der dünne Mann / Der Unauffindbare" – Regie: W. S. van Dyke), eine wirkungsvolle Mischung aus zwei sehr unterschiedlichen Stilformen des amerikanischen Films zu dieser Zeit, dem Gangsterfilm und der Screwball-Komödie. „Zu Beginn nimmt sich ‚The Thin Man' fast wie ein klassischer Gangsterfilm aus: da erscheint ein ‚hartgesottener' Protagonist, ein *tough guy*, der Betätigung nach ein Wissenschaftler oder Erfinder, der sich mit knappen, scharfen Sätzen ausdrückt und demonstriert, daß er der ‚Boss' ist. Er liegt mit seiner geschiedenen Frau in Geldstreitigkeiten und droht zur Wahrung seiner Rechte finstere Maßnahmen an. Von einem bestimmten Punkt des Films ab jedoch verschwindet er einfach aus der Handlung, und die Spekulationen um seinen Verbleib geben nun den Handlungsmotor des weiteren Geschehens ab. Um den Mittelpunkt des verschwundenen ‚dünnen Mannes' dreht sich ein Reigen von teils komischen, teils makabren Personen und Situationen. Da ist ein dümmlicher Polizeiinspektor, der mit Vehemenz falsche Spuren verfolgt und unschuldige Personen verdächtigt; da ist der Privatdetektiv, der eigentlich seinen Beruf an den Nagel hängen möchte, fast wider Willen aber doch in die Affaire hineingezogen wird und die Leiche im Keller bald durch seinen Hund herausschnüffeln läßt; da ist ein weinerlicher, dicker Mann, der auf einer Weihnachtsfeier unbedingt mit seiner Mutter in San Francisco telefonieren muß; ein halbwüchsiger, altkluger Knabe, der dicke Bücher unter dem Arm trägt, sich als Experte in Psychoanalyse gibt und Besucher irritiert, indem er ihnen ständig ins Gesicht starrt; da sind schließlich Ganoven der verschiedensten Statur und Physiognomie." (Ulrich Gregor)

THE THIN MAN ist ein „ketzerischer" Detektiv-Film, weil er sein Spiel mit den Versatzstücken des Genres treibt, er ist aber, vor allem, ein „ketzerischer" Ehefilm, in dem viel weniger von Verpflichtung und Verantwortung die Rede ist als vom Spaß, den man haben kann, wenn man will und immer einen Champagner auf Eis gelegt hat. So wie Nick sicherlich ein (Wunsch-)Bild des Autors ist, so ist seine Frau Nora die Abbildung von Lilian Hellman. „Es war hübsch, Nora zu sein, die mit Nick Charles verheiratet war – vielleicht eine der wenigen Ehen in der modernen Literatur, in der sich der Mann und die Frau lieben und ihr gemeinsames Leben genießen", schrieb Lilian Hellman in ihren Erinnerungen. („The Thin Man" war Hammetts letzter Roman; während der nächste Film der Serie nach einer Original-Story von ihm entstand, verwendete man für den dritten Film eine der „Continental-Op-Geschichten" des Autors, „The Farewell Murder".)

Obwohl voller komischer Verweise und grotesker Situationen, ist „The Thin Man" doch alles andere als eine Parodie; die „Screwball"-Komponente verhindert nicht die präzise Konstruktion der Spannung. Dadurch, daß sich die Distanz in der Perspektive des Genres in Ironie ausdrückt, wird sie, obwohl um eine Spur überzogen, „menschlicher" als in dramatischeren Beispielen des Detektiv-Films. Auf der Ebene der Prestige-Produktionen paraphrasierten die Filme der „Thin Man"-Serie das Erfolgsrezept von „Charlie Chan": die Konstruktion des *plot* bleibt zwar den Regeln des Genres verpflichtet, tritt aber zugunsten des Dialogs und der Charakterisierung der Hauptpersonen in den Hintergrund.

Der Erfolg des Films und seiner Nachfolger geht sicher zu keinem geringen Teil auf die Besetzung der beiden Hauptfiguren Nick und Nora Charles mit William Powell und Myrna Loy zurück, die zwar schon vorher gemeinsam im Film aufgetreten waren, so in MANHATTAN MELODRAMA (1934) von W. S. van Dyke, doch durch diesen Film zu einem der klassischen Screwball-Paare der dreißiger Jahre wurden. Auch der kleine Hund „Asta", der für einige komische Verwicklungen zu sorgen hatte (etwa wenn er einen Erpresserbrief stiehlt), sorgte für komödiantische Auflösungen und Retardierungen in der Handlung. Allerdings trat er ab dem dritten Film nicht mehr auf; die Familie komplettierte nun Nick jr.

Die Methoden des Detektivs, dessen Alltag aus Nichtstun, Alkohol und schläfrig genauer Beobachtung seiner Umwelt besteht, sind so wunderlich wie die schlußendliche Auflösung des Falles, die durch ein Schrapnell aus dem Weltkrieg im Skelett des Erfinders gebracht wird. Die Figuren, insbesondere Nick und Nora, scheinen gleichsam die Konventionen des Genres zu durchschauen, und wie sie immer wieder eine Gelegenheit finden, sich leicht gegen ihren Stereotyp zu verhalten, so sind die *clues, red herrings* und schließlich die Lösung immer ein wenig anders, als man sie erwartet, gerade weil sie zunächst das Bekannte evozieren.

Nick und Nora hegen offenbar niemandem auf der Welt gegenüber einen Groll, auch dem Mörder gegenüber nicht, schon eher gegenüber der langweiligen Verwandtschaft von Nora, die in dem zweiten Film der Serie den beiden den Silvesterabend verdirbt. Diese Fortsetzung war durch den immensen Erfolg des ersten Films initiiert worden, und sie bezog sich auch im Titel auf den Vorgänger, AFTER THE THIN MAN („Dünner Mann, 2. Fall"/„Nach dem dünnen Mann" – 1936 – Regie: W. S. van Dyke). Durch die Wiederholung des Begriffs ging er schließlich auf den Helden, Nick Charles, selber über.

Mitten unter Noras snobistischer, hochmütiger Familie mit ihren Standesdünkeln, ihren Moralpredigten und ihren leeren Ritualen geschieht ein Mord. Es trifft den Mann von Noras Lieblingscousine (Elissa Landi), der aber sowieso nichts getaugt hat. Mit einem Bündel Schuldscheinen in der Tasche wird er ermordet aufgefunden. Um einen Skandal zu verhindern, erinnert sich die reiche Familie an Noras Mann, den ehemaligen Detektiv, den man vorher sorgsam gemieden hat, weil man ihn als Emporkömmling, Schmarotzer und Playboy verachtet. Als

AFTER THE THIN MAN (William Powell, Myrna Loy)

Noras Cousine wegen Mordverdachts verhaftet wird, übernimmt Nick die Suche nach dem wahren Mörder. Unter Mithilfe ihres früheren Verlobten (James Stewart) macht sich Nick an die Arbeit, die Unschuld von Noras Cousine zu beweisen. Die Verdächtigen passieren Revue, etwa eine Nachtclubsängerin (Dorothy McNulty), die ein Verhältnis mit dem Ermordeten gehabt hat, ein Gangsterboss (Joseph Calleia), ein kleiner Ganove (Teddy Hart), der aber bald darauf ebenfalls ermordet wird, und ein Chinese (William Lum). In bewährter Detektiv-Manier läßt Nick Charles schließlich alle Verdächtigen zusammenrufen und entlarvt den wirklichen Mörder, indem er ihn dazu provoziert, sich selbst zu verraten. (Es ist James Stewart.)

„Nicks letztliche Lösung des Falls – die wir nicht aufdecken könnten, selbst wenn wir es wollten – ist so kompliziert und irreführend, daß es die Besserwisser im Publikum zum nächsten Wasserkran treibt, um ein Beruhigungsmittel einzunehmen. Nichtsdestoweniger, es beweist, daß Mr. Charles ein ziemlich überlegener Detektiv ist, nicht so einfach wie Sherlock Holmes und weniger rätselhaft als Charlie Chan. Aber wen kümmert die Fabel der Detektivgeschichte, wenn man solche Sachen zu sehen bekommt, wie diese Willkommensparty für Nick und Nora, bei der die Gäste, alles Fremde, ihre unfreiwilligen Gastgeber nicht erkennen; oder jene Szene, in der Nora ihrem schlafenden Ehemann erzählt,

Screwball-Intermezzo: Die Serie der „Thin Man"-Filme 113

SONG OF THE THIN MAN (William Powell, Gloria Graham)

sie würde wirklich nicht daran denken, ihn zu bitten, ihr Rühreier zu machen – sie ist natürlich unheimlich begeistert von seinen Kochkünsten –; oder die Szene am Ende des Films, als sie Babysöckchen strickt." (Frank S. Nugent)

114 Geschichte des Detektiv-Films

ANOTHER THIN MAN („Dünner Mann, 3. Fall" – 1939 – Regie: W. S. van Dyke) deutet im Titel auf das dritte Mitglied der Familie Charles hin. Nick, Nora und ihr knapp ein dreiviertel Jahr alter Sohn verbringen ein Wochenende im Haus des Waffenfabrikanten Colonel MacFay (C. Aubrey Smith), der sich von seinem Expartner Phil Church (Sheldon Leonard) bedroht fühlt, den er vor zehn Jahren ins Gefängnis gebracht hat. Church, der sich auch in MacFays Haus befindet, sagt voraus, daß MacFay sterben wird, und tatsächlich wird MacFay ermordet, ebenso wie ein Freund von MacFays Tochter. Schließlich sagt Church auch den Tod von Nick Charles voraus, aber er selber ist es, der als nächster ermordet wird. Wieder entlarvt Nick vor den versammelten Beteiligten den Mörder, am meisten über die Lösung verblüfft ist wieder Polizeileutnant Guild (Nat Pendleton), der bereits im ersten Film der Serie aufgetaucht war, um die haarsträubendsten Vermutungen anzustellen.

SHADOW OF THE THIN MAN („Der Schatten des dünnen Mannes" – 1941), der letzte Film der Serie, bei dem van Dyke die Regie führte, bringt Nick und Nora auf einen Rennplatz, wo ein Jockei unter seltsamen Umständen den Tod findet. Nick muß schließlich noch seinen Freund, einen Reporter (Barry Nelson), vor einer falschen Mordanklage befreien. Nachdem er eine ganze Reihe der zwielichtigsten Gestalten ins Verhör genommen hat und amüsiert die Versuche von Lieutenant Abrams (Sam Levene), den oder die Mörder zu finden, beobachtet hat, löst Nick das Problem in der nun schon gewohnten Weise. In diesem Fall steckt hinter den Morden ein Gangstersyndikat. Eine wichtige Rolle in SHADOW OF THE THIN MAN spielt nun Nick jr. (Dickie Hall), mittlerweile sechs Jahre alt, der an den Unternehmungen seinen Anteil nimmt und auf seine Weise so *sophisticated* ist wie sein Vater. Aus den „Thin Man"-Filmen waren nun beinahe so etwas wie Familienfilme geworden.

THE THIN MAN GOES HOME („Der dünne Mann kehrt heim" – 1944 – Regie: Richard Thorpe) führt in die Familie von Nick: bei einer Geburtstagsfeier bei Dr. Charles (Harry Davenport), der – ganz das mittelständische Gegenstück zu Noras reicher Verwandtschaft – immer noch nicht ganz verwunden hat, daß sein Sohn nicht seinem Vorbild gefolgt und Arzt geworden ist. Da wird ein junger Maler vor der Tür der Charles' ermordet aufgefunden. Gemeinsam mit einem Freund der Familie (Lloyd Corrigan) nimmt Charles die Untersuchungen in diesem Fall auf. Der Mörder, der diesmal in Nicks Falle geht, ist der Kopf eines Spionagerings. Während die Filme nun aus der familiären Situation der Helden (etwa Nicks griechischer Abstammung) kaum noch eine Wirkung bezogen und die Dialoge ihre Leichtigkeit verloren hatten, wurden die Konstruktionen des *plot* bizarrer und – uninteressanter.

Screwball-Intermezzo: Die Serie der „Thin Man"-Filme 115

Waren die ersten „Thin Man"-Filme noch relativ autwendige Produktionen gewesen, so bewegte sich THE THIN MAN GOES HOME auf der Ebene eines Serienfilms. Wie schon bei SHADOW OF THE THIN MAN konnte man nicht mehr auf eine Geschichte von Dashiell Hammett zurückgreifen. Das Konzept der Serie schien nun ein wenig altmodisch geworden, und auch die beiden Hauptdarsteller schienen für ihre Rollen zu alt. Der letzte Film der Serie, SONG OF THE THIN MAN („Das Lied vom dünnen Mann" – 1947 – Regie: Edward Buzzell) erzählt, wie Nick auf einem Luxusdampfer eine Mordserie aufdeckt. Was man nie so recht glauben wollte, hier war es spürbar, daß er es wider Willen tat.

Während in den ersten Filmen der Serie die kriminalistischen *plots* völlig zweitrangig gegenüber dem Dialog und den ironischen Zitaten waren, gar selbst Gegenstand der Ironisierung, sollte nun die verwickelte Handlung den Film tragen, der so arm schien, daß Nicks luxuriöses Leben eine kühne Behauptung blieb. Leichthin mit Mord und Tod Scherze zu treiben fiel zudem in der Nachkriegszeit so leicht nicht mehr wie in der Zeit des New Deal, und das glückliche Paar Nick und Nora (deren Darsteller sich übrigens nicht ausstehen konnten) hatte seine sanft rebellische Aura verloren. Es war nicht mehr die Zeit für Müßiggänger, die das Leben genießen und dennoch der Welt ihre Geheimnisse entlocken konnten. Nick und Nora waren ein kleiner demokratischer Mythos gewesen (und wie anders ließe sich das Verständnis für demokratische Lebensformen ausdrücken als in einer erotischen Beziehung, der die Welt zum Spielfeld wird), die absolut lustvolle Verbindung von oben und unten, deren Resultat eine soziale Mobilität und eine individuelle Freiheit waren, die sich so im amerikanischen Film nicht wiederholen sollten. Und zudem hatten Nick und Nora geholfen, das Trauma der Depression zu überwinden. Aber nun, am Ende der vierziger Jahre, sah alles wieder sehr viel schwärzer aus. Und Männer und Frauen glaubten nicht mehr daran, daß die Liebe so einfach und so lustig sei. Einer herannahenden Dekade des kleinbürgerlichen Absolutismus mußten sowohl Nick als auch Nora suspekt erscheinen. (Erst in den siebziger Jahren wurden sie wiederentdeckt.)

In der TV-Serie, die NBC 1957 ins Leben rief und die es auf insgesamt 72 Folgen brachte, ist folgerichtig auch Nick Charles (Peter Lawford) kein Müßiggänger mehr, sondern arbeitet in einem Verlag, der Kriminalliteratur publiziert, wobei es ihm immer wieder gelingt, in die aberwitzigsten Kriminalfälle verwickelt zu werden, und Nora (Phyllis Kirk) sieht die Verbindung ihres Mannes mit Gestalten aus der Unterwelt keineswegs mit der amüsierten Neugier wie Myrna Loy. (Vor der Fernsehserie hatte es übrigens auch eine Radio-Serie von NBC gegeben, die von 1941 bis 1954 ausgestrahlt wurde. Anfänglich arbeitete Hammett selbst noch an den Büchern zu einigen Episoden mit.) 1975 entstand der Fernsehfilm NICK AND NORA mit Craig Stevens und Jo Ann Pflug in den Titelrollen.

George Pollock und die britischen Miss Marple-Filme

1961 betrat eine scheinbar unzeitgemäße, etwas schrullige Detektivfilm-Heldin die Szene, Miss Marple alias Margaret Rutherford, die von Agatha Christie geschaffene ebenso skurrile wie resolute alte Dame, die immer wieder als Amateurdetektivin gefordert wird. Rein zufällig, oder doch nicht ganz so zufällig, gerät sie immer wieder in die haarsträubendsten Situationen und entdeckt die Mordkomplotte dort, wo die Polizei keinen Argwohn hegt und die komische alte Dame ihres „Verfolgungswahns" wegen verspottet oder gefürchtet wird. IN MURDER SHE SAID („16 Uhr 50 ab Paddington"/„Miss Marple – 16 Uhr 50 ab Paddington" – 1961 – Regie wie bei allen Filmen der kurzen Serie: George Pollock) beobachtet Miss Jane Marple (Rutherford) bei einer Fahrt mit der Eisenbahn einen im langsam auf dem Parallelgleis vorbeigleitenden Zug begangenen Mord. Natürlich glauben weder der Schaffner noch später die Polizei an ihre Mordgeschichte, zumal in dem fraglichen Zug sowenig eine Leiche gefunden wird wie an der Strecke selbst. Miss Marple muß sich, schon um ihrer Ehre wegen, aber auch weil sie aus der Lektüre unzähliger Kriminalromane weiß, wie man in solchen Fällen vorzugehen hat, selbst um die Auflösung des Falles kümmern. Dazu muß sie sich bei der Familie Ackenthorpe, in der merkwürdige Dinge vor sich gehen (vor allem unter der Dienerschaft), als Haushälterin verdingen, um ihre Spuren zu verfolgen, und dabei bewährt sie sich nicht nur als Detektivin, sondern ein wenig auch als Erzieherin des kleinen Alexander (R. Raymond), bis sie dem verdutzten Polizeiinspektor Craddock (Charles Tingwell) die Leiche, den Tathergang und den Täter in bester Sherlock Holmes-Manier präsentieren kann.

Miss Marple und ihr Freund, der Buchhändler Mr. Stringer (Stringer Davis), von dem sie ihre bevorzugte Lektüre erhält und der sie bei ihren kriminalistischen Abenteuern als ängstlicher, aber verläßlicher Sancho Pansa begleitet, geraten in MURDER AT THE GALLOP („Der Wachsblumenstrauß"/„Miss Marple – Der Wachsblumenstrauß" – 1963) bei einer Sammlung für einen wohltätigen Zweck zum Herrensitz des etwas exzentrischen Mr. Enderby. Als dieser vor ihren Augen tot zusammenbricht und dieser plötzliche Tod mit einer langen, schweren Krankheit begründet wird, meldet sich bei Miss Marple wieder der kriminalistische Spürsinn. Gerüstet mit dem Buch „Murder at the Gallop" von Agatha

George Pollock und die britischen Miss Marple-Filme 117

MURDER AT THE GALLOP (Margaret Rutherford)

Christie, das Miss Marple jedem Polizisten zur Vervollkommnung seiner Ausbildung empfiehlt, kann sie einem zunächst unscheinbar wirkenden

Indiz, einem Stück getrocknetem Lehm von einem Reitstiefel, nachgehen. Sie belauscht die Verlesung des Testaments des Verstorbenen und bemerkt, daß einige Mitglieder der Familie durchaus Mordmotive hätten, während sie sich entrüstet zeigen, als Cora, die Schwester Enderbys, offen von Mord spricht. Daß Miss Marple bei ihrer Lauschaktion von Inspektor Craddock (Charles Tingwell) überrascht wird, ist zwar ein wenig peinlich, kann die passionierte Amateurdetektivin jedoch nicht davon abhalten, Enderbys Schwester aufzusuchen. Sie findet diese jedoch ermordet vor. Während sie von der Haushälterin Miss Gilchrist (Flora Robson), der Haushälterin des Ermordeten, sogar als Täterin verdächtigt wird, ist Craddock zumindest erleichtert zu hören, daß Miss Marple ihren Urlaub anzutreten gedenkt. Dieser Urlaub freilich führt sie und Mr. Stringer (Davis) in das Reithotel von Hector Enderby (Robert Morley), dem Neffen des Verstorbenen, dessen Achtung sich Miss Marple durch ihre Reitkünste und durch ihren prachtvollen Sattel erringt, mit dem es eine besondere Bewandtnis hat. Es geschieht ein weiterer Mord, und es erweist sich, daß Miss Gilchrist tiefer in den Fall verwickelt ist, als es den Anschein hatte. Dem geheimnisvollen Mörder der Enderbys stellt Miss Marple schließlich eine Falle, bei der ihr Inspektor Craddock nolens volens beistehen muß. (Allmählich beginnt er ihre Hilfe zu schätzen.)

In MURDER MOST FOUL („Vier Frauen und ein Mord"/„Miss Marple – Vier Frauen und ein Mord" – 1963) nimmt sich Miss Marple des Falles eines jungen Mannes (Dennis Price) an, der allseits für des Mordes schuldig befunden wird. Als Mitglied der zwölf Schöffen in diesem Fall spricht sie als einzige für den Angeklagten. Sie erreicht den Aufschub des Urteils und macht sich an die Aufklärung des Falles. Diesmal führen die Spuren zu einer kleinen, etwas heruntergekommenen Theaterbühne (eine zweite kleine Reminiszenz an Hitchcocks „Murder!"), wo sie sich der Einfachheit halber gleich als Schauspielerin anstellen läßt. Wieder muß der ein wenig verängstigte Mr. Stringer Botendienste leisten, wieder passieren zwei weitere Morde, wieder stellt Miss Marple dem Täter eine Falle, und wieder ist Inspektor Craddock im letzten Augenblick zur Stelle, um gerade noch seine Amtshandlung vornehmen zu dürfen.

Der letzte Film der Serie, MURDER AHOY („Mörder ahoi!"/„Miss Marple – Mörder ahoi!" – 1964), wurde von den Autoren aus verschiedenen Arbeiten von Agatha Christie (mit dem Einverständnis der Autorin) zusammengesetzt, da es keinen Original-Miss-Marple-Roman mehr gab (auch die ersten drei Filme hatten sich nur in groben Zügen an die Vorlagen gehalten und waren insbesondere in der Zeichnung der Hauptfigur stärker von Agatha Christies Konzept abgewichen). Miss Marple wird ins Kuratorium der Stiftung „HM Schulschiff Batledore" berufen,

George Pollock und die britischen Miss Marple-Filme

auf dessen erster Sitzung prompt ein Mord geschieht. Die alte Dame löst den Fall in bewährter Manier, wobei sie auch ihre nautischen Kenntnisse unter Beweis stellen darf.

Der Erfolg dieser Serie von kleinen (schwarzweiß gedrehten) Filmen lag zunächst in ihrer nie verhohlenen „Altmodischkeit" begründet; altmodisch war das bedächtige Tempo der Inszenierung und der Dialoge, altmodisch der milde, niemanden verletzende Humor, altmodisch die verzwickten und doch nie ganz stimmigen *plots*; altmodisch die bizarren, unrealen Charaktere, die sich gegenseitig mordeten oder sich einen Mord jedenfalls zutrauten, altmodisch die klaustrophoben *closed-room*-Situationen, altmodisch waren die Lebens- und Redeweisen aller Beteiligten, und altmodisch war, nicht zuletzt, die Moral. Die Miss Marple-Filme präsentierten noch einmal die von Groteskem durchsetzte klassische Kriminalgeschichte (in ihrer filmischen Form), die nach Meinung des englischen Mittelstandes noch niemandem geschadet haben. (Als solche dürften sie nicht ohne Einfluß auf die deutschen Edgar Wallace-Filme gewesen sein.) Es war eine schrullige und doch auf gewisse Weise vertraute Welt, in der es zwar eine Menge Leichen gab (ohne daß man je einen Tropfen Blut zu sehen bekam), in der aber niemand es an Respekt gegenüber einer Dame fehlen ließ, in der die Eifersuchtsdramen bei den Dienstboten und die Erbschaftskonflikte bei den herrschaftlichen Familien stattfanden und in der es keine schrecklicheren emotionalen Verwirrungen gab als solche, die durch eine gute Tasse Tee zu bannen waren. Und wie bei jeder guten Serie hatte alles, was geschah, und alle Personen spätestens seit dem zweiten Film, einen Hauch von Familiarität.

Altmodisch aber war, in einem populären Sinne, vor allem auch die Hauptdarstellerin, Margaret Rutherford, eine britische Institution. Sie war die Verkörperung der immensen Freiheit, die sich eine alte Dame in England herausnehmen kann, wenn sie auf die guten alten Traditionen pocht. Sie kann auch als Miss Marple ihrer Umwelt kolossal auf die Nerven gehen (wie sie dies unnachahmlich in Charlie Chaplins A COUNTESS FROM HONGKONG getan hat); sie war das Abbild von Königin Viktoria, die von ihrem Thron im Himmel noch einmal zur Erde herabgestiegen war, mit einem Hauch von Anarchismus und Lebenslust versehen, der sie ganz zwangsläufig zum Detektiv machen würde, zu einem jener kleinen, eigentlich gutmütigen Dämonen, die die Dächer von den Häusern nehmen, um in die Stuben der Menschen zu schauen (die Wortgeschichte von Detektiv ist ja von deteckel = entdachen abgeleitet worden, und die entsprechende Tätigkeit hat man einem bestimmten Teufel zugeschrieben).

Sie ist eine Dame, keine Frau; in MURDER AT THE GALLOP wird ihr ein Heiratsantrag gemacht, den sie wohl vor allem ihrer Freiheit wegen ablehnt. Und wenn sie nicht gerade der detektivische Dämon ist, dann benimmt sie sich anderen Menschen gegenüber eher wie ein Engel. Ihr „menschlicher Helfer", Mr. Stringer, zu dem sie eine platonische Beziehung unterhält, folgt ihr, ein Dr. Watson mit strapazierten Nerven, immer nur bis an die Pforten der Häuser und der Geheimnisse.

Alte Damen, die an der Welt teilhaben und nicht in den üblichen familiären Kontrollsituationen gebunden sind, haben etwas ein wenig Unwirkliches und zugleich etwas sehr Menschliches. Miss Marple verbindet mit allen Menschen diese scheue, distanzierte, neugierige und keineswegs pikierte Hinwendung, bei der sie ein Mord nicht schrecken kann, eine wache, beobachtende Anteilnahme, die man von Menschen kennt, welche ihre Beziehungen nicht auf zu wenige Menschen in ihrem Leben begrenzt haben. Sie ist präsent, wo die Leidenschaft herrscht, ohne ihr zu verfallen, und sie erfüllt, auf gleichsam natürliche Art, das Zölibatsgebot, das noch jeden englischen Detektiv getroffen hat.

George Pollock, ein Regisseur, der vor allem fürs Fernsehen gearbeitet hat, tat wohl daran, das Feld ganz der Schauspielerin zu überlassen und jede inszenatorische Abweichung von der einmal gefundenen Formel zu vermeiden. Dennoch verstand er es, den gelegentlichen Ausbruch von Charme, Menschlichkeit und Freundlichkeit im Spiel der Margaret Rutherford zu zeigen, was auch ihren detektivischen Leidenschaften zu eigen war: In jedem Film gibt es eine Person, deren sie sich, mit aller Herzlichkeit, die sie hat, annimmt. Sie erkennt unschuldige Menschen auf Anhieb, weil sie selbst unschuldig ist. Auch als Miss Marple war Margaret Rutherford nicht, wie deutsche Kritiker schrieben, vom „Charme eines Felddragoners" geprägt, eine „englische Adele Sandrock". Sie war der Engel aller englischen älteren Damen, die am Kaminfeuer sitzen, Tee trinken und Kriminalromane lesen. Margaret Rutherford fand erst 1981 eine Nachfolgerin: In THE MIRROR CRACK'D („Mord im Spiegel" – Regie: Guy Hamilton) spielte Angela Lansbury die Miss Marple.

George Pollock versuchte sich mit TEN LITTLE INDIANS („Geheimnis im blauen Schloß" – 1965) noch einmal an einem Agatha Christie-Roman. Er variierte den von René Clair 1945 in Amerika verfilmten Stoff nur wenig (so war der Schauplatz, an dem zehn Menschen miteinander eingesperrt sind und wie nach dem Kinderreim „Zehn kleine Negerlein" nacheinander gewaltsam aus dem Leben scheiden, ins Zillertal verlegt, was freilich zu einigen Brüchen in der Schilderung von Umwelt und Atmosphäre führte) und versetzte die Handlung mit einigen für damalige Verhältnisse „harten" Effekten. Zwar erreicht der Film nicht die Ironie in der Charakterzeichnung von Clairs Film, aber das „Rezept" der Reihum-Verdächtigungen mit der wirksamen Schlußpointe (anders als in Agatha Christies Roman gibt es in Pollocks Film jedoch eine Form des Happy-Ends) erwies sich immer noch als tragfähig. Konstruktion und Stil dieser Filme wurde in den deutschen Kriminalfilmen (die sich „britisch" gaben) nachgeahmt, während in diesem englischen Film auch deutsche Darsteller (Mario Adolf, Marianne Hoppe) agierten. Zu der Zeit, als sich mit der „Miss Marple"-Serie der klassische englische Kriminalfilm dem Ende seiner Entwicklung zuneigte, um den gewaltsameren, gleichzeitig mit einer neuen Art von Ironie ausgestatteten Filmen der „James Bond"-Art Platz zu machen, wurde der aus „gothischen", komödiantischen und *mystery*-Elementen gebildete Stil eine Zeitlang in Westdeutschland fortgesetzt. Eine deutsche Miss Marple allerdings sollte es nicht geben.

Metamorphosen des Privatdetektivs

Die Geburt des „private eye"

Der *private eye* als Filmheld entwickelte sich im Milieu und in der Mythologie des Gangster-Films als *popular hero*. Im Gegensatz zu den intellektuellen Amateurdetektiven, den klugen und engagierten Anwälten, den Polizisten und Polizeidetektiven ist der *private eye* ein Mann ohne eigentliche emotionale Souveränität über den Fall; er ist kein Vertreter der Macht, keiner des Bürgertums und keiner des Gesetzes und hat doch mit alledem eine komplexe Beziehung. Er sorgt für Gerechtigkeit (nachdem er auch für sich selbst gesorgt hat), und er tut dies auf seine eigene Weise. „Neben dem Western-Helden ist der *private eye* die Erfüllung eines amerikanischen Traums: der Held, der für das Gesetz eintritt und zugleich oft auf der anderen Seite des Gesetzes stehen muß, um dies tun zu können; ein Mann, der von unbestimmten Skrupeln geplagt wird und doch von unverbrüchlicher persönlicher Integrität; ein Mann, der in der Lage ist, Schuldige zu bestrafen, und der eine solche Strafe verhindern oder mindern kann, wenn es ihm gut dünkt; ein Mann, der Erfolg bei Frauen hat, aber oft die Liebe für Ehre und Pflicht opfern muß; eine romantische Figur wie jeder Ritter in schimmernder Rüstung. Paradoxerweise ist seine Geburt ein Teil der Bewegung zu einem neuen Realismus in der Literatur der zwanziger Jahre." (Don Miller)

Der Übergang des neuen literarischen Helden auf die Leinwand vollzog sich zwar innerhalb relativ kurzer Zeit, aber nicht ohne Probleme. Paramount hatte eine Option auf Dashiell Hammetts Roman „Red Harvest" erworben, es kam aber nicht zu einer Filmversion, da man die Story als zu kompliziert und – zu gewalttätig erachtete. Wie „Red Har-

122 Geschichte des Detektiv-Films

vest" wurde auch „The Dain Curse" als unverfilmbar angesehen, doch während Hammett selbst in Hollywood zu arbeiten begann – er schrieb die Originalstory zu Rouben Mamoulians Gangster-Film CITY STREETS (1931), erwarb Warner Brothers die Rechte an „The Maltese Falcon", und mit dem gleichnamigen Film (THE MALTESE FALCON – 1931 – Regie: Roy Del Ruth), der nicht nur der erste Hammett-Film und der erste Film um einen „schäbigen Privatdetektiv" war, sondern auch in seiner Stimmung und Atmosphäre eine wenn auch noch wie unbewußte Form einer Neuinterpretation der Detektivgestalt in der populären Mythologie, begann die filmische Auslotung eines zwar neuen, doch aus vielerlei Traditionen genährten amerikanischen Archetypus.

Ricardo Cortez spielte den harten Privatdetektiv, der den Tod seines Partners rächen will und am Ende, nach einer vergeblichen und opferreichen Jagd nach einer wertvollen Statue, erkennen muß, daß die Frau, in die er sich zu verlieben im Begriff war, die Mörderin ist, die er teils aus Eigennutz, teils aus Verpflichtung seinem toten Partner gegenüber der Polizei ausliefert. Hatte sich dieser Film recht genau an die literarische Vorlage gehalten, so enthielt die zweite, ebenfalls von Warner Brothers produzierte Filmversion nur noch wenig vom *plot* des Romans und fast nichts von seiner Atmosphäre und seiner „Moral". In SATAN MET A LADY (1936 – Regie: William Dieterle) ist der Held, der den Namen Ted Shayne trägt (Warren William), ein Rechtsanwalt und Playboy, in seinem Wesen eher den exzentrischen Amateurdetektiven des Films verwandt (Warren William hatte auch die Figur des eleganten Detektivs Philo Vance verkörpert) als einem Hammett-Helden. Während einer Zugfahrt trifft er auf die hübsche Valerie Puivis (Bette Davis), die ihn bittet, eine Madame Barabbas (Alison Skipworth) ausfindig zu machen. Doch noch bevor er sie findet, hat einer der Agenten der geheimnisvollen Frau ihn „besucht". Nachdem er vergeblich versucht hat, aus Shaynes Sekretärin, Miss Murgatroyd (Marie Wilson) etwas über seinen Auftrag herauszubekommen, und auch eine Durchsuchung des Büros zu keinem Ergebnis führt, wird Shayne zu Madame Barabbas zitiert, die ihm viel Geld anbietet, wenn er herausfindet, wo sich Valerie aufhält, da nur sie weiß, wann ein Schiff mit einem unermeßlich wertvollen Kunstgegenstand an Bord, einem diamantenbestückten Horn, in San Francisco ankommen wird. Madame Barabbas hat, wie sich herausstellt, ihr ganzes Leben damit verbracht, dieses Horn in ihren Besitz zu bekommen, und Valerie, eine ihrer ehemaligen Agentinnen, hatte es ihr gestohlen. Um zu erfahren, ob sie wirklich so berechnend ist, wie es nach dieser Erzählung den Anschein hat, läßt Shayne Valerie von seinem Partner Ames (Porter Hall) beschatten. Offensichtlich in dem Glauben, es handele sich um einen Agenten der Madame Barabbas, erschießt sie ihn. Valerie überredet

Metamorphosen des Privatdetektivs 123

Shayne, das Horn am Hafen in Empfang zu nehmen. Sie treibt aber wiederum ein doppeltes Spiel und findet sich selbst ein. An der Pier treffen sich alle an der Jagd Beteiligten, doch schließlich taucht die Polizei auf, die von Shaynes Sekretärin alarmiert worden ist, und verhaftet sowohl Valerie als auch Madame Barabbas und die Mitglieder ihrer Kunstraub-Bande.

Mit Hammetts ambivalentem Detektiv, der durch die Intrige in Gefahr gerät, emotionale und moralische Fixpunkte aus den Augen zu verlieren, hat dieser „mondäne" Delektiv nur wenig zu tun, auch wenn auch hier der kriminalistische *plot* ein Melodram, vielleicht sogar eine Tragödie birgt. Dem Film wird sicher, wie oft geschehen, unrecht getan, mißt man ihn nur an seinem Verhältnis zur Vorlage. Stilistisch ist er ein eher konventioneller Kriminalfilm mit einigen Suspense-Zutaten, der freilich der Figur des „neuen" Detektivs keine nennenswerten Impulse gegeben hat.

Zehn Jahre nach der ersten Verfilmung entstand mit John Hustons THE MALTESE FALCON (Die Spur des Falken) der Film, der die Figur des schäbigen Privatdetektivs (zumindest retrospektiv betrachtet) etablieren und sie mit einer bis dahin unbekannten menschlichen Komplexität ausstatten sollte. Freilich wäre diese neue Gestalt wohl nie zu einer solchen Vitalität gelangt, wäre nicht Humphrey Bogart gewesen, der mit dieser Rolle so identisch werden sollte, daß alle späteren Darsteller von Detektiven in *hard-boiled*-Kriminalfilmen sich an ihm messen lassen mußten.

THE MALTESE FALCON *(Peter Lorre, Humphrey Bogart)*

Die Handlung, die sich im großen an die Romanvorlage hält, berichtet von dem Privatdetektiv Sam Spade (Humphrey Bogart), der den Tod seines Partners Miles Archer rächen will. Bei seinen Nachforschungen wird er in eine bizarre Intrige verwickelt, die eine ominöse Figur, den Malteser Falken des Titels, zum Zentrum hat. Der Auftrag, bei dem Archer den Tod gefunden hat, wurde von einer jungen Frau (Mary Astor) gegeben, die sich selbst Miss Wonderly nannte, und der Mann, den Archer beschatten sollte, Floyd Thursby, wird kurze Zeit später selbst ermordet aufgefunden. Der ihn verhörenden Polizei verweigert Sam Spade die Auskunft über die Auftraggeberin, und er kommt so in Verdacht, selbst den Mord aus Rache für den Tod seines Partners begangen zu haben. Als Miss Wonderly wiederauftaucht, gesteht sie Spade, daß ihre ursprüngliche Story nicht der Wahrheit entspricht. Ihr richtiger Name sei Brigid O'Shaughnessy, und sie bittet den Detektiv, sie gegenüber der Polizei noch eine Zeitlang zu decken. In Spades Büro erscheint der elegante, ein wenig manieriert wirkende Joel Cairo (Peter Lorre), der dem Detektiv eine große Summe Geldes für die Beschaffung einer wertvollen schwarzen Vogelstatuette in Aussicht stellt. Durch Bedrohung mit einer Pistole versucht er Spade einzuschüchtern und zu erfahren, ob er diese Statuette nicht schon selbst in Besitz hat. Spade kann ihn jedoch überwältigen. Brigid, der er den Vorfall erzählt hat, will sich unbedingt mit Cairo treffen, doch just bei der Unterredung erscheint die Polizei, die Spade nun auch den Mord an seinem Partner anlastet, weil er ein Verhältnis mit dessen Frau (Gladys George) gehabt hat. Aus den Gesprächen erfährt Spade, daß es neben Brigid und Cairo noch eine dritte Person gibt, die hinter dem schwarzen Falken her ist. Der offensichtlich mächtige Mann, der den wertvollen Vogel besitzen will, welcher eine lange blutige Geschichte hat, wird von den beiden anderen nur „der dicke Mann" genannt. Spade heftet sich an die Fersen des kleinen Revolvermannes Wilmer Cook (Elisha Cook jr.), der ihn offensichtlich seit geraumer Zeit beobachtet. Er gelangt zu dem Gangster Caspar Gutman (Sidney Greenstreet), der sich aber weigert, irgend etwas über die Statuette zu sagen. Kurz darauf verschwindet Brigid, und Wilmer zwingt Spade zu einem neuerlichen Zusammentreffen mit seinem Boss. Nun endlich erfährt auch Spade von dem unermeßlichen Vermögen, das die Figur wert ist. Ein Betäubungsmittel setzt Spade außer Gefecht. Als er wieder zu sich kommt, findet er in einer Zeitung eine Notiz über die Landung eines Schiffes. Am Hafen angelangt, sieht er das betreffende Schiff in Flammen aufgegangen. Kurze Zeit später wankt der tödlich verletzte Kapitän des Schiffes in sein Büro und kann ihm in seinen letzten Lebensminuten die Figur des Malteser Falken übergeben. Spade deponiert die Figur in der Gepäckaufbewahrung. Brigid lockt den

Metamorphosen des Privatdetektivs

Detektiv durch einen Anruf aus der Stadt, und als er zurückkehrt, findet er in seinem Büro Brigid, Cairo, Gutman und Wilmer vor, die offenbar nicht gefunden haben, was sie suchten. Es wird ein Preis für die Statuette ausgehandelt, und Spades Sekretärin wird schließlich geschickt, die Figur zu holen. Doch als man den Falken einer näheren Untersuchung unterzieht, stellt sich heraus, daß er eine Fälschung ist. Während Gutman und Cairo weiter nach der richtigen Figur suchen werden, bleibt Brigid bei Spade zurück. Spade, der beweisen kann, daß Wilmer es war, der Thursby und den Kapitän des Schiffes getötet hat, ruft die Polizei. Zudem hat er herausgebracht, daß den Mord an seinem Partner Brigid begangen hat, und er liefert sie ebenso aus, wie er Gutman und Cairo ausliefern will.

Hustons Film, den man als ersten der „Schwarzen Serie" gedeutet hat, lebt mehr als von der Aktion und mehr als von der Konstruktion des *plot* von der Charakterisierung der Personen und von einer Stimmung der latenten Bedrohung, des Täuschenden nicht mehr, wie im klassischen Detektiv-Film, der Dinge und Aussagen, sondern des Täuschenden im menschlichen Verhalten selbst. Die Faszination, die von diesem neuen Detektiv ausgeht, ist nicht nur seine angedeutete Bereitschaft, die Grenzen der Legalität zu überschreiten, sondern auch seine moralische Offenheit; er bleibt ambivalent, ließe sich in alle Richtungen hin fortdenken. „Die zumeist verbalen Auseinandersetzungen begünstigen eine differenzierte Ausleuchtung von Sam Spades Handeln. Seine Verwicklung in die kriminellen Geschäfte seiner Gegenspieler bleibt stets nur in – nicht nachweisbarer – Möglichkeitsform. In seinen Motiven jedoch rückt er in ihre unmittelbare Nachbarschaft. Daran ändert die Schlußwendung nichts. Da der große Gewinn ausgeblieben ist, muß Spade vor allem seine Lizenz absichern. Er setzt die Polizei in sein taktisches Kalkül ein. Moralisch wird seine Stellung dadurch alles andere als aufgebessert. Spade erklärt freilich auch, für einen Privatdetektiv sei es *bad business*, nichts zu unternehmen, wenn der Partner umgelegt werde. Das klingt, von Humphrey Bogart mit unbewegter Miene vorgetragen, nach Vorwand und Understatement zugleich. Es ist vielleicht auch, je nach Lage, das eine und das andere. War da nicht die Geschichte mit Archers Frau? Aber der Partner war auch ein Stück des eigenen Geschäfts. Die Rollen hätten leicht umgekehrt verteilt gewesen sein können. Die Ambivalenz von Spades Handeln scheint in solchem Nebeneinander von gegenläufigen Motiven zu wurzeln, die sich am Ende aber alle auf den Überlebenswillen zurückführen lassen.

Huston pflegt so eine Art skeptischen Realismus. der die Rollen weniger eindeutig verteilt, weil ihm die Figuren weniger durchschaubar, die Fronten weniger scharf abgegrenzt erscheinen. In der Perspektive der bloßen Selbstverteidigung verschwimmen moralische Konturen. Auch vorausplanende Klarsicht gibt es unter solchen Verhältnissen nicht. Nicht nur der Zuschauer, auch Spade kann sich jeweils erst im nachhinein den richtigen Reim machen. Sein Überleben sichert er sich bloß durch Lavieren. Diese Umschreibung vermag aber Spades Motivation nicht vollständig zu fassen. In der Berührung mit der geheimnisvollen Plastik und insbesondere mit dem in ihrem Bann stehenden Mr. Gutman tritt eine andere Seite in Spades Wesen hervor. Der ganze Film gewinnt damit eine weitere Dimension. Der zuvor umschriebene Realismus wird zur Folie für ein Abenteuer, das seinen Ursprung zutiefst im Irrealen hat. Hier kommt der Gehalt der Vorlage mit der Hustonschen Mythologie zur Deckung. Der Traum vom sagenhaften Reichtum, vom verschollenen Schatz, eine Variante des Abenteuer-Traums schlechthin, verkörpert sich in der schwarzen Statuette des Falken. Und seiner mythischen Qualität entspricht auch der Kranz der buntschillernden Gestalten, der um dieses angebliche Kleinod schwärmt wie blindes Nachtgetier um den Lichtkreis der tödlichen Flamme: die chamäleonhafte Miss O'Shaughnessy alias Miss Wonderly mit ihren Versuchen, immer neue Männer für sich einzuspannen; der weichliche Joel Cairo mit seiner unverhüllten Begehrlichkeit; der verdrückt-rachsüchtige Mietling Wilmer, und schließlich sein Boss Mr. Gutman, der mit seiner ungeheuren Leibesmasse und seinen kalten Augen in siebzehnjähriger Jagd nach dem Falken selber eine Art Vogelgestalt angenommen hat, Ausdruck totaler Besessenheit.

Hustons Film gibt so trotz realistischem Ansatz nicht etwa eine nüchterne Gesellschaftsschilderung, sondern ein Spieler-Abenteuer, in welchem gepokert wird wie sonst am Spieltisch und die noch so geringe Hoffnung auf den ganz großen Gewinn die Einsätze bestimmen. Die Faszination dieses Spiels prägt den Film, vor allem in seinem zweiten Teil, ebensosehr wie das Interesse an Spades Bemühungen um den roten Faden der Affäre. ‚The Maltese Falcon' ist der Gattung der skeptischen oder eben ‚schwarzen' Detektiv-Filme zuzurechnen, sicherlich: zugleich und noch mehr ist der Film aber eine Variation der Abenteurer-Saga, die Huston in der Vorlage von Dashiell Hammett gefunden hat.Die nicht auflösbare Ambivalenz von Spades Handeln, das Undurchsichtige des moralischen Graubezirks, in welchem der Film spielt, tritt dabei zu der vergeblichen, letztlich absurden Jagd nach einem Phantom in das Verhältnis wirkungsvoller Steigerung." (Edgar Wettstein)

Der Aspekt von Absurdität und Vergeblichkeit sollte die Entwicklung des Privatdetektivs im Film begleiten. Er ist ein Mensch, von dessen Motivationen wir nie genug erfahren, um ihn ins traditionelle Schema von Gut und Böse einordnen zu können, und weil er ein Mensch ist, der

Metamorphosen des Privatdetektivs 127

ums Überleben kämpft, ist er uns vertraut, und wir haben keine Probleme damit, zu akzeptieren, daß er dabei immer ein bißchen am Rande der Ehrbarkeit balanciert und gelegentlich Dinge tut, die einen anderen den Helden-Status kosten würden. Aber der *private eye* lebte in einer brutalen Welt; wie für den Soldaten im Krieg, ging es weniger darum, Heldentaten zu vollbringen und dafür Orden zu bekommen, als darum, die eigene Haut zu retten, und wenn es darauf ankam, den eigenen Vorteil zu suchen. Die Kriegs- und Nachkriegsgesellschaft war der Welt aus Hustons Film durchaus nicht unähnlich: Inmitten des Überlebenskampfes war eine fieberhafte „Schatzsuche" ausgebrochen, drinnen wie draußen. Nicht zuletzt durch die Form der Besetzung ist Hustuns Film so etwas wie die Beschreibung der Korruption und der Neurotisierung des Abenteuers, und indem er, wie in zahlreichen seiner späteren Filme, das Abenteuer auf eine bestimmte Weise entmythologisiert, schafft Huston einen neuen Mythos des Abenteuers, in dem die Vergeblichkeit als Legitimation eingebaut ist. So ist es nicht verwunderlich, daß in „The Maltese Falcon" die neue Figur des *private eye* noch nicht „zu Ende geboren" ist und noch keine direkten Nachfolger fand.

Wie sich die Grenzen zwischen Gut und Böse für den Detektiv (und für den Zuschauer) verwischen, so ist der Detektiv hier auch nicht mehr der Sympathieträger, der mit einer Handvoll Schurken fertig wird, so wie es in der ersten Film-Version noch dargestellt wurde, wo man die Rollen von Gutman, Cairo und Wilnier mit Dudley Digges, Otto Matieson und Dwight Frye (der aus FRANKENSTEIN und DRACULA aus demselben Jahr bekannt war) besetzt hatte, mit als *heavy*-Darsteller angesehenen Schauspielern, und auch Bebe Daniels in der Rolle der Brigid O'Shaughnessy schien Berechnung und Naivität nur als Wahrheit hinter der Fassade wiederzugeben und nicht wie bei Mary Astor als zwei ineinander verwobene Wahrheiten. Den Darstellern in Hustons Film ist allesamt etwas Komisches zu eigen, sie sind zu klein, zu dick, zu ungeschlacht, zu schwach für das. was sie sich vorgenommen haben, und vielleicht gerade deshalb auf so tückische Art gefährlich; sie sind nicht, was sie scheinen, aber sie sind auch nichts anderes. Manchmal stellt sich sogar Mitleid mit ihnen ein; ihre Getriebenheit ist eine (offensichtlich ansteckende) Krankheit. Die daraus resultierende Grausamkeit, vor allem die von Spade selbst, ist in Del Ruths Film eher zurückgenommen. Auch hier übergibt Spade zwar Brigid der Polizei, doch scheint es schließlich noch eine Aussicht auf ihre Befreiung und die letztendliche Versöhnung zu geben, da Spade als „Belohnung" für die gute Arbeit in diesem Fall ein Job bei der Staatsanwaltschaft angeboten wird. Für Bogart/Spade wäre eine solche Versöhnung (auch: die Versöhnung mit der Gesellschaft) undenkbar; es ist Opportunismus, die Angst, seine Lizenz zu verlieren, die ihn dazu veranlaßt, seine Widersacher auszuliefern.

Das „schwarze" Flair von Hustons THE MALTESE FALCON hat weder bedeutende Vorbilder, noch wurde es in den nächsten Jahren bewußt wieder zu erreichen versucht, obwohl dieser Film ein (überraschender) Erfolg beim Publikum geworden war. Aber natürlich wurde der Sherlock Holmes-Detektiv nicht über Nacht, durch einen einzigen Film, vom Sam Spade/Philip Marlowe-Detektiv abgelöst; der Übergang vollzog sich fließend, wenn auch auf der Ebene des B-Films, der immer noch ein der Filmgeschichte wenig erschlossenes Terrain ist. (Auch Hustons Film war ja ein „kleiner" Film – wie der Regisseur wurden auch die Darsteller erst durch seinen Erfolg zu Stars; Greenstreet debütiert in diesem Film.)

Was Hammetts Arbeit betraf, so setzte sich der Erfolg der 1934 begonnenen Serie der „Thin Man"-Filme (vgl. das entsprechende Kapitel) auch in den vierziger Jahren fort, und Filme in derselben Art, wie etwa STAR OF MIDNIGHT (1935 – Regie: Stephen Roberts) mit William Powell und Ginger Rogers in den Hauptrollen, und andere *comedy-mysteries* bestimmten das Genre. Der *tough guy* als Privatdetektiv war in den dreißiger Jahren allenfalls eine Sache des B-Films gewesen.

Unter den Vorläufern des von Humphrey Bogart kreierten *private eye* in den dreißiger Jahren befindet sich etwa Preston Foster, der in MUSS 'EM UP (1936 – Regie: Charles Vidor) einen Detektiv verkörperte, der vieles gemeinsam mit den Figuren von Dashiell Hammett hat. Er war unpathetisch und auf eine selbstverständliche Art integer, auch wenn er es mit dem Gesetz einmal nicht so genau nahm. Er setzte diese Figur fort in Filmen der Serie „Crime Club", die jeweils nach Büchern der im Verlag Doubleday publizierten Kriminalroman-Reihe entstanden. Hier verkörperte er den Detektiv William Crane, der in Filmen wie THE WESTLAND CASE (1937 – Regie: Christy Cabanne) als urbaner Menschenjäger fungierte. War der *plot* dieser Filme auch nicht von den üblichen *whodunits* sonderlich unterschieden – in THE WESTLAND CASE geht es etwa darum, daß der Detektiv die Unschuld eines Mannes beweisen muß, der in kurzer Zeit auf dem elektrischen Stuhl sterben soll, in THE LADY IN THE MORGUE (1938 – Regie: Otis Garrett) um die Leiche einer jungen Frau, die aus dem Leichenschauhaus verschwunden ist und fieberhaft von der Polizei wie von Gangstern gesucht wird, und in THE LAST WARNING (1938 – Regie: Albert S. Rogell) um einen Fall von Kidnapping und Erpressung –, so unterschied sich doch die Figur des Detektivs mit seinem Faible für Alkohol, Mädchen und Pistolen von den „Rationalisierern" und Gentleman-Detektiven; selten ist er der strahlende Gewinner, er muß oft viel einstecken und kommt über mancherlei Frustrationen mit einem fast „schwarzen" Humor hinweg, der sich vor

Metamorphosen des Privatdetektivs 129

allem in seinen Dialogen mit seinem Partner (Frank Jenks) mitteilt. Crane ist ganz ein Mann der Gegenwart, und seine Fälle haben einen durchaus realistischen Hintergrund.

Von Film zu Film hatte das Komödien-Element – im Gegensatz zu den literarischen Originalen von Jonathan Latimer, deren Humor eher in den Erzählstil selbst eingefügt war – größeren Raum eingenommen, und auch in einzelnen Filmen um Privatdetektive wurde mit unterschiedlichen Ergebnissen *mystery* mit Formen der Filmkomik zu verbinden gesucht, die der populären *screwball*-Form entlehnt waren. Ben Hecht schrieb und W. S. van Dyke inszenierte 1939 den Film IT'S A WONDERFUL WORLD („Drunter und drüber"). Hier ist James Stewart der Privatdetektiv Guy Johnson. der einen eher komischen alternden Playboy aus einem Mordkomplott befreien will und dabei selbst in eine Justiz-Falle gerät. Er entkommt, „kidnappt" eine junge Schriftstellerin (Claudette Colbert in einer ihrer typischen *screwball*-Rollen), und die beiden, die zu unfreiwilligen Verbündeten werden, können schließlich den Fall klären.

Der *mystery*-Boom in den dreißiger Jahren brachte sogar einige weibliche Detektive hervor, die auf ihre Weise so etwas wie eine Korrektur der traditionellen Detektiv-Gestalt waren. 1934 trat Gail Patrick als Sadie Evans, ein weiblicher „Schnüffler", in MURDER AT THE VANITIES (Regie: Mitchell Leisen) auf (sie segnet allerdings schon im ersten Teil des Films das Zeitliche); Jane Wyman hatte in PRIVATE DETECTIVE (1939 – Regie: Noël Smith) als Detektivin Myrna Winslow mehr Glück. Glenda Farrell stellte in einer Serie von Filmen die Reporterin Torchy Blane dar, die in einen um den anderen der bizarrsten Kriminalfälle verwickelt wird. Die Torchy Blane-Filme, beginnend mit SMART BLONDE (1937 – Regie: Frank McDonald) und endend mit TORCHY PLAYS WITH DYNAMITE (1939 – Regie: Noël Smith), in dem Jane Wyman die Rolle übernommen hatte, waren ebenfalls eine Verbindung von *screwball comedy*- und *mystery*-Elementen. Die „rasende Reporterin", die so schnell sprach, daß Widerspruch kaum eine Chance hatte, und ihr Freund Steve McBride (Barton MacLane) gerieten zumeist in gefahrvolle Situationen, weil Torchy Blane ihren Konkurrenten stets um eine Nasenlänge voraus zu sein versucht und die „Umwege", die sie zu diesem Zweck nimmt, sie oft in Berührung mit dem Verbrechen bringen. In THE ADVENTUROUS BLONDE (1937 – Regie: Frank McDonald) verpaßt sie sogar, eines Kriminalfalles wegen, den Termin ihrer Hochzeit mit Steve. Neben Torchy Blanes *screwball*-Charakter (*screwball* ist mit „Wirrkopf" nur unzureichend und allzu abwertend übersetzt – liebenswerte, schnell denkende und sprechende Spinner sind die Helden von *screwball comedies*) sorgte für den komödiantischen Aspekt der Filme vor allem der tumbe Polizist Gahagan (Tom Kennedy).

Geschichte des Detektiv-Films

Eine ähnliche Rolle spielte Bonita Granville als Nancy Drew in einer kurzlebigen Film-Serie von Warner Brothers. In NANCY DREW, DETECTIVE, NANCY DREW, REPORTER, NANCY DREW, TROUBLESHOOTER und NANCY DREW AND THE HIDDEN STAIRCASE (alle 1939 – Regie bei allen Filmen: William Clemens) hat sie es mit Raub, Entführung und Erpressung zu tun. Da die Filme vor allem auf ein jugendliches Publikum zugeschnitten waren, verzichteten sie weitgehend sowohl auf Gewalttätigkeit als auch auf die *sophistication*, die in manchen Torchy Blane-Filmen zu finden war und die auch zu den Filmen der Serie um Hildegarde Withers gehörte. Hier geht es um die Abenteuer der älteren Lehrerin Miss Withers (dargestellt zunächst von Edna May Oliver, dann der Reihe nach von Helen Broderick, ZaSu Pitts und Eve Arden), die, nicht unähnlich Agatha Christies Miss Marple, stets dort zu sein scheint, wo ein Verbrechen geschieht. Und wie unter einem Zwang muß Hildegarde Withers diese Verbrechen aufklären; nur die Neugier, ja die Besessenheit läßt sie gelegentlich ihre ruhige, gebildete Verkehrsform außer acht lassen, aber es ist keine Frage, daß sie immer eine Lady bleibt. Immerhin heiratete Miss Withers im ersten Film der Serie den Polizei-Inspektor Oscar Piper (James Gleason), doch in den folgenden Filmen der Serie ist dies offensichtlich vergessen; Oscar und Hildegarde sind gute Freunde, die sich gegenseitig oft genug aus brenzligen Situationen helfen, ganz so als hätten die Autoren geahnt, daß eine verheiratete Miss Withers vielleicht weniger Leidenschaft auf die Lösung von Mordfällen konzentriert hätte. Egal ob in der eigenen Schule oder in ihren Ferien, Hildegarde Withers findet immer eine Leiche, über deren Geschichte sich den Kopf zu zerbrechen lohnt. Die Serie begann 1932 mit THE PENGUIN POOL MURDER (Regie: George Archainbaud) und endete 1937 mit FORTY NAUGHTY GIRLS (Regie: Edward Cline). Im Jahr 1972 folgte ein für das Fernsehen produzierter Hildegarde Withers-Film, A VERY MISSING PERSON (Regie: Russ Mayberry), in dem Eve Arden die Hauptrolle innehatte. Während es dieser Film nicht erreichte, daß man zur Produktion einer TV-Serie schritt, gab es in den späten siebziger Jahren eine Nancy Drew-Serie, in der Pamela Sue Martin die Hauptrolle spielte.

Wenn zwar diese weiblichen Detektive oberflächlich betrachtet wenig mit dem *private eye* der kommenden Jahre zu tun zu haben scheinen, gehören sie doch zur Ablösung des traditionellen (Kino-)Detektivs durch menschlichere, komplexere, realistischere Gestalten. Undenkbar, daß Torchy Blane oder Hildegarde Withers vom Schreibtisch aus einen Fall gelöst hätten, undenkbar, daß sie die Verdächtigen hätten um sich versammeln können und in einem brillanten „Plädoyer", gespickt mit einigen Fallen und Doppelbödigkeiten, den Schuldigen enttarnen hätten können, undenkbar, daß eine der Detektivinnen mit süffisanten „Sherlockismen" ihrer Umgebung klargemacht hätte, daß sie längst die richtige Spur gefunden hat, aber mit den eigenen Deduktionen noch hinterm Berge hält, um sie am Schluß um so wirkungsvoller vorzutragen. Nein, wie die *private eyes* späterer Zeit mußten die weiblichen Detektive harte Arbeit verrichten, sich immer wieder dorthin wagen, wo die Gefahr zu Hause war, und ihre Umwelt konnten sie nicht durch Rationalisierungen, bravouröse Aktionen oder schlichte Autorität bannen, wie ihre männlichen Kollegen, sondern nur durch die Wahrheit. Merkwürdig genug bedeutete die Geburt des „schäbigen" *private eye* das Ende der Detektivinnen auf der Leinwand, und auch auf dem Bildschirm sollten sie nicht anders als im Team und/oder unter männlicher Befehlsgewalt Auferstehung feiern. Wenn der Detektiv der *denkende* Mann in einer populären Abbildung ist, dann wurde der *denkenden* Frau nur wenig Platz eingeräumt.

Nachdem THE MALTESE FALCON aus allen diesen Elementen ein neues Konzept für den Helden eines Detektiv-Films entwickelt hatte, ebbte die Welle der „Thin Man"-Nachahmungen allmählich ab, und auch die vielen Serien-Detektive mußten einer nach dem anderen die Akten ihrer Fälle schließen (was natürlich in erster Linie mit dem Abflauen der B-Film-Produktion und mit einer Umstrukturierung des Film-Angebots zu tun hatte, aber wohl auch gleichzeitig damit, daß dieser Held unzeitgemäß geworden war). Dennoch gab es keinen direkten Nachfolger für Hustons Film (der sich doch als Publikumserfolg erwiesen hatte). Selbst in den nun häufigeren Verfilmungen von Stoffen aus dem Umkreis der *hard boiled school* und in den Adaptionen der Arbeiten in dem Magazin „The Black Mask" überwog zunächst noch ein Zug zum konservativen *whodunit*. Für einmal mehr war Hollywood hinter dem Standard der Literatur, was die Auseinandersetzung mit Sex, Gewalt, Politik und Verbrechen anbelangt, hinterher.

Immerhin erwiesen sich Kriminalfilme um Privatdetektive, wo sie mit einigem Raffinement behandelt wurden, durchaus als würdig, aus dem Bereich des B-Films gehoben zu werden. Auch bekanntere Schauspieler hatten nichts gegen *private eye*-Rollen einzuwenden. So spielte Van Neflin in GRAND CENTRAL MURDER (1942 – Regie: S. Sylvan Simon) einen harten Detektiv (bemerkenswerterweise hatte man das in der literarischen Vorlage vorhandene „Nick und Nora Charles"-Thema fallengelassen – wenige Jahre zuvor hätte man es, wäre es nicht bereits angelegt gewesen, hinzugefügt), und unter den Detektiv-Darstellern der frühen vierziger Jahre waren Schauspieler wie Jerome Cowan in FIND THE BLACKMAILER (1943 – Regie: D. Ross Lederman), Damian O'Flyn in X MARKS THE SPOT (1942 – Regie: George Sherman), William Gargan in NO PLACE FOR A LADY (1943 – Regie: James Hogan) und FOLLOW

THAT WOMAN (1945 – Regie: Lew Landers), James Dunn in THE LIVING GHOST (1942), LEAVE IT TO THE IRISH (1944 – Regie bei beiden Filmen: William Beaudine) und CARIBBEAN MYSTERY (1945 – Regie: Robert Webb). Was all diese Detektive von den traditionellen „Rationalisierern" unterschied, war ein gewisses Maß an Authentizität und Entheroisierung. Der Detektiv mußte auch einmal verlieren und leiden können, aber kaum war er je eine so ambivalente Figur wie Sam Spade. Diese Detektive wußten nie mehr als ihr Publikum, sie waren vor allen Dingen zäh. Zum wirklichen *hard boiled detective* allerdings fehlte ihnen noch vieles, vor allem aber jener zynische und zugleich melancholische Blick auf die (korrupte) Umwelt und die Einsicht, daß dieser Job nicht darin bestand, Rätsel zu lösen, sondern darin, mehr oder minder schmutzige Geschäfte zu erledigen, wobei es zuerst darauf ankam, zu überleben, als zweites, Menschen, die den Detektiv oder seine Klienten gefährdeten, auf irgendeine Weise aus dem Weg zu räumen und drittens darauf, an diesen Geschäften, die zu erledigen waren, zu partizipieren. Was den Detektiv auf der richtigen Seite des Gesetzes hielt, waren sein Gerechtigkeitsempfinden und die Sorge, seine Lizenz zu verlieren.

In den dreißiger Jahren und noch hinein in die vierziger Jahre wurden Kriminalfilme fast ausschließlich nach literarischen Vorlagen gedreht, und so nahm der *private eye* hauptsächlich in den Verfilmungen der Romane von Hammett und Chandler seine Gestalt an. Von allen Film-Figuren, die nach Hammetts Stoffen entstanden sind, entspricht wohl der Ed Beaumont aus den beiden Verfilmungen von „The Glass Key" am meisten den Intentionen des Autors, ein Privatdetektiv im Geflecht von Politik, Verbrechen, Eros und geistig-moralischem Verfall. George Raft in der Version von 1935 (DER GLÄSERNE SCHLÜSSEL – Regie: Frank Tuttle) und Alan Ladd in der von 1942 (DER GLÄSERNE SCHLÜSSEL – Regie: Stuart Heisler) sind Männer, die in einer Welt des Mißtrauens loyal zu ihrem „Arbeitgeber" stehen, auch wenn dessen Auftrag Taten umschließt, die unmoralisch sind oder Unmoral decken. Der Widerspruch im Ideal des Hammettschen Helden ist also nicht zu lösen. Er kann nur „gut" sein, indem er sich zu etwas Schlechtem „gut" verhält (und schlecht ist alles, was nach Macht strebt und Loyalität fordert), und umgekehrt ist das Gute nur durch schlechte Methoden zu erreichen, so wie sich in THE GLASS KEY auch der Reformpolitiker (Edward Arnold in der ersten, Brian Donlevy in der zweiten Version) Stimmen kaufen und Kompromisse mit der Unterwelt eingehen muß.

Der Held, Ed Beaumont, ist ein Freund und Ratgeber des Politikers Paul Madvig, der nicht nur über gute Kontakte zum organisierten Verbrechen verfügt, sondern auch Wahlmanipulationen betreibt, und der um jeden Preis in die High-Society kommen will, unter anderem, weil

Metamorphosen des Privatdetektivs

er Janet Henry (Claire Dodd bzw. Veronica Lake), die Tochter Ralph Henrys, des Kandidaten für den Gouverneursposten, heiraten will. In dessen Sohn wiederum hat sich Madvigs jüngere Schwester Opal (Rosalind Keith bzw. Bonita Granville) verliebt. Ed versucht vergeblich, sie vor dem Nichtsnutz Taylor zu warnen, und eines Tages wird eine Auseinandersetzung zwischen Ed und Opal, die Machenschaften Taylors betreffend, von Paul zufällig mitgehört. In der Nacht ruft Opal Ed an und bittet um seine Hilfe, da sie fürchtet, Paul sei drauf und dran, Taylor zu töten. Vor dem Haus Ralph Henrys findet Beaumont die Leiche des jungen Mannes. Der politische Gegner von Madvig, Nick Varna, läßt die Nachricht verbreiten, daß es einen Zeugen dafür gäbe, daß Madvig der Mörder ist. Der skrupellose Varna bietet Ed viel Geld an, wenn er ihm dafür Informationen über Madvig gibt. Als er Ed die eidesstattliche Zeugenerklärung zeigt, die Madvigs Schuld beweisen soll, zerreißt dieser sie. Er wird von Varnas Männern zusammengeschlagen. Im Krankenhaus schmieden Madvig und Beaumont den Plan, den von Varna gekauften Zeugen an einen sicheren Ort zu bringen. Doch Varna kommt ihnen zuvor und läßt ihn ermorden. Gefälschte Indizien sollen erneut auf Paul als Mörder weisen. Als Ed von Paul verlangt, sich den verleumderischen Pressemeldungen entgegenzustellen, gesteht dieser, Taylor wirklich getötet zu haben, allerdings in Notwehr. Würde er sich zu dieser Tat bekennen, so wäre nicht nur seine politische Karriere ruiniert, sondern auch seine Hoffnungen auf die Ehe mit Janet wären zerstört. Nick Varna wird von einem seiner eigenen Männer im Streit getötet, der zuvor Ed Beaumont gestanden hatte, daß er den falschen Zeugen umgebracht hat. Beaumont, Madvig und der Staatsanwalt Farr treffen sich in Henrys Haus, wo Beaumont von Farr verlangt, Janet verhaften zu lassen. Da gesteht Henry, selbst seinen Sohn bei einem Streit versehentlich getötet zu haben. Paul, der die tödliche Auseinandersetzung miterlebt hatte, versprach, darüber Stillschweigen zu bewahren.

Jürgen Berger ordnet diese Filme ein: „Auch wenn die Verfilmungen des ‚Glass Key' nicht die Popularität von ‚The Maltese Falcon' erreicht haben, sind sie, was die Intention des Autors angeht, die Filme, die Hammett am ehesten gerecht werden. Die wenigen Einblicke, die die Filme über das Verhältnis zwischen Unterwelt und politischer Arena aufzeigen, machen deutlich, daß diese Beziehung eng und durchdrungen war. Diese Filme sind politisch, ein Zug, der dem Malteser Falken fehlt. Frank Tuttle, er war Mitglied der Kommunistischen Partei, führte Regie in dem Film von 1935. Vor ‚The Glass Key' war Hammett nicht sehr genau filmisch übersetzt worden. Die meisten Kritiker und das Publikum wollten vom Verbrechen amüsiert werden, nicht aufgeschreckt. Kathryn Scola und Kubec Glasmon bearbeiteten den Roman für den Film, mit zusätzlichem Dialog von Harry Ruskin. Die untereinander bestehenden Beziehungen zwischen Politik und Unterwelt wurden abgeschwächt oder fallengelassen. Die Fabel wurde behutsam geändert, wodurch Edward Arnold, der gezwungen war, Leben in eine Rolle zu hauchen, die das ‚Story Department' schal gemacht hatte, eher einen Reformer spielte, als einen der Männer, die in der Stadtpolitik die Kandidaten ‚auswählen', über die die Wählerschaft abzustimmen hat. Die Romanze zwischen Madvig und Janet Henry, gespielt von Claire Dodd, hat nicht die Doppeldeutigkeit, die sie im Roman hat, noch verträgt sie sich mit Arnolds Schatten George Raft. (...) Die bei weitem beste Darstellung lieferte Guim ‚Big Boy' Williams als der brutale und sadistische Jeff' (Jon Tuska).

Das Drehbuch der zweiten Version des ‚Glass Key' schrieb Jonathan Latimer, der als Nachfolger von Dashiell Hammett galt, als zwischen 1935 und 1939 seine fünf Romane über den *hard boiled* Dick William Crane erschienen. (...) Jonathan Latimers Drehbuch konnte etwas von der steifen Atmosphäre des Romans einfangen. Die Charakterisierungen sind gelungen, und der knappe und realistische Dialog kommt Hammmetts Roman sehr nahe. Der Film vermittelt die latente Spannung zwischen psychischer und politischer Gewalt. Die Szene, in der Alan Ladd von William Bendix verprügelt wird, ist eine der grausigsten und sadistischsten aus Filmen der vierziger Jahre. Durch die Darstellung der Ambivalenz des Hauptdarstellers ist ‚The Glass Key' neben ‚The Maltese Falcon', ‚The Shanghai Gesture' und ‚This Gun for Hire' einer der besten Beispiele des amerikanischen ‚Film noir'."

Den eigentlichen Durchbruch in der Gunst des Publikums erreichte die Figur des schäbigen Privatdetektivs in der Chandler-Verfilmung von „Farewell, My Lovely". die unter dem Titel MURDER, MY SWEET („Murder, My Sweet"/„Leb wohl, mein Liebling" – 1944 – Regie: Edward Dmytryk) in die Kinos kam. Wie THE GLASS KEY war auch MURDER, MY SWEET von einer latenten gesellschaftskritischen Tendenz durchzogen, wie sich überhaupt an den Filmen, mehr noch aber an den an ihnen beteiligten Personen belegen läßt, daß das Genre der *private eye*-Filme durchaus ein Derivat einer „linken" Strömung in Hollywood sein mochte, der mit dem McCarthyismus der Garaus gemacht worden war. Der Erfolg von Dmytryks Film dürfte nicht nur in der Authentik und der Stimmung liegen – „ein reiner Studiofilm, der aussieht, als sei er draußen gedreht" (Norbert Jochum) – und in der idealen Besetzung der Hauptrollen mit dem als Musical-Star berühmten Dick Powell (ein *private eye*, der hart und zäh war wie Bogart, aber längst nicht so abweisend) und Claire Trevor, der *tough lady* par excellence, sondern auch in einer gewissen Vereinfachung der Darstellung, so wie Chandler hei allen eige-

MURDER, MY SWEET / FAREWELL MY LOVELY (Dick Powell)

nen literarischen Meriten seinen Erfolg auch einer „Vereinfachung" der von Hammett geschaffenen Konstellationen verdankte (hierzulande war Hammett nur über Chandler zu „entdecken").

Der Film hielt sich recht genau an die Vorlage, die von der gefährlichen Suche Marlowes und des aus dem Gefängnis entlassenen Moose (Mike Mazurki) nach einer Frau handelt, welche den Detektiv, ohne daß er eigentlich je recht weiß, worum es überhaupt geht, in lebensbedrohende Situationen bringt.

Der Erfolg dieses Films löste einen Run auf die Bücher von Chandler aus, und nahezu sein gesamtes Werk wurde in der Folgezeit verfilmt. Um den anderen Firmen zuvorzukommen, wurden die Filme in kurzer Zeit geschrieben und vorbereitet. Bei dem Film, der schließlich als erster auf den Markt kam, Howard Hawks' THE BIG SLEEP („Tote schlafen fest" – 1946), ist dies zu spüren, ja es ist (wie im Falle von CASABLANCA) ein Teil der Faszination dieser Arbeit, daß sie die Logik der Bilder über die Logik der Story stellt. Der eigentlichen Handlung (der Roman wurde von William Faulkner, Leigh Brackett und Jules Furthman adaptiert) ist kaum zu folgen, und unter den wichtigen Fragen, die offenbleiben, ist auch die nach dem „wirklichen Charakter" der Heldin. (Es wird im übrigen berichtet, daß Hawks in einem Interview behauptet habe, er habe die Handlung des Romans selbst nie verstanden.) Es geht wieder um den Privatdetektiv Philip Marlowe, den Humphrey Bogart spielt. Ein todkranker alter Millionär, General Sternwood (Charles Waldgren), engagiert ihn wegen einer Erpressergeschichte. Doch der Fall, in den Marlowe verwickelt wird, erweist sich als viel komplexer. Zwei Personen sind verschwunden, der Chauffeur Sternwoods ist erschossen worden, möglicherweise von der rauschgiftsüchtigen jüngeren Tochter des Generals, Carmen (Martha Vickers), die in ihn verliebt gewesen ist und von ihm zurückgewiesen wurde. Um dies zu vertuschen, lenkt Marlowe den Verdacht auf eine Verbrecherbande, doch er findet heraus, daß Sternwoods ältere Tochter, Vivian (Lauren Bacall), in die er sich verliebt hat, Beziehungen zu den Gangstern unterhält. Um ihre Schwester zu schützen, bezichtigt sie sich selbst des Mordes. Die Gangster, deren Anführer Eddie Mars (John Ridgely) Vivian bedroht, schlagen Marlowe zusammen, und ein kleiner Gangster (Elisha Cook jr.), der ihm eine Information zukommen lassen wollte, wird brutal ermordet. Als sich Marlowe wieder auf die Spur der Gangster gesetzt hat, wird er gefangengenommen und gefesselt in einen Keller geworfen. Hier taucht nicht nur die verschwundene Frau von Eddie Mars (Peggy Knudsen), sondern auch Vivian auf, die Marlowe schließlich befreit. Marlowe spielt die Gangster gegeneinder aus und lockt Eddie Mars in eine Falle; er wird von seinen eigenen Leuten erschossen. Nun stellt sich heraus, daß es nicht Vivians nymphomane Schwester, sondern Eddie Mars war, der den Chauffeur Sternwoods aus Eifersucht erschossen hat.

Nicht dieser um zahlreiche Bezüge und Vermutungen erweiterte *plot* macht die ungebrochene Faszination von THE BIG SLEEP aus, sondern „die Teilnahme an einem Handeln unter äußerst gespannten Bedingungen, die jedem Schritt, jeder Entscheidung Bedeutung größten Ausmaßes geben. Das anekdotische Beiwerk der Krimis (Tod und Todesstrafe) stellt nur die Grenzsituation her. Wenngleich für diese Filme das Aufatmen über die Bewältigung einer schwierigen Situation nicht entbehrlich ist, so ist sein Gewicht doch gebunden an den Ernst, der der Situation beigemessen wird. Die Frage des Gelingens oder Mißlingens ist ein Test der Aufmerksamkeit. Denn die Meisterschaft, mit der die Hauptfigur eines Aktionsfilms ihre Abenteuer besteht, hat nichts Lustiges mehr an sich, wenn man die dargestellten intellektuellen und körperlichen Schwierigkeiten, denen sie unterzogen wird, mitvollzieht. Unempfindliche Augen sehen die Abenteuer von Helden, die keine Angst haben; dagegen verrät es eine im Kino oder sonstwo erworbene Reife, zu sehen, wie die besseren dieser Filme die Konzeption vertreten, daß ihre Figuren sich an die Angst gewöhnt haben.

(...) Wenn der unempfindliche Ablauf des Films die Schwierigkeiten an Marlowe heranträgt, reagiert dieser als Boxer, der, einmal im Ring, bis zur endgültigen Entscheidung nicht mehr gefragt wird, noch sich äußert, ob er noch boxen möchte. Vorteile und Nachteile folgen aufeinander mechanisch, ohne die Handlung aufzuhalten. Ein Beispiel dafür sind die falschen Erklärungen der Vorgänge, die Marlowe regelmäßig von sich gibt und deren Unstimmigkeit man wieder erst bemerkt, wenn er schon einen Schritt weiter ist. So gesehen, scheint es, daß die Kriminalfilme, diese aufhaltsamen Aufstiege von Scarface oder Legs Diamond, oder der von Philip Marlowe, dieser fachmännisch, aber nicht fehlerlos betriebene Kampf um einen Job, eine Frau, um das Leben, um den eigenen Willen, so etwas wie die automatisch aufgezeichneten Varianten eines Mythos sind, nämlich des erfolgreichen Handelns gegen Widerstände. Ein Mythos, dessen einzelne Ausprägungen über den verbalen Inhalt hinaus so sehr die Prozesse der instinktiven Vorstellungskraft widerspiegeln wie bei den Mythen der Bororo und Gue, von denen Levi-Strauss berichtet". (Herbert Linder)

Dieses „Handeln gegen Widerstände" ist im Film Noir vorsichtig und melancholisch getrennt von der üblichen Gleichsetzung mit dem moralischen Recht. Alle Protagonisten sind gleichermaßen verstehbar und gefährlich, denn sie kämpfen um ihr Leben. Die Dschungelhaftigkeit des Lebens in THE BIG SLEEP macht aus den Menschen raubtierhafte Wesen, die nach ihren Instinkten handeln und gerade dort, wo sie innehalten und ihre Positionen reflektieren wollen, die größten Fehler begehen. Bei allen Zugeständnissen, die Hawks und seine Autoren an den *Production Code* machten, ist THE BIG SLEEP doch immer noch einer der „härtesten" Filme über den Zusammenhang von Macht, Verbrechen und Sexualität. Er beruhigt uns nicht damit, daß man sich darauf einen Reim machen könne, und er läßt seinen Helden siegen, weil er seine Chance genutzt hat, nicht weil er siegen muß.

Im selben Jahr kam, unter der Regie des Hauptdarstellers, Robert Montgomery, entstanden, THE LADY IN THE LAKE („Die Dame im See") heraus. Der neue Marlowe, der in diesem Film wieder in ein Geflecht erotischer und wirtschaftlicher Abhängigkeiten gerät, welches gewissermaßen aus sich heraus die Mordtaten produziert, unterscheidet sich von seinen beiden Vorgängern, Powell und Bogart, vor allem dadurch, daß seine Härte nicht durch jene unterschwellige Romantik, diese Fähigkeit zu Zärtlichkeit, die sich zu selten entfalten darf, und die emotionale Verletzlichkeit, die Chandler seinem Helden mitgegeben hatte, relativiert ist. Er ist ein offensichtlich mit sich und seiner Situation unzufriedener Mensch, der seine Umwelt spüren läßt, daß er sie haßt. Der Zynismus, mit dem Chandlers Marlowe gelegentlich auf unlösbare Widersprüche reagiert, ist bei Montgomery zu Brutalität geworden. Wie wenig diese Konzeption der Figur Chandlers eigenen Vorstellungen entsprach, zeigt die Geschichte der Drehbuch-Erstellung: Chandler selbst hatte begonnen, das Drehbuch zu schreiben, um zu verhindern, wie er meinte, daß wieder einmal aus seiner Arbeit ein konventioneller *whodunit* gemacht würde. Nachdem er aber den Termin nicht einhalten konnte, hatte man einen Autor von „Black Mask", Steve Fisher, mit der Fertigstellung beauftragt. Das Ergebnis entsetzte Chandler so sehr, daß er unter keinen Umständen im Vorspann genannt sein wollte.

Ein konventioneller *whodunit* ist THE LADY IN THE LAKE dennoch nicht geworden. Der Regieneuling Montgomery experimentierte in diesem Film mit einer subjektiven Kamera, d.h. wir erleben das Geschehen mit Marlowes Augen, und dieser selbst wird nur sichtbar, wenn sein Gesicht in einem Spiegel erscheint. Dadurch freilich wurde die Stimme des Schauspielers zum wichtigsten Moment für seine Charakterisierung, und diese klang, wie einige Kritiker bemerkten, eher wie die eines Preisboxers als die eines Privatdetektivs. Den Sinn dieses Verfahrens, das technisch kompliziert ist und auch beim Publikum eine gewisse Bereitschaft voraussetzt, in das Geschehen „einzusteigen", erklärt der Held in der Eingangsszene: „You'll see it just as I saw it. You'll meet the people. You'll find the clues. And maybe you'll solve it quick and maybe you won't."

Der nächste Marlowe-Darsteller war George Montgomery in THE BRASHER DOUBLOON (1947 – Regie: John Brahm). Der Detektiv wird hier von der exzentrischen Millionärin Mrs. Murdock (Florence Bates) angestellt, um eine ihr vermutlich von ihrem Sohn Leslie (Conrad Janis) gestohlene wertvolle Münze, die Brasher Doubloon, wiederzubeschaffen. Bei seinen Nachforschungen gerät Marlowe an Gangster, die ihn einzuschüchtern versuchen, ebenso wie der reichlich verkommene Leslie, und ein Schlüssel zum Fall scheint die verängstigte Sekretärin im Haus Murdock, Merle Davies (Nancy Guild), zu sein. Immer wenn Marlowe glaubt, der Münze habhaft zu werden, findet er eine Leiche vor. Hinter dem Fall der verschwundenen Münze wird ein zweiter sichtbar: Merle glaubt, den Mann von Mrs. Murdock, der ihr nachstellte, getötet zu haben (als er sich bei einer Straßenparade aus dem Fenster lehnte, war er durch einen Stoß hinausbefördert worden), und Mrs. Murdock hatte den Tod ihres Mannes der Polizei gegenüber als Unglücksfall ausgegeben. Ein Wochenschau-Kameramann hatte die Szene des Sturzes aus dem Fenster jedoch aufgenommen und erpreßte Mrs. Murdock. Die Münze sollte dazu dienen, dem Erpresser den Film abzukaufen. Marlowe findet neben dem toten Erpresser Merle vor, die aber ihre Unschuld beteuert. Der Film wird gefunden und beweist, daß Mrs. Murdock selbst ihren Mann umgebracht hat; sie ist auch die Mörderin des Erpressers.

Trotz seiner gelegentlichen „expressionistischen" Stilmomente und trotz seiner im ganzen pessimistischen Haltung ist THE BRASHER DOUBLOON von allen Marlowe-Filmen dieser Zeit am ehesten ein konventioneller *whodunit*, und der Detektiv erscheint wieder als letztlich souveräner Held, der die Zügel fest in der Hand hat und seinem Publikum immer einen Schritt voraus ist. Er agiert noch, wo ein Marlowe eigentlich nur noch reagieren könnte. Ist in der Vorlage das Hauptmotiv Marlowes die Ausstrahlung Merles, von der er nicht recht weiß, wie er sie einschätzen soll (die moralische Frage, die der Marlowe der Romane in allen seinen Aktionen an die Gesellschaft richtet und sich an ambivalenten Figuren wie der Merles entzündet), so wird er im Film zum Beschützer und Liebhaber der bedrohten Frau. Doch hatte man so die psychologischen Konstellationen vereinfacht, wurde auf der anderen Seite die Intrige selbst komplizierter gestaltet, als sie im Buch schon ist. Dieser für geraume Zeit letzte Marlowe-Film weist auf den „Glücksfall" hin, den THE BIG SLEEP darstellt. Die Umdeutung des Mythos und damit verbunden die Auslotung der Ehrlichkeit in der Aktion (es ist vom Ernst gesprochen worden, mit dem sich der Film Noir dem Thema der Gewalt widmete) wurde kaum im Genre des Detektiv-Films, sondern allenfalls im Gangsterfilm und im Thriller fortgesetzt.

Trotz der großen Erfolge einiger Filme um die Figur eines *private eye* blieb der Detektivfilm eine Domäne des B-Films, und hier wiederum bildeten die meist etwa eine Stunde langen Serienfilme den Hauptanteil. Unter den Serien-Detektiven befanden sich auch eher skurrile Charaktere wie etwa THE FALCON, der gemeinsam mit einem Freund, einem ehemaligen Safeknacker, seine Fälle löst – die Serie umfaßte von THE GAY FALCON (1941 – Regie: Irving Reis) bis SEARCH FOR DANGER (1949 – Regie: Don Martin) insgesamt sechzehn Filme, und nach George Sanders, der der Rolle Profil verlieh, spielten Tom Conway und John Calvert die Hauptrolle. Stand THE LONE WOLF, die Detektivgestalt, die vor allem durch die Filme mit Warren William populär wurde, eher in der Tradition der „eleganten Detektive" à la Philo Vance, so kam Michael Shayne (am bekanntesten wurde der Darsteller Lloyd Nolan in dieser Rolle) schon näher an die Gestalt des *private eye*. The Saint, Boston Blackie und Bill Crane hatten mit den von Hammett und Chandler kreierten Detektiven zumindest dies gemeinsam, daß sie sich selten an den Buchstaben des Gesetzes hielten und daß sie sich oft in Situationen befanden, die ihre moralische Urteilsfähigkeit auf die Probe stellten. Die *plots* der Filme dieser Serien waren mehr oder minder austauschbar (und wurden auch oft genug ausgetauscht); sie funktionierten nach einem „Baukastenprinzip", mit dem sich mit einer gleichbleibenden Anzahl von Elementen und Typen eine beliebige Zahl von Variationen erreichen ließ. Die eigentliche Wirkung der Filme ging also weniger von der Handlung als von der Ausstrahlung des Stars aus. Aber gelegentlich trafen sich auch der ideale Darsteller, gut ausgewählte *character actors* und ein Regisseur, der mehr als Routine-Arbeit verrichtete.

Der *though guy* tendierte auch in den B-Filmen dazu, immer härter und kälter zu werden. So ist etwa der Film MYSTERIOUS INTRUDER („Der geheimnisvolle Gast" – 1946 – Regie: William Castle) aus der Serie „The Whistle", ein Schritt in die Richtung der Darstellung des „besessenen Detektivs", der so brutal vorgeht wie Sam Spade und Philip Marlowe allenfalls, wenn man sie dazu zwang. Richard Dix als Detektiv Don Gale schlägt in einem Ein-Mann-Krieg gegen die Gangster zu, wie es später die Helden von Mickey Spillane taten. Auch in Detektiv-Filmen mit einem A-Budget, wie etwa Henry Hathaways THE DARK CORNER („Feind im Dunkel" – 1946), der Mark Stevens als fanatischen *private eye* präsentierte, oder S. Sylvan Simons I LOVE TROUBLE (1948) in dem die Hauptfigur der späteren TV-Serie „77 Sunset Strip", der Privatdetektiv Stuart Bailey ist (damals gespielt von Franchot Tone, in der Fernsehserie von Efrem Zimbalist), zeigte sich, daß von der einzigartigen Mischung aus Härte und Verletzlichkeit, die den Detektiv des Film Noir ausgezeichnet hatte, die Härte allein übrigblieb. Und auch der Humor, der den *private eye* in seiner Heldenrolle so erträglich gemacht hatte, drohte zu verschwinden oder auf Kosten von Nebenfiguren abgehakt zu werden. Der neue amerikanische Held, der Privatdetektiv, war geschaffen; er hatte im Übergang zu den fünfziger Jahren die Skrupel und den Humor verloren.

Der Niedergang des „private eye"

In den fünfziger Jahren übernahm ein Detektiv die Nachfolge von Sam Spade und Philip Marlowe, der wie deren wahnsinnig gewordener Bruder wirken mochte: Mike Hammer, der Männer und Frauen umbrachte, wie es ihm beliebte, der wie ein wild gewordener Spießbürger in einem Sumpf von Gewalt, Blut und Sex watete und Leichen häufte. Seit dem

Metamorphosen des Privatdetektivs 141

Erfolg des Buches „I, the Jury" aus dem Jahr 1947 war regelmäßig jedes Jahr ein neues Buch mit Mike Hammer als Helden herausgekommen, eines blutrünstiger und geschmackloser als das andere, und jedes sprach die durchaus vorhandenen rassistischen und faschistoiden Züge des amerikanischen Mittelstandes an, der „aufgeräumt" wissen wollte. Es waren Bücher voller Haß, voller Vorurteile und voller Todessehnsucht; die „rechte" Reaktion, welche in den fünfziger Jahren über die „linken" Gesellschaftsbilder bei Hammett und Chandler triumphierte.

Als im Jahr 1953 der Produzent Victor Saville eine Firma gründete, um Mickey Spillanes Romane nacheinander zu verfilmen, war das Interesse der Öffentlichkeit groß. Man fragte sich vor allem, wie der Film die Sadismen und erotischen Szenen Spillanes wiedergeben würde und wie die Zensur auf die Filme reagieren würde. Doch es kam nie ein Mickey Spillane-Film zustande, der ganz den Erwartungen der Gemeinde der Mike Hammer-Bücher entsprochen hätte. In dem ersten Spillane-Film, I, THE JURY („Der Richter bin ich" – 1953 – Regie: Harry Essex), spielte Biff Elliot den Mike Hammer, und obwohl der in 3-D gedrehte Film kaum an blutrünstigen Szenen sparte, verfehlte er es doch durch sein eher behäbiges Tempo, den Geist der Vorlage, die „Atemlosigkeit" eines Mike Hammer-Romans, zu erreichen.

Robert Aldrich inszenierte KISS ME DEADLY („Rattennest" – 1955) bewußt gegen den Geist der Vorlage, d.h. er deutete den Zustand der Gesellschaft, in der ein Mike Hammer agiert, als das eigentlich Entsetzliche. Hammer (Ralph Meeker) findet sich in einer völlig unauflösbaren Mordintrige gefangen, bei der ihm kaum je ein Motiv der handelnden Personen verständlich wird. Gewalt ist das scheinbar einzig übriggebliebene Kommunikationsmittel in einer Welt, die sich auf eine emotionale Eiszeit zuzubewegen scheint. „Aldrich hat die Vorlage in ihrem lakonisch-zynischen Ton belassen, der Dialog ist karg, frostig, die Sachlichkeit der nüchtern-sterilen Bilder erzeugt einen aufregenden Kontrast zu den mysteriösen Ereignissen. ‚Das Rattennest' ist ein kalter Film über Gewalttätigkeit, unterdrückte menschliche Beziehungen, über Figuren, die sich gegen jede Begegnung sträuben oder sich darum bemühen und dabei ständig zurückgestoßen werden." (Günther Pflaum)

Die Selbstverständlichkeit, mit der der Mike Hammer der Bücher vorgeht, ist hier relativiert; man hat ihn aus der Polizei entlassen, offenbar, weil er sich etwas zuschulden kommen hat lassen, er scheint, immer noch, auf der Verliererstraße, aber er hat die Sehnsucht nach menschlicher Wärme nicht verloren. Der kalte Stil, in dem Aldrich das Geschehen darbot, die unerbittliche Klarheit, mit der das Vorgehen aller Beteiligten ad absurdum geführt wird, und ein wenig vielleicht auch die politische Implikation (am Schluß steht der Verweis auf die Atombombe als die korrumpierende Kraft) verhinderten einen Erfolg in den USA, aber in Europa wurde der Film sehr positiv aufgenommen und gehörte bald zu den „Kultfilmen" einer neuen Generation von europäischen Cineasten. Das mochte freilich auch damit zusammenhängen, daß in Europa andere Erwartungen an einen Spillane-Film gestellt wurden und Aldrichs Film gar nicht in erster Linie als solcher betrachtet wurde.

Auch der dritte Spillane/Hammer-Film unter der Ägide von Victor Saville, My Gun is Quick („Mein Revolver war schneller" – 1957 – Regie: George White, Phil M. Victor, möglicherweise ein Pseudonym für Saville selbst), konnte der Film-Figur des Detektivs (hier gespielt von Robert Bray) keine größere Popularität verschaffen. 1963 übernahm der Autor in dem englischen Film The Girl Hunters („Der Killer wird gekillt" – Regie: Roy Rowland) die Rolle seines Detektivs selbst, und seine bullige, vitale und von keinen Retardierungen beeinträchtigte Aktion schien den Kritikern die am meisten authentische Darstellung zu sein.

Mit Mike Hammer hatte die Entwicklung der Figur des Privatdetektivs einen Punkt erreicht, an dem sie eigentlich nur noch in die Parodie umschlagen konnte. Der Mike Hammer-Privatdetektiv fand seine Fortsetzung in den zahllosen Agenten der James Bond-Nachfolge. Die Krise, in die das Genre geraten war, hängt aber auch damit zusammen, daß der Privatdetektiv in den fünfziger und frühen sechziger Jahren, einer Zeit mit ausgesprochen restaurativem Klima, in der Gunst des Publikums durch den Polizisten als Helden abgelöst worden war. Die paradoxe Romantik aus den Films Noirs war in den fünfziger Jahren unmöglich geworden. Die Privatdetektive wurden zu Nebenfiguren im Kriminalfilm; es war ihnen etwas Anachronistisches zu eigen wie dem aufrechten Privatdetektiv (Martin Balsam) in Psycho („Psycho" – 1960), der in Erfüllung seines Auftrags von dem wahnsinnigen Mörder des Films getötet wird.

Die Aufklärung komplizierter Fälle wurde nun neben den Polizisten eher Journalisten oder, wie in Anatomy of a Murder („Anatomie eines Mordes" – 1959 – Regie: Otto Preminger), einem Rechtsanwalt zugetraut, während der Privatdetektiv eine komische oder aber auch dubiose Gestalt abgab. Die Popularität der Psychoanalyse oder dessen, was sich die amerikanische Öffentlichkeit in den fünfziger Jahren darunter vorstellen mochte, schlug sich in einer verbreiteten Psychologisierung der Filme in nahezu allen Genres nieder. Jeder *whodunit* schmückte sich nun mit einer psychologischen Erklärung, und für diese war weder der „logische Detektiv" in der Nachfolge Sherlock Holmes' geschaffen noch der „emotionale Detektiv", der um sein Überleben in einer korrupten urbanen Welt kämpfte. Filme wie Black Widow („Die Spinne" –

Metamorphosen des Privatdetektivs 143

1954 – Regie: Nunnally Johnson) machten die bizarre Psychologie ihrer Figuren zum eigentlichen Thema, und schließlich war in No Way to Treat a Lady („Bizarre Morde" – 1967 – Regie: Jack Smight) sogar der (Polizei-)Detektiv (George Segal) selbst seelisch angeknackst (was sich, wie zumeist in den „psychologischen Filmen", auf das Problem des jungen Mannes mit seiner Mutterbindung reduzierte). Den Alptraum zu beseitigen war der Privatdetektiv jedenfalls nicht mehr in der Lage. In Mirage („Mirage" – 1965 – Regie: Edward Dmytryk) soll ein Privatdetektiv (Walter Matthau) die Unschuld eines Mannes (Gregory Peck) beweisen, der sein Gedächtnis verloren hat und dem man einen Mord unterstellt, doch als er der Intrige auf die Spur kommt, wird er ermordet. In Jigsaw („Die nackte Tote" – 1967 – Regie: James Goldstone), einem Remake dieses Films, kann der Detektiv (Harry Guardino) seine Aufgabe lösen und überleben. Diese „Rehabilitierung" des Privatdetektivs als Nebenfigur deutete auf eine mögliche Renaissance der Figur in der zweiten Hälfte der sechziger Jahre hin, als man mit den Stilformen der „Schwarzen Serie" auch deren Helden wiederentdeckte.

Die Wiedergeburt des „private eye"

Die sechziger Jahre hatten mit den Agentenfilmen eine Form der Darstellung von Gewalt und Verbrechen entwickelt, die beides als distanziertes Ritual genießen ließ; nur selten gab es da Fragen nach moralischen Motivationen, was zählte, war der „Materialaufwand". Nachdem der Held des Agentenfilms kaum anders denn als Parodie überlebt hatte, entsann man sich der vergessenen Helden, die, so scheint es, ihre größten Erfolge in Zeiten des größeren Dissenses in der Öffentlichkeit haben.

Auch der Held des ersten „wirklichen" *private eye*-Films der sechziger Jahre hat seinen Ursprung in der Zeit nach dem Weltkrieg, es ist der von John MacDonald (Kenneth Millar) erfundene und von Ross MacDonald weiterentwickelte Privatdetektiv Lew Archer. Als man den Roman „The Moving Target" (1949) im Jahr 1965 für den Film adaptierte, änderte man den Namen des Helden in Harper und benannte auch den Film nach ihm: Harper („Ein Fall für Harper" – 1965 – Regie: Jack Smight). Der Film, dessen Drehbuch William Goldman, ein Spezialist für Kino-Nostalgie mit modernem *touch*, geschrieben hatte, verwandte ganz bewußt Stilelemente des Films Noir und der Detektivgestalten aus Filmen wie The Big Sleep. Die Abenteuer des Helden, wenn man seinen Kampf so nennen kann, führen in die High-Society und in die Niederungen der Gesellschaft und lassen uns die Verbindung von beidem nachvollziehen. Der Held ist wortkarg, und doch wissen wir aus seinen

144 Geschichte des Detektiv-Films

HARPER (Paul Newman)

wenigen Worten, daß er so etwas wie einen moralischen Anspruch verkörpert. Er wird geschlagen und geschunden, er erfährt immer noch etwas mehr von der Korruption, als er schon erwartet, und er erträgt seine Frustrationen mit einer Mischung aus Zynismus, Humor und Hoffnung. HARPER (Paul Newman), der einen Entführungsfall zu klären hat, arbeitet ganz ohne alle diese modernen technischen Apparaturen, die den Helden der Agentenfilme offensichtlich so ans Herz gewachsen waren, und er umgab sich nicht mit Pin-up-Mädchen (er liebt noch seine Frau, von der er sich hat scheiden lassen). Noch mehr als seine Vorgänger aus den vierziger Jahren ist er ein Antiheld, der außerordentlich hart und gefährlich sein kann, aber in Wahrheit nie wirklich gewinnen kann. In seinen Aktionen steckt seine Person und wird entsprechend lädiert. Mit einem „ehrlichen Helden" fand der amerikanische Kriminalfilm wieder zu einer „ehrlichen" Darstellungsform.

Dem nahezu puristischen Film HARPER folgte mit TONY ROME („Der Schnüffler" – 1967 – Regie: Gordon Douglas) ein lässig gehandhabter, ein wenig von Ironie durchzogener Detektiv-Film. Im sonnigen Miami residiert der Privatdetektiv Tony Rome (Frank Sinatra) auf einem Hausboot. Sein neuer Auftrag scheint zunächst nicht besonders schwierig zu sein: Er soll die Tochter eines Millionärs (Sue Lyon), die betrunken von zu Hause fortgelaufen ist, aus einem Motel holen. Eine wertvolle Diamantbrosche, die der Betrunkenen abhanden gekommen ist, führt Tony Rome in eine mörderische Intrige. Als er den Dieb gefunden hat, wird dieser ermordet. Die Spur führt zur wirklichen Mutter des Mädchens, für die sie Geld unterschlägt, eine dem Alkohol verfallene Ruine von Mensch. Auf der anderen Seite erfährt der Detektiv, daß die neue Frau des Millionärs (Gena Rowlands) nicht rechtskräftig von ihrem ersten Mann geschieden ist, so wurde sie zum Opfer einer Erpressung, die sie zum Betrug zwingt. Wie so viele kleine Privatdetektive vor ihm und nach ihm entdeckt Tony Rome in den Häusern der Reichen eine Familientragödie von antikem Ausmaß.

In dem Fortsetzungsfilm LADY IN CEMENT („Die Lady in Zement" – 1968 – Regie: Gordon Douglas) klärt Tony Rome im Auftrag eines zwielichtigen, bulligen Mannes (Dan Blocker) die Ermordung einer jungen Frau, die nach Mafia-Art mit Zement beschwert auf den Meeresgrund versenkt wurde. Den Erfolg (auch bei der Kritik) des Vorgängers konnte dieser Film nicht mehr erreichen. Doch der Privatdetektiv als Filmheld war wiedergeboren. Er wurde dargestellt von Patrick O'Neal in ASSIGNMENT TO KILL („Sein gefährlichster Auftrag" – 1966 – Regie: Sheldon Reynolds), wo er einen Versicherungsbetrug aufzudecken hat, von Kirk Douglas in A LOVELY WAY TO DIE („Der schnellste Weg zum Jenseits" – 1967 – Regie: David Lowell Rich), wo er als Ex-Polizist einer reichen Frau (Sylva Koscina) zu beweisen hilft, daß sie ihren Mann nicht umgebracht hat, von George Peppard in P. J. („Der Gnadenlose" – 1967 – Regie: John Guillermin) als P. J. Detweiler, der einmal mehr in eine mörderische Familientragödie im Haus eines Millionärs (Raymond Burr) stolpert, und von Donald Sutherland als freilich diebischer Versicherungsdetektiv in LADY ICE („Diamantenlady" – 1973 – Regie: Tom Gries). Zwar hatten sich alle diese Filme in Stimmung und Charakterzeichnung eher an verwandte Genres wie den Thriller und den Agentenfilm gehalten, doch war der Privatdetektiv mit seiner spezifisch unheroischen und doch ernsten Haltung dem Verbrechen gegenüber Ausdruck davon geworden, daß man sich dem Problem der Gewalt gegenüber wie der gesellschaftlichen Korruption wieder einen realistischeren Blick gestattete. Dem pessimistischen Polizeifilm, dem oft genug die Gewalt als einziges Mittel gegen das Verbrechen und seine Verzahnung mit gesellschaftlichen Machtzusammenhängen erschien, entsprach der pessimistische *private eye*-Film, der die Verrottung der reichen und mächtigen Klasse der Besitzenden aufzeichnete, deren Kinder offenbar notwendig der Kriminalität anheimfielen oder von dem pathologischen Machthunger ihrer Eltern zerstört wurden.

Es konnte nicht ausbleiben, daß man sich, nachdem HARPER und TONY ROME ihren Weg gemacht hatten, auch wieder an die Romane von

Hammett und Chandler wagte, wobei letzterem eindeutig der Vorzug gegeben wurde. Im Jahr 1968 entstand ein neuer Chandler-Film mit dem schlichten Titel MARLOWE („Der Dritte im Hinterhalt" – Regie: Paul Bogart), der nach dem Roman „The Little Sister" entstand. James Garner war ein *private eye*, der möglicherweise nicht so tief in die Abgründe gesellschaftlicher Korruption geblickt hatte wie seine Vorgänger oder seine Erfahrungen hinter einer Art zerknitterter Eleganz zu verstecken verstand; er hatte aber wohl eben jenen Ton von Understatement, den der Autor im Sinn gehabt haben mochte. Zwar hatte man wieder den *plot* allzu rätselhaft gestaltet (es scheint zu den ungeschriebenen Gesetzen des *private eye* Films zu gehören, daß die Intrige nie vollständig aufgelöst wird), doch entschädigten die Szenen, in denen die Stadt San Francisco gewissermaßen auf den Spuren Chandlers porträtiert wurde, ein wenig für den Mangel an Logik.

Robert Altmans THE LONG GOODBYE („Der Tod kennt keine Wiederkehr" – 1971) verlegte die Handlung in die Gegenwart und gab Marlowe (Elliott Gould) auch so etwas wie eine zeitgenössische Psyche. Marlowe wird von seinem alten Freund Terry Lennox (Jim Bouton) gebeten, über die mexikanische Grenze gebracht zu werden. Aber kaum ist Marlowe zurück, wird er verhaftet, denn man verdächtigt Lennox, seine Frau umgebracht zu haben. Ihn selbst bezichtigt man der Fluchthilfe. Marlowe macht sich, nachdem man ihn auf freien Fuß gesetzt hat, selber an die Aufklärung der Zusammenhänge. Er hört davon, daß sein Freund Selbstmord begangen habe, glaubt aber nicht daran. Das Komplott, in das ein Gangsterboss (Mark Rydell), ein alkoholkranker Schriftsteller (Sterling Hayden) und seine Frau (Nina von Pallandt) verwickelt sind, löst sich nur zögernd auf. Marlowe rächt sich an seinem Freund, der ihn betrogen hat.

Marlowe, dessen moralische Integrität mit einem leichten psychischen Knacks bezahlt ist, erfüllt hier ganz die Absicht Chandlers: „Wichtig war mir die kurrupte Welt und der Mann, der ehrlich zu sein versucht und am Ende mit einem sentimentalen oder einfach dummen Gesicht dasteht." Von Anbeginn an sieht man Marlowe als einen Menschen, der darunter leidet, daß die Kommunikation der Leute in seiner schon bis zum Utopischen alptraumhaften Stadt sich auf gegenseitige Unterdrückung und Konsumtion reduziert hat, und selbst seine Katze, die nur ein bestimmtes Dosenfutter frißt, tyrannisiert ihn. Ein *private eye* ohne dekorative „Macken" wäre in den siebziger Jahren kaum möglich gewesen – er war der Antiheld par excellence, möglicherweise ein Abbild des Intellektuellen, der sich als sympathischen Verlierer in einem Geflecht von Macht, Familienbanden und Verbrechen nicht viel mehr als einen Hauch Gerechtigkeit vorstellen hätte können.

Metamorphosen des Privatdetektivs   147

GUMSHOE (1971 – Regie: Stephen Frears) handelt von einem kleinen Spieler in Liverpool (Albert Finney), der davon träumt, ein Detektiv wie Humphrey Bogart zu sein, und schließlich tatsächlich in eine Mordintrige verwickelt wird, die ihn beinahe das Leben kostet. Alle *private eye*-Filme dieses Zeitraums reflektierten direkt oder indirekt den „Mythos" der beiden stilbildenden Bogart-Filme und wurden, nicht immer bewußt, zu einer Auseinandersetzung mit dem Verhältnis zwischen Spiel und (blutiger) Wirklichkeit. Satire auf der einen, Psychologie auf der anderen Seite waren das Rüstzeug für den Detektiv-Film der siebziger Jahre, und wenn möglich, boten sie eine Mischung aus beidem.

Ein Psychodrama war auch das Hauptelement von KLUTE („Klute" – 1970 – Regie: Alan J. Pakula). Zwar scheint der *plot* relativ einfach gestaltet: Die Familie eines verschwundenen Geschäftsmannes bittet seinen Freund, den ehemaligen Polizisten Klute (Donald Sutherland), der sich nun als Privatdetektiv versucht, ihn zu suchen. Einziges Indiz für seine Suche ist ein Stapel obszöner Briefe, die der Vermißte einem Callgirl in New York geschrieben haben soll. Nach langen Mühen findet Klute das Callgirl Bree (Jane Fonda), das ihm zunächst jede Hilfe verweigert, nach und nach aber kooperativ wird. Auch sie wird bedroht. Ein manischer Provinz-Fabrikant wird schließlich als der Morde schuldig identifiziert, die im Verlauf der Handlung geschehen sind, und Klute kann Bree im letzten Moment retten. Aber verbunden mit dieser Kriminalgeschichte ist so etwas wie ein Psychoporträt der Prostituierten Bree, die ihren Job als Ergebnis einer tiefsitzenden Männerfeindschaft erkennt. Die Liebe zu Klute beginnt eine Art Heilungsprozeß. Man wird diesem Film sicher auch frauenfeindliche Tendenzen unterstellen können, die Bestätigung eines alten machistischen Mythos von der Rettung der Hure durch den Mann, wie dies von feministischer Seite geschehen ist, doch geht die Zeichnung des Terrors durch den anonymen Feind, der wie eine Ausgeburt der Traumen von Bree wirkt, zugleich aber auch als Ergebnis einer gefühlskalten Welt, darüber hinaus. Ein anderes Element ist die langsame Anpassung des Privatdetektivs, der bislang nur in der Provinz gearbeitet hat, an das Milieu der Großstadt. Seine „Unschuld" ist es letzten Endes, die Bree Daniels „rettet". Alles, was Klute einzusetzen hat, ist seine Zähigkeit und Beharrlichkeit; ihm fehlt jeder Zynismus, er ist ein „erstaunter Detektiv".

Ist die Intrige dieses Films eher einfach gehalten, so hat sie in SLEUTH („Mord mit kleinen Fehlern" – 1972 – Regie: Joseph L. Mankiewicz) eine geradezu teuflische Perfektion erreicht. Es ist der mit den Waffen (nicht nur) des Geistes ausgeführte, tödliche Kampf zweier Männer um eine Frau, zwischen dem Kriminalschriftsteller (Laurence Olivier), dem die Frau davonlaufen will, und seinem jungen Rivalen (Michael Caine).

KLUTE (Donald Sutherland, Jane Fonda)

Der blasiert und leicht dekadent erscheinende Schriftsteller versucht, den jungen Mann in eine Falle zu locken, doch sein Gegenspieler dreht schließlich die Intrige gegen ihn selbst. Der Schriftsteller repräsentiert Contenance, Reichtum, Arroganz, und in seinen Haß gegen den jüngeren Rivalen mischt sich offen Verachtung für den aus einer niedereren Gesellschaftsschicht stammenden Friseur, der obendrein von ausländischer Herkunft ist; die kriminalistische Intrige wird zu einem Abbild von Klassenhaß.

Burt Reynolds in SHAMUS („Der Spürhund" – 1972 – Regie: Buzz Kulik) ist ein Privatdetektiv in der Tradition des Film Noir, und der Film weist deutliche Bezüge zu THE BIG SLEEP auf (einige Szenen sind regelrechte Zitate von Hawks' Arbeit). Die Handlung führt den Detektiv in eine Welt des unrecht (unter anderem durch Waffenschiebereien) erworbenen Geldes und der Gewalt; er wird geschunden, und ähnlich dem Tod des kleinen Ganoven in THE BIG SLEEP wird auch ihm der Informant vor den Augen ermordet, was einer der auslösenden Faktoren für seinen Feldzug in die Gefilde der Gangster wird.

Der definitive *private eye*-Film der siebziger Jahre aber war wohl Roman Polanskis CHINATOWN („Chinatown" – 1974), nicht nur, weil er die Stimmung des Film Noir am ehesten in seine Farbregie übertragen hatte und es in seinen *plot*-Wendungen und seiner schwarzen Weltsicht

CHINATOWN *(Roman Polanski, Jack Nicholson, Roy Jenson)*

mit den Geschichten von Hammett aufnehmen kann, sondern vor allem, weil er die Verzahnung von Politik, Erotik und Verbrechen, welche das Problem des *private eye*-Films darstellt, am eindringlichsten explorierte. Der *plot* ist kompliziert und verzweigt; jeder Schritt zu seiner Auflösung wirft neue Fragen auf, und immer wieder gibt es Wendungen ins Absurde, aber im Gegensatz zu manchen anderen Filmen um Privatdetektive im Stil der *hard boiled school* stimmt er bis ins Detail. „Eine traditionelle Detektivgeschichte in neuer, moderner Gestalt" nennt Roman Polanski den nach einem Originaldrehbuch von Robert Towne in Los Angeles entstandenen Film, und seinen Helden, den Privatdetektiv J. J. Gittes, von Jack Nicholson gespielt, bezeichnete er als „realistischen Abkömmling von Chandlers Philip Marlowe" und „den menschlichsten aller Leinwand-Detektive". Der Film spielt in den dreißiger Jahren, einer Zeit also, in der skrupellose Geschäftemacher, korrupte Politiker und Gangster die Wirtschaftsordnung der Region neu gestalteten und dabei rücksichtslos gegen die kleinen Leute vorgingen, die mehr oder minder enteignet und versklavt wurden. „Über die Detektivgeschichte hinaus beschreibt der Film die Entwicklung der Stadt." (Robert Towne)

J. J. Gittes, ein ehemaliger Polizist, hat ein bescheidenes Detektivbüro, das im allgemeinen von Ehebruchsfällen und Materialbeschaffungen bei Scheidungsprozessen existiert. Auch sein neuer Fall nimmt sich anfänglich eher als Routine aus. Er beschattet einen prominenten Lokalpolitiker, der sich mit einem jungen Mädchen trifft. Dieser Mann scheint mit seinem steinreichen Schwiegervater Streit zu haben. Eines Tages wird er ermordet aufgefunden, und es stellt sich heraus, daß er der Direktor der Wasserwerke von Los Angeles war, das unter einer Dürreperiode leidet. Und er war der Mann seiner Klientin (Faye Dunaway). Gittes setzt seine Nachforschungen fort, und die Spur führt ihn zu einem Millionär (John Huston), der die Politik in der Stadt bestimmt und mit der Kontrolle über das Wasser verbrecherische Bodenaktionen bezweckt; es ist der Vater seiner Klientin, in die er sich mittlerweile verliebt hat. Hinter dem politischen Fall wird nach und nach eine Familientragödie sichtbar. Die schöne Tochter des Magnaten hat aus einer inzestuösen Verbindung mit ihrem Vater ein Kind, und mit dieser Schwester/Tochter befindet sie sich in einem Rivalitätsverhältnis. Der Macht ihres Vaters kann auch sie sich nicht entziehen; Gittes kämpft mit allen Tricks, die er kennt, um ihr Leben. Eine Aussicht auf Rettung besteht jedoch nicht, denn im Chinesenviertel Chinatown ereilt sie der Tod, gesandt von jenem fürchterlichen Vater, dem längst auch schon die Justiz und die Polizei in Los Angeles gehört, denen Gittes ihn auszuliefern gehofft hatte. Der Privatdetektiv J. J. Gittes hat zum Schluß nur seine Haut retten können, und der monströse Millionär hat seine Macht nur weiter ausgebaut.

Metamorphosen des Privatdetektivs 151

Polanskis *private eye* in ‚Chinatown' läßt nur in den Anfangsszenen eine Erinnerung an Chandler und Humphrey Bogart zu. Gittes ist ein Strizzi, glatt, ironisch, manchmal zynisch. Sein Gesicht bekommt leicht einen brutalen oder gemeinen Zug, einen Erfolg auf der Pirsch verrät ein breites, fieses Grinsen: ein Hallodri mit der rüden Herzlichkeit eines Straßenbengels und der beunruhigend-sanften Freundlichkeit eines Killers. Dann, das ist ganz behutsam angedeutet, zeigen sich Erstaunen, Irritation und eine Spur Anteilnahme in seinen Mienen, zum erstenmal verläuft ein Fall ganz anders als sonst. Der Schnüffler wird fast zum souveränen Meisterdetektiv; er ist in einen spektakulären Mordfall verwickelt, steht in der Zeitung und wächst sichtlich mit seiner Bedeutung. Und er bleibt zugleich der naive eitle Stutzer, posiert hutschwenkend vor den Fotografen auf der Polizeiwache, verteidigt ganz borniert seinen Ruf als anständiger Bürger, der auf anständige Weise sein Geld verdiene. Am Ende steht unser kleiner Supermann hilflos und erschüttert vor einem Desaster, in dem sein Part doch nur eine Nebenrolle war. Er hat verloren. Gleich bei seiner ersten Begegnung mit der schönen Witwe knistert es, trotz oder wegen der frivolen Situation: Gittes will unbedingt seinen zwei Angestellten eine Zote erzählen, die er gerade aufgeschnappt hat, und bemerkt nicht die eisige Besucherin hinter sich. Die Lady und der etwas schmierige kleine Ganove: Die bloße Konstellation ist kintoppträchtig, der Seufzer des Melodrams lullt alle Zweifel und Argumente ein.

Faye Dunaway ist die Symbolfigur für Chinatown: eine Sphinx mit vielen Gesichtern, unverschämt direkt und dezent, ganz kreatürlich und zugleich exotisch-unergründlich; wiederholt hat sie die verwirrend undurchsichtigen Züge einer Eurasierin. Sie ist Garbo und Dietrich, *femme fatale* und kalte Komplizin, Heilige und Hure. Unbewegt, mit vieldeutigem Augenaufschlag, gibt sie eindeutige Hinweise: ‚Ich bin nie besonders lange mit jemandem zusammen, Mr. Gittes …' Die Art, wie sie dabei ihren Handschuh überstreift, läßt sie schrecklich verworfen und doch auch ungemein lady-like und begehrenswert erscheinen.

Ihren Vater, der auch ihr Gatte und Todfeind ist, das Prinzip des Bösen schlechthin, spielte John Huston: ein sanftes, scheißfreundliches Ungeheuer mit dem Charme von Großunternehmern und der gewinnenden Bonhomie amerikanischer Politiker. Dieser Magnat, jovial und zynisch, wird da am fürchterlichsten, wo er scheinbar ganz weich ist, nur Güte und Vaterliebe, wo sich seine Gier, sein Egoismus in wabbliger Gefühligkeit verlaufen. Nur Orson Welles ist ein so perfekter Kinosatan gewesen." (Wolf Donner)

Das nächste Jahr brachte eine ganze Reihe von neuen *private eye*-Filmen. Harper alias Paul Newman war wieder der Held in THE

DROWNING POOL („Unter Wasser stirbt man nicht" – 1975 – Regie: Stuart Rosenberg), eine Adaption des Lew Archer-Romans gleichen Titels von Ross MacDonald. Der hartnäckige Detektiv befragt die Menschen, die in seinen Fall verwickelt sind, so lange, bis sie irgendwie reagieren. Meist tun sie dies vermittels Gewalttätigkeit; schlußendlich müssen sich die Dinge dadurch aber auch klären. Im Auftrag einer Frau aus der High-Society sucht Harper einen entlassenen Chauffeur und „gerät unversehens in einen unüberblickbaren Dschungel von Unmoral und Verbrechen. Hinter den gnadenlosen Abrechnungen in zwielichtigen Nachtlokalen, billigen Mietwohnungen und einsamen Gassen stehen verschiedene, aber stets reiche und angesehene Drahtzieher: auf der einen Seite ein Gangster in weißer Weste, der sich die Leute mit Erpressung und Bestechung gefügig macht, um in den Besitz eines Grundstücks mit reichem Ölvorkommen zu gelangen, auf der anderen drei Generationen einer großbürgerlichen Familie, verkörpert durch die liebesbedürftige Iris Devereaux (Joanne Woodward) sowie deren Mutter und Tochter, ein Trio, hinter dessen wohlanständigem Gehabe sich Haß und Sucht nach Selbstzerfleischung verbergen. In diesem Treibhaus des Bösen, in dem auch die Vertreter der Polizei nur als bezahlte Mitspieler auftreten, hätte Lew Harper kaum eine Überlebenschance, wenn er sich als Held im üblichen Sinn durchsetzen wollte. Doch der Detektiv ist hier weniger Gerechtigkeitsfanatiker als Katalysator in einem Läuterungsprozeß. In dieser Beziehung hat sich Rosenberg eng an die Intentionen MacDonalds gehalten. Auf diese Weise übersteht Harper die gefährlichsten Abenteuer, sogar den fast sicheren Ertrinkungstod in einer hermetisch abgeriegelten Badekammer (eine Szene von atemberaubendem Nervenkitzel, die allerdings an eine ähnliche Sequenz aus Fritz Langs ‚Testament des Dr. Mabuse' erinnert).

In einer Beziehung hat Rosenberg die Buchvorlage an Wirkung sogar übertroffen: indem er die dem Thema nicht angepaßte literarische Sprache mit klug eingesetzten Bildsymbolen in Stimmungseffekte verwandelt. Da werden die verstaubte Gerätekammer im Garten einer Luxusvilla und das Hundegekläff in einem Gehege zum Sinnbild für den Geisteszustand der jeweiligen Besitzer. Und das Mädchen, das zur Mörderin seiner Großmutter und Mutter wird, wirkt schuldlos wie die Trägerin eines alten Fluches, der zur Erfüllung drängt. So erscheint hinter der vordergründigen Kriminalhandlung doch noch die pessimistische Weltschau MacDonalds, die das Böse im Menschen als eine ansteckende Krankheit und das Verbrechen als deren Symptom begreift. Inmitten der stimmungsvollen, düsteren Romantik von Rosenbergs Bildsprache wirkt Paul Newmans Harper fast ein wenig zu forsch und draufgängerisch – fast als sollte der zusammenbrechenden Welt der reichen Spekulanten

Metamorphosen des Privatdetektivs 153

und Schmarotzer doch noch so etwas wie ein positiver Held gegenübergestellt werden." (Gerhart Waeger)

Der *private eye*-Film der siebziger Jahre entsprach sicher einer verbreiteten Verzweiflung an der amerikanischen Gesellschaft (wie überhaupt ja der Privatdetektiv eine Figur der Krise ist), aber nicht alle Filme des Genres trugen die Kritik am Kapitalismus und seinem kriminellen Beiwerk so explizit vor wie die letztgenannten, und einige begnügten sich gar mit der Rekreation der Atmosphäre der Filme aus der „Schwarzen Serie". Dick Richards schuf ein Remake von MURDER, MY SWEET, der unter dem Titel des Romans FAREWELL, MY LOVELY („Farewell, My Lovely" / „Fahr zur Hölle, Liebling") 1975 in die Kinos kam. Der Film zeigt Robert Mitchum als einen alternden, doch nicht weniger zynisch und hart gewordenen Marlowe, der wohl am meisten Lakonie von allen Marlowe-Darstellern aufbringt. Der Regisseur versuchte, so nahe als möglich an die Atmosphäre der Filme der vierziger Jahre zu kommen; die Details wurden daher wichtiger als die Problematik des Stoffes, und in der Zeichnung der kleinen Accessoires der damaligen populären Kultur, der Musik, die aus den neobarocken Radioapparaten quillt, der Neonreklamen und der glänzenden Autos der Zeit, der schäbigen Kneipen und Hotels und als Kontrast dazu die protzige Wirtschaftsarchitektur, der Hüte und der Trenchcoats, des nassen Asphalts liegt – neben der Aura von Robert Mitchum – der Reiz dieses Films. David Giler legte dagegen die Handlung seines Films THE BLACK BIRD („Die Jagd nach dem Malteser Falken" – 1974) in der Gegenwart an und ließ George Segal als Sohn des von Hammett geschaffenen Detektivs, als Sam Spade jr. auftreten, der weder Geschick für den Beruf seines Vaters noch Interesse daran hat. Aber mit seinem alten Büro hat der Vater ihm auch die Sekretärin vererbt (Lee Patrick, die in Hustons Film tatsächlich Spades Sekretärin gespielt hatte – auch Elisha Cook jr. spielt eine Rolle), und die Schulden, die er bei ihr hat, geben ihn ganz in ihre ein wenig herrschsüchtigen Hände. Sam Spade jr. bringt nichtsahnend den schwarzen Vogel, den er in einer Ecke des Büros gefunden hat und der sich als der echte Malteser Falke entpuppt, ins Leihhaus. Damit ruft er eine Reihe von zwielichtigen und skrupellosen Gestalten auf den Plan, die hinter dem wertvollen Vogel her sind, darunter eine russische Agentin (Stéphane Audran) und ein in SS-Uniformen gewandeter Zwerg mit einer Gruppe von tölpelhaften hawaiischen Leibwächtern. Diese werfen zum Schluß nach einer turbulenten Jagd, bei der ihr Chef das Zeitliche gesegnet hat, statt ihres Führers, den sie auf Seemannsweise bestatten wollten, den Malteser Falken ins Meer, und Sam Spade übt sich in der Bucht von San Francisco als Tieftaucher. Solche mit einigem Elan vorgetragene Persiflage traf kaum die Essenz des Genres (was freilich den Unterhaltungswert des Films nicht schmälert). Nennenswerte neue Aspekte konnten aber auch dramatische Filme wie THE SWISS CONSPIRACY („Per Saldo Mord" – 1975 – Regie: Jack Arnold) oder NOVEMBER PLAN („Novemberplan" – 1976 – Regie: Don Medford) dem Genre nicht geben.

Anders Arthur Penn mit NIGHT MOVES („Die heiße Spur" – 1975), der, verwoben in eine Detektivgeschichte, eine Momentaufnahme der amerikanischen Gesellschaft zu dieser Zeit gab. Der Detektiv Harry Moseby (Gene Hackman) erhält von einer ehemaligen Filmschauspielerin den Auftrag, die ausgerissene sechzehnjährige Tochter nach Hause zurückzubringen. Da die Frau weniger aus mütterlicher Fürsorge als vielmehr aus Habgier handelt (es geht um eine Erbschaft), steckt, wie Moseby bald erkennen muß, eine größere Intrige hinter dem Verschwinden des Mädchens. Eine Schmuggelaffäre wird sichtbar, Morde geschehen; es geht um kranke Familien, politische Verbrechen, um zerstörte Träume von Ruhm und Reichtum, um das Mißtrauen der Amerikaner („Wo warst du, als der Präsident ermordet wurde?"), und anstatt Licht in das Dunkel der Zusammenhänge zu bringen, trägt Moseby eher noch dazu bei, daß die latente Gewalt zum Ausbruch kommt. Robert Towne, der auch diesen Film schrieb, hat, wie in CHINATOWN, einen Helden geschaffen, der eigentlich seiner Aufgabe nicht gewachsen ist. Und auch in politischer Hinsicht ist NIGHT MOVES die Fortsetzung zu CHINATOWN. War in letzterem Film die Genese des ökonomisch-kriminellen Zusammenhangs, der den Primat der Politik in den USA bildet, nachgezeichnet worden, so zeigt sich hier das Ergebnis, eine Gesellschaft, der nicht mehr zu helfen ist, in der das letzte intakte Ideal, der Glaube an die Kraft des Individuums, sich ad absurdum führt. Moseby ist auch Detektiv in eigener Sache; er schnüffelt seiner eigenen Frau, die ihn aus Enttäuschung betrügt, nach, wie wenn es sich dabei um einen seiner Aufträge handelte. Und auch in seine persönlichen Beziehungen bringt er dadurch nichts weniger als Klarheit.

Diese pessimistische Linie setzte auch Robert Bentons THE LATE SHOW („Die Katze kennt den Mörder" – 1976), wenn auch mit Ironie versetzt, fort. Wie Robert Altmans BUFFALO BILL AND THE INDIANS, OR, SITTING BULL'S HISTORY LESSON („Buffalo Bill und die Indianer" – 1976) eigentlich dem Western den Garaus machte, so bedeutete der Film seines Mitarbeiters Benton das neuerliche (vorläufige) Ende der *private eye*-Filme. Der Held in THE LATE SHOW ist der alte Privatdetektiv Ira Wells (Art Carney), der hinkt, ein Hörgerät und eine Brille braucht und obendrein unter einem offenen Magengeschwür leidet. An seine vielleicht einmal glorreiche berufliche Vergangenheit erinnert nicht mehr viel; nur auf indirekte Weise, über die Spätfilme des Fernsehens und versteckte Hinweise, wird beständig an den großen Mythos vom *pri-*

Metamorphosen des Privatdetektivs 155

The Late Show (Art Curney, Lily Tomlin)

vate eye erinnert. Dieser lebende Anachronismus, der irgendwie nicht umzubringen zu sein scheint, stapft noch einmal los, in den Sumpf der Korruption, und nicht die Gewalt ist das Schrecklichste, was ihm begegnet, sondern die endgültige Verbürgerlichung des Verbrechens. Nicht der Film porträtiert die Psyche der Verbrecher und ihrer Helfershelfer, sondern sie selbst geben trivialpsychologische Kommentare zu ihrem Verhalten. Etwas hat die Welt fest im Griff, was schlimmer ist als das Böse und das Verbrechen. Dagegen setzt Ira seine „Spätvorstellung", seinen letzten heroischen Kampf. „Der Film zeigt eine schillernde, geschmacklose Zeit, die sich mit großen tönenden Phrasen aufplustert. Eine Zeit, in der jeder kleine Gauner all seine Kräfte daransetzt, ein mindestens so respektables wie hartgesottenes Image zu pflegen. Der *fat man* – eine Gangstergestalt, die seit Sidney Greenstreets Rolle in Hustons ‚The Maltese Falcon' jedem Genre-Freund bestens vertraut ist – trägt bei Benton nun Trainingsanzüge mit eingesticktem Monogramm und ist stolzer Swimmingpool-Besitzer; sein Leibwächter versucht verzweifelt, so *tough* wie Elisha Cook dreinzuschauen, aber beim Gedanken, sein Kaschmir-Jackett könnte naß werden, packt ihn die Panik. Im zweigleisigen Denken all dieser Figuren spiegelt sich sehr perfekt ihre – unser aller – Verunsicherung: Ein frenetisches, agnostisches Suchen nach einer letzten Wahrheit; ein Suchen, das neue ‚Religionen' auf den Markt wirft wie neue Markenartikel. Und nirgends schießen solche gesellschaftlichen

Trends schneller aus dem Boden als in Kalifornien" (Jan Dawson). Diese Suche, die eigentlich nichts wirklich mehr finden kann, spiegelt Benton in der Figur der für das Funktionieren einer *private eye*-Geschichte unerläßlichen zwiespältigen, faszinierenden Frauengestalt, Margo Sperling, die mit Lily Tomlin so *off-beat* besetzt ist wie der Detektiv selbst mit Art Carney. „Margo ist der personifizierte Eklektizismus: Ihre ‚Berufe' reichen von Schauspielerin und Mode-Designerin über Agentin und Drogendealerin bis zur Gelegenheitshehlerin. In ihrer Freizeit praktiziert sie Yoga, besucht ihren Analytiker, singt, meditiert und wirft sich überhaupt psychisch und physisch auf alles, was ihren Weg kreuzt. (‚Wir hatten so eine Art kleines sexuelles Zwischenspiel', plaudert sie scheinbar ungerührt über eine der plötzlich im Film auftauchenden Leichen.) Margos schwatzhaftes, zerstreutes, sprunghaftes Wesen kontrastiert auf den ersten Blick stark mit dem Selbstvertrauen, mit der direkten, einsilbigen Art von Wells. Aber im Verlauf des Films – und während Wells unter unseren Augen physisch zunehmend verfällt – gewinnt Margo zunehmend Züge einer, wenn auch verzweifelten, Kompetenz. Das ungleiche und eigentlich unmögliche Paar wird allmählich gegenseitig so abhängig voneinander, daß sie sich schließlich bedingen wie Laurel und Hardy oder Zeppo und die drei anderen Marx-Brüder. Dabei verhindert der Zynismus, den beide sehr bewußt über ihre wachsende Romanze zur Schau stellen, daß der Film ins sumpfig Sentimentale abgleitet. Der Zuschauer weiß – wie es auch die Protagonisten selbst wissen –, daß die ihnen verbleibenden Tage gefährlich und gezählt sind." (Dawson)

Die endgültige Menschwerdung des *private eye* ist sein endgültiger Tod. Was folgte, war Variation, Parodie, Nachspiel. THE CHEAP DETECTIVE („Der Schmalspurschnüffler" – 1978 – Regie: Robert Moore) greift Elemente verschiedener Klassiker des Genres zum Zwecke der Parodie auf. Der Partner des Privatdetektivs Lou Peckingpaugh (Peter Falk) wird ermordet, und weil Lou ein Verhältnis mit seiner Frau (Marsha Mason) hat, wird er zum Hauptverdächtigen. Eine Frau, die bei jedem Auftritt ihren Namen ändert (Madeline Kahn), hetzt ihn in eine Jagd auf einen Diamanten, und zudem findet Lou eine ehemalige Geliebte (Louise Fletcher) wieder, die jetzt (man schreibt die Zeit des Zweiten Weltkriegs) mit einem französischen Widerstandskämpfer (Fernando Lamas) verheiratet ist. Der hat den Auftrag, in Cincinnati im Wettkampf mit der dort ansässigen Gestapo-Gruppe unter Führung von Oberst Schlisser (Nicol Williamson) ein Drei-Sterne-Lokal zu eröffnen. Die Handlung wie die optischen Zitate beziehen sich auf die Humphrey Bogart-Filme der dreißiger und vierziger Jahre.

Noch einmal versuchte man sich an einer Chandler-Verfilmung, und noch einmal spielte Robert Mitchum in THE BIG SLEEP („Tote schlafen besser" – 1979) den Detektiv, aber im Gegensatz zu dem Film von Dick

Richards war die Handlung ins England der Gegenwart verlegt worden, wo Marlowe wie seine Gegner ziemlich unzeitgemäß wirken mußten, sich dies aber weder selbst noch dem Publikum eingestehen mochten. Als Haltung dem schrecklichen, keine Hoffnung lassenden Geschehen gegenüber bleibt für den *private eye* nur noch die Indifferenz.

Sherlock Holmes 1959 bis 1979

Seine Wiedergeburt erlebte der König aller Detektive im englischen Film THE HOUND OF THE BASKERVILLES („Der Hund von Baskerville" – 1958 – Regie: Terence Fisher), den die auf Horrorfilme spezialisierte Firma Hammer produzierte, die mit Peter Cushing auch einen Star des Genres als Sherlock Holmes einsetzte und entsprechend den Möglichkeiten des Stoffes das Hauptaugenmerk auf die phantastischen Elemente und den Thrill der Geschichte legte. Ein zweiter Film in einem verwandten Stil entstand kurioserweise in Deutschland, SHERLOCK HOLMES UND DAS HALSBAND DES TODES (1962 – Regie: Terence Fisher), mit dem zweiten in den Hammer-Horrorfilmen bekannt gewordenen Darsteller, Christopher Lee, in der Hauptrolle. Zu den Sherlock Holmes-Filmen der vierziger Jahre verhielten sich diese Filme etwa wie die Hammer-Horrorfilme zu den amerikanischen Klassikern des Genres von Universal, d.h. notwendig vergröberten sie die Charaktere ein wenig, zeigten aber auch ein Gespür für die „viktorianische" Atmosphäre, in der allein sich der Detektiv und sein Adlatus Watson (Andre Morell im ersten, Thorley Walters im zweiten Film) bewegen konnten. Der für geraume Zeit letzte naiv-dramatische Sherlock Holmes-Film wurde A STUDY IN TERROR („Sherlock Holmes' größter Fall" – 1965 – Regie: James Hill), der fast so etwas wie ein „Ausstattungsfilm" im Genre war. In den folgenden Filmen wurde die Figur dagegen einer kritisch-ironischen Revision unterzogen; dabei erwies sich die Verbindung von Psychoanalyse, Satire und Deduktion als neue, wirksame Mischung.

In THE PRIVATE LIFE OF SHERLOCK HOLMES („Das Privatleben des Sherlock Holmes" – 1970 – Regie: Billy Wilder) geht es um einige der unausgesprochenen, doch offensichtlich in den Büchern Doyles angelegten Aspekte im Wesen des Detektivs, sein Verhältnis zu Frauen, zu Gefühlen, zu Mißerfolgen, zu Enttäuschungen. Im Keller einer Londoner Bank wird eine Truhe gefunden, die Doktor Watson (Colin Blakely) gehörte und die bisher – wie sich herausstellt, aus gutem Grunde – nicht veröffentlichte Berichte über Holmes' Fälle enthält, die einige eher problematische Züge von Sherlock Holmes (Robert Stephens) offenbaren. Fünfzig Jahre nach dem Tod Watsons wird die Wahrheit über das Privatleben des Sherlock Holmes doch noch veröffentlicht.

THE HOUND OF THE BASKERVILLES *(Peter Cushing)*

Gerade ist Sherlock Holmes dabei, seinem Freund Watson vorzuwerfen, daß er ihn in seinen Berichten als Frauenfeind und Rauschgiftsüchtigen verleumdete, da wird er mit einem neuen Fall konfrontiert: Die Direktion eines Zirkus bittet Holmes, den Fall von sechs verschwundenen Liliputanern zu lösen. Unterdessen wird Holmes von einer russischen Ballerina zu einem Rendezvous gebeten. Ihr Ansinnen ist es, Holmes zum Vater ihres Kindes zu machen, doch Holmes lehnt entschieden ab. Eine Zeit später wird eine junge Frau (Geneviève Page) aus der Themse gezogen, die offenbar ihr Gedächtnis verloren hatte. Um ihr Geheimnis zu lösen, verfolgen Holmes und Watson eine Spur nach Schottland, wo sie mit dem Ungeheuer von Loch Ness Bekanntschaft machen. Dieses freilich entpuppt sich als Geheimwaffe der britischen Marine und die junge Frau als Agentin eines fremden Geheimdienstes, der Holmes zum Opfer gefallen ist. Er erweist sich hier als *thinking machine*, die, einmal in Gang gesetzt, wie unter einem Zwang weiterarbeitet, ohne die Voraussetzungen des Vorgangs reflektieren zu können. Dies Zwanghafte an den Deduktionen des Detektivs verweist darauf, daß es offensichtlich ein zur Erhaltung seiner Person notwendiges Ritual ist. (In später geschnittenen Szenen inszeniert Watson einen Fall, um Holmes davon abzuhalten, sich aus „Langeweile" umzubringen.) Aber an seinem Verhalten ist auch Watson nicht ganz unschuldig, der ihn in seinen Berichten gewissermaßen „erfunden" hat, so daß Holmes selbst mehr und mehr zu einem Darsteller der in diesen Berichten entworfenen Figur geworden ist.

Billy Wilder verstand seinen Film als Gegenbild zu den in dieser Zeit populären Agentenfilmen mit ihrer eigentümlichen Mischung aus Sex und Gewalt: „Ich gehe mit Sherlock Holmes absichtlich gegen die verkrampfte ‚nackte' Masche an. Holmes ist ein zivilisierter Mensch, der seine Fälle löst ohne solche fragwürdigen Methoden wie James Bond. Wenn Sie wollen, so mache ich hier einen ausgesprochenen Anti-Bond-Film." Freilich ist diese Zivilisiertheit des Helden keine ganz einfach errungene Eigenschaft, denn sie ist mit dem Verzicht auf Leidenschaft und Gefühl bezahlt. Das bedeutet auch, daß Wilder einen sehr verletzlichen Helden zeichnet, anders ausgedrückt: Holmes erscheint als ein verlorener Romantiker (insofern ein Abbild des Regisseurs selbst), dem seine gespielte Souveränität, seine Besessenheit von der Logik und der prinzipiellen Lösbarkeit jeden Rätsels und sein Zynismus nur als Schutzmechanismus dienen, der immer dann, wenn sein System sich als unperfekt erweist, seine Einsamkeit preisgibt.

Das Versagen dieses Mechanismus zur Selbsterhaltung in den Fällen, die der Film schildert, führt zu einer tiefen Verwundung seiner Seele, die der Regisseur keineswegs komisch, sondern mit einem Grad von Zartheit zeigt, welcher THE PRIVATE LIFE OF SHERLOCK HOLMES zu einem sanften, leisen Film macht, der die enttäuscht, die sich eine Parodie erhoffen. Selbst die vorgebliche Homosexualität Holmes', die gewissermaßen bereits ein literaturgeschichtliches Gerücht ist, verwendet Holmes, um sich einer emotionalen Attacke zu erwehren (was allerdings Watson zutiefst kränkt). Holmes wehrt sich so gegen die Indiskretionen, die Watson, stellvertretend für sein Publikum, längst zur Gewohnheit gemacht hat. Holmes, der Traum seines Publikums, kann selber keine menschlichen Beziehungen entwickeln. So stellt der Film nicht die Frage nach dem „Privatleben von Sherlock Holmes", sondern nach der Berechtigung, sich den populären Helden in dieser Weise anzueignen. In dieser Beziehung steht der Film, den man oft als peripher in Wilders Werk angesehen hat (in Deutschland ist er nie ins Kino gekommen), in einer Reihe mit anderen Filmen, die Wilder über die Problematik der „öffentlichen Personen", das Verhältnis von Traum und Wirklichkeit in ihnen, gedreht hat.

Wilder hat zudem das Wesen der Figur, die er porträtierte, besser gekannt als alle, die nach ihm satirische Filme über Sherlock Holmes drehten. In Wilders Film verbittet sich Holmes die Frage Watsons nach den Frauen in seinem Leben. In Conan Doyles „A Scandal in Bohemia" erklärt der Erzähler in Hinblick auf eine bestimmte Frau: „Für Sherlock Holmes ist sie immer ‚die Frau' gewesen. Ich habe selten gehört, daß er sie unter einem anderen Namen erwähnt hätte. In seinen Augen überragte sie alle anderen Frauen und stellte sie in den Schatten. Nicht, daß er für Irene Adler ein Gefühl empfand, das man als Liebe hätte bezeichnen können. Alle Gefühle, und zumal dieses, schreckten seinen kalten, präzisen, doch bewundernswert ausgeglichenen Geist. Er war, so möchte ich behaupten, die perfekteste Denk- und Beobachtungsmaschine, die die Welt je gekannt hat: Als Liebhaber jedoch würde er sich in eine mißliche Lage gebracht haben."

Wilders Film kehrt für einmal die Vorgehensweise des Detektivs gegen ihn selbst (ohne ihn deshalb zu denunzieren): So wie alle Personen im Detektiv-Film nicht das sind, was sie zu sein scheinen, so ist auch Sherlock Holmes nicht das, was er scheint. Am Ende droht er an dem Widerspruch zwischen seiner Legende und seiner Person zugrunde zu gehen. Wie sich seine Frauenfeindschaft als ein Schutzwall gegen mannigfaltigen Schmerz erweist (einmal erzählt er, daß seine Braut 24 Stunden vor der Hochzeit an Grippe gestorben sei), ist ein wiederkehrendes Motiv des Films der Neid, den diesmal nicht Watson gegenüber Holmes, sondern umgekehrt Holmes gegenüber Watson empfindet, vor allem gegenüber dessen „Normalität", dessen Vitalität, dessen Menschlichkeit.

Auf ähnlich indirekte, eher sanfte Weise reflektierte THEY MIGHT BE GIANTS („Der verkehrte Sherlock Holmes" – 1971 – Regie: Anthony

Harvey) den Detektiv- und den Helden-Mythos. Der „Sherlock Holmes" dieses Films ist der ehemalige Jurist und Richter Justin Playfair (George C. Scott), und sein Dr. Watson ist die Ärztin Dr. Mildred Watson (Joanne Woodward), die zunächst noch versucht, den nach dem Tod seiner Frau in die Rolle von Arthur Conan Doyles Figur geschlüpften Playfair in die „Wirklichkeit" zurückzuführen. Aber nach und nach beginnt sie, das Spiel zu verstehen, ja sie versteht, daß diese Verkleidung auch eine Möglichkeit ist, der Wahrheit auf die Spur zu kommen, die sich für „normale" Gedanken zu sehr in den Selbstverständlichkeiten verbirgt. Playfairs Bruder verlangt, daß man Playfair für verrückt erklärt. Aber Playfair, Holmes' kleine phantasievolle Enklave in der Wirklichkeit, hat auf einige Menschen eine solche Faszination ausgeübt, daß sie sich schützend vor ihn stellen. Die Symbiose von Holmes und Watson wird deutlich als Kompromiß zwischen Traum und Realität: Holmes und Watson, das sind noch einmal Don Quichotte und Sancho Pansa, und Playfair und Watson sind noch einmal dieses Duo, das das Überleben der Phantasie ermöglicht. Aber Justin ist auch ein Scarlet Pimpernell, der in Feindesland operiert; auf der rastlosen Suche nach dem Bösen, seinem Erzfeind Moriarty, gelingt es ihm tatsächlich, mit seiner kleinen skurrilen Armee ein Stück des Bösen zu besiegen. „ ‚They Might Be Giants' stellt die Welt auf den Kopf. Die Paranoiden finden spontanen menschlichen Kontakt. Während die Normalen nur noch nach eingeübten Mustern funktionieren (und deshalb ‚normal' erscheinen), gibt es in ihrer Welt Platz für alle Tugenden des Geistes und der Menschlichkeit. Kein Wunder, daß der Paranoiker seinem Arzt anbietet: ‚If you feel the need for a consultation, please call me'. Das ironische Wechselspiel, das daraus entsteht, gewinnt eine zusätzliche Dimension durch das Kino-Bewußtsein seiner Macher. Mit der selbstbewußten Überzeugung des Kinomanen, der sich fröhlich in den Kreis der Schizophrenen einreiht, vollzieht sich die schönste, menschlichste Wirklichkeit im Dämmerlicht eines nur vom Leinwandgeschehen illuminierten Vorführraums. Die ‚Helden' tragen folgerichtig die Manieren ihrer Vorbilder in die graue feindselige Außenwelt. Justin kann gar nicht anders, als sich zu bewegen wie Basil Rathbone; wenn er aus einer Baumschule fliehen muß, ist für ihn das Naheliegendste, sich wie Tarzan durch die Luft zu schwingen; und angesichts der drohenden Auseinandersetzung wird er zum Western-Helden par excellence.

Wie Don Quichotte mit seinen Büchern, leben Justins Freunde mit dem Kino. Sie essen da, schlafen da und lieben sich da. Und die Absurdität des Umgangs erscheint viel normaler als jeder Versuch, dasselbe mit Spaß unter ‚normalen' Bedingungen zu tun." (Everschor/Lackschéwitz/Ungureit)

1975–1998:
Nostalgie, Parodie und Revision

Das Kino der Entschleunigung: Die Detektiv-Klassiker

Sherlock Holmes kehrt zurück

Zu Beginn der siebziger Jahre hatte das Mainstreamkino einen neuen Grad der Beschleunigung erreicht; die „neuen" Genres des Actionfilms, der Spätwestern, der Polizeithriller oder der heftige neue Horrorfilm bezogen ihre emotionale Wirkung aus dem Umstand, daß sie zugleich mit ihren Helden auch die Zuschauer unter erheblichen Zeitdruck setzten. Schnittfolgen waren gelegentlich so angelegt, daß sie gerade noch im Zusammenhang wirkten, nicht mehr aber im einzelnen „lesbar" sein konnten. Gewaltbilder schienen aus dem Dunkel der Kinosäle auf die Zuschauer zuzurasen und sie mit in das furchtbare Geschehen einzubeziehen. Der Selbstjustiz-Film absorbierte letzten moralischen Widerstand gegen sadistische Tötungsphantasien; das Kino schien sich in dieser Phase seiner Entwicklung daran zu berauschen, daß es keinen „objektiven", distanzierten Blick mehr erlaubte.

Zu den größten Attraktionen der Filme gehörte die Inszenierung der Action-Standards: das Duell, die (Auto-)Verfolgungsjagd, die akrobatische Bewegung in der Architektur der Stadt, und auch diese immer neu variierten *standards* gehorchten dem Prinzip der Beschleunigung. So liegt es nahe, daß gerade durch diese Beschleunigung der Bildfolgen und Effekte jenes Genre in eine Krise geraten mußte, das in allen seinen Unterformen Zeit braucht, um seine eigentlichen Reize zu entfalten. Der klassische Detektivfilm mit seinen in der Regel literarisch vorgeprägten Helden benötigte die Lesbarkeit jeder einzelnen Einstellung, um dem Zuschauer die Möglichkeit zu geben, in etwa so viel wahrzunehmen wie der ermittelnde Detektiv, mit dem er sich in einer Art Wettbewerb um die Enttarnung des Mörders befinden mochte. Geschwindigkeit mußte in diesem Genre als unfaire Überrumpelungstaktik erscheinen. Aber auch die Filme, die eher in der Tradition des *film noir* stehen und ihrem Helden, dem „schäbigen" Privatdetektiv, stets auch körperlichen Einsatz zumuten, konnten die Beschleunigung des Mainstream-Kinos zu dieser Zeit nur bedingt mitmachen. Die oft so müden, skeptischen Helden benötigen die Zeit, um das Milieu auf sich wirken zu las-

Das Kino der Entschleunigung: Die Detektiv-Klassiker 163

sen. Sie erleben Situationen, in denen sich die Zeit eher zu dehnen scheint, jene Zustände zwischen Nacht und Tag, in denen die Stadt und ihre Sünden sich als endloses System, als neue Natur des Menschen zu erkennen geben, die nur im begnadeten Zustand vollkommener Verkaterung zu erkennen ist, in den langen Momenten, wo die Wunden der letzten Nacht wieder zu schmerzen beginnen. Und die Menschen im *film noir* (und in dem, was man dann als „Neo Noir" bezeichnen sollte) benötigen Zeit, um einen wenn auch vergeblichen Versuch zu unternehmen, sich selbst und die Welt zu erklären.

Überdies stillte das Fernsehen den Bedarf nach traditionellen *Whodunits* in Serie. Während das neue Actionkino zu dieser Zeit gerade damit werben konnte, daß es Sensationen bot, die man gewiß nicht am heimischen Bildschirm zu sehen bekam, konnten größere Versuche nach klassischen Figuren, Stoffen und Formeln des Genres ihr Heil nur in der Kompatibilität mit dem elektronischen Medium suchen. Sie strebten sozusagen naturgemäß zur Serienproduktion und zur „amphibischen" Produktion für Kino und Fernsehen zugleich.

Die siebziger Jahre waren für das Urbild aller Detektive, Sherlock Holmes aus der Baker Street, medial besehen nicht sonderlich glücklich verlaufen. 1972 erschien eine TV-Version von THE HOUND OF THE BASKERVILLES („Der Hund von Baskerville" – Regie: Barry Crane), die immerhin die Besetzung der Detektiv-Rolle mit Stewart Granger auf der Habenseite verbuchen konnte, auch wenn ansonsten nur die behäbige Zitierung der bekannten Handlungsklischees vorgeführt wurde. Aber der eigentliche Anlaß, mit dem Stoff umzugehen, bestand zu dieser Zeit im Vergnügen an satirischen Anachronismen und parodistischer Reflexion. Zur gleichen Zeit nämlich, als sich die Beschleunigungskrise auch in den Produktionen der *popular culture* bemerkbar machte (und einen Teil der Zuschauer der schieren Heftigkeit wegen ganz einfach ausschloß), entwickelte sich auch eine Gegenbewegung, die „Nostalgiewelle", die unter anderem Comebacks der klassischen Detektiv-Gestalten brachte. 1976 entstand SHERLOCK HOLMES IN NEW YORK („Sherlock Holmes in New York" – Regie: Boris Sagal) mit Roger Moore und Patrick MacNee in den Hauptrollen, ein Film, der seinen mit einer Spur von *sophistication* verwobenen Reiz, wie einige spätere Filme des Genres, aus den Widersprüchen von britischer und amerikanischer, traditioneller und moderner Lebensweise erzielte. Nachdem Holmes Professor Moriarty (John Huston) eine schwere Schlappe beigebracht hat, läßt dieser ihm eine Einladung zum Premieren-Auftritt der Schauspielerin Irene Adler (Charlotte Rampling) in New York zukommen, deren Sohn er mit dem Tode bedroht. Moriartys Ziel ist nur oberflächlich betrachtet ein simpler Goldraub; in Wahrheit geht es ihm darum, seinen ewigen Feind endlich einmal in aller Öffentlichkeit zu blamieren. Und dazu erscheint ihm die Neue Welt gerade recht.

Das Behäbige und Altmodische wurde in Filmen wie diesem zum ironisch behandelten Thema; während sich in den Actionszenen durchaus Geschwindigkeit erzeugen ließ (vor allem, wenn man sie mit einer Prise Slapstick versah), atmete Ausstattung, Helden-Identifizierung und Montage etwas, das zu Beginn dieses Jahrzehntes eine Gegenbewegung gegen die erlebte Beschleunigung (nicht nur in der Bildproduktion der Medien) ausmachte: Nostalgie.

Genre-Parodie und ironische Nostalgie waren nun zum Merkmal des Genres und vor allem der neueren Sherlock-Holmes-Filme geworden. Aber kaum einem Film gelang es, die Verbindung von Melancholie, Zärtlichkeit und Humor zu erreichen, die Billy Wilder in seinem verkannten Meisterstück THE PRIVATE LIFE OF SHERLOCK HOLMES („Das Privatleben des Sherlock Holmes") 1970 vorgelegt hatte.

Sherlock Holmes löst in diesem Film nicht einen Fall, er *ist* ein Fall. Der Kampf zwischen dem Melancholiker und düsteren Romantiker mit dem Rationalisten ist in dieser Geschichte, die von der Liebe des Detektivs spricht (und zugleich davon, daß er eben diesen Fall nicht wirklich zu lösen imstande ist), für einmal unentschieden. Daß er das Ungeheuer von Loch Ness als militärisches Gerät enttarnt, zeigt nur umso deut-

THE ADVENTURES OF SHERLOCK HOLMES' SMARTER BROTHER *(Gene Wilder, Madeline Kahn, Marty Feldman)*

licher, daß er schon in einer Welt lebt, der er nicht mehr wirklich angehört. Billy Wilder hatte das erste und vielleicht schon vollendete filmische „Denkmal" für den klassischen Detektiv geschaffen: „In warmen, leuchtenden Farben von Christopher Challis fotografiert und exquisit ausgestattet von Alexander Trauner, ist der Film der Inbegriff eines reifen Meisterwerks. Er strömt Heiterkeit ohne Rührseligkeit aus, Melancholie ohne Bitterkeit, Sanftheit ohne Sentimentalität, und seine Verweigerung dem Modischen gegenüber macht ihn zu einem der schönsten modernen Filme" (Neil Sinyard/Adrian Turner). Und so sehr sich Wilders Film als kommerzieller Mißerfolg zeigte, so sehr beflügelte diese Sicht des Helden doch andere Filmemacher, und mit THE ADVENTURES OF SHERLOCK HOLMES' SMARTER BROTHER verzeichnete Gene Wilder dann einen veritablen Hit, eine Komödie im Stil der Mel Brooks-Parodien: Sigerson Holmes (Gene Wilder), der Bruder des berühmten Detektivs, und sein Adlatus (Marty Feldman) schlagen sich durch ein Abenteuer, das aus lauter Versatzstücken des Kinos besteht. Er soll ein verschwundenes Dokument wiederbeschaffen, und zugleich löst er einen Erpressungsfall um einen gefeierten Revue-Star (Madeline Kahn). Zu den Höhepunkten des Duells zwischen Sigi und seinen Feinden gehört ein Zweikampf, der mit den zwei überdimensionalen Emblemen einer Lederwarenhandlung, einem Riesenschuh und einem Riesenhandschuh, auf dem Dach zweier Postkutschen ausgeführt wird. Mit Hilfe seines Freunds Orville Sacker (Feldman), der über ein fotografisches Gedächtnis verfügt, das man allerdings mit einem Schlag auf den Kopf in Gang setzen muß, gelingt es Sigerson Holmes, seine Feinde dingfest zu machen. Die von Wilder geschaffene Figur ist weniger eine Persiflage auf den Detektiv als auf den Action-Helden des Kinos überhaupt. 1977 ließ Paul Morrissey, früher Mitstreiter von Andy Warhol und später Vertreter der äußersten Rechten in Hollywood (der bei keinem Interview seine Haßtiraden gegen die demokratische Verfassung der modernen Gesellschaft ausläßt), seinen blutig-satirischen Genre-Parodien (vgl. den Band „Der Horrorfilm" in dieser Buchreihe) eine eher matte Neufassung von THE HOUND OF THE BASKERVILLES folgen.

Neben Nostalgie und Parodie eignete sich der Sherlock-Holmes-Film auch für mehr oder weniger tiefsinnige historische und kulturgeschichtliche Revisionen. 1976 etwa arrangierte Herbert Ross nach dem erfolgreichen Roman von Nicholas Meyer, der auch das Drehbuch schrieb, in THE SEVEN-PER-CENT-SOLUTION („Kein Koks für Sherlock Holmes" – 1976 – Regie: Herbert Ross) eine Begegnung zwischen Sherlock Holmes und Sigmund Freud. Am Anfang erfahren wir von einem geheimnisvollen Verschwinden des Detektivs, den die Leser seiner Abenteuer drei Jahre lang für tot halten mußten (eben jene drei Jahre, in denen Conan Doyle tatsächlich hoffte, sich von seiner literarischen Schöpfung verabschieden zu können): „Dies ist die wahre Geschichte seines Verschwindens. Nur die Tatsachen wurden erfunden". Der seinen Neurosen und dem Kokain anheimgefallene Detektiv (Nicol Williamson) und der Seelenforscher (Alan Arkin) finden sich im Wien des Jahres 1891 (liebevoll nachempfunden von Ausstattungskünstler Ken Adam, der bis in kleinste Details dieses Wien zwischen KuK-Träumerei und Moderne rekonstruierte), um einander aus ihren lebensgeschichtlichen Fallen zu helfen. Freud heilt das Kindheitstrauma des Detektivs – der schreckliche Erzieher des jungen Sherlock (Laurence Olivier) schlief mit seiner Mutter, und Vater Holmes erschoß den Ehebrecher, und dieser Erzieher sollte, wen wundert es, schließlich niemand anderes werden als der „Napoleon des Verbrechens": Professor Moriarty. Im Gegenzug vermittelt Holmes dem Nervenarzt ein wenig rationale Beobachtungsgabe, und gemeinsam ist man stark genug, eine schöne Frau (Vanessa Redgrave) aus den Fängen eines üblen Pascha zu befreien, mörderische Lipizzaner-Hengste zu bezwingen und wenigstens für den Augenblick eine antisemitische Konspiration zu stoppen. Am Ende haben Freud, Dr. Watson (Robert Duvall) und die Abenteuer in Wien den viktorianischen Detektiv nicht nur von seinem Ödipuskomplex, sondern auch von seiner Frauen-Feindschaft befreit. Die Mischung aus Hommage, Werktreue und Phantasie ist, so der Autor Nicholas Meyer „weniger als ernst, aber auch weniger als komisch".

Christopher Plummer als Sherlock Holmes und James Mason als Dr. Watson treten in MURDER BY DECREE („Mord an der Themse/Verschwörung im Nebel" – 1978 – Regie: Bob Clark) auf der Suche nach dem Rätsel um die Morde von Jack the Ripper auf den Plan: Statt eines vermeintlich irren Mörders stößt man dabei auf eine Bande, die im höchsten Regierungsauftrag mordet, um ein uneheliches Kind des Kronprinzen zu beseitigen. Zu der Verschwörung gehören auch Beamte von Scotland Yard, und der wahre Schurke ist wieder der Prince of Wales – nicht das erste Mal: In A STUDY IN TERROR („Sherlock Holmes' größter Fall" – 1965 – Regie: James Hill) waren Holmes (John Neville) und Watson (Donald Houston) schon einmal dem Dirnenmörder auf der Spur. Der Autor, Bühnenschriftsteller John Hopkins, ging den Akten um den Prostituiertenmörder nach und stellte fest, daß vieles davon verschwunden war: „Schon im 19. Jahrhundert muß jemand planmäßig die Schlüssel-Akten des Ripper-Falles gestohlen haben". Dieser Umstand ist gewiß mehr als geeignet, zusammen mit anderen Indizien eine Verschwörungstheorie plausibler erscheinen zu lassen als die Vorstellung vom wahnsinnigen Einzeltäter. Man stützte sich dabei im übrigen auch auf die von Stephen King aufgestellten Hypothesen in JACK THE RIPPER – THE FINAL SOLUTION.

Die neue Konzeption sah in Sherlock Holmes nicht die „Denkmaschine", sondern einen durchaus einfühlsamen, leicht düsteren Mann der Tat, dem am Ende nicht so sehr die Überführung des Täters als die Kritik an einer heuchlerischen Gesellschaft am Herzen liegt. Er weist nach, daß sich mehrere Mitglieder der Regierung hinter den Morden verbergen, die eine unstandesgemäße Verbindung des Kronprinzen mit einer bürgerlichen Frau vertuschen, und diese Erkenntis allfälliger Konspiration und Korruption macht ihn nur noch verbitterter. So wird dieser „neue" Sherlock Holmes doch zum Ahnherren der melancholischen Detektive der schwarzen Serie, die an der Korruption ihrer Gesellschaft scheitern müssen.

Bob Clarks Held ist einer der düstersten Holmes-Figuren der Filmgeschichte; kein strahlender Rationalisierer, kein Dandy der Deduktion: „Holmes ist ein Mann am Rande, dem nur Verzweiflung bleibt. Hat er doch selbst die Killer auf die Spur des letzten Opfers gebracht, der wunderschönen Mary Kelly, Märtyrerin der Slums. Der Ritualmord an ihr im flackernden Licht des Feuers, verzerrt von der Zeitlupe, hat Clark inszeniert als Bild der Hölle" (Hans Schifferle). Während der Polizist, der ihn verfolgt, vorwiegend daran interessiert ist, die Monarchie zu Fall zu bringen, behalten Holmes und Watson schließlich für sich, was sie herausgebracht haben. Um das Leben des Kindes zu retten, müssen sie die Hintermänner des Komplotts im englischen Parlament ungeschoren lassen.

Ein „Sherlock Holmes noir" konnte sich indes nicht etablieren. Allzu vernutzt und beliebig verwendbar schien das Motiv zu dieser Zeit. Das Spiel mit Übertragungen, Anachronismen und Variationen um den Modell-Detektiv schien sich grenzenlos fortzusetzen. Einer der weniger inspirierten, wenngleich durch eine neuartige Technik der Computeranimation durchaus eindrucksvollen Disney-Zeichentrickfilme bemächtigte sich seiner in THE GREAT MOUSE DETECTIVE („Basil, der große Mäusedetektiv" – 1986 – Regie: John Musker, Ron Clements, Dave Michener, Burny Mattinson) in der für die Arbeiten des Studios typischen Verdoppelung: Im Haus des Meisterdetektivs lebt auch die Maus Basil, die mit dem Assistenten Dr. Wasdenn ähnliche Kombinationsfähigkeiten entwickelt wie sein menschliches Vorbild und damit Dr. Rattenzahn, den König der tierischen Unterwelt, bezwingt. Das letzte Duell findet im „Big Ben" statt, und es geht mehr als um den Kriminalfall auch um die Erhaltung des Königshauses und die Regentschaft von Königin Maustonie.

THE RETURN OF SHERLOCK HOLMES („Eine Pfeife in Amerika"/ „Sherlock Holmes kehrt zurück"/„Eine Pfeife in New York" – 1987 – Regie: Kevin Connor) schickt den viktorianischen Meisterdetektiv in die

168 1975–1998: Nostalgie, Parodie und Revision

Realität der achtziger Jahre – so wie es zuvor auch Roger Moore in SHERLOCK HOLMES IN NEW YORK ergangen war. Hier wird der Detektiv (Michael Pennington) nach jahrzehntelangem Kühlschlaf von der Enkelin des Dr. Watson, Jane Watson (Margaret Colin), zu neuem Leben erweckt, nachdem sie das Landhaus ihres Ahnen in England geerbt hat. Holmes folgt ihr nach Amerika, um eine Mordserie aufzuklären, begangen von einem Täter, der jedesmal einen Brief mit der Unterschrift „J.B.Small" am Tatort hinterläßt. Es handelt sich offensichtlich um einen ehemaligen Flugzeug-Entführer, der sich an vier FBI-Agenten rächen will, und Holmes und Jane Watson bringen nach und nach Licht in eine Intrige, in der die FBI-Leute den Entführer mit Falschgeld geprellt hatten. Der Witz des Films besteht aus der Zusammenarbeit des viktorianischen Detektivs mit einer modernen jungen Frau, aus dem Konflikt zwischen dem englischen und dem amerikanischen „Way of life", dem Lebensstil der guten alten und der schnellen neuen Zeit. Sherlock Holmes steuert einen Buchladen an, und Jane Watson versucht verlegen ihn davon abzuhalten mit dem Hinweis darauf, daß es dort nur „Bücher für Erwachsene" gebe. „Aber ich bin erwachsen", entgegnet Holmes und überschreitet unbeirrt die Tür zum Pornoshop.

Eine neue Sicht auf das berühmteste Paar der Kriminalgeschichte bietet WITHOUT A CLUE („Genie und Schnauze" – 1986 – Regie: Thom Eberhardt). Da geht es um Dr. Watson (Ben Kingsley), der die Figur des Sherlock Holmes nur erfunden hat, um sein Renommee als Arzt nicht durch seine detektivischen Leidenschaften zu gefährden. Doch nun droht ihm der Erfolg seiner Sherlock Holmes-Geschichten über den Kopf zu wachsen. Er muß den begeisterten Verehrern seines Meisterdetektivs einen „echten" Sherlock Holmes präsentieren, um ein großes Wirtschaftsverbrechen, ausgelöst durch den Raub der Druckplatten für 5-Pfund-Noten, zu verhindern. So heuert er den Schauspieler Kincaid (Michael Caine) an, um der fiktiven Gestalt Leben zu verleihen. Doch der Doppelgänger erweist sich nicht nur als trinkfreudiger Schürzenjäger, sondern auch noch als so aufschneiderischer Schmierenkomödiant, daß er beständig Watsons schöne Inszenierung zu zerstören droht. Nachdem sie den großen Fälscher zur Strecke gebracht haben, der praktischerweise auf der Flucht mitsamt den Druckplatten untergeht, läßt Kincaid sich als Held feiern. Aber Watson ahnt, daß der Fall damit nicht abgeschlossen ist. Denn natürlich steckt noch ein viel größerer Schurke hinter dem Komplott: Professor Moriarty (Paul Freeman). Der Krimi-Plot dient indes nur als roter Faden für eine ausgesprochen milde Satire auf den Mechanismus der Legendenbildung. Dem Detektiv, nicht der Detektion gilt die Bewunderung. Als Watson sich bemüht, sich von seinem Geschöpf zu befreien, und als „Crime Doctor" zu eigenem literari-

Das Kino der Entschleunigung: Die Detektiv-Klassiker 169

schen Ruhm zu gelangen, verlangen Verleger und Publikum nur nach einem: nach der Rückkehr von Sherlock Holmes.

Wie sich die Neugier auf die letzten Lebensabschnitte des Detektivs, seine dunkleren Seiten oder die Fabrikation seines Phantasmas richtete, so ließ sich auch seine Vorgeschichte erzählen, die Kindheit eines Detektivs. Und das Pendant dazu ist das Detektivspiel von Kindern, ein spätestens seit EMIL UND DIE DETEKTIVE populäres Genre der Unterhaltung für Kinder mit gelegentlich pädagogischen, gelegentlich moralischen Untertönen. So entstand zum Beispiel in der Deutschen Demokratischen Republik mit UNTERNEHMEN GEIGENKASTEN (1984 – Regie: Gunter Friedrich), ein klassischer „Kinderkrimi". Da schlüpfen zwei Jungen in die Rollen von Sherlock Holmes und Dr. Watson, um eine Serie von Diebstählen aufzuklären und zeigen ganz nebenbei, wie verwandt der investigative Blick des Detektivs und der neugierige Blick des Kindes sind. Anders herum erzählt der prächtig ausgestattete und deutlich von der Ästhetik der Abenteuerfilme à la INDIANA JONES beeinflusste YOUNG SHERLOCK HOLMES/YOUNG SHERLOCK HOLMES AND THE PYRAMID OF FEAR („Das Geheimnis des verborgenen Tempels" – 1985 – Regie: Barry Levinson) eine Episode aus der Jugendzeit des Detektivgespanns (der ursprünglich weitere folgen sollten): Die beiden, ein Großstadtsnob und ein Junge vom Lande, treffen sich als Schüler in einem englischen Internat, der clevere Klassenprimus und der etwas träge, gutmütige und ängstliche Junge, der ihn bewundert. Sherlock Holmes (Nicholas Rowe) und John Watson (Alan Cox) müssen sogleich das Geheimnis einer ägyptischen Sekte lösen, die ein Schreckensregiment in den Katakomben der Stadt errichtet hat. Eine Serie von mysteriösen Todesfällen, von der Polizei als zufällige Selbstmorde abgetan, erweckt Holmes' früh entwickelten Spürsinn, und er entdeckt, daß ein geheimnisvoller Kapuzenmann hinter den Morden steckt, der seine Opfer mit einem Pfeilgift so in den Wahnsinn treibt, daß sie sich selber umbringen. Trotzdem ein ehrgeiziger Polizist ihnen immer wieder in die Quere kommt, lösen die beiden den Fall.

Ganz nebenbei ist dieses Abenteuer (wie für eine Spielberg-Produktion kaum anders zu erwarten) auch ein Initiationsgeschichte. Holmes und Watson bewähren sich nicht nur in der bekannten Art der Kinderdetektive, sondern machen auch einige bittere Erfahrungen, die sich tiefer in ihre kindliche Seele senken als es im Genre gemeinhin üblich ist. Vielleicht waren es nicht zuletzt diese unerwarteten Momente ernsterer Reflexion, die den ökonomischen Mißerfolg des Filmes ausmachten. Und schließlich läßt sich der Film auch als die Geschichte eines kindlichen Regisseurs lesen, der mit dem Detektiv nicht nur die Neugier, sondern auch die Lust an der Verblüffung gemeinsam hat: Barry Levinson gelang, beabsichtigt oder nicht, in diesem Film auch ein Portrait jenes erfolgreichsten Filmemachers aller Zeiten, der einen eigenen Mythos der Kindheit und der Vertreibung aus ihrem Paradies geschaffen hat.

Solche Doppelcodierungen waren natürlich den Fernsehproduktionen weitgehend fremd. So geht es in der Serie AUF DEN SPUREN VON SHERLOCK HOLMES (1990 – Regie: Marilyn Fox, Michael Kerrigan) um die Abenteuer der Baker Street Gang, die unter Anleitung von Dr. Watson den von Moriarty entführten Sherlock Holmes befreien wollen. Aber nicht um eine Darstellung der child/he3ro-Beziehung geht es, sondern um Verfolgungsjagden, um Verstecken und Tarnen und um die übliche Typologie der Kinderdetektive. Kein allzu rühmliches Ende für den Helden: Sherlock Holmes als *McGuffin*.

Wie ein kruder und dunkler Gegenentwurf gegen all die *sophistication* der Parodien und den Elan der jugendlichen Helden erscheint die nostalgische Hommage THE MASK OF DEATH (1985) von Roy Ward Baker, die nach dem „letzten Fall" von Sherlock Holmes entstand, der im Werk von Conan Doyle dokumentiert ist. Peter Cushing spielt den alt gewordenen Detektiv mit melancholischer Grandezza. Es ist ein Film des Abschieds wie viele des Genres, ein gleichsam vom Tod gezeichnetes, erschreckendes Bild: Cushing, der nach dem Tod seiner Frau unter schweren Depressionen litt, brachte seinen ganzen unterdrückten Schmerz in die Rolle ein, Ray Milland und Anne Baxter starben bald nach Beendigung der Dreharbeiten und zumindest Milland scheint deutlich vom Tod gezeichnet. Selten fühlt man sich so unangemessen an Cocteaus Wort erinnert, das Kino sei die Kunst, den Menschen beim Sterben zuzusehen. Und mit den Menschen stirbt ein Held, dessen paradoxe Unsterblichkeit gerade in seiner Unzeitgemäßheit begründet liegt. Sherlock Holmes steht am Anfang jener Kultur bürgerlicher Rationalität, an deren Ende man sich zur Zeit seiner kleinen Kino-Renaissance wähnen durfte.

Ein vitaler, weder von der Krankheit der Selbstbezüglichkeit noch vom Geist des Sarkasmus bedrohter Sherlock Holmes indes lebte in den achtziger Jahren vorzugsweise im Format des TV-Movie fort. 1983 entstanden in England die beiden vergleichsweise werkgetreuen Romanverfilmungen THE SIGN OF THE FOUR („Im Zeichen der Vier" – Regie: Desmond Davis) und THE HOUND OF THE BASKERVILLES („Der Hund von Baskerville" – Regie: Douglas Hickox), in denen Ian Richardson den Sherlock Holmes und Donald Churchill den Dr. Watson spielte. In THE SIGN OF THE FOUR geht es um den Raub eines gewaltigen Diamanten, einen schrecklichen Zwerg und einen Mann mit Holzbein. Die Story hat eine koloniale Vorgeschichte: Major Sholto (Thorley Walters) und ein Freund leiteten in Indien ein Militärgefängnis und erhielten eine

Das Kino der Entschleunigung: Die Detektiv-Klassiker

Schatzkarte um den Preis, vier Gefangene zu befreien und den Schatz mit ihnen zu teilen. Aber Sholto machte sich mit den Juwelen aus dem Staub. Die Töchter und Söhne der beiden mittlerweile Verstorbenen werden nun Opfer eines raffinierten Racheplanes. Ian Richardson, Mitglied der Royal Shakespeare Company, gibt den snobistischen Kopfmenschen Holmes, der in keiner Situation seine Überlegenheit verliert, mit spürbarer ironischer Distanz: der Meisterdetektiv ist eine Gestalt einer vergangenen, vielleicht besseren Zeit. Der Reiz dieser Filme liegt vor allem in der liebevollen Konstruktion eines viktorianischen Englands, der nebligen Straßen von London mit seinen Gaslaternen, der efeubewachsenen Schlösser, der düsteren Stimmung im Moor, der kolonialen Exotik. Es ist, als schlage man eine alte illustrierte Ausgabe des Werks von Conan Doyle auf.

Auch THE HOUND OF THE BASKERVILLES ist eher Illustration des literarischen Werks als filmische Neuschöpfung. Es geht die Sage, daß ein riesiger, leuchtender Hund den Ahn der Familie Baskerville zur Strafe für seine Sünden zerrissen habe, und seitdem glaubt man, die Familie stehe unter einem Fluch. Nun ist Sir Charles Baskerville unter seltsamen Umständen zu Tode gekommen, und auch Sir Henry (Martin Shaw), der aus Amerika anreist, sieht sich allerlei Bedrohungen ausgesetzt, so daß er den Meisterdetektiv um Hilfe bittet.

Jeremy Brett war der Sherlock Holmes in einer weiteren betont werkgetreuen und nostalgischen Serie, die es zwischen 1983 und 1985 auf dreizehn Folgen brachte. Und eine weitere kleine Serie von etwa ein-Stunden-langen, eher gemächlichen Filmen für den Fernsehmarkt begann 1986 und stand unter dem Motto THE RETURN OF SHERLOCK HOLMES. Sie präsentierte wiederum Jeremy Brett in der Titelrolle und Edward Hardwicke als Dr. Watson. Die Plots der einzelnen Folgen betonten den literarischen Charakter der Figur und luden die Zuschauer zum Mitkombinieren ein. Das *Closed Room Mystery* bestimmte die Konstruktion der Fälle. Immer ist es ein besonderer, familiärer oder exotischer Ort, an dem ein unerwartetes Verbrechen geschieht, und immer muß der Held, nachdem er an diesen Ort zur Hilfe gerufen wurde, diesen selbst als eine Ur-Sache des Verbrechens untersuchen. In THE RETURN OF SHERLOCK HOLMES: THE PRIORY SCHOOL („Die Wiederkehr von Sherlock Holmes: Die Internatsschule" – 1986 – Regie: John Madden) etwa muß der Meisterdetektiv die Entführung des junge Lord Saltire klären und nebenbei das Internat als Gefängnis und Konspirationsort erleben. THE MUSGRAVE RITUAL („Die Wiederkehr von Sherlock Holmes" – Regie: David Carson) führt die Helden auf ein Familienschloß, wo ein Butler ermordet wurde, der zu tief in der Familienchronik gestöbert hat. Und THE MAN WITH THE TWISTED LIP („Der

1975–1998: Nostalgie, Parodie und Revision

Mann mit dem schiefen Mund" – Regie: Patrick Lau) behandelt den Fall eines in einer Opiumhölle verschwundenen Kaufmanns. Der obligatorisch fehlkombinierende Polizei-Inspektor (Denis Lill) glaubt an einen Mord, während Holmes davon überzeugt ist, daß der Vermißte noch lebt.

Die ebenso gemächliche wie liebevolle Machart dieser Serie erwies sich zumindest beim englischen Publikum als ausgesprochen populär, und so wurde dieses Konzept mehrfach wieder aufgegriffen. 1988 folgte eine neue Version von THE HOUND OF THE BASKERVILLES („Sherlock Holmes – Der Hund von Baskerville" – Regie: Brian Mills), und im Jahr darauf wurde auch THE SIGN OF THE FOUR („Sherlock Holmes" – Das Zeichen der Vier" – Regie: Peter Hammond) erneut in der Serie der recht sorgfältig gestalteten, nun spielfilmlangen Filme präsentiert. Die Story ist bekannt: Ein unbekannter Mann schickt Mary (Jenny Seagrove) Jahr für Jahr eine wertvolle Perle. Als der Unbekannte sie um ein Treffen bittet, erbittet sie Holmes' und Watsons Beistand, die auf die Spur eines verschwundenen Schatzes kommen. Damit beginnt jene Reise in die Vergangenheit, die den nostalgischen Reiz der Geschichte noch einmal erhöht: Holmes und Watson werden zu Führern durch eine Bilderwelt, die zugleich die vergangene Größe Englands und die abgründige Dekadenz der Kolonialzeit in einem Plot beschwört, dem man nicht unbedingt zu folgen braucht. Denn mehr als auf die kriminalistische Story kommt es sowieso auf den schweren Tweed-Stoff von Holmes' Überwurf und den unnachahmlichen Snobismus in seinem Blick an.

Jeremy Brett übernahm die Rolle des Meisterdetektivs noch einmal in drei im Jahr 1992 für das englische Fernsehen gefertigten kleineren Produktionen. In SHERLOCK HOLMES: THE VAMPIRE OF LAMBERLEY („Sherlock Holmes – Der letzte Vampir"/„Sherlock Holmes: Der Vampir von Lamberley" – Regie Tim Sullivan) geht es um einen seltsamen Fremden (Ray Marsden), den man verdächtigt, als Nachfahr einer Vampir-Sippe an ungewöhnlichen Todesfällen die Schuld zu tragen. Reverend Morrdew (Maurice Denham) wendet sich daraufhin an den berühmten Detektiv Sherlock Holmes, der den mystischen Schleier des Falles lüftet und die sehr materielle Intrige aufdeckt. SHERLOCK HOLMES: THE MASTER OF BLACKMAIL („Sherlock Holmes – König der Erpresser" – Regie: Peter Hammond) handelt von dem schurkischen Milverton (Robert Hardy), der in großem Stil reiche Adelsfamilien ausnimmt und sich dabei der intimen Briefe der Aristokraten bedient, die er sich von den Bediensteten übergeben läßt. Da bittet Lady Swinstead (Norma West) den Meisterdetektiv um Hilfe. In SHERLOCK HOLMES: THE ELIGIBLE BACHELOR („Sherlock Holmes – Der begehrte Junggeselle" – Regie: Peter Hammond) steht Lord Simon (Simon Williams) vor

Das Kino der Entschleunigung: Die Detektiv-Klassiker   173

Hands of a Murderer (Edward Woodward, John Hillerman)

der Heirat mit einer amerikanischen Millionenerbin, der er seine früheren Ehen verheimlicht hat und die am Tag der Hochzeit verschwindet. Worum es geht in allen diesen Filmen ist die spezifische Spannung zwischen einer Welt, in der es vor allem das Grauen und das Verbrechen gibt und einem überschaubaren, provinziellen Ort, in den das Böse nur einbrechen kann als eine Strafe für die Sünden der Vergangenheit, die Sünden einer vorhergehenden Generation, einer vorhergehenden Zeit. Dieser Sherlock Holmes ist einer, der nicht mehr, wie früher, die Aufgabe hat, die aufstrebende Welt des Bürgertums von ihrem verhängnisvollen Erbe des Irrationalismus zu befreien, sondern einer, der die Gespenster der Vergangenheit zugleich heraufbeschwört und zu vertreiben hat. Und das Genre selbst gestattet einen Blick zurück in eine Zeit, als das Gruseln noch geholfen hat.

Agatha Christie revisited

Sidney Lumet hatte mit seiner Star-gespickten und detailverliebten Verfilmung von ORIENT EXPRESS so etwas wie ein kleines Subgenre um die Figur des Privatdetektivs Hercule Poirot ins Leben gerufen, das sich auch in kleinerem Format als ausreichend erfolgreich zeigte, um in den nächsten beiden Jahrzehnten immer neue Variationen hervorzubringen. Die Rolle des belgischen Meisterdetektivs, der es so trefflich versteht, seine „kleinen grauen Zellen" zu aktivieren, ging von Peter Finch auf Peter Ustinov über. Noch mehr verwandelte sich dadurch die Figur von einem eher drahtigen, kleinen Mann mit einer Tendenz zur Egomanie zu einer jovialen, lebensfrohen Gestalt, die eher zurückhaltend agiert. Ustinov stellte in der Serie von gemütlich altmodischen Filmen einen Hercule Poirot dar, der die Schwächen seines literarischen Vorbilds (zum Beispiel eine geradezu manische Eitelkeit) nur noch als kleine, liebenswerte Ticks pflegte. Die Hercule Poirot-Filme mit Peter Ustinov folgten einer ausgesprochen verlässlichen Formel: ein exotischer Schauplatz, an dem sich ein geschlossener Raum befindet, in dem der Mord nur geschehen kann, ein Mordopfer, um das eigentlich niemand trauert, eine Reihe illustrer Gaststars (oder zumindest Stars von einst, derer sich ein gesetzteres Publikum gerne erinnerte), nostalgische Ausstattung (in den ersten Filmen von Anthony Powell besorgt), ein sehr behutsames Erzähltempo, Verzicht auf explizite Gewalt und eine eher skurrile als psychologisch oder rational stimmige Auflösung der Intrige. Hercule Poirot ist in dieser Situation der Störenfried, der es nicht zuläßt, daß Familien oder andere Gruppen auf diese Weise ungestraft ihre Sünder entsorgen. Durch hartnäckiges Fragen holt er zumindest die Wahrheit aus den Menschen, die, gewiß, noch von der Verwirklichung von „Gerechtigkeit" weit entfernt ist. Diese Zutaten hatten die englischen Produzenten John Brabourne und Richard Goodwin für die Christie/Poirot-Stoffe entwickelt, die vielleicht mehr als die beteiligten Regisseure die Rezeptur der Filme bestimmten, und sie trafen damit den Geschmack eines Publikums, das mit dem zeitgenössischen Kino-Angebot, dem Übermaß an Sex & Crime, wenig anfangen konnte.

DEATH ON THE NILE („Tod auf dem Nil" – 1977 – Regie: John Guillermin) gab das Format vor: Die reiche Erbin Linnet Ridgeway (Lois Chiles) hat Simon Doyle (Simon MacCorkingdale) geheiratet, einen für die Verhältnisse der Familie bettelarmen Mann, und die beiden verbringen ihre Flitterwochen auf einem Nil-Dampfer, auf dem sich rein zufällig auch ihr Ex-Verlobter befindet, aber auch die nach wie vor heftig eifer- und rachsüchtige frühere Verlobte Simons, Jacqueline De Bellefort (Mia Farrow), und darüber hinaus eine ganze Reihe von Menschen, die alle in der einen oder anderen Weise mit dem Leben der Heldin verbunden waren oder sind. Die Erbin wird, natürlich, ermordet, kurz darauf auch ihre Zofe und eine Schriftstellerin. Hercule Poirot (Peter Ustinov), der sich – vielleicht nun wirklich – zufällig unter den Passagieren befindet, entdeckt ein umfassendes Mordkomplott. Unter den übrigen Stars des Films sind Jane Birkin, Bette Davis, Jon Finch und David Niven, und der Film wirkt durch die kleinen Vergnügungen der Beteiligten, die sich unangestrengt wie selten zeigen dürfen, durch die Kamera von Jack Cardiff und die Musik von Nino Rota, der sich bei seinen Kompositionen offenkundig an alte Erfolge erinnert, kurz: das nostalgische Vergnügen auf der Leinwand verdankt sich offenkundig mehr dem nicht weniger nostalgischen Vergnügen, das die Beteiligten bei der Produktion empfanden, als dem Stilwillen des Regisseurs.

Der zweite Film der Serie, EVIL UNDER THE SUN („Das Böse unter der Sonne" – 1981 – Regie: Guy Hamilton) entwickelt auf einer Kreuzfahrt sein typisches *Closed Room Mystery*, dessen altmodische Narration noch durch die Verwendung von Cole Porter-Songs zur Untermalung unterstrichen wird. Im Luxushotel auf einer Adria-Insel (im 1940 entstandenen Roman „Rätsel um Arlena" ist es im übrigen noch eine Schmuggler-Insel vor England) wird einer der Gäste, die reichlich unsympathische Ex-Broadway-Diva Arlena Marshall (Diana Rigg), ermordet, und der zufällig gegenwärtige Poirot unternimmt es, unter den Gästen den oder die Täter zu ermitteln – schließlich hat mehr oder weniger jeder von den Anwesenden einen triftigen Grund, die unausstehliche Person ins Jenseits zu befördern. Maggie Smith und Jane Birkin, die schon in DEATH ON THE NILE mitgespielt hatten, traten auch in diesem Film wieder auf, was noch einmal den eigentlichen Charakter der Serie unterstreicht: Vertrautheit.

1987 entstand APPOINTMENT WITH DEATH („Rendezvous mit einer Leiche" – Regie: Michael Winner): Emily Boynton (Piper Laurie), ehemals Gefängnisaufseherin, Millionärin und Familien-Ekel, die es in ihrer

1975–1998: Nostalgie, Parodie und Revision

EVIL UNDER THE SUN (Peter Ustinov, Jane Birkin)

Familie wie in ihrem Beruf verstand, sich Feinde zu machen, wird während einer Schiffsreise nach Palästina bei einem Ausflug aufs Festland vor ihrem Zelt tot aufgefunden, und niemandem außer dem einmal mehr zufällig anwesenden Detektiv Hercule Poirot, ist offenbar an den Umständen dieses Todes sonderlich gelegen. Zunächst scheint alles auf ein Herzversagen hinzudeuten, als Poirot den Einstich einer Nadel am Handgelenk feststellt. Buchstäblich jeder der Beteiligten hat gehörige Motive, die schreckliche Dame ins Jenseits zu befördern, von der Schwiegertochter Nadine (Carrie Fisher) über ihren Freund Jefferson (David Soul) oder die resolute Parlamentsabgeordnete Lady Westholme (Lauren Bacall) bis zu Sarah King (Jenny Seagrove). Sie ist nämlich überraschenderweise zur Alleinerbin ihres Mannes bestimmt worden, und alle Familienmitglieder haben das untrügliche Gefühl, Opfer eines Betrugsmanövers geworden zu sein, obwohl dafür keinerlei Beweise zu finden sind. Auch hier macht nicht so sehr die Konstruktion der Detektion den Reiz des Films aus. Vielmehr lebt er von den durchaus unterschiedlichen Miniaturen der Schauspieler und Schauspielerinnen, allen voran Lauren Bacall in der Rolle von Lady Westholme, ein Mitglied des britischen Parlaments, das, wie so oft bei Agatha Christie von einer zweiten Frau begleitet wird, der naiven Archäologin Miss Quinton (Hayley

Mills). Die beiden Frauen pflegen ein merkwürdiges Abhängigkeitsverhältnis voneinander, eine Art Haßliebe nicht nur zwischen der Herrin, die ihre Dienerin peinigt, und der Dienerin, die ihre Herrin spüren läßt, daß sie ohne sie nicht sein kann, sondern auch zwischen verschiedenen Strategien weiblicher Selbstbestimmung. Weit mehr als es das Drehbuch vorschlägt, explorieren die beiden Schauspielerinnen das Agatha Christie-Syndrom der unheilvoll aneinander geketteten Frauen.

Freilich konnte man die Poirot-Filme nicht nur als nostalgisches Vergnügen genießen. Sie wurden auch zu so etwas wie einem Museum vergangenen Star-Ruhms, und das Wiedersehen hatte gelegentlich durchaus schmerzhafte Elemente. „Ein beeindruckendes Aufgebot (...), eine bedrückende Erfahrung für Fans" schreibt Michael Althen: „Zu Tode photographierte Gesichter, in denen jeder Zug sich verzweifelt ans Image klammert. Die Filme wurden von mal zu mal schlechter, und immer offensichtlicher ging es darum, nur noch den Kopf hinzuhalten".Schließlich wurde die Film-Serie im Format der TV-Movies fortgesetzt. In THIRTEEN AT DINNER/AGATHA CHRISTIE'S 13 AT DINNER („Agatha Christie – Mord à la carte" – 1985 – Regie: Lou Antonio) klärt Poirot/Ustinov den Mord an einer Imitationskünstlerin, die sich durch ihre verblüffende Ähnlichkeit mit dem Filmstar Jane Wilkinson (Faye Dunaway), welche gerade nicht besonders trauernde Witwe eines Lords geworden ist, in Gefahr begeben hat. Eine merkwürdige Pointe der TV-Filme (bedingt gewiß auch durch die geringeren Produktionsbudgets) ist es, daß sie im Gegensatz zu den Kinofilmen die Handlung zwar aus den dreißiger Jahren in die Gegenwart versetzen, in dieser Gegenwart aber eine Gesellschaft, ein Ambiente produzieren, die ausgesprochen altmodisch erscheinen, und in der Poirot wie ein wandelnder Anachronismus alle Sympathie auf sich zieht: In MORD À LA CARTE lernt Poirot etwa die Verdächtigen bei einer Talkshow kennen. So ergibt sich ein etwas entrückter Ton, eine Entwirklichung, die sich nur sehr bedingt mit der Rétro-Mode der Kinofilme verträgt.

DEAD MAN'S FOLLY („Mord mit verteilten Rollen" – 1985 – Regie: Clive Donner) geht von einem Mörderspiel auf dem Landsitz von Lady Hattie (Nicolette Sheridan) aus, das die Kriminalschriftstellerin Ariadne Olivier (Jean Stapleton) inszeniert und aus dem mit einem Mal tödlicher Ernst wird: Die Frau, die die Rolle der Leiche spielte, ist tatsächlich tot, und sie ist nicht das letzte Opfer. Poirot aber, wie immer zufällig anwesend, klärt die Intrige auf. 1986 folgte MURDER IN THREE ACTS („Tödliche Parties" – Regie: Gary Nelson), ein typischer Fall für den Meisterdetektiv, der sich eigentlich am Strand von Acapulco zur Ruhe setzen und seine Memoiren schreiben wollte. Er muß noch einmal aktiv werden, als ausgerechnet der Pfarrer am Begrüßungsdrink auf einer der berühmten

178   1975–1998: Nostalgie, Parodie und Revision

Parties des ebenso berühmten Schauspielers Charles Cartwright (Tony Curtis) stirbt, und bald darauf ein bekannter Psychologe ihm ins Jenseits folgt. Poirot löst den Fall in gewohnter Manier, aber das europäische Publikum schätzte es gar nicht, daß die Handlung nun in die Gegenwart der USA verlegt war und Hercule Poirot auch schon einmal mit dem Motorrad die Strandpromenade entlangbrettern konnte. Es war die falsche Art von Glamour, die man der Serie verpasst hatte, und die Regisseure, die ansonsten für Polizei- und Detektivserien im modernen Ambiente arbeiteten, bewiesen nur wenig Gespür für den spezifischen Erzählrhythmus der Christie-Stoffe.

So kehrte man schließlich auch im Fernsehen zum historischen Hintergrund zurück. Poirot wurde in einer neuerlichen Verfilmung von „The ABC Murder Case" unter dem Titel AGATHA CHRISTIE'S POIROT: THE ABC MURDERS („Agatha Christies Poirot – Mord nach Fahrplan" – 1989 – Regie: Ed Bennett, Renny Rye) von David Suchet dargestellt. Vom ironischen Ton, mit dem man in den Kino-Versionen mit den nun doch ein wenig angestaubten Vorlagen umgegangen war, war hier wenig mehr zu spüren. Die komödiantische Version von Frank Tashlin, THE ALPHABET MURDERS („Die Morde des Herrn ABC" – 1964), in der Tony Randall einen leicht derangierten Detektiv im Reich der Psychosen spielt, hatte offensichtlich nur wenig Einfluß auf die Entwicklung des Subgenres entwickelt. Hier bekommt es der Detektiv mit einem Mann zu tun, der sich Mr. ABC nennt und in einem Brief an Poirot den Mord an einer Frau ankündigt, den der Detektiv nicht verhindern kann. Statt nun eine Identitätskrise zu durchleben wie es in Tashlins Film der Fall war, strengt dieser Poirot nur seine kleinen grauen Zellen noch ein wenig mehr an als gewohnt und löst den Fall zu seiner und der Drehbuchautoren Zufriedenheit. Auf den Film folgte eine zehnteilige Fernsehserie, die indes nie aus dem Schatten der Ustinov/Poirot-Filme zu treten vermochte.

Auch Miss Marple, die alte Dame mit den soliden Lebensgewohnheiten und dem untrüglichen Gespür für Mordintrigen, die Agatha Christie 1930 zum ersten mal in MORD IM PFARRHAUS als Gegenstück zu ihrem Detektiv Poirot (dessen sie ein wenig müde geworden war) auf die Spur rätselhafter Verbrechen geschickt hatte, erhielt eine neue Filmserie, die nach ganz ähnlichem Muster wie die Poirot/Ustinov-Filme modelliert wurde. Angela Lansbury stellte eine resolute ältere Dame dar, die freilich mehr von mittelständischem Gerechtigkeitsempfinden und Nachbarschaftsgeist als von jener der lustvollen Impertinenz nicht mangelnden Neugier bestimmt war, die Margaret Rutherford so unnachahmlich auf die Leinwand zu bringen vermocht hatte. An die Stelle des exotischen Schauplatzes bei den Poirot-Filmen tritt das kleine englische Örtchen

Das Kino der Entschleunigung: Die Detektiv-Klassiker 179

THE MIRROR CRACK'D (Angela Lansbury)

St. Mary Mead, in dem sich überraschenderweise immer wieder schreckliche Bluttaten ereignen. In THE MIRROR CRACK'D („Mord im Spiegel" – 1980" – Regie: Guy Hamilton) wird Miss Marple gebührend eingeführt: Im Pfarrsaal einer kleinen englischen Gemeinde wird ein Kriminalfilm vorgeführt, bis ein Filmriß die endgültige Aufklärung des typischen *Closed Room Mystery*-Geschehens verhindert. Während sich Miss Marple ihren Weg durch die Zuschauer bahnt, gibt sie mit scharfsinniger Begründung auch die Identität des Mörders (genauer gesagt: der Mörderin) preis. Dann läßt sich der Film nicht weniger gebührend Zeit, uns das beschauliche Örtchen in der beschaulichen Sommer-Stimmung des Jahres 1953 vorzuführen. Im eigentlichen Plot geht es dann um ein Filmteam, das im Heimatstädtchen von Miss Marple eine Kino-Version von „Maria Stuart" drehen will. Auf einem Gartenfest wird eine Einwohnerin durch das Gift getötet, das eigentlich der Hauptdarstellerin, der zickigen Diva Marina Greff (Elizabeth Taylor) zugedacht war. Sie befindet sich im Dauerkrieg mit der leicht vulgären Lola Brewster (Kim Novak); „Stecken sie die beiden in ein Bassin mit einem Killer-Hai, und das arme Tier bekäme eine Identitätskrise" spottet die Produktionssekretärin über die beiden Hollywood-Monster. Im Kreis der fürsorglichen und/oder verdächtigen Freunde, Liebhaber und Konkurrenten treten einige besonders hervor, etwa der mit Martina verheiratete Regisseur Jason Rudd (Rock Hudson), der zynische Produzent Fenn (Tony Curtis), oder die scheinbar so loyale Sekretärin Ella Zielinsky (Geraldine Chaplin). Kaum hat die Produktion des Films begonnen, purzeln auch schon die Leichen aus den Schränken, und Miss Marple und ihr Verbündeter und Neffe, Chief Inspector Craddock (Edward Fox), haben alle Hände voll zu tun.

Die Miss Marple-Filme weisen viele Verwandtschaften in der Rezeptur mit den Poirot-Filmen auf, entwickelten indes zumindest in den ersten Beispielen einen Hauch subkutaner Sophistication. Elegisch schöne Außenaufnahmen und die Auftritte der Gaststars machten die Film-im-Film-Phantasie auf doppelte Weise nostalgisch: die Mordgeschichte, so Richard Schickel, „ist nur ein Vorwand für ein paar gute, wenn auch gelegentlich derbe *Inside-Jokes* über das Shwobusiness". Die freilich funktionieren nur im Original wirklich, etwa wenn Liz Taylor grimmig ihr Spiegelbild beschwört: „Bags, bags, go away! Come again on Doris Day".

Der Roman, den Agatha Christie der 1972 verstorbenen Schauspielerin Margarete Rutherford widmete, wird im Film allerdings vor allem zur Nummernrevue für die Auftritte dieser Stars verwendet, denen der Regisseur – anders als es in MORD IM ORIENT EXPRESS der Fall war – nicht nur Gelegenheit zum brillanten Extemporieren, sondern auch allzu freie Hand dabei läßt, sich in den Vordergrund zu spielen. Das Multi-Star-Vehikel als *Whodunit* war zudem zu dieser Zeit eine schon geläufige Formel. Gleichsam ein Versuch, diese Formel „Mordintrige und Super-Starangebot" zu modernisieren, hatte Terence Young mit BLOODLINE („Blutspur" – 1978) unternommen, einer reichlich verwickelt konstruierten Mordintrige in einer schweizer Industriellen-Familie, in der es Gert Fröbe als Kommissar mit Audrey Hepburn, Ben Gazarra, James Mason, Irene Papas, Maurice Ronet, Romy Schneider, Omar Sharif, Wolfgang Preiss und vielen anderen amerikanischen und europäischen Stars zu tun hat, die offenkundig mehr damit beschäftigt sind, sich ihre Szenen zu erobern als ihren Figuren Glaubwürdigkeit zu verleihen.

1984 übernahm Joan Hickson die Rolle der Miss Marple in einer englischen TV-Serie, bei der neben einigen Veteranen des britischen Kinos auch einige Regisseure die – nicht allzu auffällige – Inszenierung übernahmen, die im Jahrzehnt zuvor auf künstlerisch Bedeutenderes hatten hoffen lassen. In THE MOVING FINGER („Miss Marple – Die Schattenhand" – 1985 – Regie: Roy Boulting) geht es um einen geheimnisvollen Mann, der die Bevölkerung eines kleinen Ortes mit Drohbriefen traktiert, und die Gattin eines Notars (scheinbar) in den Selbstmord treibt. NEMESIS („Miss Marple – Das Schicksal in Person" – 1986 – Regie: David Tucker) führt die Heldin auf die Spur eines Verbrechens im Leben ihres langjährigen Freundes Jason Rafiel, auf das er sie durch seinen Abschiedsbrief angesetzt hat. AT BERTRAM'S HOTEL (1986 – „Miss Marple – Bertrams Hotel" – Regie: Mary McMurray) läßt sie in einem altehrwürdigen Londoner Hotel Logis nehmen, in dem vor allem reiche Witwen und Touristen wohnen, und natürlich wird bald darauf ein erschossener Gast aufgefunden, um ihre kriminalistische Recherche in Gang zu setzen. In SLEEPING MURDER („Miss Marple – Ruhe unsanft" – 1986 – Regie: John Davies) geht es um den zwanzig Jahre zurückliegenden Fall der verschwundenen Stiefmutter einer Freundin von Miss Marple, die Beweise für eine Mordintrige sammelt, und in MISS MARPLE („Miss Marple – Karibische Nächte" – 1989 – Regie: Christopher Petit) hat sich die ruhelose Detektivin zum Urlaub in die Karibik zurückgezogen – und prompt wird wieder ein Hotelgast tot aufgefunden, woraufhin sie die Verdächtigen unter die Lupe nimmt. In THE BODY IN THE LIBRARY („Miss Marple – Die Tote in der Bibliothek" – 1989 – Regie: Sylvio Narizzano) geht es um die Leiche einer jungen Tänzerin, die unerklärlicherweise in der Bibliothek des Landsitzes der Familie Bantry gefunden wird. Verdächtig sind erst einmal die Verwandten der Familie, die die Adoption der jungen Frau verhindern wollen, die aber scheinbar hieb- und stichfeste Alibis vorweisen. Schließlich folgte in der Reihe auch ein zweiteiliges Remake des berühmten 4:50 FROM PADDINGTON („Miss Marple – 16 Uhr 50 ab Paddington" – 1987 – Regie: Martyn Friend), wo die Amateurdetektivin auf die Beobachtung ihrer Freundin Mrs. McGillicuddy reagieren muß, die einen Mord in der vorbeifahrenden Eisenbahn beobachtet haben will und der kein Glaube geschenkt wird, weil die Polizei keine Leiche finden kann. (Das Original und das Remake sind auf besondere Weise miteinander verbunden: Joan Hickson spielte bereits in dem Film von George Pollock eine kleine Rolle, und nun führt sie die Spur zuerst in die feudale Villa der Crackenthorpes, die man „Rutherford Hall" nennt.)

Der englischen Miss Marple-Serie erwuchs jenseits des Ozeans eine amerikanische Konkurrenz. Helen Hayes übernahm die Rolle in der Reihe, die mit CARIBBEAN MYSTERY („Agatha Christie: Das Mörderfoto" – 1983 – Regie: Robert Lewis) begann. Wieder führt die Geschichte in die Karibik, wo sich Miss Marple erholen will. Da allerdings segnet der Feriengast Major Palgrave auf unnatürliche Weise das Zeitliche, der Miss Marple kurz vor seinem Dahinscheiden eine merkwürdige Geschichte erzählt hat. Schnell ist ihr detektivischer Spürsinn erwacht, und Schritt für Schritt arbeitet sie sich an den Kern der Intrige. Auch diese amerikanische Serie begeht den verhängnisvollen Irrtum einer Modernisierung. In der amerikanischen Kleinstadt der achtziger Jahre oder im neuzeitlichen Tourismusbetrieb wirkt Miss Marple, was sie im viktorianischen England so trefflich als Tarnung zu verwenden versteht, nämlich auf eine leicht penetrante Weise verzopft.

In MURDER WITH MIRRORS („Mord mit doppeltem Boden" – 1984 – Regie: Dick Lowry) geht es um Christian Gulbrandson (John Woodvine), der den Verdacht entwickelt, daß seine Stiefmutter Carrie (Bette Davis) vergiftet wird. Er bittet Miss Marple, eine alte Freundin der Familie, auf den Landsitz, auf dem jugendliche Straftäter zur Resozialisierung untergebracht sind, um ihm zu helfen. Doch Gulbrandson selbst wird bald darauf tot aufgefunden, und auch Miss Marple entgeht nur knapp einem Anschlag auf ihr Leben.

Auch die klassische Kriminalgeschichte par excellence, das Ur-Modell der *Closed Room Mysteries*, erfuhr einige Neuverfilmungen. Schon TEN LITTLE INDIANS („Ein Unbekannter rechnet ab" – 1974 – Regie: Peter Collinson) war die Verbindung einer internationalen Darsteller-Parade (unter anderen traten Gert Fröbe, Stéphane Audran, Charles Aznavour, Oliver Reed und Elke Sommer auf) mit eher altbackener Mörderrevue. In der altbekannten Story geht es um den geheimnisvollen Mr. Owen, der acht Menschen an einen abgelegenen Ort (diesmal ist es ein Hotel in der Wüste) eingeladen hat, die untereinander scheinbar keine Beziehung haben. Bei ihrer Ankunft ist indes nur der Butler und seine Frau anwesend, und nur die Tonbandstimme des Gastgebers wünscht den Gästen ein angenehmes Wochenende, an dem freilich einer nach dem anderen von ihnen nach dem Prinzip des Kinderliedes sein Leben lassen muß. 1989 entstand eine neuerliche Version unter Regie von Alan Birkinshaw:

Das Kino der Entschleunigung: Die Detektiv-Klassiker

TEN LITTLE INDIANS/DEATH ON SAFARI („Ten Little Indians) verlegt den Handlungsort, ganz in der Art des mittlerweile entwickelten Subgenres, das viel weniger seine Stories als seine Schauplätze wechselt, in ein abgelegenes Safari-Camp im Afrika der 30er Jahre, wo der Rächer einmal mehr seine Opfer von der Umwelt abgeschlossen und Gelegenheit hat, zehn Personen mit dubioser Vergangenheit der mehr oder weniger gerechten Strafe zuzuführen. Eine illegitime Variante des Stoffes bot Morris Barry in MURDER: ULTIMATE GROUNDS FOR DIVORCE („Bloody Weekend" – 1984), wo sich ein ganz ähnliches mörderisches Geschehen bei einem Camping-Wochenende in England entwickelt. Die Attraktion des Films waren die Hauptdarsteller aus der Rock-Szene, angeführt von Roger Daltrey von den WHO und Toyah Wilcox.

Die Christie-Variation ORDEAL BY INNOCENCE („Tödlicher Irrtum" – 1984 – Regie: Desmond Davis) greift nicht auf die klassischen Detektiv-Gestalten zurück: Erzählt wird von Dr. Calgary (Donald Sutherland), der an die Unschuld eines Hingerichteten glaubt und auch seine Familie davon überzeugen will. Doch die Angehörigen des Toten verhalten sich nicht wie trauernde Hinterbliebene es in solch einem Fall zu tun pflegen. Auch SPARKLING CYANIDE/DINNER AT EIGHT („Zwei Leichen beim Souper" – 1983 – Regie: Robert Lewis) kommt ohne einen der berühmten Agatha Christie-Helden aus: In Verdacht, Rosemary (Christine Belford) beim Abendessen mit Zyankali vergiftet zu haben, geraten ihr Liebhaber (David Huffman) und ihre Schwester Iris (Deborah Raffin), und mit ihnen alle anderen Anwesenden, wie es bei dieser Autorin die Regel ist. Weil die Polizei bei ihren Ermittlungen nicht vorankommt, macht sich Rosemarys Ehemann selbst auf die Suche nach dem Mörder – oder den Mördern.

Der nostalgische Detektivfilm der achtziger Jahre entwickelte seinen Charme gewissermaßen aus einer trotzigen Nichtbeachtung der Genreentwicklung; er verweigerte sich der Modernisierung der Helden und der Erzählungen und suchte bewußt das „altmodisch" konstruierte Bild, um den nicht weniger altmodisch konstruierten Fall zu illustrieren. Und während sich die anderen Genres in immer neuen Effekten steigerten und eine Beschleunigungswelle nach der andern erlebten, war der eigentliche Inhalt des Detektivfilms die Verlangsamung und die Retrospektion.

Mit dem indirekten Hinweis darauf, daß die Mörderjagd gar nicht das eigentliche Thema des Films ist, wurde auch das cineastische Grundproblem des Genres gelöst, das Alfred Hitchcock einmal benannte: „Eben deshalb mag ich die *Whodunits* nicht, weil sie mich an Puzzlespiele oder an die Kästchen im Kreuzworträtsel erinnern". Das Genre spielte mit einem Exotismus zweiten Grades: man konnte sich darüber amüsieren,

184 1975–1998: Nostalgie, Parodie und Revision

CHARLIE CHAN AND THE CURSE OF THE DRAGON QUEEN (Angie Dickinson)

was einst als sensationell, womöglich gar gewagt erschienen sein mochte, nicht ein Blick in die Vergangenheit, sondern die Rekonstruktion eines vergangenen Blicks ist das Ziel. Die *popular culture* schuf sich ihre eigenen imaginären Museen. Peter Ustinov, der Held mit seinen verläßlich „grauen Zellen" in den Poirot-Filmen, versuchte sich schließlich auch an einem der beliebtesten Serien-Detektive der vierziger Jahre, Charlie Chan. In CHARLIE CHAN AND THE CURSE OF THE DRAGON QUEEN („Charlie Chan und der Fluch der Drachenkönigin" – 1980 – Regie: Clive Donner) steht der asiatische Meisterdetektiv Angie Dickinson gegenüber, deren Spiel allerdings der Kritik als das einzig wirklich Erfreuliche an dem Werk erschien. „Während Charlie Chan, dieser Philosoph im Polizeidienst, einst sein Publikum mit messerscharfer Intelligenz und witzig-weisen Aphorismen (*Bad alibi like bad fish – cannot stand test of time*) entzückte, ist er in Peter Ustinovs Darstellung zum behäbigen Großvater heruntergekommen, der damit ausgelastet ist, die Tolpatschigkeit seines chinesisch-jüdischen Enkels Nummer eins (Richard Hatch) auszubügeln. Die oft in den Dritten Fernsehprogrammen gezeigten alten Charlie-Chan-Filme haben den Test der Zeit hervorragend überstanden. Dieser neue ‚Charlie Chan' allerdings ist ein toter Fisch" (Helmut W. Banz). Auch der Plot hat wenig zu bieten, um das Interesse an einer Neubelebung der Heldenfigur zu wecken: Der Detektiv wird nach San Francisco gerufen, wo eine Serie bizarrer Morde (einem Rock-Musiker wird die eigene Gitarre zum Grill, jemand wird zu Tode Akkupunkturbehandelt etc.) ihn auf die Fährte seiner alten Widersacherin, der Drachenkönigin, führt; diese schnappt sich prompt seinen Enkel Lee Chan, der sich eher tölpelhaft als Detektiv auf den Spuren des berühmten Großvaters betätigt.

Dem Umschlag des Kinos der Entschleunigung in eine Art der selbstgenügsamen Vergreisung mochte indes auch das treueste Publikum des Genres nicht mehr folgen. Der Mißerfolg des Filmes verhinderte nicht nur eine geplante Fortsetzung, sondern trug auch dazu bei, das Genre von den Kinoleinwänden auf die Bildschirme zu verdrängen. Und am Beginn des neuen Jahrzehntes hatten sich auch das Kino-Angebot und das Publikum wieder verändert; die bis dahin wohl größte Krise des Mediums war überwunden, Nostalgie nicht länger die einzige Alternative zur moralischen Verelendung des Films.

Mord hinter Kirchenmauern

Detektive im Mittelalter

Der Detektivroman ist, wie viele seiner Theoretiker betonen, ein ausgesprochen theologisches Genre. Willy Haas zum Beispiel hat ihn als „unterirdisches theologisches Zeitsymptom" gedeutet. Natürlich gehört dazu, daß das Genre seine christlichen Wurzeln in der Regel so gut wie möglich hinter der scheinbar vollkommenen Rationalisierung verbirgt. Doch immer wieder kehren der Kriminalroman und, in bescheidenerem Maß, auch sein filmisches Pendant, zu diesen Wurzeln zurück und stellen die Frage nach dem Täter zugleich mit der Frage nach der spirituellen Reaktion auf die Tat. Und gelegentlich geht das Genre noch hinter seine christlichen Ursprünge zurück. JUDGE DEE AND THE MONASTERY MURDERS („Richter Dee und der Klostermörder" – 1974 – Regie: Jeremy Paul Kagan) zum Beispiel führt ins China des Jahres 690: Ein Unwetter treibt eine kleine Gruppe Reisender in ein Kloster, um Unterschlupf zu finden, darunter den Richter Dee (Khigh Diegh), seine drei Frauen und seinen Gefährten Tao Gan. Während ihrer Anwesenheit geschehen schreckliche Dinge: drei junge Frauen, die sich auf das Leben als Nonnen vorbereiteten, verschwinden spurlos, und die Mönche machen Geister und Dämonen dafür verantwortlich. Richter Dee aber glaubt nicht an übersinnliches Wirken in diesem Fall und macht sich an die rationale Aufklärung, die ihn selber in tödliche Gefahr bringt.

Ein wenig wirkt dieser Film wie ein konfuzianisches Seitenstück zu Umberto Ecos „Der Name der Rose", der von Jean-Jacques Annaud 1986 als *straightes* historisches Detektivspiel in einer allerdings opulent bebilderten mittelalterlichen Klosterwelt verfilmt wurde. (In den Credits wird er denn auch „ein Palimpsest des Romans von Umberto Eco", genannt, und der Autor selbst formulierte diplomatisch: „Buch und Film sind verschiedene Werke von verschiedenen Autoren, und es ist gut, wenn jedes sein Eigenleben hat".) Die Ironie, die Zitierwut, die komplexe Verschachtelung des Romans wurde aufgegeben zugunsten eines Vergnügens an bizarren Bildwirkungen, an der Exotik des Häßlichen und am Effekt. Das Polymorphe der („postmodernen") Konstruktion ist sozusagen in die Anschauung gerutscht, und das Ensemble der verrückten, heiligen, mörderischen und sündigen Mönche zeichnet sich durch eine karikaturhafte Überdeutlichkeit aus. Die beiden Aufklärer unternehmen eine wahre Höllenreise an einen Ort der geschichtslosen Verdammnis (als müßten wir mit Gewalt darauf gestoßen werden: dieses Mittelalter mußte dem Untergang geweiht sein, seine Menschen konnten nur durch das Licht der Aufklärung erlöst werden).

DER NAME DER ROSE führt ins Jahr 1327. Ein Mönch ist in einer Benediktinerabtei aus dem Fenster gesprungen, ein anderer wird ertrunken im Schweineblut-Faß aufgefunden, und noch einer findet den Tod im Badehaus. Das Kloster ist berühmt für seine Bibliothek, in der sich gar ein verschollenes Werk des Aristoteles befinden soll. Die Gemeinschaft der Brüder glaubt, daß niemand anderes als der Teufel selbst der Mörder sein kann. Der Franziskanermönch William von Baskerville (Sean Connery), der bei einem Besuch im Auftrag des Kaisers zur Schlichtung des

Mord hinter Kirchenmauern

LE NOM DE LA ROSE (Sean Connery, Christian Slater, Michael Habeck, Elya Baskin)

Streits zwischen den der Ketzerei verdächtigen Minoriten und den Abgesandten des Papstes der Sache nachgeht, glaubt an eher weltliche Zusammenhänge. Er will mit Hilfe seines jungen begleiters Adson von Melk (Christian Slater) die wahren Zusammenhänge klären, bevor der gefürchtete Inquisitor Bernardo Gui (F. Murray Abrahams) eintrifft und sein blutiges Regiment errichten kann. Die Lösung findet sich in der Bibliothek des Klosters, das im Zentrum seiner labyrinthischen Anlage liegt und eifersüchtig bewacht wird. Trotzdem es William gelingt, die Schuldigen zu überführen, endet der Fall in einer Katastrophe. Noch kann das Licht der Aufklärung das Wüten der Inquisition nicht aufhalten.

Schon die Namen der Helden weisen darauf hin: die Franziskaner, die vom Licht der Aufklärung vor der Zeit gestreift sind, agieren als Vorfahren von Sherlock Holmes und Doktor Watson. Die Tiefe und Vieldeutigkeit der Vorlage kann der Film jedoch nicht einmal im Kontext der Kriminalhandlung nachvollziehen; und daß es eine „Theorie des Lachens" ist, die zur Aufklärung der Morde führt, bleibt nur noch *Story-Twist*. So ist auch das Bild des Mittelalters, das der Film entwirft, ausgesprochen zweifelhaft: „Das Mittelalter von Annaud", schreibt Alberto Moravia, „ist platt. Seine Monster sind nichts als Monster, sein Kloster kennt nur Komplikationen, keine Geheimnisse, auch wenn es Nebelschwaden umwabern; der Inquisitionsprozeß läßt uns kalt". Aber diese

Kritik mag vielleicht zu harsch gegenüber einer Arbeit sein, die nie vorgibt mehr zu sein als eine Kriminalgeschichte in ungewöhnlichem Ambiente.

Nicht weniger ungewöhnlich ist der englische Film THE HOUR OF THE PIG („Pesthauch des Bösen" – 1993 – Regie: Leslie Megahey), der im Frankreich des ausgehenden Mittelalters spielt. Der junge Anwalt Courtois (Colin Firth) erhält den Auftrag, ein Schwein zu verteidigen, das des Mordes an einem Kind angeklagt und, wie es zu dieser Zeit üblich war, zur Hinrichtung vorgesehen und im Kerker gehalten wird. Der Rationalist und vom aufklärerischen Geist beseelte junge Advokat unternimmt Nachforschungen und kommt zu ganz anderen Ergebnissen: Er entdeckt ein Zusammenspiel von politischer Intrige und schwarzer Magie, in dem er schließlich selber in Lebensgefahr gerät.

Der Reiz mittelalterlicher Kriminalgeschichten wurde schließlich auch ins Format der Fernsehserie übertragen. Nach den Romanen der englischen Autorin Edith Pargeter, die ihre Bücher mit dem Pseudonym Ellis Peters zeichnete, entstand Mitte der neunziger Jahre die zehnteilige Serie um den Bruder Cadfael (gespielt von Derek Jacobi), einen ehemaligen Kreuzritter und Mönch des 12. Jahrunderts, der sich auf die Naturheilkunde ebenso versteht wie auf das Lösen geheimnisvoller Kriminalfälle. Er wirkt in der Stadt Shrewsbury, wo sich die unterschiedlichsten kirchlichen und weltlichen Ideen und Interessen beggenen. Und auch dieser Detektiv in der Kutte hat einen verlässlichen weltlichen *sidekick*, den jungen Sheriff Hugh Berlingar (Sean Pertwee), der stets dann eingreift, wenn die Situation eine Aktion erfordert, die einem Gottesmann nicht schicklich wäre. Bruder Cadfaels Fälle entwickeln sich zumeist in den Ranküne-Spielen der Mächtigen seiner Zeit, die im Kampf um Macht und Reichtum Nebenbuhler, Mitwisser und lästige Zeugen beseitigen, und dabei nur allzu gern Mystifikationen verwenden, mit denen sie ihre abergläubischen Zeitgenossen von den wahren Motiven und Sachverhalten ablenken. Wie die meisten „theologischen" Detektive, so wird auch Bruder Cadfael vor allem deshalb zum „Rationalisierer", um den Glauben rein und die Kirche hell zu erhalten. Während er die Weltlichkeit des Verbrechens nachweist, und dabei in das Trübe der menschlichen Leidenschaften und Interessen eintaucht, verteidigt er die Klarheit der Idee des Göttlichen. Und wie seine weltlichen Nachfahren entdeckt er die Wahrheit zumeist nicht in den Menschen selber, sondern in den Spuren, die sie hinterlassen, den Objekten, die sie gebrauchen, den Zeichen, die sie erzeugen. Die innere Verwandtschaft zwischen dem Detektiv und dem Theologen erweist sich nicht nur an der Ähnlichkeit ihrer geschlossenen logischen Systeme, sondern auch daran, daß beide von „Sprachen", von „Offenbarungen" im Reich der Zeichen besessen sind.

Das eine Mal sprechen diese Zeichen der Offenbarung von der Existenz des Göttlichen in der Welt, das andere Mal von der Verdammnis des Menschen in der Sünde.

Der Mord und das Beichtgeheimnis

Aber zwischen beidem gibt es nicht nur das Prinzip der Verwandtschaft, sondern auch das des Widerspruchs, denn die Klarheit der Idee des Göttlichen ist auch durch das Ritual der Kirche selbst in Gefahr. Wie magisch, so scheint es, wird das Verbrechen von allem Widersprüchlichen und allem Selbtsreferentiellen angezogen. Das Prinzip von Schuld und Sühne, das der klassische Kriminalroman so eifrig ausklammerte, wird auch in einer solchen Rückkoppelung gleichsam mechanisiert. Die Geschichte vom Mörder, der seine Tat einem Priester im Beichtstuhl gesteht und ihn damit zum Schweigen zwingt, ist ein häufig variiertes Motiv in der Literatur wie im Film: ein „logisches" Problem einerseits, der Widerspruch zweier sich ausschließender Gebote, und andererseits ein dramaturgisch wirkungsvoller Rahmen für ein Psychoduell zwischen dem Verbrecher und dem Geistlichen. Das bedeutendste Modell für dieses kleine Subgenre bot wohl Alfred Hitchcocks Verfilmung des Stückes „Nos deux consciences" von Paul Anthelme, zu der George Tabori und William Archibald das Drehbuch verfassten. In I CONFESS („Ich beichte"/„Zum Schweigen verurteilt" – 1952) hat der Deutsche Otto Keller (O. E. Hasse), Küster einer Gemeinde in Québec, einen Anwalt ermordet, als dieser ihn bei einem Einbruch überraschte. Darauf beichtet er die Tat Pater Logan (Montgomery Clift), in dessen Kirche er angestellt ist, wohl wissend, daß dieser an sein Beichtgeheimnis gebunden ist. Nun aber fällt der Verdacht auf Pater Logan selbst, weil ihn Inspektor Larrue (Karl Malden) vor dem Haus des Ermordeten gesehen hat, wo er sich mit Ruth Grandfort (Anne Baxter) traf, die, wie sich später herausstellt, seine Jugendliebe war und nun mit einem Politiker verheiratet ist. Weil sie Logan immer noch liebt, wurde sie von dem Ermordeten erpresst. Es kommt zur Gerichtsverhandlung, und trotz der erdrückenden Indizien und seines beharrlichen Schweigens spricht die Jury den Pater aus Mangel an Beweisen frei. Die Meute vor dem Gerichtsgebäude ist drauf und dran, ihn zu lynchen, als Kellers Frau eingreift; sie kann mit dieser Lüge nicht leben. Da wird sie von ihrem Mann erschossen, der seinerseits auf der Flucht durch die Kugeln der Polizei den Tod findet. Pater Logan erteilt ihm die Sterbesakramente und die Absolution.

Hitchcock, ein durchaus „katholischer" Regisseur, spielt in diesem Film nicht allein mit der Mechanik des Beichtgeheimnisses, sondern vor allem auch mit der Übertragung von Schuld. Pater Logan ist auch deshalb mitschuldig, weil Keller den Mord begangen hat, den er eigentlich begehen würde, wenn ihn Moral, Amt und Furcht nicht hindern würden. Er hat, vermutlich, im Geiste die Tat begangen, und er gibt sich am Ende gleichsam selbst die Absolution. I CONFESS ist einer der wenigen Hitchcock-Filme ohne einen Hauch von Ironie und *comic relief*; es ist ein Film, der tief in das Seelenleben des Regisseurs selber reicht, eine Untersuchung über die Unmöglichkeit der Unschuld in der katholischen Weltphantasie.

Der Film führt in die Paradoxie der religiösen Kulte, aber auch der symbolischen Erscheinungen. Als Logan im Gerichtssaal den wahren Schuldigen deckt (der in einer Soutane den Mord beging), sehen wir über ihm das Zeichen des Kreuzes, unter dem er zugleich standhaft bleibt und lügt. (Auf eine sehr viel einfachere und ideologisch fragwürdigere Weise schildert im übrigen eine Folge der deutschen Polizeiserie „Derrick" das Dilemma eines Priesters [Horst Frank], der durch eine Beichte gezwungen ist, einen Mörder zu decken; während bei Hitchcock sich das Dilemma für den Priester steigert, führt der Priester in der deutschen TV-Serie die Polizisten mehr oder weniger unvorsichtig, mehr oder weniger durchschaubar auf die Spur des Täters.) Kaum ein Film hat so deutlich auf die Ambivalenz des religiösen Systems hingewiesen: es ist zugleich ein Gefängnis und bietet die einzig mögliche Befreiung; es erzeugt zugleich Schuld und bietet sich als einzige Form der Vergebung an. Nicht einmal das Ende kann mit diesem Widerspruch versöhnen, zu groß ist der Verlust, zu wenig konnte sich die Liebe entfalten.

1956 entstand eine deutsche Variation zum Thema mit Viktor Tourjanskys Film BEICHTGEHEIMNIS. Auch hier gerät ein Priester (Erich Auer) selbst unter Mordverdacht, den er nicht entkräften kann, ohne das Beichtgeheimnis zu brechen. Auslöser der paradoxen Tragödie ist ein junger Vikar (Johannes Kersten), der in eine Kleinstadt kommt, wo er seiner alten Liebe Grete (Margit Saad) wiederbegegnet. Die deutsch-österreichische Produktion DIE FUNKSTREIFE GOTTES/FUNKSTREIFE XY – ICH PFEIF' AUF MEIN LEBEN (1967 – Regie: Hubert Frank) variiert erneut das Thema: ein Priester (Günther Stoll) nimmt einem sterbenden Gangsterboß nach einem Flugzeugunglück die Beichte ab und wird dann von einer Reihe von Verbrechern gejagt, die ihn mit allen Mitteln dazu bringen wollen, das Beichtgeheimnis zu brechen.

THE ROSARY MURDERS („Der Mörder mit dem Rosenkranz"/„The Rosary Murders" – 1987 – Regie: Fred Walton) konfrontiert den Pater Koestler (Donald Sutherland) mit der Beichte eines psychisch kranken Killers, der willkürlich Mitglieder des „Ordens des Heiligen Erlösers" ermordet. Den Opfern bindet der Täter jeweils einen Rosenkranz ums Handgelenk. Da er ans Beichtgeheimnis gebunden ist, kann Koestler der

Polizei keine Hinweise geben, stellt aber selbst Recherchen nach dem Täter an, während sich Lieutenant Koznicki (Josef Sommer) in seinen Nachforschungen verrennt. Koestler weiß zwar um die Identität des Mörders, aber nicht, aus welchem Motiv er tötet. Die innere Spannung des Dramas entsteht, weil Koestler ein eher liberaler Priester ist, der zum Beispiel Verständnis für eine Nonne zeigt, die sich aus Liebe zu einem Mann aus ihrem Orden verabschieden will, während sein Gegenspieler (Charles Durning) eher dogmatisch auftritt. Dann aber wird die Nonne ermordet aufgefunden, einen Rosenkranz um den Arm geschlungen. Das Psycho-Drama um Inzest, Rache und religiöse Obsession profitierte ein wenig vom Erfolg einer kleinen Welle der „Priester-Filme" in der Folge der Fernsehproduktion von DIE DORNENVÖGEL mit Richard Chamberlain, zu der Waltons Arbeit ein düsteres Seitenstück bildet.

Ins Politische gewendet findet sich das Thema in A PRAYER FOR THE DYING („Auf den Schwingen des Todes" – 1987 – Regie: Mike Hodges). Mickey Rourke spielt ein Mitglied der IRA, den Terroristen und Auftragsmörder Fallon. Als Fallon bei einem Anschlag einen Schulbus in die Luft sprengt, will er, von Schuld und Verzweiflung geplagt, aussteigen. Doch um aus seinen Verstrickungen zu entkommen, muß er einen letzten Mordauftrag annehmen, einen Mord, dessen Opfer ein Verbrecher ist und ihm daher nicht mehr allzu heftige Gewissensbisse verursacht. Fallon führt also auch diesen Auftrag aus, doch er wird dabei von dem Priester Da Costa (Bob Hoskins) beobachtet, den er nur zum Schweigen bringen kann, indem er ihn durch das Beichtgeheimnis bindet. Aber während sich der Terrorist und der Priester in theologischen und moralischen Streitgesprächen verheddern (und einander dabei, ohne es recht zu bemerken, immer näher kommen – beide sind geprägt von der verzweifelten Geschichte Irlands), verlangt man von Fallon trotzdem, daß er den Mitwisser tötet. Diesmal weigert er sich, und am Ende muß er seinen Widerspruch zwischen Terror und Moral und nicht zuletzt seine Zuwendung zu der blinden Nichte des Priesters mit dem Leben bezahlen. Die Verfilmung des Romans von Jack Higgins, „Praying for the Dying", gelang allerdings zu sehr nach Hollywood-Schablonen um allzu viel über den irisch-englischen Konflikt oder über das Seelenleben von Killern und Priestern und ihre geheimen Verwandtschaften auszusagen. Doch Hodges' Film kann schließlich am Ende mit einer der eindrucksvollsten Bilder von Gewalt und Sühne aufwarten, die das Genre bislang gefunden hat: Fallon stürzt, nach der Explosion einer von seinem Widersacher gezündeten Bombe, aus dem Kirchendach ins Gestühl, und im Fallen umklammert er ein Kruzifix, er sucht ganz direkt Halt an diesem Symbol des Opfers. Er nimmt das Kreuz an und wird von ihm zugleich erlöst und erschlagen.

Das Thema des Priesters, der durch das Beichtgeheimnis in eine moralische Falle gerät, schien damit immer noch nicht ausgereizt. Mehr als Anlehnungen an Alfred Hitchcocks I CONFESS unternimmt etwa der Film LEAVE HER TO HEAVEN („Todsünden" – 1992 – Regie: Bradford May): Christopher Reeve spielt den Pater Cusack, bei dem ein Mörder seine Beichte abgibt, und der, als er bei einem Hausbesuch die Leiche findet, selbst in Verdacht gerät. So muß der Priester, der an das Beichtgeheimnis gebunden ist, zum Detektiv in eigener Sache werden. Das ist gewiß eine einfachere Lösung als allzu tief in die Abgründe der eigenen Psyche oder Vergangenheit zu blicken.

Aber auch andere Motive im Spannungsfeld zwischen Kirche und Verbrechen wurden vom Genre aufgegriffen; die Soutane und der Mord, das Verbrechen und die Reinheit – das erschien gleichsam schon ikonographisch auf eine fundamentale Art wirksam. Der Tabuverstoß und das Heilsversprechen sind sehr nahe beieinander, und die mythische Antwort des Kinos auf den Widerspruch zwischen der theologischen Reinheit und dem Verbrechen ist nicht nur der Priester als Held entweder der rationalen Detektion oder der melodramatischen Passion, sondern auch die topographische Durchdringung: so wie das sündige weltliche in den Raum der Kirche einzudringen vermag, so muß der theologische Held in den Raum der Sünden aufbrechen. Die Berührung beider Welten führt stets zu einer eigenartigen Dramaturgie der Versuchung und der Erlösung. Und der Mord auf dem Kirchengelände scheint einen Suspense zweiten Grades zu garantieren: das Verbrechen an eben jenem Ort, der letzter Rückzugsort von Sünde und Leidenschaft zu sein verspricht. The GOLDEN GATE MURDER („Mord auf der Golden Gate Bridge" – 1979 – Regie: Walter Grauman) etwa erzählt von einem verzweifelten Priester, der sich von der Golden Gate Bridge stürzt. Doch die Nonne Benica (Susannah York) glaubt nicht an den Selbstmord und beauftragt den Detektiv Paul Silver (David Janssen) mit den Nachforschungen, der den Fall freilich erst ernst nimmt, als Benica beinahe selber Opfer eines Anschlages wird. Die Kirche ist immer wieder eine schaurig-schöner Tatort wie in dem englischen Film SERVICE OF ALL THE DEAD („Inspektor Morse – Gottesdienst aller Toten" – 1987 – Regie: Peter Hammond). Der Polizeiinspektor Morse (John Thaw) muß hier eine Mordserie lösen, die mit dem Fall eines Kirchendieners in Oxford beginnt, der in seiner Kirche erstochen aufgefunden wurde. Doch Morse findet heraus, daß der Mann schon tot war, als man ihm die auffälligen Messerstiche verabreichte. So behält der Ort seine Ambiguität bis zum Schluß.

Es ist schließlich auch die Machtfülle der kirchlichen Organisation, die Verflechtung zwischen insbesondere katholischer (also in besonderem

Maße von strukturellen und symbolischen Hierarchien bestimmter) Kirche und modernen Machtstrukturen, die stets von der legalen in die illegale, von der offenen in die verborgene Sphäre reichen, die zum Thema kriminalistischer Plots werden. Martin Scorsese etwa erinnert sich an seine Jugend in Little Italy, wo es nur zwei Möglichkeiten gab, im Ghetto zu einem Mann von Respekt zu werden: Priester oder Gangster. So gibt es in einer Reihe von Mafia-Filmen (vergleiche den Band „Der Polizeifilm" in dieser Buchreihe) den Priester, der durch familiäre oder persönliche Bande an das organisierte Verbrechen gebunden ist. Aber auch Macht und Karriere können sich verhängnisvoll auf Moral und Psyche eines Priesters auswirken. Als Macht-Institution ist die katholische Kirche für die kleine und große Korruption, und dann auch für das Verbrechen so anfällig wie jede andere. Ulu Grosbard greift dieses Thema in TRUE CONFESSIONS („Gefährliche Beichte / Fesseln der Macht" – 1981) auf. Der Film führt ins Los Angeles des Jahres 1948. Zwei eher gegensätzliche Brüder geraten aneinander: Des Spelacy (Robert De Niro) ist Priester geworden und verfolgt ehrgeizig seine Karriere als Vertrauter und Finanzminister des Kardinals, Tom (Robert Duvall) ist Polizist beim Sittendezernat. Als in einem Bordell ein Priester an Herzversagen stirbt, vertuscht Tom die Sache seinem Bruder zuliebe. Doch als eine Prostituierte ermordet wird, ist er gezwungen, den Fall weiter zu verfolgen. Die Spur führt zu einem Bauunternehmer (Charles Durning), der als mäzenatischer Förderer in den Kirchenkreisen wohl gelitten ist. Um Toms Ermittlungen abzuwehren, übt Des Druck auf seinen Bruder aus, weil er seine Karriere in Gefahr sieht. Grosbards Film sieht, wie eine Reihe von Filmen dieser Zeit, die Kirche und Mord zusammenbringen, die Institution Kirche durchaus kritisch, als eine Institution, in der es weniger um Seelsorge als um Macht und Einfluß geht. „Obwohl ‚True Confessions' irisch-katholisch ist und sein Milieu den sinnlichen mediterranen Glanz von Coppolas und Scorseses Filmen vermissen läßt, versucht er ähnliche Themen weiter zu entwickeln, indem er zeigt, was die Kompromisse auf der Straße der Seele eines Priesters antun. Aber die Filmemacher versäumen es, zu dramatisieren, was es für Des Spellacy bedeutet, Priester zu sein. Sein am meisten publikumswirksamer Augenblick kommt, wenn er dem Mann, der ihn mit der jungen Herumtreiberin verbindet, sagt: ‚We met her, you fucked her'. Aber das ist nur ein flüchtiger Moment der Wahrheit. ‚True Confessions' bietet ansonsten Blasphemie auf blasierte Art" (Michael Sragow). Aber mehr als Blasphemie ist der Film eine Art geistiger Erziehungsroman, in dem sich die beiden Brüder auch wie zwei Seiten einer moralischen Bewegung gegenüberstehen; der Polizist scheitert mit seinem Wahrheitsanspruch, aber der Priester nimmt, geläutert und von der Verweltlichung seines Auftrages abgerückt, seine Bewegung wieder auf, indem er sich auf das Amt der Seelsorge besinnt. So schließt sich der Kreis: die Verweltlichung des Priesters durch die Begegnung mit dem Verbrechen und den Akt der Detektion führt ihn zur Erkenntnis seiner wahren, spirituellen Bestimmung.

Die seltsamen Wege des Pater Brown

Zu einer der populärsten Gestalten im traditionellen Kriminal-Genre gehört Gilbert K. Chestertons Father Brown, der seine literarische Premiere 1911 erlebte und später mehrfach auch im Film auftrat. Er ist zugleich ein Nachfolger des kalten Rationalisten Sherlock Holmes und ein Gegenbild zu ihm. Unscheinbar, freundlich, stets ein wenig hilflos wirkend, gewiß nicht danach strebend, im Mittelpunkt der Bewunderung zu stehen, stellt er den Täter durch die Einsicht in eine höhere Vernunft der göttlichen Schöpfung. Alec Guiness stellte den Detektiv in der Soutane in FATHER BROWN („Die seltsamen Wege des Pater Brown" – 1954 – Regie: Robert Hamer) auf eine Weise dar, die Chestertons Vorstellung wohl sehr nahe kam. Er erweist sich nicht nur als leidenschaftlicher Kriminalist, sondern mehr noch als ein Kämpfer um die Seelen, wenn er dem Meisterdieb und Kirchenräuber Flambeau (Peter Finch)

FATHER BROWN (Alec Guiness)

nicht nur das Diebesgut wieder abnimmt, sondern ihn gar auf den rechten Weg zurückführt. Der leidenschaftliche Dieb stiehlt ein Kreuz, das dem Heiligen Augustinus zugeschrieben wird, und das nun auf einer Reise Station in Pater Browns Gemeindekirche macht. Um den Dieb nicht durch eine große Polizeiaktion erst aufmerksam zu machen, stiehlt der Pater das Kreuz, und will es eigenhändig nach Frankreich zurückbringen. Doch bei seiner Reise begegnen ihm allerlei sonderbare Gestalten, und erst als es zu spät ist, kommt Father Brown zum Bewußtsein, daß es immer derselbe Mensch war: Flambeau. Gegen den Willen seines Bischofs (Cecil Parker) und Inspektor Valentines (Bernard Lee) verfolgt er Flambeau und überlistet ihn schließlich. Nach einem Besuch im Schloß des Diebs und Kunstsammlers, bei dem er die tiefe seelische Verwundung dieses Mannes erkennt, und darauf verzichtet, ihn der Polizei auszuliefern, geht Flambeau in sich und kehrt reumütig in den Schoß der alles vergebenden Kirche zurück. (In der literarischen Biographie des Father Brown wird dieser Flambeau zu einem – meistens – treuen Begleiter des Detektivs in der Soutane, der ihm immer wieder entscheidende Hinweise geben kann.)

„Ich setze das Kreuz gegen Flambeaus Seele", sagt dieser Father Brown, dem im Wesentlichen nicht an der Detektion, sondern an Vergebung und Reue gelegen ist. Heinz Rühmann, der den Detektiv in der Soutane in mehreren deutschen Filmen spielte, bedient sich mehr der traditionellen *clues* als der katholischen Seelenlehre. Er ist häufig ein Detektiv nicht *in* der Soutane, sondern *trotz* der Soutane. DAS SCHWARZE SCHAF (1960 – Regie: Helmuth Ashley) beginnt mit einer Strafversetzung des detektivisch so unheilvoll begabten Paters, und kaum hat er sich mit den Verhältnissen vertraut gemacht und die Gemeindemitglieder mit seiner zweiten Leidenschaft, dem Bau einer neuen Kirche, behelligt, so wird auch schon ein Bankier ermordet aufgefunden. In der Fortsetzung ER KANN'S NICHT LASSEN (1962 – Regie: Axel von Ambesser) ist er in der Verbannung auf eine abgelegene Insel wieder rückfällig geworden: Pater Brown hat ein verschollenes Gemälde von Van Dyck gefunden und damit eine Diebesbande auf den Plan gerufen. Kaum wieder strafversetzt geschehen in seiner Pfarrei zwei Morde, die seinen kriminalistischen Scharfsinn unbeirrbar zu den wahren Tätern führen. Zur Strafe wird er nun nach Afrika verbannt.

Im dritten Film der Serie, der nun in deutsch-französisch-italienischer Coproduktion entstand, OPERAZIONE SAN PIETRO/AU DIABLE, LES ANGES/DIE ABENTEUER DES KARDINAL BRAUN (1967 – Regie Lucio Fulci), geht es um den Raub der Pietà aus dem Vatikan, deren Weiterverkauf an einen amerikanischen Gangster der zum Kardinal ernannte Pater Brown zusammen mit den vier kleinen Gaunern verhindern kann, die

196 1975–1998: Nostalgie, Parodie und Revision

den ursprünglichen Diebstahl durchführten. Den Charme und die Atmosphäre der Vorgänger versuchte der Farbfilm gar nicht erst zu erreichen, der auf keinen Chesterton-Stoff zurückgeht, mit Jean-Claude Brialy, Edward G. Robinson und Uta Levka allerdings internationale Stars aufzuweisen hat und eher in der Tradition der italienischen Gaunerkomödie steht.

Am Ende der achtziger Jahre entstand eine kleine TV-Film-Serie nach der Roman-Reihe von Ralph McInerny um die Figur des Father Dowling (gespielt von Tom Bosley), der seinem berühmten Vorgänger nacheifert. In FATHER DOWLING MYSTERIES („Ein gesegnetes Team") erhalten der Priester und Schwester Stephanie (Tracy Nelson), die ihn auf seinen kriminalistischen Pfaden begleitet, in entscheidenden Momenten auch einmal Hilfe „von oben". Donald E. Westlake schrieb das Buch zum Pilotfilm der Serie FATHER DOWLING MYSTERIES: FATAL CONFESSIONS (1988 – „Fatales Geständnis" – Regie: Chris Hibler). Da stürzt sich ein sensibler Junge, den Pfarrer Dowling kannte, in offenbar schwerer Depression aus dem Fenster. Doch als der Pfarrer den Tod seines Schützlings, den er vergeblich zu verhindern suchte, im Fernsehen noch einmal sieht, meint er zu erkennen, daß ihn jemand erschossen haben muß. Der Pater und seine Helferin untersuchen daraufhin alle Spuren, bis sie auf des Rätsels Lösung stoßen: Patronen aus Eis, die im Körper des Ermordeten verschwinden. In FATHER DOWLING MYSTERIES („Der Tote im Beichtstuhl" – 1989 – Regie: Chris Hibler) findet der Priester einen sterbenden Mann im Beichtstuhl, der ihm nur eine mysteriöse Botschaft zuflüstern kannn. Als Dowling die Polizei benachrichtigt, verschwindet die Leiche und mit Hilfe von Schwester Stephanie kommt er der Intrige auf die Spur.

Eine moderne, deutsche Variation bot die Serie „Schwarz greift ein", die mit dem Pilotfilm AUGE UM AUGE (1993 – Regie: Gert Steinheimer) begann. Klaus Wennemann spielt den Pfarrer und ehemaligen Kriminalpolizisten Henning Schwarz, der in die Frankfurter St. Antonius-Gemeinde geschickt wird, wo er immer wieder mit seinen alten „Bekannten" konfrontiert und in kriminelle Intrigen verstrickt wird. Im Pilotfilm geht es um die auch nicht mehr allzu unbekannte Geschichte vom Bruder eines Verbrechers, den Schwarz einst in Notwehr erschossen hat, und der nun Rache an dem scheinbar wehrlosen Diener Gottes nehmen will. TÖDLICHES BLUT handelt vom Handel mit AIDS-verseuchtem Blut und einer inszenierten Entführung. Kurzum: dieser Pfarrer/Detektiv löst in jedem seiner Fälle zugleich eine der aktuellen Menschheitsfragen.

A CHE PUNTO È LA NOTTE? („Verschwörung im Dunkeln" – 1993 – Regie: Nanni Loy) entstand nach einem Stoff der Turiner Kriminalautoren Carlo Fruttero und Franco Lucentini und erzählt von einem nach Meinung einiger seiner Mitmenschen dem Wahnsinn verfallenen Priester, der eines Tages durch ein Attentat (eine Kerze enthielt Plastiksprengstoff) ums Leben kommt. Dieser seltsame Heilige hatte gewiß viele Feinde; er war den kirchlichen Würdenträgern ein Dorn im Auge, hatte aber auch ungewöhnlich enge Kontakte zu allerlei Außenseitern der Gesellschaft, Prostituierten, Herumtreibern, Transvestiten, und er engagierte sich gegen soziale und rassistische Vorurteile. Der geduldige, äußerlich so sanftmütig erscheinende sizilianische Kommissar Salvatore Santamaria (Marcello Mastroianni), der von einem Dauerschnupfen geplagt wird, arbeitet sich langsam in das Geflecht der Intrigen in Turin, in denen auch der Automobilkonzern FIAT eine bedeutende Rolle spielt. Der Kommissar, selber einsam und unbeugsamer Außenseiter, der sich nie bemüht hat, seinen Vorgesetzten zu gefallen, sieht in dem nun wahrhaft gefallenen Priester wohl auch so etwas wie eine düstere Spiegelung seiner eigenen Situation.

Der Kirchen-Krimi handelt immer auch von der Beziehung des erhabenen Ich zur profanen Welt: der Priester ist die Figur, die sich trotz des sozialen Auftrages am weitesten von der Welt zurückgezogen hat, ein gleichsam radikales Ich, das keine direkte, intensive Berührung mit einem anderen Ich zuläßt. Jeder Detektiv, gleichgültig ob im Polizeidienst oder auf eigene Rechnung, hat (nicht nur) in dieser Beziehung eine innere Verwandtschaft mit dem Priester oder gar mit dem Mönch. Aber dieses dem nächsten Menschen radikal abgewandte (und zugleich der Welt radikal zugewandte) Ich entdeckt die Ur-Sünde, den Mord, an und um sich selbst, in dem geheiligten Raum von Kirche oder Kloster (oder der imaginären Kirche in der Gesellschaft), der seine Mauern und Türme gegen die chaotische Welt gerichtet hat. Dies erlaubt gewiß auch eine eminent filmische Wirkung: es ist die reinste Idee des Innenraumes, in dem die Fähigkeit verloren wird, die Gefahren des Außen zu überblicken. Es ist auf Erden kein Raum der Sicherheit, und kein Punkt, an dem die Kamera nichts als die Wahrheit sehen könnte. Denn wo immer der Mensch und sein Blick auch hingelangen kann, das Böse ist schon da.

Der schwere Fall des Private Eye

Alte Detektive sterben nicht

Die Figur des „schäbigen" Privatdetektives aus dem *film noir* und seinen Metamorphosen war nicht nur gebunden an eine Stimmung der Zeit, die von unbestimmten Ängsten und einer Fähigkeit unterstützt wurde, die eigene Gesellschaft ohne ideologische Verkennung zu sehen, sondern auch von einer bestimmten Gruppe von Schauspielern, von einem bestimmten Stil der Leinwand-Präsenz. Robert Mitchum ist gleichsam der letzte Überlebende der schäbigen Privatdetektive der schwarzen Serie. Aus den regennächtlichen Straßen von Los Angeles mag es ihn in der Welt umhertreiben, nie verläßt ihn die Aura jener Straßen, in denen die Nacht „schwärzer als schwarz" ist. Er setzt die lange Geschichte der Entfremdung im Genre fort bis zu einem Punkt, wo es in kein Wort, in kein Ding, in keine Geste mehr Vertrauen gibt. In Sydney Pollacks THE YAKUZA („Yakuza" – 1975) kommt er als Privatdekativ Harry Kilmer aus Los Angeles auf der Suche nach der gekidnappten Tochter eines alten Freundes nach Japan, um sie aus den Händen der Gangsterorganisation zu befreien, deren Ehrenkodex und Denkweise er zunächst einmal verstehen lernen muß. Im Vorspann hat sie uns der Film nahegebracht: „Yakuza bezeichnet eine Kombination aus den Zahlen 8, 9 und 3. Addiert ergibt das 20, eine Zahl, mit der man beim japanischen Glücksspiel verliert. Aus perversem Stolz bezeichnen sich die Angehörigen der japanischen Gangster-Clans so. Sie unterliegen einem strengen Ehrenkodex, ähnlich dem Bushido der Samurai". Kilmer bittet seinen Freund und Ex-Yakuza Ken, der noch eine Schuld bei ihm zu begleichen hat, um Hilfe, doch gerade dies setzt die Mechanik des Gangster-Codes in Gang. Es sind Mißverständnisse, unbedachte Regelverletzungen, die einen blutigen Kampf auslösen, aus dem, so scheint es, der Privatdetektiv noch erschöpfter als zuvor (aber gewiß auch mit einer merkwürdigen Aura einer tiefen, unerklärlichen Erkenntnis durch die Begegnung mit dem Fremden) zurückkehrt in eine Welt, die ihm nun auch mehr und mehr fremd werden muß. Und es ist diese denkwürdige Mischung aus Fremdheit und Lakonie, die auch seine späten Rollen im Genre prägt: Robert Mitchum ist immer der falsche Mann am falschen Ort, und er ist einer, der das weiß.

In den achtziger Jahren ist Mitchum das lebende Gespenst des alten Privatschnüfflers des *film noir*. Immer wieder erlebt er die gleichen Geschichten, die gleichen Niederlagen, den gleichen Verrat und die gleichen Kämpfe. Und Mitchum bleibt stoisch, würdevoll und todmürrisch in allen Filmen des Genres, glaubwürdig in jeder Einstellung, gleichgültig wie gedankenlos das Drehbuch zusammengebastelt ist, oder welche Schludereien sich die Regie gestattet. Er spielt in NIGHTKILL („Nightkill" – 1980 – Regie: Ted Post) einen Detektiv, der einer Frau (Jaclyn Smith) auf die Spur kommt, die den eigenen Mann ermordet hat. In ONE SHOE MAKES IT MURDER („Tote kriegen keine Post" – 1982 – Regie: Billy Hale) ist sein Ex-Polizist und schäbiger Privatdetektiv noch weiter unten als man es von Helden seines Schlages gewohnt ist. Nachdem ihn seine Frau verließ, hat er versucht, sich umzubringen, was ihm reichlich seelische und körperliche Narben hinterließ. Er agiert wahrhaft wie ein „Toter auf Urlaub", und wie in Trance scheinen seine Bewegungen. Dieser Privatdetektiv mit dem Namen Schillman (ein purer Hohn auf seine „Fähigkeiten") erhält den Auftrag, die verschwundene Frau eines Spielcasino-Besitzers (Mel Ferrer) zu finden. Niemand ist so überrascht wie er selber, als er die Frau seines Auftraggebers ziemlich rasch gefunden hat, aber noch während er ihm telefonisch über seinen Erfolg berichten will, stürzt sie vor seinen Augen aus dem achten Stock auf den Asphalt. So wird er zum Hauptverdächtigen in diesem dubiosen Mordfall. Zusammen mit der undurchsichtigen Faye (Angie Dickinson) versucht er, seine Unschuld zu beweisen. Mitchum, dem kein wirkliches Happy Ending mehr vergönnt ist, scheint hier so etwas wie „Philip Marlowes letzte Tage" zu spielen. Seine Skepsis ist einer grimmigen Ratlosigkeit gewichen, sein Underdog-Stolz dem Bewußtsein, am Ende noch stets als Verlierer zu enden. Der schäbige Privatdetektiv ist ins letzte Stadium seiner Erniedrigung getreten; er wird nicht nur verraten, verprügelt und angeschossen, er wird zum Teil der Inszenierung des Verbrechens, ein willkommener Sündenbock.

In HOODWINKED („Jake Spanner – Aufs Kreuz gelegt" – 1989 – Regie: Lee H. Katzin) hat sich Mitchums Privatdetektiv zur Ruhe gesetzt. Es war wohl höchste Zeit. Doch auf einer Parkbank trifft er eines Tages seinen alten Widersacher und Freund, den Ex-Mafioso Sal (Ernest Borgnine) wieder, dessen Enkeltochter man entführt hat. So tun sich die beiden Veteranen zusammen, um sich den „modernen" Gangstern zu stellen, die sich nicht mehr an die Regeln halten. Bei der Geldübergabe werden beide furchtbar zusammengeschlagen, was Jake Spanner so sehr reizt, daß er zusammen mit seinem Bruder, einem pensionierten Polizisten, Jagd auf die Entführer macht. Und noch einmal schlägt er von ganzem Herzen zu, jedenfalls so weit es die alten Knochen zulassen.

Der Film ist im übrigen ein kleines Familienunternehmen: Neben Robert Mitchum spielt sein Bruder John Mitchum Jakes Bruder J.P., der Sohn Jim Mitchum ist der Neffe des Detektivs. Als ebenso komödiantische wie nostalgische Hommage erzählt der Film unter anderem auch von den körperlichen Problemen älterer Herren und – als *running gag* – von der überfreundlichen Nachbarin, die die Helden mit ihren Kohlrouladen traktiert. Und am Ende gönnt der Film es seinen agilen Protagonisten gar, sich mit einem Koffer voller Geld in den sonnigen Süden davonzumachen. Endlich erlöst.

Closed Room Mysteries: Mörderspiele

Der *Armchair-Detective* und das *Closed Room Mystery* sind, zumindest auf den ersten Blick, ausgesprochen un-filmisch in ihrer dramaturgischen

Präsentation. Es ist eine Person, die sich fast nicht bewegt und ein Raum, der sich fast nicht verändert. Sie reagieren gleichsam auf heftige innere und äußere Bewegungen durch Bewegungslosigkeit. Bei der Verfilmung solcher klassischen Konstruktionen des Genres hat der Film daher stets zu mehr oder weniger fairen Tricks gegriffen, entweder den Detektiv in Bewegung zu versetzen, oder den einen oder anderen dynamischen Ortswechsel vorzunehmen. Eine – dem Thriller verwandte – Abart des Genres indes macht den geschlossenen Raum geradezu zum eigentlichen Thema. Sie verzichtet in der Regel auf die Figur des eigentlichen Detektivs und läßt strategisch mehr oder weniger gleichwertige Menschen mit bösen Absichten aufeinander los. Die Aufgabe des Detektivs bleibt dabei dem Zuschauer überlassen.

Zum modernen Klassiker des „Whodunit ohne Detektiv" wurde das lustvoll zynische Mörderspiel SLEUTH („Mord mit kleinen Fehlern" – 1972) von Joseph L. Mankiewicz, in dem Laurence Olivier als Kriminalautor Andrew Wyke und Michael Caine als italienischer Friseur Milo Tindle (Michael Caine) und Rivale in einem grimmig-komischen Duell der Finten und Drohungen gegeneinander stehen, das stets für die Protagonisten wie für die Zuschauer überraschende Wendungen einzuschlagen vermag. Die Perfektion dieses kunstvoll verwobenen kriminalistischen Kammerspiels diente einer Reihe von Filmen zum Vorbild, das jedoch nie wirklich erreicht wurde. „Welcher Regisseur könnte schon so verrückt sein, zwei Personen in ein englisches Landhaus zu sperren, sie zwei Stunden lang reden und agieren zu lassen und dann noch zu hoffen, am Ende eines müden Fernsehspiels einen Film gemacht zu haben? Mankiewicz macht aus dieser Unmöglichkeit ein Meisterstück raffinierter Szenenauflösung und pointierter Bild- und Dialog-Regie" heißt es in der Kritik der „Süddeutschen Zeitung". Viel zu der auch visuellen Wirkung des Films ist dem Ausstatter Ken Adams zu verdanken, der ein überladenes und labyrinthisches viktorianisches Landhaus als Schauplatz des Psycho-Duells schuf, das ein unheilvolles Eigenleben zu führen scheint.

Der *closed room* des Mörderspiels kann freilich nicht nur topographisch, sondern auch virtuell, durch eine bestimmte Szenerie hergestellt werden, ein geschlossener Raum nicht der Architektur, sondern der Zeichen und der Kulturen. Es ist eine Eigenheit, ein Beruf zum Beispiel, eine „Szene", der die potentiellen Opfer nicht entkommen können, wenn sie bemerken, daß in ihr ein grausamer Mörder sein blutiges Spiel beginnt. Doch gerade dieses Spiel mit einer Art der synthetischen „Vorherbestimmung" (die „Nachahmung der Vorsehung" im Genre, von der Hans Daiber spricht) liegt am Gefühl klaustrophober Bedrohung so nahe wie an schwarzer Komik. Ein Mörderspiel besonderer Art bietet zum Beispiel WHO IS KILLING THE GREAT CHEFS OF EUROPE? („Die Schlemmer-Orgie" – 1978 – Regie: Ted Kotcheff). Da soll der Restaurantkritiker Max (Robert Morley) die besten Küchenchefs Europas (eine Parade der Gaststars von Philippe Noiret bis Jacqueline Bisset) und ihre Küchenkunst testen, aber zur gleiche Zeit eröffnet ihm sein Arzt, daß er schleunigst 70 Kilo abnehmen muß, wenn er sein Leben retten will. In diesem Augenblick beginnt eine Mordserie unter Europas großen Küchenmeistern, und zunächst gerät Max unter Verdacht.

Was das kriminalistische Mörderspiel und *Whodunit* ohne Detektiv etwa vom Thriller unterscheidet ist die kühle Eleganz mit der der Mord als „feine Kunst" betrachtet wird. Die Filme gestatten sich eine ironische, äußere Perspektive auf ein mörderisches Geschehen, das viel weniger durch die Leidenschaft der Druchführung als das Raffinement der Inszenierung charakterisiert ist. Auch in diesem kleinen Subgenre taucht immer wieder das Motiv von der Angleichung zwischen Fiktion und Wirklichkeit auf. Wer von einem Mord träumt, kann nie recht sicher sein, ob sich sein Traum nicht in sein Leben verlängert. Der als Experimentalfilmer bekannte Vernon Zimmermann läßt in FADE TO BLACK („Die schönen Morde des Eric Binford" – 1980) den von seiner Mutter unterdrückten und von Kollegen schikanierten Botenjungen eines Filmlagers (Dennis Christopher) in die Rollen seiner Lieblingsfilmstars schlüpfen. Er lebt in einer zweiten Kino-Wirklichkeit, spielt Nosferatu, The Creature from the Black Lagoon oder Hopalong Cassidy; er spricht nur in Kino-Dialogen und benutzt schließlich die Masken seiner Idole, um sich an seiner Umwelt zu rächen. Seine Mutter (die sich im übrigen als seine Tante ausgibt, um die neurotischen Verwicklungen zu vervollkommnen) stürzt er nach Thriller-Manier in den Tod, ein unvorsichtiges Straßenmädchen wird Opfer seiner Verwandlung in Graf Dracula, und seinen fiesen Arbeitskollegen erwischt Eric nach Westernmanier.

Noch gefährdeter ist der Schriftsteller, dessen Phantasie das Böse ausbrüten muß. Und mit der Spiegelung von literarischer Krimi-Fiktion und Plot-Konstruktion gerät das Genre in ein Stadium der Selbstbezüglichkeit, wie es die Spätphasen der Entwicklung von Motiven des populären Films immer wieder auszeichnet. DEATHTRAP („Das Mörderspiel" – 1981 – Regie: Sidney Lumet), eine recht werkgetreue Umsetzung eines Theaterstücks von Ira Levin, zeigt Michael Caine nun in der Rolle eines Schriftstellers, der seit geraumer Zeit keinen Erfolg mehr verzeichnen konnte, schließlich gar einen bösen Verriß erntet. Nun erhält er ein Buch des Nachwuchsautors Clifford Anderson (Christopher Reeve) zur Bewertung, seines ehemaligen Zöglings. Dessen Kriminalroman ist so brillant, daß Sydney Bruhl nach einem Gespräch mit seiner Frau Myra (Dyan Cannon) beschließt, den Autor zu beseitigen und das Buch als eigenes auszugeben, um damit den dringend benötigten Broadway-Hit zu landen. Sydney und Myra laden Clifford in ihr Landhaus ein, und sie werden in ihrem Vorhaben bestätigt, als sie erfahren, daß er außer ihnen noch niemandem sein Manuskript gezeigt hat. Aber kurz nach dem Mord steht das Opfer plötzlich wieder vor Bruhls Frau, die daraufhin einen Herzanfall erleidet. In MURDER BY THE BOOK („Irre jagen Irre" – 1986 – Regie: Mel Damski) versucht ein Kriminalschriftsteller (Robert Hays) einen seiner Krimi-Helden, dessen er überdrüssig geworden ist, den coolen Biff Deegan, „sterben" zu lassen und erfindet statt dessen den noch cooleren Amos Frisbee. Aber Biff will nicht sterben und kommt, um seinen literarischen Tod zu verhindern, ins wirkliche Leben – und trägt die Züge seines Autors. Schließlich gerät das Autor/Geschöpf-Zwitterwesen in die Handlung des letzten, unvollendeten Kriminalromans, und der Autor muß auf der Flucht vor seinen eigenen Phantasien um sein Leben kämpfen. Die Komödie RADIOLAND MURDERS („Radioland Murders – Wahnsinn auf Sendung" – 1994 – Regie: Mel Smith) führt in die Anfangszeiten des amerikanischen Hörfunks: Als 1939 mit großem Prunk und vor geladenem Publikum ein neuer Radiosender auf Sendung geht, geschehen hinter den Kulissen eine Reihe von Morden. Die Polizei verdächtigt den beim Sender angestellten brillanten Autor, der sich allerdings als bester Detektiv erweist. Die Kriminalhandlung gibt überdies Gelegenheit zu liebevollen Parodien auf die Sendeformen des Hörfunks, vom Hörspiel-Serial bis zum Bigband-Klamauk à la Spike Jones. Und beim Showdown auf dem Funkturm erfährt man ganz nebenbei, was wahrhaft mörderisch fürs Radioland sein wird: das Fernsehen.

Im klaustrophoben Mörderspiel wird der Raum zur Bühne und der gewaltsame Tod zu einer künstlerischen Inszenierung. Eine geradezu mathematisch kalkulierte Mischung von gleichen Teilen TEN LITTLE INDIANS und THE HOUNDS OF ZARROW/THE MOST DANGEROUS GAME bietet DEADLY GAME („Spiel gegen den Tod" – 1991 – Regie: Thomas J. Wright): Ein Millionär namens Osiris hat eine Gruppe von Menschen auf eine einsame Insel gelockt; dort will er sie zum Opfer einer erbarmungslosen Menschenjagd machen. Seine Jäger und Hunde werden die Probanden bis in den Tod hetzen, der Überlebende aber soll eine Million erhalten. Die Gefangenen überlegen nun fieberhaft, was das Motiv für die Grausamkeit des Gastgebers wohl sein könnte, und alle entdecken die eine oder andere Verbindung in ihrem Leben mit dem Millionär. Eine ganz andere Variante bietet Peter Hunt in DEAD MAN'S ISLAND („Ein tödlicher Coup" – 1994), in der William Shatner einen Millionär spielt, der weiß, daß man ihm nach dem Leben trachtet. Nun lädt er alle Verdächtigen auf eine einsame Insel ein, um zusammen mit seiner Ex-Geliebten (Barbara Eden) herauszufinden, wer wirklich einen Mordanschlag plant.

REHEARSAL FOR MURDER („Probe für einen Mord/Eine Probe für den Mörder" – 1982 – Regie: David Greene) ist nach den Regeln des klassischen *Whodunit* aufgebaut: Der Theaterautor Dennison (Robert Preston) hat ein Theaterstück für seine Geliebte, die Schauspielerin Monica Wells (Lynn Redgrave) geschrieben. Aber das Stück wird ein Mißerfolg, und Monica verlangt verzweifelt und enttäuscht, allein zu sein. In der Nacht ruft sie Dennison an, das Gespräch wird aber plötzlich unterbrochen, und als er zu ihrer Wohnung kommt, kann er nur noch miterleben, wie ihre Leiche abgeholt wird. Ein Jahr später veranstaltet er eine Leseprobe, bei der alle zugegen sind, die mit der Ermordeten in Zusammenhang standen, und gelesen werden Texte, die Aufschluß über ihre Beziehungen zu der Toten geben und den wahren Mörder schließlich überführen sollen.

CLUE („Alle Mörder sind schon da" – 1985 – Regie: Jonathan Lynn) parodiert die gängigen Ingredienzien eines *Closed Room Mystery*: eine einsame Villa auf einem Hügel in einem Gewittersturm ist der Schauplatz; sechs Opfer eines Erpressers, die ein mysteriöser Gastgeber hierher beordert hat, sprechen miteinander, verdächtigen einander, intrigieren gegeneinander – und ermorden einander. Der Witz des Films – zumindest im Original – liegt in der Geschwindigkeit und Aggresivität der Wortkaskaden, die ein wenig an klassische *screwball comedies* erinnern, im Einsatz des Dialoges als Waffe. Es ist im übrigen wohl der erste Film in der Geschichte des Genres, der nicht einen Roman, ein Theaterstück oder eine Originalstory zur Vorlage hat, sondern nach einem Brettspiel (CLUEDO) entstand, und dieser Vorlage entsprechend nicht eine Lösung des kriminalistischen Rätsels anbietet, sondern deren gleich drei.

MURDER 101 („Mord 101" – 1990 – Regie: Bill Condon) zeigt Pierce Brosnan als Professor, der seinen Schülern erklärt, es gebe keinen perfekten Mord. Er stellt ihnen die Aufgabe, eine Kriminalgeschichte mit einem zentralen Mordfall zu erfinden, doch aus dem Spiel wird ernst, und ein Kollege sowie eine junge Studentin werden ermordet aufgefunden. Alle Indizien weisen auf den Professor selbst, zumal der Ermordete der Liebhaber seiner Frau war. So bleibt ihm nichts anderes übrig, als seine theoretischen Kenntnisse einzusetzen und zum Detektiv in eigener Sache zu werden.

SOFT KILL („Soft Kill" – 1994 – Regie: Eli Cohen) handelt von dem Privatdetektiv Jack Ramsey (Michael Harris), der unter Verdacht steht, die Frau ermordet zu haben, mit der er die letzte Nacht verbrachte und die tot in ihrem Schlafzimmer aufgefunden wurde. Den Fall übernimmt der Polizist Ben McCarthy (Brion James), der frühere Partner Jacks aus der Zeit, als der noch selber bei der Polizei diente. Mal miteinander, mal gegeneinander gehen die beiden vor, um seine Unschuld zu beweisen, und sie treffen dabei auf eine Reihe von Verdächtigen, darunter vor allem die Schwester der Ermordeten und ihren Mann, einen Staatsanwalt, die beide das beträchtliche Vermögen der Toten erben. Die *film noir*-Reminiszenzen hatten in Filmen wie diesem einen eher mechanischen Charakter angenommen. Viel mehr geht es darum, ein absurdes Spiel mit den Vorgaben des Genres zu treiben, eine neue Variante von Suspense zu entwickeln an den Rändern von Traum, Fiktion und Realität. Die Intrige und die Phantasie von ihr beginnen damit, einander in mehr oder minder geschickt geflochtenen Bändern zu umkreisen, wie auch in der Stephen King-Verfilmung MYSERY („Mysery" – 1990 – Regie: Rob Reiner), wo ein Autor (James Caan) von einer begeisterten (und psychisch gestörten) Leserin (Kathy Bates) seiner Romane gefangen genommen wird, die ihn dazu zwingen will, den literarischen Tod ihrer Lieblingsheldin rückgängig zu machen.

Es ist das Spiel, aus dem blutiger Ernst wird, das das Genre in diesem Jahr besonders zu faszinieren scheint. In DEAD FUNNY („Schluß mit lustig" – 1994 – Regie: John Feldman) geht es um ein Paar, das sich mit eher makabren Scherzen die Zeit zu vertreiben pflegt. So ist Viv (Elizabeth Pena) zunächst höchst amüsiert, als sie Reggie (Andrew McCarthy) mit einem Samurai-Schwert an den Küchentisch genagelt findet. Doch schnell vergeht ihr das Lachen, als sie bemerkt, daß ihr Geliebter diesmal wirklich ermordet wurde. Gemeinsam mit ihrer Freundin Louise (Page Turco) macht sie sich auf die Suche nach den Hintergründen. Zu einem Spiel mit Bildern und Geschichten lädt auch Jim McBrides stilvoll verrätselter Film UNCOVERED („Geheimnisse" – 1994) ein. Die junge Restauratorin Julia (Kate Beckinsale) beschäftigt sich mit dem Gemälde „Das Schachspiel" des flämischen Meisters Van Huys und entdeckt bei ihrer Arbeit den übermalten Schriftzug: „Wer schlug den Springer?". Nachdem sie erfahren hat, daß das Bild den Ehemann und den Geliebten der Frau darstellt, die selbst die Partie im Hintergrund beobachtet, ist ihre kriminalistische Neugier erwacht, und ein junger Mann, der durch die Rekonstruktion des Spielverlaufes neue Aufschlüsse über den historischen Fall zu erhalten gedenkt, wird ihr Komplize und Geliebter. Doch immer mehr greift das historische Geschehen in Julias wirkliches Leben ein, was um so beunruhigender ist, als auch sie sich zwischen zwei Männern befindet. Zuerst findet sie Schachfiguren vor ihrer Wohnungstür, dann eine Leiche in der Badewanne, und schließlich muß sie um ihr eigenes Leben fürchten. Die Spiegelung erreicht noch eine dritte Ebene: McBride inszeniert auch seine Protagonisten wie Schachfiguren in einer ebenso ausgeklügelten wie kalten Partie.

Der schwere Fall des Private Eye 205

Back to the Forties: Nostalgia und Neo Noir

Der *film noir*, der seine Blüte in den vierziger Jahren erlebte, ist in der Regel definiert als eine neue Art von Kriminalfilm, in der es weniger um die Detektion, das „Marionettenspiel" der Verdächtigen und um die menschliche Denkmaschine geht, die mit untrüglicher Logik die Schuldigen aus dem Kreis der Verdächtigen bestimmen wird, sondern um Stimmungen, Gesichter, moralische und emotionale Verflechtungen, Reisen in den Maquis von Ökonomie, Eros und Politik. Und es ist ein amerikanischer Film, der sehr stark von europäischen Traditionen, von Autoren und Regisseuren im Exil bestimmt wurde. (Dem Film Noir wird, auch wenn er gewiß nicht im ersten Sinn des Begriffs als „Genre" gedeutet werden kann, ein eigener Band in dieser Buchreihe gewidmet sein.)

Der *film noir* wurde nicht zu einem Genre, ja nicht einmal zu einem einheitlichen Stil, und vielleicht führt ja auch „gerade diese Unbestimmtheit, die den Reichtum der klassischen Noir-Periode ausmacht, dazu, daß der Terminus nahezu beliebig erweiterbar und auf alles und jedes anwendbar scheint" (Christian Cargnelli/Michael Omasta). Freilich: Für die Noir-Parodie und den bewußten Versuch eines „Neo Noir"-Stils sind die Bezugspunkte eindeutiger: Es sind die „Meisterwerke" des Film Noir aus den vierziger Jahren, die im Bewußtsein nicht nur der Cineasten dieser Welt, sondern auch durchschnittlicher Kino- und Fernsehzuschauer geblieben sind, und die mit einem hohen Wiedererkennungswert rechnen können.

HAMMETT (Frederic Forrest)

Es gibt sehr verschiedene Möglichkeiten, auf die Impulse des *film noir* zu reagieren. Eine davon war es, gleichsam an die Wurzeln des Genres zu gelangen. Wim Wenders drehte, nach einer Reihe von Problemen mit den amerikanischen Produktionspartnern, mit HAMMETT (1982) eine schöne, aber nie ganz durchschaubare Hommage an den großen Kriminal-Dichter (Frederic Forrest), der nach langen Jahren seit er bei Pinkerton arbeitete, noch einmal einen schwierigen Fall übernimmt: Sein alter Freund Jimmy Ryan (Peter Boyle) taucht im Leben des Schriftstellers auf und zieht ihn in eine undurchsichtige Mordintrige. Hammett macht sich auf die Suche nach der verschwunden Crystal Ling (Lydia Lei) in Chinatown, und er begegnet dabei Personen und Situationen, wie er sie in seinen Romanen beschrieben hat.

Der Film ist ganz in einer künstlichen Studiowelt des San Francisco der Zeit des *film noir* gehalten, in einer Atmosphäre allseitiger Bedrohung, wie sie die Filme der vierziger Jahre aus Hollywood auszeichnete. Und worum es einmal mehr geht, ist die Verflechtung von Fiktion und Wirklichkeit: „Die Ausgangsposition", so der Regisseur, „war, eine Balance zu finden zwischen der reinen Kriminalhandlung und der Geschichte dieses Schrifstellers, der anfängt, die Wirklichkeit ein wenig mit seiner eigenen Fiktion zu verwechseln. Da lag auch das größte Problem beim Schreiben des Drehbuchs: die verschiedenen Ebenen zu schaffen, auf denen sich die Geschichte abspielt, und diese Ebenen am Ende aufzulösen".

„Die zweite Möglichkeit ist das *period piece*, gleichsam „*fake film noirs*" um Gestalten, und insbesondere *private eyes*, Gangster und kaputte, verwöhnte Bürgertöchter, wie sie das Genre in den vierziger Jahren bevorzugte. Die filmischen Zeitreisen dieser Spielart des Neo Noir führen an einen mythischen amerikanischen Ort, die Jahre zwischen 1946 und 1948, Jahre zwischen dem alten und einem neuen Amerika. GOOD NIGHT MY LOVE („Ein Koffer für das Syndikat" – 1972 – Regie: Peter Hyams) führt ins Los Angeles des Jahres 1946 und hält sich ironisch an das Grundmuster der *private eye*-Filme der schwarzen Serie: eine schöne Frau (Barbara Bain) kommt ins Büro eines heruntergekommenen Detektivs (Richard Boone), um ihm einen ziemlich trivialen Fall zu übertragen, hinter dem sich freilich eine ungeheure Intrige verbirgt. Der Detektiv Francis und sein kleinwüchsiger Partner (Michael Dunn) suchen den verschwundenen Verlobten ihrer Auftraggeberin; die freilich benutzt sie als Köder in einer gefährlichen Gangster-Intrige. Mit PEEPER („Die falsche Schwester" – 1975) drehte Hyams eine weitere Variante der Noir-Parodien: Eine Stimme, die zumindest ein wenig der von Humphrey Bogart ähnelt, führt uns zu Beginn in die Handlung ein, die wieder im Los Angeles des Jahres 1947 situiert ist. Der erfolglose Privatdetektiv Leslie Tucker (Michael Caine) erhält eines Tages den Auftrag, die verschwundene Tochter des reichen Mr. Angelich zu finden, aber dabei trifft er gleich auf zwei junge Frauen (Natalie Wood und Kitty Wynn), die von sich behaupten, die echte – und erbberechtigte – Tochter zu sein.

THE DAIN CURSE/PRIVATE EYE („Der Privatdetektiv/Der Fluch des Hauses Dain" – 1978 – Regie: E.W. Swackhamer) ist eine neue Film-Variation von Dashiell Hammetts Roman (die in einer kurzen einteiligen und einer dreiteiligen TV-Fassung herausgebracht wurde). James Coburn ist Hamilton Nash, Detektiv einer großen Agentur, der zunächst den Auftrag erhält, die aus der Villa des Wissenschaftlers Leggett (Paul Harding) gestohlenen Diamanten wiederzubeschaffen. Bei seinen Recherchen stößt er auf Gabrielle (Nancy Addison), die aus dem Haus Dain stammt, auf dem, wie sie glaubt, ein furchtbarer Fluch liegt. Sie sieht sich selber als Medium für Unglück und Mord, und es sieht tatsächlich so aus, als würde der Fluch wieder seine Opfer fordern: In Gabrielles Umgebung sterben wirklich bemerkenswert viele Menschen eines unnatürlichen Todes. Zunächst behauptet sie, vor der Tat sei ein fremder Mann um das Haus geschlichen, was auch ihr Verlobter Eric (Martin Cassidy) bestätigt, doch kurz darauf wird dieser Fremde ermordet aufgefunden. Während Nash dahinter kommt, daß die Sekte „Tempel des heiligen Grals" mit den Morden in Zusammenhang steht, wird auch Gabrielles Verlobter ermordet, und auch sie selber verschwindet spurlos. Als Nash sie aus dem Tempel befreit hat, wird Leggett tot aufgefunden, bei ihm ein Geständnis, dem der Detektiv freilich – zu Recht – nicht traut. Abgesehen vielleicht von dem ironisch abgeklärt agierenden James Coburn hat die Serie eher mit klassischen *Whodunits* mit leichtem *Mystery-Touch* zu tun als mit den *hard boiled* Kriminalromanen oder gar mit den Filmen der Schwarzen Serie, die in ihrer Tradition entstanden.

Auch CONFIDENTIAL („Die Spur des Mörders" – 1986 – Regie: Bruce Pittman) führt ins Jahr 1947 – gleichsam das magische Jahr des nostalgischen oder ironischen Neo-Noir-Films. Der Privatschnüffler Charles Ripley (August Schellenberg) erhält von einer Frau den Auftrag, ihren Mann, einen Reporter, zu suchen, der einer dreißig Jahre alten Mordgeschichte auf der Spur war. Hugh Jameson aber, so findet Ripley bald heraus, hat nicht nur berufliche, sondern auch persönliche Interessen; er ist mit einer Stripteasetänzerin liiert, die Ripley in die Abgründe einer Intrige von Wahn und Mord führt.

Ein Comeback wurde auch für den vulgärsten und härtesten unter den späten Noir-Detectives, Mickey Spillanes Mike Hammer, versucht. MARGIN FOR MURDER („Mike Hammer – Mörderische Geschäfte" – 1981 – Regie: Daniel Haller) schickt den Schnüffler (gespielt von Kevin Dobson) auf die Spur eines Spekulanten und eines kriminellen Anwalts

(John Considine), der an der Ermordung seines Freundes die Schuld trägt. Populärer wurde die Gestalt schließlich, als Stacy Keach den Detektiv in einer TV-Serie spielte, die 1984 mit dem Pilotfilm MURDER ME, MURDER YOU („Mike Hammer – Mord auf Abruf" – Regie: Gary Nelson) begann. Die zynische Brutalität von Spillanes vulgärem und sexistischem Helden ist hier durch eine Prise Ironie und etwas Melancholie gebremst; dieser Mike Hammer ist in seinem Wesen den Noir-Detektiven der Vierziger näher als den rüden Fünfzigern – selbst seine krude antiliberale Weltsicht hat dieser Mike Hammer überwunden. In COME DIE WITH ME („Mike Hammer – Auf falscher Spur" – 1994 – Regie: Armand Mastroianni) ist Rob Estes der Privatdetektiv, der sich mit seiner üppigen Assistentin (Pamela Lee Anderson) auf die Suche nach dem verschollenen Vater einer dubiosen Klientin macht, die offensichtlich ein Lügengewebe um ihre Geschichten webt. Das hindert Mike Hammer nicht daran, sich in die hübsche Trinity (Randi Ingerman) zu verlieben. Im Stil von „Miami Vice" gedreht, auf Oberflächenreize konzentriert, ist dieser Film am weitesten entfernt vom Geist des *film noir*.

Ganz im Geist der Schwarzen Serie steht dagegen John R. Dahls Debüt KILL ME AGAIN („Tote leben länger"/„Kill Me Again" – 1989), die Geschichte der schönen und geheimnisvollen Fay (Joann Whalley Kilmer) und des heruntergekommenen Outlaw-Schnüfflers Jack Andrews (Val Kilmer) in der Spielerstadt Reno. Jacks Frau ist vor zwei Jahren bei einem Unfall gestorben, und er selber ist zum obsessiven Zocker geworden. Fay hat mit ihrem Freund Vince (Michael Madsen) den Geldtransport des Casinos überfallen und ihn dann um die überraschend hohe Beute betrogen. Sie gibt Jack den Auftrag, sie zum Schein zu töten, um sie von ihrem Ex-Lover zu befreien und der Mafia zu entkommen. Aufgrund seiner Spielschulden – und weil kein Privatdetektiv der Welt der schönen Klientin widerstehen kann – willigt er ein, wird aber bald darauf von der Polizei als Mörder und von der Mafia gejagt, weil sie bei ihm die Beute vermutet. Und schließlich ist auch Vince hinter ihm her, weil er glaubt, er wolle mit seiner Freundin durchbrennen. In Wirklichkeit jedoch geht es um Drogen, Verbrechen und sehr viel Geld. Nach vielen Verwicklungen wird auch der Detektiv selber von der Gier nach dem Geld gepackt und beteiligt sich an dem Spiel allseitigen Betruges.

Eine andere Möglichkeit ist das direkte Remake von *films noirs*. Eines der bekanntesten Beispiele ist D. O. A. („Opfer der Unterwelt), von Rudolph Maté 1948 mit Edmond O'Brien nach einer Story von Clarence Green inszeniert, der 1969 als COLOR ME DEAD ein erstes Remake in Australien erfuhr, in dem Tom Tryon das Opfer spielte. Ein zweites Remake entstand unter dem ursprünglichen Titel D.O.A. – DEAD ON ARRIVAL („D.O.A. – Bei Ankunft Mord" – 1988) unter der

Regie von Rocky Morton und Annabel Jankel, die als Videokünstler und Erfinder von „Max Headroom" für das Fernsehen bekannt geworden waren. Nun spielt Dennis Quaid den zynisch und trunksüchtig gewordenen einstigen Schriftsteller, der jetzt als College-Lehrer arbeitet und nur von einem seiner Schüler wirklich bewundert wird. Als der ehrgeizige junge Mann, der ein Verhältnis mit seiner Frau hat, ihm sein Manuskript zeigt, reagiert Dexter Cornell mit der gewohnten kalten Arroganz. Kurze Zeit später wird der Junge ermordet aufgefunden, und auch für Cornell ist die Uhr abgelaufen: Nachdem er nach einer durchzechten Nacht neben der naiven jungen Studentin Sidney (Meg Ryan) aufgewacht ist, erklärt ihm eine Ärtzin, daß ihn jemand vergiftet hat, und daß er innerhalb von 48 Stunden sterben wird. Nun bleibt ihm nur noch diese kurze Frist, seinen Mörder zu finden, und Unterstützung findet er dabei nur beiSidney. Die beiden kommen finsteren Komplotten auf die Spur, entdecken Korruption und Verbrechen allerorten, ohne jedoch zunächst dem wirklichen Mörder näherzukommen. Es gibt zwar einige technische Kabinettstücke in diesem Noir-Remake (zum Beispiel beginnt der Film ausgesprochen farbig und verblasst mit zunehmender Bewegung des Protagonisten auf die Lösung des Falls und seinen eigenen Tod hin, bis man schließlich zum Finale beim Schwarz-Weiß angelangt ist), aber gerade die düstere, beinahe schon nihilistische Stimmung des Originals verfällt unter den Effekten.

Eine vierte Variante des Neo Noir ist das Stilzitat, die Transponierung von Noir-Elementen in moderne Stories wie etwa in MAN WITH A GUN (1995 – Regie: David Wyles): Ein kleiner aber feiner Ort am Ozean wird von dem lokalen Mafiaboß (Robert Loggia) und dem von ihm gelenkten Immobilienmakler (Gary Busey) beherrscht. Beide wollen schlechtes Bauland zu hohen Preisen verscherbeln, geraten dabei aber an eine Frau (Jennifer Tilly), die aus dem Safe ihres Mannes belastendes Material gestohlen hat und für die Herausgabe 3 Millionen Dollar verlangt. Die Gangster schicken statt Geld ihre Killer. Aber Madeleine hat einen teuflischen Plan in petto. Sie beauftragt den glücklosen Privatdetektiv Raines (Michael Madsen), ihre biedere Zwillingsschwester zu entführen. Sie will sie ermorden, um ihre Verfolger zu täuschen und zu entkommen. Raines indes verliebt sich in das Opfer, versucht alles, um sie und sich zu retten und wird doch von der *femme fatale* erschossen. In Filmen wie diesem werden die Elemente des *film noir* gleichsam auf ihren fundamentalen Fatalismus reduziert; es sind Geschichten von todgeweihten Menschen, mehr noch, von Menschen, die im Bewußtsein davon handeln, daß sie aus der Falle, die ihnen das Leben gestellt hat, nicht mehr herauskommen.

Eine eigenwillige Variante des Neo Noir ist schließlich das stilisierte künstlerische Zitat. In VORTEX („Vortex" – 1982 – Regie: Beth B und

Scott B) wird eine Detektiv-Geschichte im Stil der schwarzen Serie im kalten New Wave-Ambiente entwickelt. Die Detektivin ist Angel (Lydia Lunch), die Investigationen in einem Multikonzern unter der Leitung des paranoiden Millionärs Fields (Bill Rice) anstellt. Dabei gerät sie an seinen Chauffeur Tony (James Russo), der auf dem Weg nach oben im Konzern ist, am Ende den Platz vom Boß einnimmt und sich mit Angel schließlich ein tödliches Showdown auf dem Hochhausdach liefert. In einer Welt, die sich ihrer eigenen Unwirklichkeit bewußt zu werden scheint, begegnen sich amerikanische Archetypen, die nicht anders können, als einander zu lieben und einander zu töten. Beth B und Scott B kommentieren ihre Film-Phantasie: „Unter dem Strom der Alltagsereignisse lauert ein Netz von Phantomen, ein Labyrinth aus Individuen und Organisationen, die Informationen sammeln und geheime Aktionen ausführen. Durch dieses Intrigennetz geistert Frederick Garret Fields, der Alleinbesitzer von ‚Fields Co'. Er ist Relikt einer aussterbenden Industriellenrasse, ein letzter Monarch in einer Welt, die von Ausschüssen regiert wird. In seinen eigenen Verfolgungsphobien verfangen, versucht der exzentrische Milliardär der Welt seine dunklen Visionen aufzuzwingen. Tony Demmers Machtgier und entsprechende Rücksichtslosigkeit ließen ihn schnell vom Chauffeur zum Privatsekretär F.G. Fields' aufsteigen. Er unterwirft sich zwar zynisch den Launen seines Arbeitgebers, aber unter dem Mantel der Fügsamkeit verbirgt sich der böse Geist eines Besessenen – eine kleine Maus, die mehr und mehr zur Ratte wird. Angel Powers, Privatdetektivin, kann ihre brutale Rolle an- und ablegen wie eine Schlange, die sich häutet. Für sie ist die Hartgesottenheit ein Spiel. Sie spielt es überzeugend, auch wenn ihr gelegentlich klar wird, daß die Rolle sie zu verschlingen droht. Powers gelingt es im allgemeinen, die Balance zu halten, aber bei dem jetzigen Auftrag tritt jemand auf das Seil, auf dem sie tanzt: ihr Liebhaber Tony Demmer".

1987 entstand – für die ZDF-Reihe „Das kleine Fernsehspiel" – Andrew Horns THE BIG BLUE, das im amerikanischen Original mit deutschen Untertiteln ausgestrahlt wurde. Schon der Plot weist auf den *film noir* hin: Die schöne und eifersüchtige Myrna Monroe (Sheila McLaughlin) setzt den Privatdetektiv Jack (David Brisbin) auf ihren Mann Howard (Jim Neu) an, nicht ohne ihn bald darauf selbst zu verführen. Jack beschattet Monroe und beobachtet ein Treffen mit dem Gangster Max (John Erdman), mit dem Monroe ein Drogengeschäft einfädelt. Besonders hat es Jack aber die Begleiterin des Gangsters, Carmen (Soozie Tyrell), angetan.

Der als Tänzer und Choreograph erfahrene Regisseur, dessen eigene Kurzgeschichte von Jim Neu zu einem Drehbuch verarbeitet wurde, verwandelt das schwarze Melodrama in eine Untersuchung über die semiotisch leere Existenz seiner Figuren, die sich in unbestimmten Dialogen verlieren, ein Sprechen über die eigene Rolle, ein Leben nur in Dialogen und Monologen, die jede unmittelbare Erfahrung zunichte macht. Das Mißtrauen, das sie gegenüber den eigenen Gefühlen, den anderen Menschen und nicht zuletzt gegenüber allen Worten an den Tag legen, überträgt sich auch auf die Zuschauer als eine allgemeine Resignation: der Ausdruck fügt sich nicht zur Story, und die Worte fügen sich nicht zum Dialog.

Es ist aber auch ein streng choreographiertes Werk, ein Film, wie der Regisseur sagt, der „den Sinn von Raum bearbeitet". Das Fundamentale dieses „Sprechens im Raum" macht aus der dunklen Vagheit des *film noir* ein surreales Theater der (scheinbar) leeren Rollen und leeren Sätze: „Ich muß nicht mögen, was ich sehe. Wenn etwas erzählt wird, höre ich zu. Macht es Sinn, jemanden zu küssen? Etwas tun, muß nicht heißen, etwas zu ändern. Wenn man verspricht, daß etwas nie wieder passiert, wird es dann so sein, als wäre es nie passiert?". Was auf den ersten Blick wie absichtsloses Gerede erscheint, führt immer wieder in die Widersprüche von Wahrnehmung und Kommunikation. Doch es geht auch um die Materialität der Sprache, ihren Klang, ihre Musikalität; das Sprechen füllt den Raum, die Worte werden zu einem Fließen, und es obsiegt schließlich die Lust der Kommunikation, die sich vollständig von der Rationalität, vom scheinhaften Ziel der Kommunikation gelöst hat. Die Worte kreisen um sich selbst, während der Raum seine Künstlichkeit offenbart und die Kamera den Illusionsweg verweigert. Und was der Detektiv beobachten kann, ist nur noch ein vages ästhetisches Geschehen, der Schatten einer Inszenierung, der Traum einer Intrige.

Es war einmal: der Detektiv

Der Privatdetektiv war am Ende der siebziger Jahre zu einer Figur in der Krise und zu einer Figur der Krise geworden. Wie der Polizist ist er von persönlichen und moralischen Verlusten gezeichnet, aber anders als dieser findet er auch in seiner Aufgabe keinen wirklichen neuen Halt. Die einzige Kunst, die der Detektiv noch beherrscht, ist die, kurze Augenblicke der Wahrheit zu erzeugen, während er selber den Boden unter den Füßen verliert. THE LAST EMBRACE („Tödliche Umarmung" – 1979 – Regie: Jonathan Demme) erzählt von dem Versicherungsdetektiv Harry Hannan (Roy Scheider), der nach dem Mord an seiner Frau eine schwere psychische Krise durchlebt. Er kommt in eine Nervenheilanstalt und nimmt nach seiner Entlassung den Fall wieder auf. Doch die Verwirrung beginnt damit, daß mittlerweile eine fremde junge Frau namens Ellie (Janet Margolin) in seiner Wohnung lebt, die man ihr angeblich zugewiesen hat. Sie scheint mehr über den Fall zu wissen, als sie zunächst zugibt, und wird zu seiner Begleiterin in einer ausgesprochen undurchsichtigen Intrige. Harry Hannan beginnt zu begreifen, daß ihm nicht nur der ehemalige Arbeitgeber, sondern auch die Frau ans Leben will, deren Großmutter vor langer Zeit in ein Bordell verschleppt wurde. Der Augenblick der Wahrheit geschieht während eines Sturzes die Niagara-Fälle hinunter (mit dem der Film auch endet): ein besseres Bild für die Situation des Helden zu dieser Zeit hätte man kaum finden können.

So wurden die achtziger Jahre zu der schwärzesten Dekade in der Geschichte des Detektivs. Er war ein nostalgischer Traum einer vergangenen Zeit, eine entweder komische oder haltlos neurotische Figur, ein rührender Anachronismus. Von den neunziger Jahren aus gesehen ist der Privatdetektiv eine Figur der Vergangenheit. Der Privatdetektiv ist der Mann, der außerhalb der Regeln steht, der Regeln des Gesetzes, der Regeln des Bürgertums und auch der Regeln im Gangland. Diese Regeln freilich sind in den siebziger und achtziger Jahren zusammengebrochen; der Privatdetektiv erlebte in dieser Zeit, wie seine eigene romantische Anarchie von der allfälligen Auflösung der gesellschaftlichen Strukturen zerstört wurde. Er kann sich nur noch an einer „guten, alten Zeit" orientieren, in der Gangster noch wie Gangster ausgesehen haben. So bekommt das Genre eine Zärtlichkeit gegenüber Figuren, die sich von ihrem eigenen Mythos verabschieden müssen, sei es, weil er sich als Illusion erwiesen hat, sei es, weil auch diese Helden alt und müde werden wie beispielsweise Clint Eastwood in PINK CADILLAC („Pink Cadillac" – 1989 – Regie: Buddy Van Horn). Der Film erzählt die Geschichte des alternden Detektivs Tommy Nowak (Eastwood), der sich den neuen Zeiten angepaßt hat und sich auf eine neue Aufgabe konzentriert: er fängt Kunden ein, die mit ihren Ratenzahlungen in Verzug waren und entflohen sind. Dabei muß er sich weniger an legale Vorschriften halten als die Polizisten, deren „Drecksarbeit" er indes zu erledigen gezwungen ist. So hat sich der Mythos des Privatdetektivs erbarmungslos zersetzt: er ist kein romantischer Außenseiter mehr, kein melancholischer Anarchist, sondern nur noch ein kleines Rad in der gesellschaftlichen Maschinerie, die am Funktionieren, nicht an der Gerechtigkeit orientiert ist.

Nowak wird schließlich auf die junge Lou Ann (Bernadette Peters) angesetzt, die mit einem ausgesprochen auffälligen pinkfarbenen Cadillac nach Las Vegas geflohen ist, und zwar mit einer Viertel Million gefälschter Dollars, die ihr Mann in Umlauf bringen wollte. Jedenfalls glaubt sie das zunächst. In Wahrheit sind die Banknoten jedoch echt und stammen aus einem Banküberfall, deren Urheber bald hinter der jungen

Der schwere Fall des Private Eye 213

Frau her sind. Tommy Nowak wandelt sich vom Jäger zum Beschützer, zumal auch noch Lou Anns Baby entführt wird, und zwar von einer Gruppe Rechtsanarchisten, die sich ein mehr oder minder komfortables Lager in der Prärie errichtet haben.

Das Genre hat sein eigenes Post-mortem-Stadium erreicht. So macht sich der Detektiv am besten dort, wo er entweder in die Vergangenheit reist, oder wenigstens, wie DAN TURNER (1990), in die Traumwelt von Hollywood. Nur in der Wirklichkeit der neunziger Jahre hat er wahrlich nichts zu suchen. Selbst dort, wo sich das Genre nicht dem Neo-Noir-Stil annähert, ja sogar dort, wo es sich wie etwa in Ridley Scotts BLADE RUNNER in einer Zukunftswelt entwickelt (vergleiche den Band „Der Science Fiction-Film" in dieser Buchreihe), ist es von einer retrospektiven Tristesse, so als könne sein Held in keiner anderen als einer untergehenden Welt agieren.

Der Detektiv wird zum verwirrten Führer in eine Vergangenheit, in der es nicht gelingen konnte, eine tiefe Schuld zu begraben. Der melancholische Held überschreitet dabei seinen „freudianischen" und ökonomistischen Bezugspunkt und wird zu einer Art frivoler Psychohistoriker auf dem Weg in die eigene Biographie und in die Zeitgeschichte. Er evoziert Bilder, in denen sich immer schon Glamour und Düsternis begegneten, gelangt an mythische Orte und blickt hinter die Kulissen nostalgisch verklärter Idyllen: wie einst die nächtliche Stadt der Studiokulissen so durchstreift er nun die beinahe verlorenen Bildwelten des kollektiven Unterbewußten in der *popular culture*. UNDER SUSPICION („Unter Verdacht" – 1991 – Regie: Simon Moore) etwa führt in das Brighton der 50er Jahre. Von erlesener Tristesse ist das englische Seebad zu dieser Zeit zwischen Krise und Aufbruch, ein Ort, der ein wenig sündhafter ist als die organisierte Doppelmoral der Nachkriegsgesellschaft (nicht nur) auf der Insel. Der Ex-Polizist Tony Aaron (Liam Neeson) ist Detektiv mit einer Spezialität geworden: um für seine Klienten das Scheidungsgesetz dieser Zeit zu umgehen, setzt er seine Frau Hazel (Maggie O'Neill) als „Beweismittel" für die Untreue von scheidungswilligen Männern ein, die er „in flagranti" mit ihr erwischt und fotografiert. Doch einer dieser Aufträge endet mit einem Doppelmord: der neue Kunde und Tonys Frau liegen tot im Hotelzimmer. Und Tony Aaron selbst gerät unter Verdacht, während er seinerseits die Geliebte des reichen Ermordeten (Laura San Giacomo) zu überführen versucht, in die er sich allerdings prompt verliebt. Die seltsame Stimmung von Brighton im Winter, ein Hauch der Melancholie und Vergeblichkeit beschreiben die Stimmung des Genres insgesamt zu dieser Zeit. Die Tage des Detektivs sind vorbei, die Wege, die er noch zu gehen hat, führen in die feierliche Tristesse eines Totenreichs. Er jagt vor allem die Gespenster seiner Erinnerung.

Auch einer der meisterhaftesten, zugleich unterschätzten Detektivfilme vom Anfang der neunziger Jahre, THE TWO JAKES („Die Spur führt zurück – The Two Jakes" – 1989 – Regie: Jack Nicholson), beschreibt einen langen, schmerzhaften Kampf mit der Vergangenheit und den Detektiv als Nutznießer der Welle von Scheidungen nach dem Weltkrieg, der das geltende Recht vollkommen unangemessen war. Noch einmal führt die Geschichte zum Ende der vierziger Jahre zurück. In der Fortsetzung zu Roman Polanskis „Chinatown" aus dem Jahr 1974) hat Jake Gittes (Jack Nicholson), aus dem Krieg heimgekehrt, eine mittlerweile besser gehende Detektei: Er verhilft Menschen zu einem Scheidungsgrund oder bestätigt die schlimmsten Befürchtungen sorgender Ehepartner. „Die Untreue hat mich zu dem gemacht, was ich bin", sagt er in einer Mischung aus Selbstgefälligkeit und Abscheu. Gittes steht kurz vor der Heirat mit einer reichen Frau, ist Mitglied des Golfklubs und Besitzer eines eigenen Bürogebäudes. Nur die Narbe auf seiner Nase erinnert noch an die harten Zeiten von einst. Von dem Immobilienmakler Jake Berman (Harvey Keitel) wird er beauftragt, dessen Frau Kitty (Meg Tilly) zu beschatten. Er erwischt sie zwar mit einem Liebhaber im Bett, aber da kommt der andere Jake dazwischen und erschießt seinen Rivalen im Zorn. So jedenfalls scheint es. Gittes findet indes heraus, daß der Tote der Geschäftspartner von Berman war – Eifersucht allein ist möglicherweise nicht das Mordmotiv, und auf einer Tonbandaufnahme der Ehebrecher ist auch der Name von Katherine Malwray zu hören, mit der Gittes vor elf Jahren eine Liebesgeschichte hatte. Nur in der Vergangenheit kann der Schlüssel des Rätsels liegen, in Gittes' eigener Vergangenheit, die ihn mehrfach in Schuld verstrickt hat.

Auch dieser Held ist als typischer Vertreter einer „Spätphase" des Genres charakterisiert. Er kämpft mit den unübersehbaren Anzeichen des Alters, mit Übergewicht (Nicholson hat sich für diese Rolle zwanzig Kilo auf den Leib gemästet) und auch, was die Frauen anbelangt, muß er eingestehen, daß seine Kräfte nicht mehr die von früher sind. Mehr noch aber ist der Widerspruch des Detektivs zwischen einer bürgerlichen Existenz (der sich Gittes wenigstens ökonomisch angenähert hat) und dem Leben auf den Schattenseiten der Gesellschaft verstärkt in das Leben, das Denken und die Wahrnehmung des Helden eingeschrieben. Genauer gesagt: Er findet daraus keinen Weg. Beide Seiten seines Wesens werden sich gegenseitig immer fremder und müssen den Detektiv zu einem Zerrissenen werden lassen, der mit seinen eigenen Phantasmen nicht mehr fertig wird.

Beim Publikum und bei der Kritik hatte THE TWO JAKES zunächst kein Glück. Die Handlung erschien reichlich unverständlich, zumal für Zuschauer, die die ohnehin verschachtelten Beziehungen aus „Chinatown" nicht parat haben. Denn der neue Fall führt Jake in eine Vergangenheit, die auf vielfache Weise mit der Gegenwart verschlungen ist. Ohne sie aufzuarbeiten, wird er auch mit der Gegenwart nicht fertig werden können, aber zugleich verwirrt sich auch ein wenig die filmische Grammatik. Vergangenheit und Gegenwart verschlingen sich so sehr ineinander, daß sich auch die Einheit der Person aufzulösen droht – und schon der Titel verweist auf ein Prinzip von Spaltungen und Verdoppelungen, das eindeutige Motivation nicht mehr zuläßt. „Man verläßt das Kino", so notierte verärgert das TIME-Magazine, „ohne zu wissen, warum wer was getan hat – und nicht einmal das bewegt einen wirklich".

Zu Beginn (während der *Credits*) sieht man einen Geschlechtsverkehr unscharf vor der Kamera, so wie ihn der schäbige Detektiv bei seinen Scheidungs- und Überwachungsfällen durch den Sucher seines Fotoapparates sehen mag. So ein Fall scheint auch der nächste zu sein, doch wie gewohnt steckt eine Intrige hinter ihm, die den Detektiv und beinahe auch den Zuschauer zu überfordern droht. Entscheidender indes scheint die Führung des Blickes, die Identifikation des voyeuristischen und gefährdeten Blicks im Kino mit dem des Detektivs, der Täuschungen und Selbsttäuschungen erliegt, der um des eigenen Lebens willen vor die Korruption dieses Blickes zurückgelangen muß. Viel von der Ambiguität seiner Handlungen vermittelt sich dabei auch über die Musik von Van Dyke Parks, der auch eine kleine Nebenrolle als Staatsanwalt spielt.

Die problematische Rezeptionsgeschichte und unverdient negative Aufnahme von THE TWO JAKES hat wohl auch mit seiner unglücklichen Produktionsgeschichte zu tun. Ursprünglich war die Geschichte von J. Gittes als eine Trilogie angelegt. Schon bei der Arbeit an „Chinatown" war der Autor Robert Towne entschlossen, eine Fortsetzung zu schreiben. Was da enstehen sollte, waren nicht nur miteinander verzahnte Kriminalgeschichten, sondern auch eine Geschichte der Stadt Los Angeles, die Geschichte einer amerikanischen Stadt, die aus der grenzenlosen Gier nach Wasser und öl, nach Geld, Macht und Sexualität entsteht, und die Geschichte der Menschen, die sich der Korrumpierung so wenig wie der Gewalt widersetzen können. Eine Parabel von Amerika, das einst ein Paradies zu werden versprach, das in Kalifornien den utopischen Endpunkt der Bewegung nach Westen gefunden zu haben glaubte, und das über ein halbes Jahrhundert hinweg dieses versprochene Paradies durch die Allianz von Kapital und Verbrechen zerstörte. Zugleich schien dem Autor dieser äußerlich so paradiesische Ort auch ein Symbol für die Entortung, die Entwirklichung der Existenz: „Los Angeles ist nie als eine richtige Stadt angesehen worden, immer nur als ein Ort, in dem schnelles Geld zu verdienen ist".

Roman Polanskis Film CHINATOWN erwies sich zwar als ein vollendetes Stimmungsbild, und die Verbindung der inzestuösen Familiengeschichte mit dem skrupellosen Vorgehen im Kampf um das Land zwischen dem Ozean und der Wüste adelte die Detektivgeschichte zur Tragödie, aber darüber geriet die ursprüngliche Absicht Townes, so etwas wie eine „Sozialgeschichte Kaliforniens" zu entwickeln, ein wenig in den Hintergrund. Erst zehn Jahre später, als der Ruhm von Polanskis Film zu verblassen begann, konnten die Dreharbeiten für den zweiten Teil in Angriff genommen werden, bei dem Towne nun selbst die Regie führte und neben Nicholson der Produzent Robert Evans den zweiten Jake spielte. Aber Towne kam mit der Besetzung von Evans nicht zurecht und brach die Dreharbeiten ab. Nach vier Jahren gelang es Nicholson, die Parteien noch einmal zusammenzubringen; Nicholson selbst übernahm nun die Regie, und Evans begnügte sich glücklicherweise mit der Aufgabe des Produzenten. Es ist, als würde man diese leidvolle Entstehungsgeschichte dem Film ansehen: So wie Towne bereits mit dem Ende von CHINATOWN unzufrieden war (daß Faye Dunaway am Ende sterben muß, wurde von Polanski gegen die Intentionen des Autors durchgesetzt), so wurden auch hier seine Vorgaben von Regisseur Nicholson geändert. Dies und der Mißerfolg des Films an der Kinokasse lassen die Chancen für die Entstehung des fehlenden letzten Teils der Trilogie eher gering erscheinen.

Nicht nur in diesen Filmen hatte der Privatdetektiv die selbstverständliche melancholische Moralität seiner Vorgänger gründlich verloren. Daß er auf der Seite der Guten stand, war mittlerweile ebenso wenig mehr ausgemacht wie eine Aussicht, wenigstens nicht vollständig auf der Verliererstraße zu enden. Arthur Miller schrieb das Drehbuch zu EVERYBODY WINS („Everybody Wins" – 1989 – Regie: Karel Reisz), eine moralische Geschichte aus einer Welt, die der Regisseur selbst so beschreibt: „Eine kleine neuenglische Stadt mit ziemlich pompösen öffentlichen Gebäuden und verfallenden Fabriken und Mühlen, die der Stadt einmal sehr viel Wohlstand beschert haben. Diese Art des Puritanismus, der schal geworden ist, zeichnet Neuengland aus, und man findet sie in der Landschaft und den Gebäuden wieder". Erneut also befindet sich der Privatdetektiv in einer gespenstischen, verendenden Welt, in der Ruinen- und Boomwelt des Nachkriegskapitalismus, dessen Schattenseiten der pessimistische Detektivfilm dieser Zeit so hartnäckig darzustellen bemüht war, daß er damit die Fähigkeit zur Selbstkritik und zur Revision der Mythen beim Mainstream-Publikum überforderte.

Nick Nolte spielt den Detektiv O'Toole, den Angela Crispini (Debra Winger) aufsucht, um ihn mit einem mysteriösen Fall zu konfrontieren: Vor geraumer Zeit wurde in der Provinzstadt Highbury ein Arzt ermordet und sein Neffe Felix (Frank Military) als Täter verhaftet. Angela, die sich in einen religiösen Kult geflüchtet hat, behauptet, den wahren Mörder ebenso zu kennen wie die Polizei, wagt aber nicht, seinen Namen zu nennen. Der Staatsanwalt Charlie Haggerty (Frank Convers), der mit den Ermittlungen beauftragt war, kennt O'Toole noch aus seiner Zeit als Polizist; wie damals versucht er seinen Rivalen nach Kräften zu behindern. Ein Fall, der sich gleichsam selber unlösbar machen will, und den O'Toole nur aus alter Loyalität übernommen hat. Schließlich kann der Detektiv das Rätsel doch noch lösen: Felix fiel einer Kleinstadtintrige zum Opfer, in deren korruptem Gestrüpp nahezu alle beteiligt waren. Und am Ende haben wirklich alle gewonnen, die korrupte Ordnung der Kleinstadt ist wiederhergestellt, jeder trägt seinen Profit von der Arbeit des Detektivs davon, der nur eine falsche Geschichte durch eine andere ersetzt hat. Dies ist das Thema des Genres: die Unmöglichkeit, die Wahrheit der Vergangenheit zu erklären. Auch der Detektiv kann sie nur noch „übermalen".

Wie bei jedem Genre in seiner Spätphase entwickelte sich auch im Detektivfilm neben einer Linie historischer Kritik eine andere des leicht manieristischen, raffinierten Spiels, ein selbstreferentielles Spiel mit den Standards des Genres. Aber auch hierbei ist die Vergangenheit so sehr die Zeit des Privatdetektivs, wie der Polizist die Gegenwart beherrscht. In Kenneth Branaghs DEAD AGAIN („Schatten der Vergangenheit" – 1990) ist ein Privatdetektiv aus Los Angeles namens Mike Church (gespielt von Branagh selbst) mit der Aufgabe konfrontiert, die Identität einer Frau namens Grace (Emma Thompson) zu bestimmen, die das Gedächtnis verloren hat. Mit Hilfe des Hypnotiseurs Madson (Derek Jacobi) versetzt er sie ins magische Jahr 1948 des *film noir* zurück. (Die Rückblenden gestaltet der Regisseur nicht nur in düsterem Schwarzweiß, sondern auch bis in die Kamera-Einstellung hinein als Zitat der Filme der schwarzen Serie). So soll sich die Verbindung seiner Klientin zu einem Mordfall in diesem Jahr klären. Ein Musiker wurde damals für den Mord an seiner Frau mit dem Tode bestraft, den er womöglich nicht begangen hatte. Seine Klientin nun identifiziert sich mit dem Opfer so stark, daß sich eine Wiederholung des Verbrechens von damals abzeichnet, die der Detektiv mit allen Mitteln zu verhindern sucht. Branagh spielt in diesem Film sowohl die Rolle des Detektivs als auch die des Musikers, und Emma Thompson spielt sowohl die Frau des Musikers als auch die Klientin des Detektivs in der Gegenwart, was dem Geschehen einen durchaus symbolischen, rituellen Charakter verleiht, ohne daß das ein wenig überbordende Drehbuch dies am Ende auflösen könnte.

In Branaghs Film ist der Detektiv gleichsam seine eigene Projektion; so wie sich das ferne Ur-Modell aller Detektive mit Sigmund Freud auseinandersetzen mußte, so wird dieser Detektiv zum Psychoanalytiker in eigener Sache. Die Utopie der *Ratiocination* geht dabei freilich ebenso verloren wie die Reise in den Untergrund der bürgerlichen Herrschaft, den der *Noir-Detective* unternahm. Der Detektiv in der Spätversion seines Genres entdeckt entweder die Aussichtslosigkeit der Recherche im Umfang und der Vernetzung der Intrige, oder er sieht sich selber als (potentiellen) Täter. Auch diese Linie des Spät-Detektivfilms entwickelte sich zur Mitte der achtziger Jahre. In BLOOD SIMPLE („Blood Simple – Blut für Blut"/„Eine mörderische Nacht" – 1984), dem Erstling der Brüder Joël und Ethan Coen, wird ein Privatdetektiv (Dan Hedaya) von einem Mann für 10000 Dollar damit beauftragt, seine Frau und ihren Lover, einen heruntergekommenen Barkeeper, zu töten, mit dem sie ihm davongelaufen ist. Der Detektiv aber greift zu einem Trick und produziert ein gefälschtes Bild, das den Tod der beiden beweisen soll. Dann erschießt er den Auftraggeber mit dem Revolver seiner Frau. Doch so perfekt, wie er geglaubt hatte, ist dieser Mord nicht.

So sehr der Film auf das Vorbild THE POSTMAN ALWAYS RINGS TWICE und die verschiedenen Verfilmungen des Romans von James M. Cain bezogen ist, so sehr widerspricht er auch deren obsessiven Charakteren, die wie hypnotisiert und sehenden Auges in ihr Verderben laufen. Hier indes erklärt die Heldin ihrem Lover einmal, ihr Psychiater habe ihr erklärt, sie sei „so normal, wie man nur normal sein kann", und daran gibt es in der Tat nicht den geringsten Zweifel: So abstrus die Situation, in der sie sich befinden, so „normal" sind alle Protagonisten der Geschichte. Und in dieser Normalität sind sie zugleich so unangenehm, daß man sich als Zuschauer mit keinem von ihnen wirklich identifizieren mag. So lenkt der Film das Augenmerk auf anderes, fundamentaleres: Ein wenig wirkt der Film wie ein Experiment, in dem Menschen einer Situation ausgesetzt sind, deren Bedingungen sie nicht verstehen und deren „Regeln" sie erst lernen müssen. So hat sich der Detektiv vom rationalistischen Helden über den „schäbigen" Moralisten zum Inbegriff der Normalität entwickelt, einem Menschen, der sehen will, und blind bleiben muß, der täuschen will, und nur getäuscht wird. So wie der Polizist zum Bild des Kleinbürgers im kontrollierten Bürgerkrieg des Spätkapitalismus geworden war, so war der Detektiv zum transzendentalen Abbild der Vergeblichkeit des Wissens geworden, zum Sinnbild der Verkennung in der Welt der Masken und Spiegel, in der sich „das Authentische" als letzte Lüge erweisen muß.

Die komischen Detektive

Die Noir-Parodien

Der *film noir* war gegen Ende der siebziger Jahre Gegenstand heftigen cineastischen Interesses geworden. Man liebte wieder die lakonischen, verlorenen Helden, die düsteren Stimmungen, die Vorliebe für regennasse Straßen und symbolschwangere Interieurs. Und man entdeckte den *film noir* als genuine amerikanische Kunstform (auch und gerade weil sie in so hohem Maße von Emigranten beeinflußt wurde). Neben den Versuchen, im Neo-Noir auf die eine oder andere Art wieder an diese Tradition anzuknüpfen, die nicht zuletzt ja auch durch die antikommunistischen „Hexenjagden" in Hollywood unterbrochen worden war, kam am Ende des Jahrzehnts auch eine besondere Form der Parodie in Mode, ein ebenso liebevolles wie ironisches Zitieren der Meisterwerke der Schwarzen Serie, ein genüßliches Spiel mit cineastischer Kenntnis – Satire, Hommage und filmisches Quiz-Spiel in einem. Zunächst schien es zu genügen, die großen Helden des Genres komödiantisch zu revitalisieren. Zwischen Parodie und Remake pendelt dabei noch David Gilers THE BLACK BIRD aus dem Jahr 1975, in dem George Segal den ständig verkaterten Sam Spade jr. spielt, den Sohn des berühmten Detektivs, der sich mit der dicken, unkündbaren Sekretärin des Vaters (wie im Original von 1941 von Lee Patrick dargestellt), unbezahlten Rechnungen und miesen Kunden herumplagen muß. Eine Reihe seltsamer Typen kreuzen auf der Suche nach der schwarzen Statue des Malteser Falken bei ihm auf, die, soviel Sam Spade jr. weiß, keinen materiellen Wert besitzt. Deshalb hat der verschlampte Detektiv das gute Stück auch ins Pfandhaus gebracht. Nachdem aber im Umfeld alle Beteiligten eines unnatürlichen Todes sterben, beginnt eine lange, komplizierte Jagd, an deren Ende sich ein zwergwüchsiger Sadist in SS-Uniform als Drahtzieher der Intrige erweist.

Die Verknüpfung von Detektivfilm-Parodie und *Closed Room Mystery* mußte zumindest im Ansatz als wirkungsvolle Variation erscheinen. In MURDER BY DEATH („Eine Leiche zum Dessert" – 1975 – Regie: Robert Moore) versammelt der berühmte Lionel Twain (gespielt von Truman Capote) die sechs berühmtesten Detektive der Welt in seinem Landhaus. Bei einem großartigen Essen serviert er ihnen ein Kriminalrätsel mit echter Leiche und der Aussicht auf eine Million Dollar für die Überführung des Mörders. Jeder der Detektive ist nach einem berühmten Vorbild modelliert; Peter Falk erinnert an Sam Spade, James Coco an Hercule Poirot, Elsa Lanchester an Miss Marple, Peter Sellers an Charlie Chan, David Niven an Nick Charles aus den DÜNNER MANN-Filmen.

Murder by Death (Peter Falk, David Niven, Maggie Smith)

Und Alec Guiness spielt den mysteriösen Butler, ohne den ein solches Mörderspiel nicht auskommt.

In eine eher ungewöhnliche Umgebung führt ADELA JESTE NEVE-CERELA („Adele hat noch nicht zu Abend gegessen/Nick Carter in Prag" – 1977 – Regie: Oldrich Lipsky) den amerikanischen Detektiv Nick Carter (Michal Docolomansky): Er wird ins Prag der Jahrhundertwende gerufen, um den Mord an einer Dogge zu klären, und hat bald eine fleischfressende Pflanze namens Adele in Verdacht, die einem schurkischen Baron als Medium dient. Während er selbst üblen Verfolgungen ausgesetzt ist, kann er das Rätsel klären und einen Botanikprofessor und seine hübsche Nichte retten, bevor er sich nach Ägypten aufmacht, wo ein neues Rätsel auf ihn wartet. Der Film ist nicht nur eine freundliche Parodie auf Detektivromane und Serienabenteuer, sondern setzt auch skurrile Erfindungen und Gadgets in einer nostalgisch gezeichneten Welt ein. Wie Lipskys Geschichte vom LIMONADOVY JOE („Limonaden-Joe" – 1963) keine wirkliche Parodie des Western ist, so ist auch diese Nick Carter-Geschichte nur eine freie Phantasie, die mit der wirklichen Entwicklung des Genres in den siebziger Jahren nichts zu tun hat.

THE CHEAP DETECTIVE („Der Schmalspurschnüffler" – 1978 – Regie: Robert Moore) entstand nach einem Stoff von Neil Simon und erzählt von den Abenteuern des Detektivs Lou Peckinpaugh (Peter Falk) in San Francisco während der Zeit des Zweiten Weltkrieges. Der schäbige Detektiv geht dem Mord an seinem Compagnon nach und gerät in einen Intrigen-Strudel um Nazi-Agenten und Gangster auf der Jagd nach einem geheimnisvollen Schatz. In einem Hotel werden fünf Menschen ermordet aufgefunden, darunter Lous Compagnon Merkle, mit dessen Frau (Marsha Mason) er seit geraumer Zeit ein Verhältnis hat, weshalb er natürlich in der Liste der Verdächtigen ganz nach oben rutscht. Eine schöne Unbekannte (Madeline Kahn) mit der Angewohnheit, in jeder Szene den Namen zu wechseln, und die Nachtclubsängerin Marlene DuChard (Louise Fletcher), Lous große Liebe von einst, die nun mit einem französischen Partisanen (Fernando Lamas) verheiratet ist (der gegen den Widerstand deutscher Geheimdienste ein Feinschmeckerrestaurant in Cincinatti eröffnen will) sorgen für zusätzliche Verwirrungen in Peckinpaughs sowieso schon reichlich unübersichtlichen Leben. THE CHEAP DETECTIVE konzentriert sich ganz auf eine Persiflage der klassischen Humphrey Bogart-Filme von THE MALTESE FALCON über CASABLANCA bis zu THE BIG SLEEP. Falk imitiert Bogarts näselnde Stimme und seine Gestik bis hin zu der Art, wie er sich den Frauen zuwendet, und jeder Auftritt gerät zu einem ironischen Quiz-Spiel: Welche Szene ist nun gemeint? Und eine Nummern-Parade bleibt das ganze Unternehmen ohnedies, das nie mehr als die Oberfläche der Originale berührt. Nur gelegentlich trifft die Parodie auch einen sarkastischen Ton: In der CASABLANCA-Bar gibt Louise Fletcher als Ingrid Bergman-Parodie superpatriotische Reden von sich, woraufhin der deutsche Offizier (natürlich mit Monokel ausgestattet) einen Toast ausbringt: „Auf die schönste, tapferste und – langweiligste Frau, der ich jemals begegnet bin".

Noch mehr auf den oberflächlichen Wiedererkennungseffekt setzt THE MAN WITH BOGART'S FACE („Sam Marlowe, Privatdetektiv"/„Der Mann mit Bogarts Gesicht" – 1979 – Regie: Robert Day). Der Film erzählt von einem Gangster (Robert Sacchi), der sein Gesicht per plastischer Chirurgie zu dem seines großen Vorbilds, Humphrey Bogart, gestalten läßt – wir erinnern uns an Delmer Daves' Film DARK PASSAGE („Die schwarze Natter"/„Das unbekannte Gesicht") aus dem Jahr 1947 – und der nun als Sam Marlow – der Name ist aus Sam Spade und Philip Marlowe zusammengesetzt – ein Detektivbüro eröffnet. Sein erster Fall führt ihn auf die Suche nach dem verschwundenen Freund seiner Zimmerwirtin. Im Trenchcoat und mit entsprechendem Wagen treibt es ihn sogleich in die unübersichtliche Intrige: zwei Diamanten, die „Augen Alexanders", und die hanebüchenen Verwicklungen zwischen allen Beteiligten, die zu mehreren Mordanschlägen auf den Helden führen, der nur der schönen Gene (Michelle Philipps als Gene Tierney-Revenant) traut. Mit den gewohnten Konsequenzen.

Anthony Horowitz, der in seinen Kriminalromanen den *film noir* parodierte, schrieb nach eigener Vorlage auch das Drehbuch zu dem ursprünglich als TV-Mehrteiler geplanten Film, der als JUST ASK FOR DIAMOND („Die Malteser des Falken" – 1988 – Regie: Stephen Bayly) in die Kinos kam. Er erzählt, wie ein zwergwüchsiger Mann (ein mittlerweile zum Klischee gewordenes Bild der Noir-Parodien) im Detektivbüro der Helden auftaucht, um die Brüder Tim (Dursley McLinden) und Nick Diamond (Colin Dale) mit der Bewachung eines geheimnisvollen Päckchens zu beauftragen. Kurz darauf aber wird der kleine Auftraggeber in seinem Hotelzimmer ermordet, und die Brüder geraten unter Verdacht. Damit beginnt die Jagd nach dem Diamantenschatz eines Superverbrechers, um den sich allerlei Leute streiten, darunter „The Fat Man", die schöne Lauren Bacardi (Susannah York) und die Killer „Gott" und „Himmel". Hier agieren zwei veritable Antihelden als Detektive, einer ist zu jung, der andere entschieden zu unterbelichtet für den Job, gemeinsam aber sind sie wundersam erfolgreich, nicht zuletzt, weil sie in einem kriminalistischen Wunderland agieren: Es gibt einen Schreibwarenladen namens Hammett, einen Nachtclub „Casablanca" usw.

Wie uns der Held aus dem Off mitteilt, geht es den beiden Detektiven zu Beginn wahrlich nicht allzu rosig: „Es war ein Scheißtag. Das Wetter war so rauh wie ein unrasiertes Kinn. Man hatte uns die Heizung abgedreht, und wir waren bei der letzten Dose Bohnen angelangt. Da watschelte ein Zwerg durchs Büro". So also beginnen die beiden mit ihren Nachforschungen, aber während Tim aus eigener Schuld im Gefängnis landet, muß der kleine Nick den Fall allein lösen.

Obwohl keiner der Noir-Parodien ein nennenswerten kritischer oder ökonomischer Erfolg beschieden war, versuchte man sich immer wieder an ähnlichen Mustern. DEAD MEN DON'T WEAR PLAID („Tote tragen keine Karos" – 1981 – Regie: Carl Reiner) ist ein amüsantes Spiel mit den Vorgaben und Versatzstücken des *film noir*. Steve Martin spielt den schäbigen Privatdetektiv Rigby Reardon, der uns selbst am Anfang mit seiner eigenen mißlichen Lage vertraut macht, bevor die zu erwartende geheimnisvolle Klientin mit tief ins Gesicht heruntergezogener Hutkrempe (Rachel Ward, die sich gleich in Lauren Bacall-Zitaten ergeht) seine verkaterte Ruhe stört. Bei der Suche nach den Mördern von Juliets Vater, des Wissenschaftlers und Käsefabrikanten, gerät der Detektiv in eine Kriminal- und Verschwörungsgeschichte, die immer weniger durchschaubar wird, je mehr Personen in ihr auftreten. Der von heftigen neurotischen Anfällen geplagte Detektiv (jedesmal, wenn das Wort „Putzfrau" fällt, fühlt er den unwiderstehlichen Drang, irgendjemanden am Hals zu packen und zu würgen) wird verprügelt, belogen, angeschossen und betäubt und findet trotz alledem des Rätsels Lösung: Hinter dem Komplott steckt eine Gruppe von Nazis in Südamerika, die mit Hilfe eines Käserezepts die Weltherrschaft an sich reißen will.

Das Besondere an diesem Film freilich ist nicht nur seine satirische Reflexion der klassischen Vorbilder, sondern die technische Miteinbeziehung der großen Stars des Genres: So läßt sich Reardon von Philipp Marlowe alias Humphrey Bogart unterstützen, er befreit James Cagney aus dem Gefängnis, er tauscht mit Cary Grant im Zug den Platz gegenüber Joan Fontaine, und es ist Ingrid Bergman, die ihm das fatale Mittel in den Drink schüttet. Überdies wirken mit, um nur einige zu nennen: Lana Turner, Ava Gardner, Alan Ladd, Burt Lancaster, Veronica Lake, Bette Davis, Kirk Douglas, Fred MacMurray, Joan Crawford, Charles Laughton und Vincent Price. Die alten Filmausschnitte sind so in den Film montiert, daß sie den im gleichen Beleuchtungs- und Dekorationsstil gehaltenen neuen Aufnahmen genau entsprechen. „Man kann getrost den Schauspielern Schmierenkomödie und dem technischen Verfahren seine expressiven Beschränkungen vorwerfen (was im übrigen nicht nur für ‚Dead Man ...' als Film, sondern auch als Quiz à la ‚Monsieur cinéma!' gilt); auf jeden Fall ist der Humor von Reiner und Martin näher an Groucho Marx oder gar Tex Avery als an Buster Keaton" (Charles Tatum jr). Doch was den Film letztlich trägt ist die Mischung aus liebevollem Respekt und komischer Reflexion. „Selbstverständlich ist diese Geschichte nicht weniger abstrus als bei vielen gelungenen persiflierenden Komödien, doch gerade in den verwegensten Momenten, wenn Rigby etwa seinem Kollegen Marlowe das Tragen einer Krawatte einredet, die dieser im nächsten Ausschnitt dann tatsächlich trägt, zeigt sich auch der liebevolle Umgang mit den Ausschnitten; ironische Distanz kommt natürlich hinzu, man kann nicht mehr so erzählen wie in den vierziger Jahren. Wenn Rigby den Cagney im Gefängnis besucht, spielt er einen Transvestiten-Auftritt, gibt sich als die Mutter des Inhaftierten aus – und bekanntlich ging es in ‚White Heat', aus dem die Einstellungen mit Cagney stammen, um die psychopathische Mutterbindung eines neurotischen Gangsters" (H.G. Pflaum).

Mit FATAL INSTINCT („Crazy Instinct" – 1993) kehrte Carl Reiner noch einmal zu einer freilich ganz anders gearteten Detektiv-Parodie zurück. Armand Assante spielt nun den Privatdetektiv Ned Ravine, der den üblichen Ärger in Beruf und Privatleben hat: seine Frau Lana (Kate Nelligan) betrügt ihn nicht nur, sondern versucht ihn zusammen mit ihrem Liebhaber auch umzubringen, während er von einer geheimnisvollen Frau namens Lola (Sean Young) und seiner treuen Sekretärin

(Sherilyn Fenn) umgarnt wird. Zu allem Überfluß ist noch ein psychopathischer Verbrecher (James Remar), den er einst ins Gefängnis gebracht hat, hinter ihm her. Das alles gibt nur den roten Faden für eine Serie von Persiflagen auf die Thriller der neunziger Jahre, vom SCHWEIGEN DER LÄMMER bis zu BASIC INSTINCT.

Für die B-Comedy bot sich das Genre für Verfolgungs- und Verkleidungsszenen förmlich an. John Candy ist ein übergewichtiger Detektiv in der Agentur, die einst sein Vorfahr gründete in WHO'S HARRY CRUMB? („Wer ist Harry Crumb?" – 1988 – Regie: Paul Flaherty), der sich vor allem in aberwitzigen Verkleidungen tummelt, dabei allerdings mehr Chaos anrichtet als Klarheit in die Investigation zu bringen. Nun soll er eine gekidnappte Millionärstochter finden, was ihm die Gelegenheit bietet, von seinem Provinzjob in die Großstadt Los Angeles zu kommen. Daß der dümmste Detektiv der Welt den Fall übernehmen soll, hängt im übrigen damit zusammen, daß der Entführer niemand anderes ist als sein eigener Chef. Im gleichen Jahr entstand mit BLUE IGUANA („Blue Iguana" – Regie: John Lafia) eine weitere dieser wüsten Genre-Parodien, die so recht kein Ziel mehr zu finden schienen. Dylan McDermott spielt den Privatdetektiv Vince Hooloway, dem die Observierungsobjekte schneller wegsterben als seine Klienten ihn für seine Dienste bezahlen. Nun führt ihn sein Auftrag ins mexikanische Diablo, wo er sich um eine Geldschmuggler-Organisation kümmern soll. Lafias Film mäandert durch die Genres ohne eines wirklich zu treffen; aber welches der Kriminal-Genres war zu dieser Zeit nicht auch schon mehr oder weniger zu Tode parodiert?

Die Noir-Parodie und Chandler/Hammett/Bogart-Alberei war Mitte der achtziger Jahre schon zu einem eigenen kleinen Genre geworden, das seine Ausläufer selbst in Europa hatte, wenngleich hier vor allem im Fernsehformat. Gelegentlich aber kamen Filme dieses Genres auch hier in die Kinos. In dem österreichischen Film MÜLLERS BÜRO (1985 – Regie: Niki List) etwa stellt Christian Schmidt einen Detektiv dar, der sich gelegentlich mit Marlowe und Spade verwechselt, warum es kein Wunder ist, daß er seine schöne Klientin (Barbara Rudnik) beinahe mit Lauren Bacall verwechselt hätte. Die Mischung aus Komödie, Detektivfilm und Musical erscheint allzu angestaubt und wohlfeil, um wirklich zu eigenem Leben zu gelangen.

UN PRIVÉ AU SOLEIL („Bruderzwist" – 1990 – Regie: Philippe Niang) zeigt Pierre Aknine als italienischen Privatdetektiv Puntocavallo, dessen großes Vorbild Phil Marlowe ist. Beinahe noch größere Schwierigkeiten als seine eigene Unfähigkeit macht ihm seine Familie; sein Vater (Georges Blaness) treibt krumme Geschäfte und sein Vetter Benhaim (Lucien Melki) ist in seinem Beruf als Kriminalkommissar nicht weniger unbegabt als er in dem seinen. In dem Fall, in den Puntocavallo verwickelt wird, geht es um ein Modell (Natalie Roche), das mit Nacktfotos erpresst werden soll, was noch einmal für den Anachronismus des Unternehmens spricht, mit der Bilderwelt des *film noir* auch dessen zeitgemäße Formen zu parodieren, auf die moralischen Widersprüche zu reagieren.

Aber möglicherweise war auch die Formel zu dieser Zeit schon zu abgenutzt. Neue Motive waren ausgesprochen schwer zu finden, so blieb noch der Versuch des Crossover zwischen verschiedenen Genres wie etwa dem Detektiv- und dem Polizeifilm. Vom „ewigen" Konflikt zwischen dem Polizisten und dem Privatdetektiv erzählt die Komödie CITY HEAT („City Heat – Der Bulle und der Schnüffler" – 1984), den Blake Edwards begonnen hatte, Richard Benjamin dann aber inszenierte. Der Cop Speer (Clint Eastwood) und der Private Eye Murphy (Burt Reynolds) sind einander seit geraumer Zeit nicht gewogen, doch schließlich werden sie zur Zusammenarbeit genötigt, als Murphy den Mord an seinem schwarzen Partner (Richard Roundtree, der SHAFT der *blaxploitation movies* der siebziger Jahre) zu klären versucht, der auf plötzliche und mysteriöse Weise zu viel Geld gekommen scheint. Wie sich herausstellt, hat er die Geschäftsbücher eines Mafia-Bosses an seinen Rivalen verkauft. Speer heftet sich an Murphys Fersen, nachdem die Gangster auch dessen Freundin (Madeline Kahn) entführt haben. So geraten sie in die Schußlinie im Kampf zweier rivalisierender Gangster-Gruppen. In Kansas City des Jahres 1935, wo der Film spielt, entspinnt sich zwischen dem Bullen und dem Schnüffler eine Art Autoritäts- und Potenzgerangel (bis hin zum Vergleich der Handfeuerwaffen, bei dem einer von ihnen „den kürzeren ziehen" muß), und worauf das alles hinauswill, wird in der Szene deutlich, in der sich die beiden mit „Stan" und „Ollie" anreden.

Von der Parodie zur Klamotte

Beinahe alle großen und weniger großen Komiker mußten einmal eine Detektiv-Parodie abliefern. In Italien reicht die Reihe von Totò – er ist ein Privatdetektiv in TOTÒ, VITTORIO E LA DOTTORESSA („Mein Allerwertester" – 1957 – Regie: Camillo Mastrocinque), bis Renato Pozzetto etwa in AGENZIA RICCARDO FINZI ... PRATICAMENTE DETECTIVE (1979 – Regie: Bruno Corbucci), in Deutschland von Hans Albers und Heinz Rühmann in DER MANN, DER SHERLOCK HOLMES WAR (1937 – Regie: Karl Hartl) bis Didi Hallervorden, der in ACH DU LIEBER HARRY (1980 – Regie: Jean Girault) als Privatdetektiv Harry App ein Komplott bei der Bewachung von Zuchtkaninchen aufdeckt. Unendlich lange schließlich ist die Reihe der amerikanischen Komiker, die sich die Rolle von Privatdetektiven anmaßten, von Harpo Marx in LOVE HAPPY (1949 – Regie: David Miller) über Abbott & Costello in ABBOTT & COSTELLO MEET THE INVISIBLE MAn („Auf Sherlock Holmes' Spuren" – 1951 – Regie: Charles Lamont) bis Jim Carrey in ACE VENTURA.

Und wie der Polizist in seinem Genre so muß auch der Detektiv immer wieder Aufgaben übernehmen, in denen das Objekt seiner Mission mehr (komische) Probleme schafft als die traditionellen Widersacher. Neben dem Melancholiker und dem Clown konnte der Detektiv noch eine dritte Rolle einnehmen, die eines unschuldigen Toren, der durch die Welt der Sünden und Verbrechen gelangt, ohne davon wirklich berührt zu werden, wie der Held von GOING UNDERCOVER – YELLOW PAGES („Going Undercover" – 1985 – Regie: James K. Clarke). Chris Lemmon stellt einen erfolglosen Privatdetektiv dar, der sich mit der Jagd auf entlaufene Hunde beschäftigt, bis er eines Tages von einer reichen Frau (Jean Simmons) den Auftrag erhält, die Stieftochter Marygold (Lea Thompson) als Bodyguard auf einer Reise nach Europa zu begleiten. Bald muß Henry Brilliant entdecken, daß dieser Job nicht so harmlos ist, wie er es sich vorgestellt hat, denn offenbar will jemand der schönen jungen Erbin ans Leben, und daß die Stiefmutter damit zu tun hat, sagt schon die Märchen-Erfahrung. Die einigermaßen behäbige Mischung aus Kriminalfilm, Liebesgeschichte und Parodie kommt nicht mehr recht von der Stelle, denn dieser Henry Brilliant ist nicht mehr als ein rührender Tor in einer Welt, die weder besonders böse noch besonders komisch erscheint.

In die Kategorie des reinen Toren gehört gewiß auch der Held der erfolgreichen, um etliches überdrehteren ACE VENTURA-Filme mit Jim Carrey in der Hauptrolle: Ace Ventura ist ein Detektiv, der sich auf die Wiederbeschaffung verschwundener Tiere spezialisiert hat, und dabei ist er ein wenig auch selber zum Tier geworden – er trägt zum Beispiel die Frisur seines Kakadu und ist süchtig nach Sonnenblumenkernen, und in dramatischen Situationen pflegt er zur Verwirrung seiner Umwelt in tierische Mimik und Gestik zu verfallen. Seinen Job, verschwundene, gestohlene und entführte Tiere an ihre rechtmäßigen Besitzer zurückzubringen, versieht er mit einer unbändigen Freude an Verkleidungen und Täuschungen jeder Art. Im ersten Fall, den wir zu sehen bekommen, arbeitet er mit einem gemeinen Trick: er gibt sich als Lieferant eines Paketes aus, bringt den Inhalt des gelieferten Pakets gründlich zu Bruch, und während er dem geschädigten „Kunden" dabei hilft, umständliche Schadensersatzformulare auszufüllen, ersetzt er dessen Schoßhündchen durch ein Stofftier, entführt den echten Kläffer und bringt ihn zur überglücklichen Besitzerin zurück. Zuhause beherbergt Ace eine Reihe von

Tieren, Hunde, Papageien, Skunks, Pinguine und viele andere, die sich seiner Lebensweise perfekt angepaßt haben: wenn der mißgünstige Wohnungsbesitzer kommt, verschwinden sie alle in den sonderbarsten Verstecken. Venturas kindisches Verhalten erregt überall Anstoß, dabei ist es vor allem eins: vollkommen unschuldig. Der tierliebe Detektiv wird natürlich auch von Polizisten gemein behandelt, allerdings etwas anders als gewohnt: im Polizeirevier zertritt man eine Kakerlake vor seinen Augen und schnauzt ihn an: „Das war Mord, Ventura! Also wie wollen Sie diesen Fall lösen?" Mithilfe seiner tierischen Freunde erweist sich der *pet detective* indes am Ende stets als überlegen – wir hätten es kaum anders erwartet.

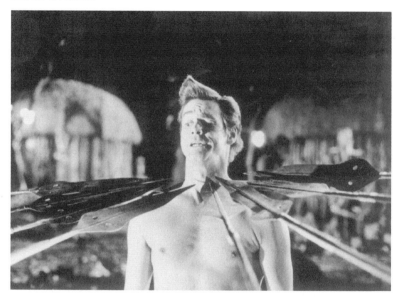

Ace Ventura: When Nature Calls (Jim Carrey)

ACE VENTURA: PET DETECTIVE („Ace Ventura – Ein tierischer Detektiv" – 1993 – Regie: Tom Shadyac) erzählt, wie der tierische Privatdetektiv den Fall um das entführte Maskottchen einer Football-Mannschaft, einen Delphin, löst. Ein ehemaliger Spieler will sich an seiner Mannschaft rächen und trifft sie am härtesten durch den Raub des lebenden Glücksbringers. Hartnäckig verfolgt nun Ventura, begleitet von der schönen Marketing-Chefin des Unternehmens (Courtney Cox) und behindert von seiner ewigen Feindin, der Polizistin Einhorn (Sean Young), die Spur eines Bernsteinrings, der sie schließlich ins Haus des Milliardärs Camp (Udo Kier) führt, wo er erste Beweise findet und beinahe von einem weißen Hai gefressen wird. Als auch noch der Trainer ermordet und der Quarterback entführt wird, spitzen sich die Ereignisse zu.

Der Film war mit 60 Millionen Dollar Einspielergebnis der Überraschungserfolg des Jahres 1994 und festigte Carreys Ruhm als neuer Comedy-Star. Die Verbindung von Detektivgeschichte, Jim Carreys Körperkomik und Tierfilm geht indes über eine harmlose Alberei für ein vorwiegend kindliches Publikum kaum hinaus. „Ace Ventura ist eine krude Mischung aus dem tierischen Dr. Doolittle, dem idiotischen Jerry Lewis und dem kindischen San Francesco. Aber selbst Dr. Doolittle hatte noch Charme, wenn er mit Tieren sprach, Jerry Lewis hatte eine innere Logik, wenn er die idiotische Seite des American Way of Life ausspielte, und selbst der kindische San Francesco ist von demütiger Größe durchdrungen, wenn er einmal als Parkskulptur einen Gastauftritt hat. Dabei hätte der Film als bitterböse Satire durchaus funktionieren können – so, wie die großen Jerry Lewis/Frank Tashlin-Filme. Das Wort ‚pet' beschreibt ein Syndrom: degenerierte Hunderassen, neurotische Katzen und Delphine, die man in einen Blechtank sperrt. Diese krankhafte Tierliebe, die fehlende menschliche Beziehungen ersetzen muß: Was für ein Stoff wurde da vergeudet!" (Thomas Brandlmeier). Oder auch nicht: Der *pet detective* bewegt sich schließlich in einer Welt tierisch-menschlicher Neurosen, die für ihn so selbstverständlich sind wie Neonlichter in den Asphaltpfützen für den schäbigen Detektiv der vierziger Jahre. Und die grellen Farben (bis zu den erlesen geschmacklosen Farb- und Formorgien von Ace Venturas Hawaii-Hemden) sind für ihn, was das nächtliche Spiel der Schatten für den *film noir* war.

(Im übrigen war schon in den achtziger Jahren eine wenn auch wesentlich erfolglosere Mischung aus Dr. Doolittle und Cheap Detective versucht worden: Professor Chase [Simon MacCorkindale] aus MANIMAL [„Ein Fall für Professor Chase" – 1983 – Regie: Russ Mayberry], der sich in jedes Tier verwandeln kann, um seine Fälle gemeinsam mit der New Yorker Polizistin Brooke McKenzie [Glynn Turman] zu lösen. Der Film führte zu einer sehr kurzlebigen TV-Serie.)

LA CHÈVRE („Der Hornochse und sein Zugpferd"/„Ein Tolpatsch kommt selten allein" – 1981 – Regie: Francis Veber) handelt von dem Pechvogel François Perrin (Pierre Richard), der von einem reichen Industriellen auf der Suche nach seiner verschwundenen Tochter Marie (Corynne Charbit) nach Südamerika geschickt wird. Weil auch seine Tochter offenkundig das Unglück anzieht wie ein Magnet, meint er, diese beiden müßten zueinander finden. Dritter im Bund wird der Privatdetektiv Campana (Gérard Depardieu), der mit dem Tolpatsch seine liebe Not hat. Der Film, ganz auf das bewährte Duo zugeschnitten, entwickelt seinen eher gemächlichen Humor aus dem Widerspruch zwischen dem coolen Detektiv und seinem hektischen Begleiter. PURE LUCK („Reine Glückssache" – 1991 – Regie: Nadia Tass), das amerikanische Remake dieses Films, funktioniert vor allem als Parodie auf die *buddie movies* im Genre. Danny Glover gibt nun den Privatdetektiv Ray Campanella, dem bei der Suche nach der verschwundenen Millionärstochter der unbeholfene Eugene Proctor (Martin Short) beigegeben, der das untrügliche Talent hat, jedes Pech an sich zu ziehen. Aber gerade durch dieses Talent kommen sie der gesuchten Valerie auf die Spur, was Gelegenheit für nicht allzu spektakuläre Verfolgungsjagden bietet.

Der Detektiv als Antiheld

Im klassischen *film noir* war der Detektiv als „Schnüffler" und „private eye" zu einer zwiespältigen Figur im moralischen Sumpf zwischen Bürgern und Gangstern geworden, einer, dessen Heroismus gerade noch darin bestand, sich als autonomes Subjekt der endgültigen Korruption zu widersetzen. Er war ein Mann, der in einer nie vollständig vergangenen Vergangenheit alle Illusionen und viele Hoffnungen verloren hatte.

In den siebziger Jahren war dieser Detektiv, nun in einer bunten, schmutzigen Welt, gleichsam noch mehr heruntergekommen. Er war älter geworden, die Wunden aus der Vergangenheit waren noch schmerzhafter, aber gleichzeitig schien diese Vergangenheit auch zu verschwinden. Sie verklärte sich zum Mythos oder wuchs sich zum Alptraum aus. Der Detektiv hatte nun weitere Niederlagen zu bewältigen, die Erfahrungen in Vietnam und das Scheitern der großen Revolte der Gegenkultur und der Bürgerrechtsbewegung waren auch an ihm nicht spurlos vorübergegangen. THE BIG FIX („Moses Wine, Privatdetektiv"/„Der große Trick" – 1978 – Regie: Jeremy Paul Kagan) zeigt Richard Dreyfuss (der auch als Produzent des Films fungierte) als späten Erben der Hippie-Revolution, einstigen Vertreter linker Politik und geborenen Verlierer. Der Mann, der sich beim Skateboardfahren einen Arm bricht und mit zwei Kindern zu tun hat, die ihm die treulose Frau hinterlassen hat, unterscheidet sich von seinen Kollegen vor allem dadurch, daß er nie ein wirklicher Zyniker geworden ist, trotzdem hat ihn resignieren lassen, was er in Vietnam erlebte. Mit einer Mischung aus Verwunderung und Zähigkeit reagiert er auf die Herausforderungen der korrupten Umwelt. Lil, eine ehemalige Freundin, die als Wahlhelferin für einen liberalen Politiker arbeitet, bittet ihn um Hilfe. Jemand versucht seine Kampagne zu stören, indem er ihm Kontakte zu radikalen Gruppen unterstellt. Bald hat Moses Wine eine heiße Spur: Ein ehemaliger Kommilitone ist in den Untergrund abgetaucht. So arbeitet dieser Detektiv zugleich an seiner beruflichen und bürgerlichen Rehabilitierung und an der Verdrängung seiner Vergangenheit, die freilich zumindest zum Teil dazu führt, daß er, der sich mittlerweile um Politik nicht mehr kümmern wollte, nun doch wieder ein Bewußtsein vom Zustand seines Landes erhält. Moses Wine ist offensichtlich auch darin ein später Nachkomme von Jake Gittes, und gleich ihm verliert auch der moderne Detektiv den Boden unter den Füßen, als der Fall ihn immer mehr mit seiner eigenen Vergangenheit konfrontiert. Während er den Mord an seiner Freundin aufzuklären versucht, erfährt er, was aus den früheren Vertretern der Studentenrevolte so alles geworden ist und kommt den Drahtziehern der Wahlmanipulation auf die Spur. Auch dies also war im Genre möglich: Ein Detektivfilm als etwas wehmütiges und teils zorniges Portrait jener Generation, die in den sechziger Jahren an einen neuen Aufbruch geglaubt hatte.

Nur scheinbar das genaue Gegenteil ist der wohl erfolgreichste „Detektivfilm" der achtziger Jahre. Bob Hoskins gerät als typisch „schäbiger Detektiv" in WHO FRAMED ROGER RABBIT? („Falsches Spiel mit Roger Rabbit" – 1988 – Regie: Robert Zemeckis) in ein seltsames Abenteuer, das in einer wirkungsvollen Mischung aus Trick- und Realfilm erzählt wird. Wir sind im Hollywood des Jahres 1947. Der trinkfreudige und melancholische Detektiv Eddie Valiant (Hoskins) soll eine Intrige um den Hasen Roger, einen der gezeichneten Einwohner von Toontown, gleich neben dem Hollywood der realen Menschen, klären, und er gerät dabei an dessen verführerische Frau Jessica Rabbitt („Was kann ich dafür? Ich bin so gezeichnet"), wildgewordene Cartoon-Autos und einen verrückt-genialen Superverbrecher, der den Animationswesen den Kampf angesagt hat.

Hinter der krausen Geschichte steckt vielleicht auch so etwas wie eine Versöhnungsphantasie zwischen den Menschen und ihren Phantasien, dem Leben und den Träumen der *popular culture*, aber auch zwischen der „erwachsenen" Welt des melancholischen Detektivs und der kindlichen Welt der aufgekratzten Toons. Und der Detektiv war in diesem Film endgültig von der Peripherie ins Zentrum, von der Gegenwart in die Vergangenheit der populären Mythologie gerückt.

Was dem gegenüber kaum gelingen konnte war eine Wiedergeburt des Helden aus dem Geist widerspenstiger Jugendkultur. FORD FAIRLANE („Die Abenteuer des Ford Fairlane"/„Ford Fairlane, Rock'n'Roll Detective" – 1990 – Regie: Renny Harlin) ist ganz auf den populären *stand upcomedian* Andrew Dice Clay zugeschnitten, der durch seine reichlich obszönen, oft sexistischen und gewiß nicht politisch korrekten Scherze bekannt ist, die er freilich (in der Regel) nicht zur Denunziation, sondern zur Verdeutlichung des aggressiven amerikanischen Alltags benutzt (weshalb er von den meisten Radiosendern in den USA auch boykottiert wird und bei MTV zum Beispiel ein „lebenslanges Auftrittsverbot" zu verzeichnen hat). Clay spielt einen typischen 50er-Jahre-Detektiv, der sich auf Fälle aus der Musikbranche spezialisiert hat. Er wird einmal mehr von einer schönen Millionenerbin (Priscilla Presley) in eine Mordintrige gestürzt und bringt erst einmal die Großen der Branche auf Trab (zum Beispiel, indem er über die Lautsprecheranlage verkündet, daß der Gastgeber gerade in die Bowle gepinkelt hat). Ford Fairlane, dessen Selbsbewußtsein in scharfem Kontrast zu seinen Erfolgen steht, rettet sich mit List und seinen messerscharfen Sprüchen vorallen Mordanschlägen (nebst der Hilfe einer Sekretärin, die sich immer um eine Spur cleverer als Fairlane selber erweist). Ein paar satirische Glanzlichter (ein Polizist, der in seine frühere Rolle als Disco-Sänger und -Tänzer zurückfällt, Robert Englund, der Darsteller des Freddy Krueger in den NIGHTMARE-Filmen [vgl. den Band „Der Horrorfilm" in dieser Buchreihe], der sich auch hier als mehr oder minder unsterblicher Bösewicht erweist) können nicht wirklich über die Phantasielosigkeit des Drehbuchs hinwegtäuschen.

LOVE AT LARGE („Die Liebe eines Detektivs" – 1990 – Regie: Alan Rudolph) dagegen ist ein ausgesprochen intelligentes Spiel mit den Vorgaben des Genres: Bei einem Routineauftrag – die schöne Miss Dolan (Anne Archer) gibt ihm den Auftrag, ihren untreuen Lover zu beschatten: „Finden Sie alles über Dish heraus" – gelangt der Detektiv Harry Dobbs (Tom Berenger) an ein falsches Observationsobjekt: statt Mr. Dish (als wahres Ekelpaket vom Musiker Neil Young in einer Gastrolle dargestellt) verfolgt er Mister King (Ted Levine). Er enttarnt dessen bigamistische Doppelexistenz, das Objekt der verfehlten Observation lebt zugleich mit seiner Gattin (Annette O'Toole) und einer zweiten – freilich ihrerseits gehörig untreuen – Frau (Kate Capshaw) zusammen. Mit seinen Fehlinformationen richtet Dobbs fatale Verwirrungen an. Zur gleichen Zeit setzt seine Ex-Freundin die Dektivin Wynkowski (Elizabeth Perkins) auf ihn an, die freilich schnell zu ihrer Rivalin wird; eine sich selbst erfüllende Prophezeiung.

Rudolphs Detektiv ist der Antiheld par excellence, ein Tor, der seinen Auftrag von der ersten Minute an verfehlt und der nur falsche Fährten verfolgt. Und dabei funktioniert das Ganze vor allem als kriminalistische Spiegelung hochkomplizierter Liebesbeziehungen. Zugleich zitiert er die Detektivfilme der vierziger Jahre und formuliert ein letztes, das einzige Ziel für die Recherche des Detektivs: die Liebe.

1975–1998: Nostalgie, Parodie und Revision

Die europäischen Detektive

Flics privés

Vielleicht noch mehr als in den USA löste sich in Europa in den achtziger und neunziger Jahren das Genre des Detektivfilms in sehr unterschiedliche Formen auf. Aber auch hier zeigt der Held deutlich Anzeichen von Erschöpfung und Melancholie. Und von seiner Funktion als Aufklärer und Moralist sind nur noch Spuren zu erkennen. Im französischen Kriminalfilm ist der „Privatflic" im ewigen Krieg zwischen Gangstern und Polzisten eine eher verlorene Gestalt. Alain Delon ist in POUR LA PEAU D'UN FLIC („Rette deine Haut, Killer" – 1981), den er selbst inszenierte, der Ex-Cop und Privatdetektiv Choucas, der den Auftrag erhält, ein vermißtes blindes Mädchen zu suchen, während sein alter Widersacher Inspektor Coccioli (Daniel Ceccaldi) alles daran setzt, ihn an den Ermittlungen zu hindern. Aber schon in den ersten Szenen wird deutlich, daß es sich für Choucas um einen Abstieg, um eine Kränkung handelt. Und in seiner neuen Profession geht es nicht zuletzt auch darum, den unterdrückten Zorn auszuleben. Er entkommt einem Mordanschlag, und dann wird seine Sekretärin (Anne Parillaud) entführt, mit der ihn eine unbewußte erotische Spannung verbindet. So bittet er den Ex-Polizisten Kommissar a. D. Hayman (Michel Auclair) um Hilfe, und die beiden kommen einem früheren Kollaborateur und Kriegsverbrecher auf die Spur, der seit 1944 als tot gilt und der auch den Bruder des (jüdischen) Kommissars Hayman auf dem Gewissen hat. Der ehemalige Gehilfe des Folterers, der jetzt als Arzt in einem Sanatorium wirkt, erweist sich als Drahtzieher des Heroinhandels. Das Verbrechen von damals ist vom Verbrechen von heute überlagert, und der Detektiv wird einmal mehr zum Chronisten einer Sozialgeschichte von Korruption und Gewalt. Freilich versteht es der Regisseur Delon in seiner ersten Inszenierung nicht, dafür eine adäquate Ikonographie zu finden; die (Jean-Pierre Melville gewidmete) Genre-Stilisierung und die kritische Vergangenheitssicht wollen keine Einheit bilden. So bleibt es dem Dialog vorbehalten, die Zusammenhänge zu klären, die das Bild verweigert.

Einen ganz anderen Zugang zum Genre findet MORTELLE RANDONNÉE („Das Auge" – 1982 – Regie: Claude Miller). Der Film erzählt von dem alternden Detektiv genannt „das Auge" (Michel Serrault), der einer jungen Frau auf die Spur kommt, die ihre Liebhaber bestiehlt und ermordet. Aber statt sie auszuliefern, hilft er ihr, die Spuren zu verwischen, die Leichen verschwinden zu lassen. Er wird ihr Schatten und Beschützer bei ihren tödlichen Reisen durch verschiedene europäische

Länder und schließlich selber zum Mörder. Nach und nach klärt sich sein Verhalten auch für den Zuschauer: Er sieht in der Mörderin seine Tochter, die er nie kennengelernt hat. Nachdem die Frau von der Polizei in die Enge getrieben wurde und sich selbst getötet hat, umfängt ihn endgültig der tröstende Wahn; er verschwindet im Gruppenfoto seiner erträumten Tochter, um sich mit ihr zu vereinen.

Am Beginn lernen wir ein tückisches Spiel kennen: die Frau, die ihn verlassen hat, schickt ihm Jahr um Jahr ein Gruppenfoto, und er muß herausfinden, welches der Mädchen seine Tochter Marie ist. Der Detektiv tippt immer daneben. So sind seine Schnüffler-Fälle auch Kompensationen, und es kommt ihm gerade recht, daß er einen neuen Fall erhält: er soll Paul, den Sohn reicher Eltern, beschatten, der mit dem Mädchen Cathérine (Isabelle Adjani) zusammen ist. Kurze Zeit darauf wird er tot aufgefunden, und Cathérine ist verschwunden. „Das Auge" nimmt die Verfolgung auf und erschafft sich in seiner Recherche gleichsam das wahrhaft endgültige Bild der verlorenen Tochter.

Auch die Helden dieses Films sind von vollkommener Auflösung der Identität gekennzeichnet; der Blick des Detektivs ist der des Beschützers, des Vaters, des Voyeurs, des Begehrenden, des Gekränkten in einem, und der Film macht ihn sich zu eigen. Und das Objekt dieses Blickes verwandelt sich beständig; es genügt, eine Szene von Murnaus DER LETZTE MANN zu sehen, und schon wird sie Teil der nächsten konstruierten, fiktionalen Biographie.

Im Buch (von Marc Behm) konnten die beiden, „das Auge" und seine diebische Tochter, noch entkommen, im Film dagegen fallen sie einem Erpresserpaar (Guy Marchand und Stéphane Audran) zum Opfer. Behm sagt zu seinem Buch „The Eye of the Beholder": „Dies ist die Geschichte Gottes, verkleidet als Privatdetektiv, auf der Suche nach Gnade und Anmut". Claude Miller zeigt eher die Suche eines Verdammten nach dem Bild der Erlösung.

Eine ähnliche Desintegrationsphantasie, wenngleich in sehr viel leichterer Art, beherrscht auch die Kriminalkomödie BALLES PERDUES („Der Diamantenpoker"/„Eine Leiche kommt selten allein" – 1982 – Regie: Jean-Louis Comolli), in der es um einen Detektiv wider Willen geht. Das Mädchen vom Lande Maryvonne hat einen Job bei einem Diamantenhändler gefunden. Als sie den eines Tages ermordet auffindet, versucht sie, um an die Versicherungsgelder zu kommen, die Leiche verschwinden zu lassen, und sie wendet sich an einen Mann, der sich ihr vor kurzem als Privatdetektiv vorgestellt hat: Sam Witchner freilich ist in Wahrheit nur ein kleiner Bankangestellter, der ein bißchen auf den Putz gehauen hat. Mit der Leiche konfrontiert fällt der selbsternannte Detektiv in Ohnmacht und versucht dann die Frau zu beruhigen, die offenkundig den Verstand verloren hat. Die Leiche zu verstecken wird schwierig, nachdem sich seine Wohnung mit den Gästen für seine bevorstehende Verlobungsfeier füllt.

Eine kleine Serie von Filmen drehte sich um die Figur des Privatdetektives Conie Constantine, genannt „das Chamäleon" (Roger Carel), der auf eher gemächliche Art und zusammen mit seiner engagierten Frau Charlotte (Dany Carel) Fälle im Pariser Bürgermilieu zu klären hat. In LES ENQUÊTES CAMÉLÉON („Testament von einem Toten" – 1986 – Regie: Philippe Monnier) weckt ein Erbschaftsfall das Mißtrauen des Detektivs und in ATTENTION À LA POINTUE („Das Geheimnis alter Meister" – 1986 – Regie: Philippe Monnier) jagt er nach einem gestohlenen Frauenbildnis.

DERNIER ÉTÉ À TANGER („Letzter Sommer in Tanger" – 1986 – Regie: Alexandre Arcady) erzählt von einem Privatdetektiv (Thierry Lhermitte), der in Tanger hängengeblieben ist und ein eher träges Leben führt, bis die schöne Claudia (Valeria Golino) auftaucht und ihn nach einem Besuch in einer Opium-Höhle für ihre Pläne und als Instrument für eine persönliche Rache anwirbt. Es ist das Jahr 1956, als Tanger, der bislang freie Hafen und Refugium zivilisationsmüder Europäer, marokkanisches Eigentum wird, eine Zeit des Übergangs, der Agonie, wie geschaffen für den Detektiv.

POLAR („Polar – Ein Detektiv sieht schwarz"/„Unter der Schattenlinie" – 1983 – Regie: Jacques Bral) ist eine weitere Hommage an den *film noir*. Es geht um den Privatdetektiv Eugène Tarpon (Jean-François Balmer), der, nachdem sein Büro Pleite gegangen ist, eigentlich zurück in seine Heimat aufs Land gehen will. Doch da betritt die schöne Charlotte (Sandra Montaigu) sein Büro und bittet ihn um Hilfe in einem mysteriösen Mordfall. Er will die Dame an die Polizei verweisen, doch sie drängt solange auf ihn ein, bis der glücklose Detektiv sich in eine Intrige verwickelt, die eine ganze Nummer zu groß für ihn scheint.

POLAR ist eine französische Bezeichnung für den *roman policier*, den Krimi, und wie es im Genre zugeht, ist auch hier der kleine schäbige Detektiv Eugène Tarpon in einen Mordfall verwickelt, der um so undurchsichtiger wird, je mehr man über ihn erfährt, wird er selber verdächtigt, gerät an eine schöne Frau, die ihn noch mehr verwirrt, und die er gegen den mächtigen Gangsterboß, hier heißt er auch noch „der Wolf", verteidigt und ist am Ende so traurig wie zuvor. Es ist dieser Tarpon ein Detektiv von der traurigen Gestalt, ein langsamer Mensch, dem sich der Erzählrhythmus des Films anpasst, und dessen Zweifel er zu teilen scheint.

Dieser Detektiv aus dem Geist von Hammett und Chandler ist eine Kunstfigur, der all das widerfährt, was wir gewöhnt sind: die Begegnung

Die europäischen Detektive 235

NESTOR BURMA, DÉTECTIVE DE CHOC (Michel Serrault)

mit einer schönen Frau, die immer mehr weiß als sie sagt, die Verwicklung in Intrigen, die für den Helden viel zu groß sind, die Gangster und korrupten Bürger, der Kampf um die eigene moralische Integrität in einer durch und durch verrotteten (und dennoch nächtlich schönen) Welt. „Ich habe gar nicht erst versucht", so Jacques Bral, „seine Gegenwart zu rechtfertigen. Er ist da, mit allen Problemen, die ein Individuum haben kann, und ich versuche nicht zu beweisen, daß er Detektiv ist. Der ungewöhnliche Aspekt der Handlung ergibt sich nicht aus seiner Arbeit, sondern daraus, daß etwas von außen kommt und ihn zu einer Tat zwingt, die ein normaler französischer Privatdetektiv nicht begeht. Mein Held zieht keine Waffe. Er kann es nicht".

Einer der berühmtesten literarischen Privatdetektive erhielt eine neuerliche Verfilmung mit NESTOR BURMA, DÉTECTIVE DE CHOC („Die Spürnase" – 1982 – Regie: Jean-Luc Miesch); doch der Burma des Films (Michel Serrault) hat mit dem plebeischen Schnüffler mit dem anarchistischen Hintergrund nur noch wenig zu tun; er spürt nach dem Mörder einer jungen Frau, die mit einem Rocksänger zusammen war, dessen Tourneen zum Drogenschmuggel mißbraucht wurden. In einer Serie von TV-Filmen, die 1991 produziert wurde, spielte Guy Marchand einen nun wieder etwas werkgetreuer angelegten „*flic privé*".

Eine andere kleine Reihe international besetzter TV-Movies, von denen einige auch in die Kinos gebracht wurden, entstand um die Figur des Versicherungsdetektives Tom Lepski (Michael Brandon), und noch am interessantesten scheint, daß die Filme der Serie von einst renommierten Genre-Regisseuren ohne allzu viel Wert auf die eigene Handschrift, aber mit einer Anzahl prominenter Gaststars in erfreulicher Spiellaune gefertigt wurden. Tom Lepski hat seinen Job in Miami verlassen, um sich in Nizza als Versicherungsdetektiv niederzulassen, schließlich wimmelt es hier von Trickbetrügern und Defraudanten. In SAUF VOTRE RESPECT („Trau keinem Schurken" – 1989 – Regie: Guy Hamilton) trifft er auf einen alten Bekannten, den Meisterdieb Bradley (David Carradine), der seine eben gewonnene Ruhe stört, als er einen spektakulären Raub begeht. In PRÉSUMÉ DANGEREUX („Ein Mann weiß zuviel" – 1989 – Regie: Georges Lautner) etwa soll Lepski den mysteriösen Professor Forrester (Robert Mitchum) von der Côte d'Azur nach San Francisco begleiten, der aber erschießt den Geliebten seiner Frau, und nun machen sich Polizei, Agenten und Gangster auf ihre Spuren.

Den eher kühlen Stil pflegt auch Olivier Langlois in seinem ersten Spielfilm JAUNE REVOLVER („Der gelbe Revolver" – 1987). Es geht um eine biedere Bankangestellte (Sandrine Bonnaire), die bei einem Überfall auf ihr Institut als Geisel genommen wird. Nachdem es ihr gelungen ist, den Gangster mit seinem eigenen Revolver zu töten, unterschlägt sie die Beute und kehrt an ihren Arbeitsplatz zurück. Niemand scheint sie zu verdächtigen, nur der Versicherungsdetektiv Wielzky (François Cluzet) heftet sich an ihre Spuren, auf denen sich allerdings auch eine Journalistin (Laura Favali) befindet, die als ehemalige Geliebte des Bankräubers etwas von den Zusammenhängen ahnt. So zieht sich die Schlinge um die junge Frau zu; nur neuerliche Gewalt kann den Knoten lösen.

Einen für Freunde des Genres eher verrätselten Film steuerte Jean-Luc Godard mit DÉTECTIVE („Detektiv" – 1985) bei; der grobe Rahmen für eine mit philosophischen Dialogen und Zitaten gespickten Film bildet die Geschichte des Detektivs Prospero (Laurent Terzieff), der mit seinem Kollegen (Jean-Pierre Léaud) ein Hotel observiert, um einen zwei Jahre zurückliegenden Mord zu klären: zugleich wird er Zeuge, wie ein Box-Promoter (Johnny Hallyday) von Gläubigern bedrängt wird, darunter von einem ständig zankenden Ehepaar (Nathalie Baye und Claude Brasseur), und andere Figuren mischen sich ein, wie der Mafia-Boß (Alain Cuny). Aber alle Figuren reden und handeln aneinander vorbei, der wahre und einzig mögliche Detektiv kann nur der Zuschauer (oder die Zuschauerin) selber sein; eine „Lösung" werden auch sie nicht finden. In dieser Partitur, die sich auf einen Kriminal-Plot ebenso bezieht wie auf Shakespeares „Der Sturm", schimmert überdies immer wieder eine zweite Ebene der Wirklichkeit, eine von der „Erzählung" vollkommen unterschiedene Biographie der Darsteller durch. Die Begegnung der vier miteinander konkurrierenden Handlungsstränge führt zu einem ebenso sinnlosen wie finalen Blutbad. Wie in „Der Sturm" (den Godard nun sozusagen auch auf den Kopf stellt) ist Prospero nicht so sehr der Aufklärer als der Erfinder der Geschehnisse; er inszeniert eine Rachephantasie, der sich die von ihm beschworenen Geister zu unterwerfen haben. Und doch geht es auch um das klassische Prinzip der zweiten Chance: Ein Prinz wurde in einem Hotel offenkundig grundlos ermordet, und der Detektiv hat die Tat nicht verhindern können. Nun sucht er verzweifelt nach einer Möglichkeit zur Rehabilitierung, sucht den Mörder; er erfindet sich die Insel des Hotels dazu, hat ein Verhältnis mit der Verlobten des Inspektors, die zugleich Ariel und seine Tochter sein mag.

Sein Instrument ist die Videokamera, und mit ihr beobachtet er Françoise (Nathalie Baye), die im Begriffe steht, sich von ihrem Mann, dem Piloten Emile (Pierre Brasseur) scheiden zu lassen. Dazu brauchen sie Geld, und das schuldet ihnen der Boxmanager James Fox Warner (Johnny Hallyday), der seinerseits gerade durch einen Boxkampf mit Tiger Jones zu Geld kommen will, dies aber der Mafia schuldet, der Pate (Alain Cuny) und seine Entourage residieren ebenfalls hier und drängen auf die Bezahlung. Ein Kreislauf des Geldes ist da also in Gang, der gar nicht anders als in der Gewalt zu lösen ist. Aber es gibt, andererseits, auch die Liebe, und so entkommen der Boxer und seine Prinzessin, weil die Liebe mehr wert ist als ein Europameisterschaftstitel. Und selbst für die, die dem finalen Gemetzel anheimfallen, bleibt die Liebe das einzige, was sie an Leben in den Tod retten.

Godards Helden versuchen sich nicht nur Rollen spielend und redend an eine „Wahrheit" ihres Lebens heranzuarbeiten, sondern sie suchen auch beständig in Büchern und Fotoalben Antworten auf ihre Fragen. Aber sie leiden unter einem rätselhaften Overflow der Informationen, der Raum ist erfüllt von Stimmen, die noch einmal andere Ideen und Motive in die Geschehnisse verketten, ohne sich einem kausalen Zusammenhang zu unterwerfen.

Andere Filme nahmen die Figur des Detektivs für cineastische Verwirrspiele auf, etwa Michel Devilles PÉRIL EN LA DEMEURE („Gefahr im Verzug" – 1984), die Geschichte eines jungen Musiklehrers, der der Tochter eines reichen Ehepaares Gitarrenunterricht geben soll und in der Villa der beiden einer erotischen Ranküne zum Opfer fällt, beobachtet wird das ganze von einem Killer und von der Nachbarin, die sich als Detektivin betätigt. Wer wen ermordet hat, wird schließlich mithilfe ihrer Videos geklärt, und am Ende überlebt der Held in einer neuen Identität. Das absurde Spiel treibt auf die vollkommene Auflösung von Identität zu, und eben jene „objektive" Wahrheit, die der Detektiv im Genre in der Regel herstellt, ist hier vollkommen verweigert. „In ‚Gefahr im Verzug'·", sagt Deville, "gibt es keine Erklärungen, keinen psychologischen Schlüssel, sondern einfach nur Indizien. Ich habe sehr streng darauf geachtet, nur das zu zeigen, was der Erzähler sieht".

Giallo und Whodunit

Der Kriminalfilm in der Tradition der klassischen Detektion war nie eines der bevorzugten Genres der italienischen Cinematographie, weder im Bereich der bedeutenden Autoren, noch im Bereich des Gebrauchskinos. Der ewige Kampf zwischen der rationalistischen Moral und den archaischen Begierden scheint am besten in jenen Ländern zu gedeihen, in denen es zumindest eine gewisse protestantische Tradition, oder aber das Echo einer bürgerlichen Revolution wie das der französischen gibt, und in denen an die Stelle der ewigen Gewißheiten und theologischen Modelle eine Dialektik zwischen Tugend und Terror gesetzt wurde (vgl. dazu den Band "Das Melodram" in dieser Buchreihe). Das italienische Kino verstand es stets, eine Form der Prächtigkeit (etwa in den Abenteuer- und Antikfilmen) oder eine Form sozialer Wahrhaftigkeit (etwa im Neorealismus oder in seinen "rosa" Ablegern) zu generieren. Blickte es auf das Bürgertum (was der Kriminalfilm in der einen oder anderen Form tun muß) dann kommt eher eine Form der Agonie, eine *morbidezza* zwischen verlorener Passion und sinnlosem Reichtum heraus, jenes Kino der "weißen Telefone", von denen der populäre Italienische immer wieder erfaßt wird. Natürlich gibt es auch hier die Ausnahmen, die die Regel bestätigen. Aber "seine" Art, das Verbrechen und seine Bekämpfung zu verstehen, war für das italienische Kino vor allem der Anti-Mafia-Film, das "Cinema di denuncia" von Francesco Rosi, Damiano Damiani und kleineren Meistern in ihrer Nachfolge (vgl. dazu den Band "Der Polizeifilm" in dieser Buchreihe).

"Detektiv- und Polizeifilm entstanden in Italien", so Pino Farinotti, "als minderwertige Genres". In den siebziger Jahren entwickelte sich ein spezifisches Genre des italienischen Kriminalfilm, das Elemente des *whodunit* aufweist, aber weder einen traditionellen Detektiv noch einen Polizisten in den Mittelpunkt stellt. In UNA GIORNATA NERA PER L'ARIETE ("Der schwarze Tag des Widders"/"Ein schwarzer Tag für den Widder" – 1971 – Regie: Luigi Bazzoni) spielt Franco Nero einen Journalisten, der den Fall einer rätselhaften Serie von angekündigten Morden verfolgt. Eine Stimme am Telefon kündigt fünf Morde an, der erste wird an Professor Lubbock (Maurizio Bonuglio) verübt, der aber den Anschlag knapp überlebt. Dann folgen weitere Morde, und Opfer werden Menschen, die in der einen oder anderen Weise mit dem Leben des Journalisten Andrea zu tun haben, so daß er selber unter Verdacht gerät.

Schließlich entdeckt er, daß alle Morde an einem Dienstag begangen wurden, dem Glückstag des Widders, nur der Mordanschlag auf den Professor an einem Montag.

Mit Filmen wie Das Geheimnis der schwarzen Handschuhe (1969), eine deutsch-italienische Koproduktion, die in der Bundesrepublik fälschlich im Rahmen der Edgar Wallace-Serie herausgebracht wurde, oder Profondo Rosso (1975) trug Dario Argento zur Entwicklung des zweifellos so blutrünstigen wie kunstvollen *Giallo* bei, der dem Thriller verwandter ist als dem Detektivfilm und das der Regisseur in einer „Lobrede auf die Angst" verteidigte: „Das Vergnügen an der Angst im Schauspiel aller Art wird von gewissen Leuten herabgesetzt, denn es wird als mittelmäßig eingestuft – die Angst als eine Art von Subkultur. Falsch! Ich begrüße die blutigen Phantasmen meines Bewußtseins".

Diese Phantasmen freilich sind nicht zu denken ohne ein enormes Potential der Schuld. Der durch das italienische „Wirtschaftswunder" entstandene neue Mittelstand betrachtete mit einer Mischung aus Wohlgefälligkeit und Grauen seinen neuen Luxus, und die italienischen Kriminalfilme feierten und bestraften den neuen Reichtum zugleich. Sie schilderten die neuen Villen, das Leben des Jet Set, und zugleich konnte in dieser neuen Kultur nur der Mord gedeihen. Die Filme verbanden die Strukturen des *Whodunit* mit einer spezifischen Mischung aus Terror, Erotik und mondänem Design (Ira von Fürstenberg war der passende weibliche Star für dieses Ambiente), manchmal mit einem enormen Gespür für Details und Bewegungen (hier führt Vittorio Storaro die Kamera) und ein merkwürdiges serielles Interesse am Körper, das die Ästhetik des Genres mit der des Horrorfilms verbindet. Lange bevor er im amerikanischen Kino sein Unwesen trieb, war der Serienkiller ein heimlicher Star des italienischen Kriminalfilms, und noch in Lamberto Bavas Body Puzzle („Body Puzzle"/„Boddy Puzzle – Mit blutigen Grüßen" – 1991) etwa geht es um Morde an Menschen, die alle gerade eine Organtransplantation hinter sich haben. Als müßte, wie in Argentos Das Geheimnis der schwarzen Handschuhe, das Geschlecht, und als müßte, wie in Bavas Film, der Körper immer wieder „zerlegt" und neu zusammengesetzt werden.

Detective School Dropouts / Dumb Dicks („Die Klugscheißer" – 1986 – Regie: Filippo Ottoni) handelt von einem glücklosen Verkäufer, der sich als Detektiv verdingt. Doch sein neuer Auftraggeber ist nicht weniger pleite, bis eine geheimnisvolle Kundin (Valeria Golino) erscheint, die erklärt, gekidnappt worden zu sein, damit ihr Verlobter eine andere heiraten konnte.

Oft verlegten die Filme ihre Handlung auch in ein amerikanisches Ambiente wie beispielsweise Murder Rock – Dancing Death („Der

Frauenmörder mit der Hutnadel"/„Murder Rock" – 1984 – Regie: Lucio Fulci), wo es um eine rätselhafte Mordserie in einer Ballettschule geht, deren Schülerinnen offensichtlich ihr Geld mit Prostitution aufgebessert haben. Der Versuch, Slasher Movie, Ballettfilm und Erotik miteinander zu verknüpfen, markiert das Ende des Genres im Angebot für einen internationalen Trash-Markt.

Deutsche Detektive

Zwar hat es in der Geschichte des populären Films in Deutschland immer wieder Versuche mit dem Kriminalfilm gegeben, aber zu einem eigenständigen Genre wurde er kaum. Zu den wenigen wirklich gelungenen Beispielen am Beginn der Tonfilm-Ära gehört DER MANN, DER SEINEN MÖRDER SUCHT (1931 – Regie: Robert Siodmak), in dem Heinz Rühmann versucht, dem Mann auf die Spur zu kommen, der ihm eine tödliche Dosis Gift verabreichte. Das Drehbuch schrieben Curt Siodmak, Ludwig Hirschfeld und Billie Wilder nach einem Bühnenstück von Ernst Neubach. Nur wenige Kriminalfilme entstanden in der Zeit des Dritten Reiches, und in ihnen geht es immer um Verbrechen, die außerhalb der Reichsgrenzen geschehen, in exotischen Ländern, und auch die Täter sind zumeist keine Deutschen. SHERLOCK HOLMES UND DIE GRAUE DAME (1937 – Regie: Erich Engel) stellt den Diebstahl einer geheimnisvollen Erfindung in den Mittelpunkt; der Detektiv erscheint, als „deus ex machina" sozusagen, erst am Ende aus der Gruppe der Beteiligten und Verdächtigten. In ZWÖLF MINUTEN NACH ZWÖLF (1939 – Regie: Johannes Guter) geht es um eine Amateurdetektivin (Geraldine Katt), die sich in einen vermeintlichen Juwelendieb (René Deltgen) verliebt, der sich glücklicherweise als Polizist entpuppt.

ORIENTEXPRESS (1944) von Viktor Tourjansky geht nur in lockerer Anlehnung auf Agatha Christie zurück, variiert aber den Grundeinfall ihres Stoffes, das *closed room mystery* in Bewegung. Im Zug, der sich durch einen exotischen Balkan bewegt, wird Rechtsanwalt Branko ermodet; unter Verdacht gerät zunächst Baron Hübner (Siegfried Breuer), der im Zug auf seine geschiedene Frau trifft, die in Begleitung des Anwalts Branko ist, den sie zu heiraten beabsichtigte und bei dessen Leiche die blutbefleckten Handschuhe des Barons gefunden werden. Überdies war es Hübners Diener Franz (Rudolf Prack), der in einem Tunnel die Notbremse gezogen hat.

Auch im deutschen Nachkriegsfilm war der Privatdetektiv nicht gerade der populärste Kinoheld; die Aufklärung von Verbrechen traute man offensichtlich eher dem Polizisten zu. KOMMISSAR X indes, Held einer langlebigen Heftroman-Serie, ist kein Polizist; hinter dem Kriegsnamen verbirgt sich vielmehr der Privatdetektiv Jo Walker, der seiner eher teutonischen Denkweise zum Trotz aus New York stammen soll, dort allerdings den geringsten Teil seines Lebens verbringt und in Wahrheit eigentlich James Bond sein möchte (weshalb die Filme auch stilecht mit einer reichlich an die Bond-Musik erinnernden Hymne „I love you, Jo Walker" beginnen). Anders als der vergleichsweise biedere Jerry Cotton, ebenfalls Held sowohl einer Romanheft- als auch einer Filmserie (vgl. dazu den Band „Der Polizeifilm" in dieser Buchreihe) erlebte Jo Walker seine Abenteuer in einer Welt des Glamours und der Sünden, und erlag gelegentlich den Versuchungen des Fleisches. In der kleinen Serie von sieben reichlich trashigen, in europäischen Koproduktionen entstandenen Filmen spielte Tony Kendall den unbesiegbaren Detektiv, und Brad Harris seinen Freund, den Polizei-Captain Tom Rowland, die es in der Welt herumtreibt, wo es seit ihrem Leinwand-Debüt in KOMMISSAR X: JAGD AUF UNBEKANNT (1965 – Regie: Frank Kramer = Gianfranco Parolini) allerlei Verschwörungen zu bekämpfen gibt: in Ceylon (KOMMISSAR X – DREI GELBE KATZEN – 1966 – Regie: Rudolf Zehetgruber) zerschlägt er eine Geheimorganisation, die einen Chemiker entführt hat, in Singapur (KOMMISSAR X – IN DEN KLAUEN DES GOLDENEN DRACHEN – 1966 – Regie: Frank Kramer) muß eine mordsgefährliche Erfindung vor dem Zugriff eines kriminellen Geheimbundes gerettet werden, in Istanbul (KOMMISSAR X – DREI GRÜNE HUNDE – 1967 – Regie: Rudolf Zehetgruber) muß verhindert werden, daß LSD als chemische Waffe eingesetzt wird, in Montreal (KOMMISSAR X – DREI BLAUE PANTHER – 1967 – Regie: Frank Kramer) muß der Held bei der Weltausstellung geraubte Diamanten wiederbekommen, und in Bangkok (KOMMISSAR X – DREI GOLDENE SCHLANGEN – 1968 – Regie: Roberto Mauri) geht es, wie könnte es anders sein, um Mädchenhandel. Auch Harald Reinl im Regiestuhl bei KOMMISSAR X JAGT DIE ROTEN TIGER (1971) konnte die Serie nicht mehr retten, die ihren unbeholfenen Charme leichtfertig durch ein Überangebot an Gewalt und wirrer Plot-Konstruktion verspielte. Im Grunde erzählt jeder Film dieselbe Geschichte von einem mehr oder weniger verrückten Wissenschaftler, der mit seinen irren Superwaffen und seinen verzweigten Geheimorganisationen die Weltherrschaft anstrebt, und dessen furchterregendes Labor in der Schlußsequenz in die Luft gejagt werden muß.

Der neue deutsche Film zeigte nachvollziehbarerweise im Gegensatz etwa zum Western, zum Heimatfilm oder zum Gangsterfilm wenig Interesse am Detektivfilm. Auch das Fernsehen bevorzugte eher beamtete Kriminalisten. Erst als er sich zu Beginn der neunziger Jahre um die Wiederbelebung des Genrekinos bemühte, fand der deutsche Film auch für den Detektiv neue Geschichten. HAPPY BIRTHDAY, TÜRKE! (1991 –

Regie: Doris Dörrie) entstand nach einem der Kriminalromane von Jakob Arjouni um den türkischen Detektiv Kemal Kayankaya, in denen immer tagesaktuelle Beziehungen in die klassischen Krimi-Konstruktionen einbezogen werden. Kemal weist alle Ingredienzien des *hard boiled private eye* auf, von der *toughness* bis zur Romantik und von der Schäbigkeit bis zur verschütteten Moralität. Aber als Besonderheit hat er ein transkulturelles Problem: Er ist zwar von Abstammung und im Aussehen Türke, aber er kann weder türkisch sprechen, noch ist er mit türkischen Lebensgewohnheiten vertraut, denn er wurde von einem deutschen Ehepaar aufgezogen.

Der Film geht auf den ersten Roman der Reihe zurück; dort kommt eine junge Türkin namens Ilter (Özay) in sein Frankfurter Büro und verlangt, in der Annahme, einen Landsmann vor sich zu haben, seine Hilfe bei der Suche nach ihrem verschwundenen Ehemann Ahmed. Überdies hat ihr Vater bei einem Autounfall unter ungeklärten Umständen das Leben verloren. Die Spur führt ins Rotlicht-Milieu, bringt aber keine Klarheit. Bei seinen schwierigen Ermittlungen findet Kemal schließlich heraus, daß der Mann ein Drogenhändler war. Aber nicht die Konstruktion des kriminalistischen Falles macht die Wirkung des Filmes aus, sondern die kleinen Beobachtungen am Rande: „Die Brokattapete in der türkischen Wohnung, der Grappa, der bei den Deutschen für kulturelle Vielfalt steht, der Kreidekreis um einen weggeworfenen Zigarettenstummel, an dem Kayankayas Hauswart seine Thesen von der Unreinlichkeit der Ausländer belegt – all diese ungezwungen eingebrachten Kleinigkeiten sind sprechender als ganze Passagen der Vorlage. Schon durch den Verzicht auf den genre-typischen Ich-Erzähler setzt Dörrie ein Zeichen; sie erspart uns damit den größten Teil der Ausführungen des Romanhelden, der etwa mit selbstverliebter Geschwätzigkeit über sich Auskunft gibt: ‚Ich machte ein durchschnittliches Abitur, fing an zu studieren, verbrachte die Zeit hiermit und damit'. Mit Hansa Czypionka hat Doris Dörrie einen Hauptdarsteller gefunden, der die kolportagenhaften Züge der Figur herunterzuspielen versteht" (Sabine Horst).

Trotz der vergleichsweise freundlichen Aufnahme fand Dörries' Genre-Versuch zunächst keine Nachfolger. Das deutsche Kino dieser Zeit wurde von der Komödie beherrscht, und es war eine Komödie, die einem deutschen Kino-Detektiv (wenngleich auch er als Polizist ausgewiesen) wieder zu einem Publikumserfolg verhalf: KONDOM DES GRAUENS (1996 – Regie: Martin Walz) entstand nach dem gleichnamigen Comic von Ralph König, nivellierte aber zugleich dessen (homosexuelle) Erotik wie den Witz zu einer mainstream-kompatiblen Folie. Im New Yorker Stundenhotel „Quickie" geschehen fürchterliche Dinge: 13 Männer verlieren ihren Penis, nachdem sie versuchten, sich ein Kondom überzustreifen. Inspektor Luigi Mackeroni (Udo Samel), den bei einem vertrauten Zusammensein mit einem Strichjungen beinahe das gleich Schicksal ereilt hätte, löst den Fall der Killer-Kondome, die sich mit haifischscharfen Zähnen ins beste Stück zu beißen pflegen. Die Killerkondome wurden von der wahnsinnigen Ärztin Dr. Riffleson (Iris Berben) entwickelt, um den moralischen Verfall zu bestrafen.

Steffen Schult spielt den Held in Jens Beckers Film ADAMSKI aus dem Jahr 1993, der nach der Wende vom Trompeter bei der Volksarmee zum Kaufhausdetektiv am Alexanderplatz geworden ist. Während seine Kollegen ihrer Karriere unter anderem dadurch nachhelfen, daß sie den Kunden „gestohlene" Waren in die Taschen praktizieren, ist Adamski mehr an immer neuen Techniken der Überwachung gelegen. Vor allem die Videokamera hat es ihm angetan. Ihm geht freilich auch hier alles schief; er verfolgt eine junge Ladendiebin bis in ihre Wohnung und steht hier einem brutalen Mann gegenüber, der die Frau zum Stehlen zwingt. Es ist das Portrait eines angepaßten Verlierers, aber auch ein Essay über die Strukturierung des Raumes durch die neuen Überwachungsmedien. „So wie Adamski mit der distanzierenden Videokamera in Lilis Privatsphäre eindringt und dabei seine Liebe zu ihr entdeckt, spürt die Filmkamera Adamski nach, wobei bei den Zuschauern Sympathie aufkommt für die harmlose Figur. Adamski stellt die Normen der Gesellschaft nicht in Frage, sondern sucht sie zu verinnerlichen und lernt erst gegen Ende der Geschichte Freiräume zu nutzen – ohne jemals den Wunsch zu spüren, seine soziale Rolle aufzugeben" (Elena Kounadis).

Der Detektiv im Posthistoire: Zwei Schritte zurück und einer vor

Black Detectives

Wie der Polizist so bekam auch der Privatdetektiv in den siebziger Jahren, als das *blaxploitation movie* für einige Jahre viel Geld in die Kassen der (weißen) Produzenten brachte, ein afroamerikanisches Pendant. Ein Vorläufer der schwarzen Helden in den Blaxploitation-Filmen war Sammy Davis jr., der vor allem im Zusammenspiel mit den Mitgliedern des „Rat Pack" (Frank Sinatra, Dean Martin, Peter Lawford) eine Ahnung schwarzer Emanzipation vermittelte. Und gelegentlich, wenn auch in eher bescheidenen Produktionen, kam ihm auch der Rang eines Helden zu, der allein im Zentrum des Geschehens steht. In THE PIGEON („Das Geheimnis der Puppe" – 1969 – Regie: Earl Bellamy) spielt er den schwarzen Privatdetektiv Larry Miller (der in einer populären Fernsehserie als eine Hälfte eines schwarz/weißen Duos auftrat). Er trifft auf Barbara Hagen (Dorothy Malone), die ihm in früheren Tagen einmal geholfen hat, und sieht die Möglichkeit, sich zu revanchieren, indem er sie und ihre Mutter gegen ihre Verfolger beschützt. So kämpft er mit ihr gegen eine Gruppe von Gangstern, die hinter einem Tagebuch her sind, das voll belastendem Material für korrupte Honoratioren der Stadt steckt.

Mit dem schwarzen Privatdetektiv John Shaft (Richard Roundtree) im Film mit dem bündigen Titel SHAFT („Shaft" – 1970 – Regie: Gordon Parks) und einer kleinen Serie im Anschluß erhielt das Genre der afroamerikanischen Kriminalfilme seinen ersten Superhelden. In Parks' Film wird der Held vom Unterweltboß der schwarzen Comunity in Harlem, Bumpy Jonas (Moses Gunn), für einen Stundenlohn von immerhin 50 Dollar engagiert, dessen kleine Tochter Marcy (Sherri Brewer) entführt worden ist. Bumpy verdächtigt den schwarzen Revolutionär Ben Buford, genannt Lumumba (Christopher St. John), aber daran glaubt John Shaft nicht. Tatsächlich steckt hinter der Entführung eine sehr viel mächtigere Organisation: die Mafia. Sie will den schwarzen Konkurrenten Bumpy aus dem Verkehr ziehen, um sich das Rauschgiftmonopol in Harlem zu sichern, und so gerät auch Shaft in die Schußlinie. Während er die Gangster jagt und von ihnen gejagt wird, muß Shaft nebenbei immer auch wieder seinen Rivalen, den Polizeileutnant Androzzi (Charles Cioffi), überlisten. Sein erster Versuch, das Mädchen zu befreien, scheitert, und Shaft wird verwundet. In einem Hotel, wo die Mafia ihr Hauptquartier aufgeschlagen hat, kommt es zum Schlußkampf; Shaft befreit das Mädchen und besiegt die Mafia-Killer. Gordon Parks, der als Fotograf für LIFE bekannt geworden war, ist der erste afroamerikanische Regisseur, der für ein Major Studio arbeiten konnte. 1968 schloß er einen Vertrag über vier Filme und begann seine Arbeit mit dem autobiographischen Film THE LEARNING TREE („Haß" – 1968). SHAFT aber wurde enorm erfolgreich, und Parks selber wollte ihn stets nur als Unterhaltung verstanden wissen: „Es ist ein Filmvergnügen für den Samstagabend, das Leute besuchen, die den schwarzen Helden gewinnen sehen wollen". Aber gewiß war es auch mehr, der erste Blick in eine urbane Wirklichkeit, in der sich die Sphären der Klassen und Rassen durchdringen.

Das Sequel SHAFT'S BIG SCORE („Liebesgrüße aus Pistolen" – 1972), bei dem wiederum Parks die Regie führte, beginnt mit dem Mord an einem Freund des Helden, der 250 000 Dollar für das Waisenhaus in Harlem spendieren wollte. Shaft erledigt einen schwarzen und einen weißen Gangsterboß, bevor er das Geld seiner Bestimmung übergeben kann. Der dritte und letzte Kino-Film der Reihe, SHAFT IN AFRICA („Shaft in Afrika" – 1972) wurde von dem (weißen) Routine-Regisseur John Guillermin inszeniert und hatte gänzlich seine ethnischen Pro-

SHAFT IN AFRICA *(Richard Roundtree)*

bleme vergessen. Der Held muß nun in Äthiopien eine Menschenschmugglerbande erledigen, die illegale Arbeitskräfte nach Paris verschleppt.

Die Figur des John Shaft ist nicht in sich emanzipatorisch oder politisch bewußt, aber der Umstand, einen ungebrochenen schwarzen Helden zu haben (zu einer Zeit, in der sich die Helden der traditionellen weißen Genres in allerlei psychischen, moralischen und kulturellen Krisen befanden und erhebliche narzißtische Störungen zu verarbeiten hatten) kam einer Revolution in der Popular Culture gleich. Später erhielt Shaft eine eigene TV-Serie, in der Richard Roundtree als etwas zivilisierterer Privatdetektiv im Serienformat agierte.

Einer der schärfsten Konkurrenten um die Gunst des Ghetto-Publikums war Fred Williams, der freilich keine feststehende Figur kreierte, sondern von einem Film zum anderen vom Cop zum Privatdetektiv und von dem zum Outlaw-Gangster mutierte. In Jack Arnolds BLACK EYE (1973) spielt er den Schnüffler Shep Stone, der gleich ein paar Fälle zu bearbeiten hat, darunter den eines ehemaligen Stummfilmstars, der gezwungen wird, als Drogenkurier zu arbeiten, und den die gefährlichen Wege ebenso ins Porno-Milieu wie unter die Jesus-Freaks führen.

Aber der scheinbare Erfolg des *black cinema* (der durch die Überproduktion von *blaxploitation movies* rasch in sich zusammensank) führte auch in eine Sackgasse: die schwarzen Helden der Gangster-, Polizei- und Detektivfilme waren zunächst gerade durch ihre schiere Heldenhaftigkeit ausgesprochen eindimensionale Charaktere; der schwarze Held agierte und reagierte eher wie der weiße B-Film-Held der vergangenen Dekaden mit einem gelegentlich ein wenig aufgesetzten Empfinden für seine Community (und oft genug fehlte selbst dies, und der schwarze Held lebte nur einen hemmungslosen Egoismus vor).

Auf Shaft folgte der nicht weniger schießfreudige SLAUGHTER („Harte Fäuste, schnelle Kugeln"/„Slaughter" – 1972 – Regie: Jack Starret) und SLAUGHTER'S BIG RIP-OFF („Der Sohn des Mandingo" – 1973 – Regie: Gordon Douglas), den Jim Brown als einsamen Rächer in der Unterwelt spielte. Über den zweiten Teil der Geschichte vom schwarzen Privatdetektiv urteilte Vivian Naeve: „Abgesehen von der einfältigen Haut-den-Lukas-Story und der sinnlosen Metzelei, agieren die Schauspieler auch noch so hysterisch, als wären sie die ganze Zeit vom Regisseur mit Waffen bedroht worden".

Pam Grier war der weibliche Star des Genres. In dem *blaxploitation movie* FRIDAY FOSTER („Friday Foster – Im Netz der schwarzen Witwe" – 1975 – Regie: Arthur Marks) spielt sie eine schwarze Journalistin, die auf einem Foto ohne es zu wissen einen Attentäter aufgenommen hat, der ihr nun nach dem Leben trachtet, das ihr Freund, der Privatdetektiv Colt (Yaphet Kotto) zu retten versucht.

Das *blaxploitation movie* hatte in diesen Jahren seinen kommerziellen Höhepunkt erreicht; in den USA entstanden 1972 93 Filme mit afroamerikanischen Hauptdarstellern, 1973 waren es noch 45; zehn Jahre später kammen gerade einmal acht *black movies* heraus, und noch einmal zehn Jahre später waren es elf, bis es in den neunziger Jahren schließlich zu einer Renaissance kam.

Diese schwarzen Privatdetektive waren, wie die afroamerikanischen Polizisten der gleichen Zeit, vor allem Rächer, die in der Unterwelt keinen legalen Ausstieg mehr hatten und sich daher den Weg freischießen mußten. Diese Helden setzten sich kaum für die Belange der afroamerikanischen Bevölkerung ein, aber sicher tat es gut, einmal einen Schwarzen zu sehen, der mit der Kanone in der Hand aufräumte.

Schwarze Detektive (und Polizisten) waren in den achtziger Jahren vor allem in Mainstream-Filmen zusammen mit weißen Helden zu sehen; sie wurden zur Hälfte des Buddie-Teams, und ihre Chance bestand vor allem darin, ihren weißen Partnern ein wenig die Schau zu stehlen. Die Einführung schwarzer Helden in den Mainstream-Film verdankte sich gewiß einem ökonomischen Kalkül. Der afroamerikanische Anteil an der Bevölkerung beträgt zwar nur etwa 12 %, der Anteil an den verkauften Kinokarten aber beläuft sich auf mehr als das Doppelte. Das reicht zwar

Der Detektiv im Posthistoire: Zwei Schritte zurück und einer vor

nicht für eine Neuauflage des *blaxploitation movie*, beflügelt aber die Phantasie der Produktion, schwarze Helden in die Handlung einzuführen, ohne das weiße Publikum zu verschrecken. So werden die Filme mit weißen und schwarzen Helden zum einen zum Instrument einer kulturellen Integration, zum anderen bleiben sie Ausdruck einer nach wie vor rassistisch konstruierten Gesellschaft.

Dennoch gibt es auch in dieser Zeit eine Anzahl von Filmen mit schwarzen Detektiven. In DEADLY ILLUSION („Deadly Illusion"/„Tödliche Täuschung" – 1987 – Regie: William Tannen) ist Billy Dee Williams der arbeitslose Privatdetektiv Hamberger, dem das merkwürdige Angebot gemacht wird, die Frau des Industriellen Burton zu töten. Er braucht das Geld und nimmt es, auch wenn er nicht im Traum daran denkt, wirklich zum Auftragsmörder zu werden, ganz abgesehen davon, daß er schnell der verführerischen Schönheit des vermeintlichen Opfers (Morgan Fairchild) verfällt. Als er merkt, daß er in eine Falle getappt ist, und die richtige Frau Burton tot aufgefunden wird, gibt ihm sein alter Freund, der Polizeipräsident, 48 Stunden Zeit, in denen er zusammen mit seiner Assistentin Rina (Vanity) herausfinden muß, wer da eigentlich hinter ihm her ist und nach seinem Leben trachtet. (Allerdings verrät zumindest die deutsche Fassung dieses Films weder die Lösung des Falles noch die privaten Verwicklungen des Helden.)

Fred Williamson, der B-Moviestar in den *blaxploitation movies* der siebziger Jahre und in europäischen Trash Movies, blieb auch in der neuen Welle der *black movies* aktiv. In einer Reihe von Filmen führte er auch selbst die Regie, wie in FOXTRAP („Fox Trap" – 1984), wo er als Detektiv die attraktiven Tourismusziele Europas wie etwa die Filmfestspiele von Cannes, das Autorennen von Monte Carlo oder das Kolosseum von Rom nach einer verschwundenen Frau durchsucht, bis er merkt, daß er einem Komplott aufsitzt. Er hat eine flüchtende Prostituierte vor den Nachstellungen eines Zuhälters verfolgt, der sie schließlich ermordet, woraufhin er den Gangster zum Showdown fordert. Williamson spielt in seinem eigenen Film NIGHT CALLER („Dangerous Action" – 1993) den Detektiv Mack Derringer, der mit seinem weißen Partner Lenny (Gary Busey) sein Büro in der Sport-Bar ihres Freundes Jake (Peter Fonda) in Miami betreibt. Seine Ex-Frau Jennifer (Vanity) gerät in Gefahr, als ein Telefon-Sex-Kunde sie bedrängt. Nachdem sie ihn zurückweist, begeht der Schurke mehrere Morde, die er dem Detektiv anzulasten versucht.

Einer der schönsten Filme des Genres in den neunziger Jahren bedeutete zugleich die afroamerikanische Eroberung der Mythologie des *private eye* und eine Reise in die Vergangenheit der *comunity*: Carl Franklins DEVIL IN A BLUE DRESS („Teufel in Blau" – 1995), entstanden nach dem ersten Roman von Walter Mosley. Die Geschichte spielt zu Ende der vierziger Jahre im Ghetto von Los Angeles, in der Central Avenue-Gegend, wo die Afroamerikaner noch eine Hoffnung und zumeist intakte Familien hatten. Es ist eine geschlossene, proletarische Welt mit kleinbürgerlichen Träumen und jazziger Kultur. Easy Rawlins (Denzel Washington) kehrt aus dem Krieg zurück. Mit seinem ersparten Geld hat er einen kleinen Bungalow in Watts angezahlt, doch er verliert seinen Job in der Flugzeugfabrik, und damit gerät auch sein Traum vom eigenen Haus in Gefahr. Er gerät an einen Mann, der ihm einen scheinbar unkomplizierten Auftrag gibt: Für 100 Dollar soll er eine Frau suchen, Daphne Monet (Jennifer Beals), und auf der Suche nach ihr gerät Easy immer tiefer in eine Intrige von Verbrechen und Korruption. Er bekommt diesen Job, weil Daphne sich vorzugsweise in den schwarzen Jazz-Lokalen aufhält, und er übernimmt ihn nur widerwillig. Als die Sache immer heißer wird, wendet er sich an einen alten Freund, der die unangenehme Eigenschaft besitzt, Menschen schneller ins Jenseits zu befördern als man mit ihnen sprechen könnte, und ihn zu kontrollieren fällt Easy ausgesprochen schwer. Der geborene Detektiv ist er wahrlich nicht.

„Easy ist eine Art Philip Marlowe-Figur, doch da er schwarz ist, wird er von einer anderen Motivation geleitet. Alles, was er tut, geschieht eigentlich nur, um ihn zu der ‚Normalität' eines Lebens zurückzubringen, das er schon einmal besessen hat. Im Gegensatz zu seinem schießfreudigen Freund Mouse, den er zu Hilfe ruft, hat er ein Gewissen und eine Moral. Easy ist nicht der abgebrühte Genre-Detektiv, sondern ein gewöhnlicher Mann mit Ehrgeiz, aber auch mit Furcht. Die antipodische Gegenüberstellung des bedächtigen Easy mit dem impulsiven Mouse, einem frühen Vorfahren der heutigen Gangbusters, bringt so etwas wie eine hintergründige moralische Lektion in den Film, ohne sich als solche aufdringlich bemerkbar zu machen" (Franz Everschor).

Die Figur unterscheidet sich von den Vorbildern; es ist ein schwarzer Arbeiter, der im Krieg war, die Gewalt und den Tod kennt, und erfuhr, wie sein eigenes Blut vergossen wurde wie das des weißen Kameraden, und dessen Gewehrkugeln Feinde töteten wie die des weißen Kameraden, und der doch in der Gesellschaft von neuem Rassismus, von Arbeitslosigkeit und sozialer Stigmatisierung bedroht ist. Neben einem Kriminalfilm handelt der Film davon, wie den Afroamerikanern die Konstruktion einer bürgerlichen Identität nach dem Weltkrieg verweigert wurde. Für Easy hat sein kleines Häuschen einen immensen symbolischen Wert (und nichts gibt es für ihn schöneres, als auf seiner Veranda zu sitzen), aber unerbittlich werden für diesen bürgerlichen Traum die Raten verlangt, und deswegen braucht er dringend einen Job. So brütet er in der Bar von Joppy über den Stellenanzeigen, als ein eher zwielichti-

Der Detektiv im Posthistoire: Zwei Schritte zurück und einer vor

ger Weißer, DeWitt Albright hereinkommt und ihm 100 Dollar für einen leichten Job bietet: eine weiße Frau, Daphne (Jennifer Beals), die sich mit vorliebe in den Jazz-Kneipen der Schwarzen herumtreibt. So wird Easy zum *private eye*. Die Suche wird beschwerlicher und gefährlicher, und Easy begegnet vielen bösen und gefährlichen Menschen, darunter dem Politiker in seiner Luxuskarosse, der ihn für sich zu kaufen sucht. Jede dieser Begegnungen hat ihren Stellenwert für den Plot und ist zugleich ein Puzzlestück für das Bild einer komplexen, rassistischen und kapitalistischen Gesellschaft. Als er den Überblick und endgültig zu verlieren droht, bekommt Easy Hilfe von seinem alten Freund Mouse (Don Cheadle), der ein berühmter Killer ist. (Man muß wirklich vorsichtig in seiner Gegenwart sein, und man darf ihm niemanden anvertrauen, den man lebend wiedersehen will.) Der ist das genaue Gegenteil von ihm, ein Outlaw, der sich einen höchst persönlichen Krieg gegen die Weißen leistet, aber in seiner grenzenlosen Wut seine Waffe auch gegen Easy selber richtet, so wie sich das schwarze Gangstertum gegen die black comunity selbst richten kann. Wie der Detektiv ist auch dieser „bad man" vor allem eine mythische Gestalt, das Gespenst aller jener schwarzen Angst-Phantasien des weißen Mainstream-Kinos aus Hollywood, die für das schwarze Publikum stets eine ausgesprochen ambivalente Ausstrahlung hatten. Wie in einem klassischen *film noir* hat auch Easy Rawlins am Ende außerhalb des Gesetzes für ein klein wenig mehr Gerechtigkeit gesorgt, Terell erledigt und Carter gedemütigt. Dann sitzt er wieder vor seinem Haus, auf der geliebten Veranda (selber, wie wir aus den Western wissen, ein ausgesprochen mythischer Ort), aber der Held ist nun ein anderer geworden, hat seine eigene Freiheitsgeschichte durchlebt. „Am Ende des Films stehen zwei Wunschvorstellungen zur Debatte. Die eine, eine Liebesgeschichte, geht nicht in Erfüllung. Sie endet tragisch in den letzten Stunden der Nacht. Die andere, vielleicht auch eine Liebesgeschichte, könnte verwirklicht werden, am hellichten Tag. Easy blickt zufrieden und stolz über seine Straße, sein Viertel. In seiner Comunity endet die Geschichte, bei ihm selbst. Er ist durch ein Labyrinth gegangen, gelockt und manipuliert von Weißen. Jetzt entschließt er sich selbst dazu, Privatdetektiv zu werden. Er ist aus Joppys Kaschemme getreten und hat seinen Job gefunden, ein anderer, lange verborgener amerikanischer Held" (Hans Schifferle).

Mosley hat sein literarisches Projekt auf neun Romane angelegt, die von den vierziger Jahren bis in die Gegenwart reichen sollen. Jeder Kriminalfall beschreibt auch einen Abschnitt in der Geschichte der Stadt. Autor und Regisseur definieren die Welt der *hard boiled* Kriminalromane noch einmal neu aus der afroamerikanischen Perspektive. Der Autor, deutlich in der Tradition von Hammett und Chandler, ist, wie Bill Duke oder Mario van Peebles im Film, nicht so sehr an einer realistischen Schilderung der *black comunity* interessiert, sondern an der Eroberung zentraler Positionen der amerikanischen *popular culture*.

„Das beherrschende Blau des Bildes und der *blue devil* im Titel weist nicht nur auf die Nacht des Thrillers, sondern auf eine spezifisch amerikanische Wissensproduktion, den Blues. Der Literaturwissenschaftler Houston Baker versteht die schwarze Kulturproduktion, die in der Bluesform formuliert ist, als Übergangsritus, in dem nach der Erfahrung grundsätzlicher Entfremdung aus der amerikanischen Gesellschaft ein Initiationsprozeß eingeleitet wird, geführt von in der Außenseiterposition Erfahrenen. Am Ende entsteht ein seiner Geschichte bewußtes Subjekt, in der gleichen Gesellschaft wie zuvor, aber mit einem grundsätzlich veränderten Wissen" (Johannes Fischer).

Der Film ist, wie Franklins Debüt ONE FALSE MOVE (1992), eine Reise in die Widersprüche der schwarzen Existenz; Daphne, die wie die Heldin von Douglas Sirks IMITATION OF LIFE (Solange es Menschen gibt" – 1959) ihre afroamerikanische Herrschaft verleugnet, ist das Subjekt der Erpressung für den Kandidaten Carter.

Die neunziger Jahre hatten die Chancen für ein schwarzes Kino insofern verbessert, als die ersten Cinemax-Komplexe, die „Magic Johnson Theatres" in den Schwarzen Vierteln der Großstädte geschaffen wurden, beginnend mit Los Angeles, wo dieses „Magic Johnson Theatre" zum umsatzstärksten Kino in der Kette der Sony-Theater avancierte. Damit war aber auch ein Wandel in den Stoffen vorgegeben: Als das Kino in die Ghettos kam, wollten die Filme vom Ghetto nichts mehr wissen und begannen von (bürgerlichen) Karrieren und neuem Glamour zu träumen. Der afroamerikanische Mittelständler ist in den Filmen und im Fernsehen das Ideal (seine Karikatur taucht im übrigen beharrlich in weißen Kriminalfilmen als brüllender, karriereorientierter, angepasster Vorgesetzter des chaotischen weißen Helden auf.) Nun beginnt, wenn auch mit den Mitteln des Mainstream-Kinos, eine wirkliche Suche nach den eigenen Wurzeln.

Auch im Fernsehen erhielten schwarze Privatdetektive schließlich ihren Platz. Louis Gossett jr. spielt die Hauptrolle in den „Ray Alexander"-Filmen, die das Modell von Investigation und Kombination wieder aufgreifen. Wie sein beamteter weißer Kollege Columbo taucht Alexander in der Welt der Schönen und Reichen ein, um die Schuldigen zu finden. In RAY ALEXANDER: A TASTE FOR JUSTICE („Mörderisches Menü" – 1994 – Regie: Gary Nelson) zum Beispiel geht es um die Ermordung eines prominenten Psychiaters und seine hübsche Frau Patricia (Rosalind Allen) gerät in Verdacht. Anwalt Jeffrey Winslow (James Coburn) übernimmt ihre Verteidigung und heuert Privatdetektiv Ray Alexander an, der die Patienten des Nervenarztes unter die Lupe nimmt.

Im Format der TV-Movies hatte der schwarze Detektiv seine Bezüge zur *blaxploitation* und zur *comunity* weitgehend verloren. Eine kleine Serie stellte den afroamerikanischen Universitätprofessor Gideon Oliver (wiederum von Louis Gossett jr. verkörpert) als Amateurdetektiv in den Mittelpunkt, in dessen Umkreis es fatalerweise immer wieder Kapitalverbrechen zu klären gibt. Und was sich da auftut ist ein furchtbarer Maquis aus Satanismus, Drogen und Korruption. Gideon Oliver ist der schwarze Detektiv, der den Prozeß der Verbürgerlichung geschafft hat, von dem Easy Rawlins träumte. Nun wird auch er von allerlei Gespenstern verfolgt, die er indes aus einer Position intellektueller und sozialer Überlegenheit zu kontrollieren vermag.

Und zumindest als *second lead* taucht der schwarze Privatdetektiv auch in weißen Filmen wie Renny Harlins THE LONG KISS GOODNIGHT („Tödliche Weihnachten" – 1996) wieder auf. Samuel L. Jackson ist ein reichlich frustrierter Privatdetektiv, der von einer Lehrerin (Geena Davis) angeheuert wird, die vor Jahren ihr Gedächtnis verloren hat. Nun aber wandelt sie sich in ihr ursprüngliches Wesen zurück: eine professionelle Killerin im Dienst der CIA. Und dem schwarzen Detektiv bleibt meistens nichts anderes, als staunend zuzusehen, mit welchem Furor sich seine Auftraggeberin in den Kampf stürzt. Erst am Ende darf er sich indes doch noch einmal als Retter in der Not bewähren. So ist auch der Actionfilm im Zeichen der *political correctness* neu strukturiert.

Die letzten Boy Scouts

Nur wo sich in das Spiel der Detektion die Überdeckung einer psychohistorischen Verfehlung mischte, konnte sich der Detektiv als heroischer Archetyp noch einmal rekonstruieren. Für eine Reihe von Detektiv-Gestalten, wie zum Beispiel für den TV-Helden Magnum (Tom Selleck) in der gleichnamigen Fernsehserie, war die Vietnam-Erfahrung von großer Bedeutung (wenn das auch zunächst in den deutschen Versionen eher unterschlagen wurde). In THE RED SPIDER („Im Zeichen der roten Spinne" – 1988 – Regie: Jerry Jameson) geht es um die Suche nach dem Mörder eines Polizisten, in dessen Körper das Zeichen einer Spinne geritzt wurde. Korruption und Mordserien führen schließlich zum Ursprung der Mordserie in Vietnam.

Und so wie Vietnam spukte auch Watergate in den Filmen des Genres und machte sie zu düsteren Stimmungsbildern. Obwohl er das Drehbuch schon lange vorher entworfen hatte, schien doch Francis Ford Coppolas THE CONVERSATION („Der Dialog" – 1973) ein sehr direkter Kommentar auf den Abhörwahn und der definitive Film über die Absurdität der Detektion im Stadium der Medialisierung der Wahrnehmung. Harry Caul (Gene Hackman) ist Abhörspezialist der Polizei, der sich zum kontaktarmen Sonderling entwickelte, nachdem bei einem seiner Einsätze mehrere Menschen ums Leben kamen. Nun belauscht er ein Paar, das sich offensichtlich von einem Mörder bedroht fühlt, zögert aber, die Bänder seinem Auftraggeber, dem Direktor einer großen Firma, zu übergeben. Stattdessen feiert er mit seinen Konkurrenten nach einem Kongress der Abhörspezialisten in seiner Werkstatt; am nächsten Morgen sind mit einem Callgirl auch die Bänder verschwunden. Nun bezieht Harry Stellung neben dem Hotelzimmer, in dem sich die beiden heimlich treffen, aber als er in das Zimmer eindringt, findet er die Leiche seines Auftraggebers. Zuhause erhält er einen Warnanruf und weiß nun, daß auch er abgehört wird. Er durchsucht und zerstört seine Wohnung, ohne Erfolg; verzweifelt und einsam sitzt er am Ende in den Trümmern und spielt sein Saxophon.

Im Grunde hatte Coppolas Film die Figur des Detektivs zugleich mit der des Agenten ad absurdum geführt: Die Vorstellung von der Entdeckung der Wahrheit hinter der Intrige wird in der medial vernetzten Welt obsolet. Was den Detektivfilm schon immer charakterisierte, nämlich die Verengung der Räume, die Verwandlung aller Objekte in Indizien, das wendet sich hier gegen den Helden selber. Sein Wahrnehmungsraum wird immer kleiner, auch wenn seine Abhörmethoden scheinbar perfekt geworden sind. Eine Verschwörung aber ist nicht zu durchschauen, wenn die ganze Gesellschaft, die wahrnehmbare Welt selber als Verschwörung funktioniert. Als Gegenbewegung gegen diese zunehmende Klaustrophobie im Genre versuchte sich der Detektiv als Actionheld neu zu definieren. Er suchte noch einmal nach seiner verlorenen Unschuld.

In THE LAST BOY SCOUT („Last Boy Scout – Das Ziel ist überleben" – 1991 – Regie: Tony Scott) ist Bruce Willis der Ex-CIA-Agent Joe Hallenbeck (der immerhin einmal Jimmy Carter das Leben gerettet hat), der sich nun als Privatdetektiv sein Brot verdient. Er ist, wie wir es nicht anders erwarten, ziemlich *down*. Die Ehefrau hat ihn mit dem besten Freund betrogen, die Tochter verachtet ihn, er pennt in einem Schrotthaufen, während Kinder eine tote Ratte zu ihm hinüberwerfen. Der Job wirft nicht viel ab. Der einzige Halt ist die Whiskyflasche, was zur Folge hat, daß sich die Tochter vom saufenden Ekel endgültig abwendet. In dieser Situation wird Hallenbeck von seinem Freund, dem schwarzen Football-Star Jimmy Dix (Damon Wayans), angeheuert, dessen Freundin, die Tänzerin Cory, er beschützen soll. Doch noch ehe er seinen neuen Job antreten kann, wird sie ermordet. Joe und Jimmy machen sich auf die Suche nach den Tätern. Die Spur führt zu einem Politiker, der seine Karriere durch Erpressung und Gewalt vorantreibt; und die beiden schlagen in einem wahren Action-Overkill zurück. Schließlich steht nicht zuletzt die Zukunft des American Football auf dem Spiel. Die Geschichte vom „letzten Boy Scout" ist nicht nur eine ironische und actionreiche Verbeugung vor den Standards des Genres, sondern auch ein durchaus sarkastisch-wehmütiges Bild von Amerika. Es ist, so zeigen uns die Bilder und Charaktere, eine Kultur, die wahrhaftig ihre Boy Scouts und jede Fähigkeit zur „guten Tat" verloren hat, ein moralisch wie architektonisch kaputtes Land.

Der Body Guard war das andere Ziel eines Ex-Polizisten; in MIRAGE („Mirage – Trugbild des Todes" – 1994 – Regie: Paul Williams) ist Edward James Olmos der Cop Matt Juarez, der sich nach dem durch ihn verschuldeten Tod einer Geisel in ein Alkoholwrack verwandelt hat. Eine neue Chance erhält er von einem alten Kumpel: Matt soll auf die junge Frau des reichen Architekten Gale aufpassen, die ein Doppelleben in der Society und nachts als Stripperin in Bars führt. Er verfällt dem rätselhaften Glamour der Frau, und doch versagt er auch in seinem neuen Job: vor seinen Augen wird Jenny ermordet. Ein Jahr später meint er sie in einer Bar wiederzuerkennen.

STREETS OF DREAMS („Straße der Träume" – 1988 – Regie: William A. Graham) handelt von dem leidenschaftlichen Surfer und Privatdetektiv Thomas Kyd (Ben Masters). Eines Tages tritt die gewohnte gut aussehende Frau, Laura (Morgan Fairchild), in sein Leben, die er nach einem Streit und ziemlich weggetreten mit nach Hause nimmt. Doch die Frau ist nicht die, für die sie sich ausgibt, und als der Detektiv sie zum Flughafen bringen will, wird er in das Studio des Filmboss Paul Sassari verschleppt, der wissen möchte, wo Laura alias Eva Louise Bomberg sich befindet. Kurz darauf verlangt sie von ihm Hilfe, aber die Intrige, in der sie steckt, offenbart sich nur sehr langsam, zumal sie immer neue Lügen und Halbwahrheiten auftischt. Einzeltäter und eine Gangsterorganisation, die mit Sassaris Studio ihr Geld gewaschen hat, sind hinter ihm her.

In PRIVATE WARS („Defender" – 1993 – Regie: John Weidner) ist der Ex-Cop Jack Mannie (Stephen Railsback) als Privatdetektiv im Auftrag einer Bürgerinitiative in Los Angeles unterwegs, um ihr Stadtviertel gegen einen skrupellosen Bodenspekulanten und seine Gang zu beschützen, was ihm Gelegenheit gibt, eine alte eigene Rechnung zu begleichen.

Eine besondere Spezies der „letzten" Pfadfinder sind schließlich die modernen Bounty Hunter, die Menschenjäger, die für unterschiedliche Auftraggeber aus unterschiedlichen Gründen entflohene Menschen suchen, vielleicht eines der möglichen mythischen Endpunkte in der Figur des *hard boiled private eyes*. Martin Brests MIDNIGHT RUN („Midnight Run – Fünf Tage bis Mitternacht" – 1987) handelt von Jack Walsh

(Robert De Niro), der darauf spezialisiert ist, Leute, die auf Kaution freigelassen wurden und geflüchtet sind, für sein Büro, das die Kautionssummen stellt, wieder einzufangen. In dieser Eigenschaft erwischt der magenkranke, fluchende und rüpelhafte Detektiv den eher feinsinnigen, bürgerlichen Buchhalter einer Mafia-Gruppe und reist mit ihm durch die Staaten. Da der Gefangene unter höllischer Flugangst leidet, müssen die beiden innerhalb von fünf Tagen von New York nach Los Angeles auf erdhafterem Weg gelangen: da haben sich zwei (vielleicht die letzten) Moralisten gefunden: Jack, der seinen Beruf als Polizist an den Nagel hängen mußte, weil er sich nicht bestechen ließ, und Jonathan Mardukas, genannt Duke (Charles Grodin), der Mafia-Buchhalter, der heimlich das unrechte Geld an wohltätige Vereinigungen weiterleitete. Natürlich kann das nur in einer wunderbaren Freundschaft und einer großen Geste enden; und nebenbei entwickelt der Film einen ganz eigenen Humor, der seinen Figuren den Traum vom großen Erfolg zugleich gönnt und ihn verspottet, etwa wenn de Niro anerkennend in einem Flugzeug grinst, „Mann, das ist Amerika", nur weil er in seinem Erster-Klasse-Abteil einen Blumenstrauß vorfindet.

In der Regel allerdings waren die Bounty Hunter-Filme weniger auf Sophistication denn auf Action aus. THE BOUNTY HUNTER („Bounty Hunter" – 1989 – Regie: Robert Ginty) handelt von dem Kopfgeldjäger Duke (Robert Ginty), der einen indianischen Freund rächt, der von einem brutalen Sheriff getötet wurde. In DOUBLE EXPOSURE („Double Exposure – Blutige Enthüllung" – 1992 – Regie: Claudia Hoover) geht es um einen eifersüchtigen Ehemann, der den Privatdetektiv McLure (Ron Perlman) anheuert, um den Geliebten seiner Frau zu verfolgen und zu ermorden.

Schließlich eroberte der Detektiv mit dem Image des letzten Boy Scouts auch den Bildschirm. Mit PARKER KANE („Parker Kane – Gewalt im Nacken"/„Parker Kane – Millionen aus dem Müll" – 1990 – Regie: Steve Perry) begann eine Fernsehserie um einen Privatdetektiv, der all die Krisen des Genre-Helden unbeschadet überstanden zu haben schien. Jeff Fahey ist in diesem Film auf der Suche nach den Mördern seines Freundes, der einem Umweltskandal bei einer Konservierungsmittel-Fabrik auf die Spur gekommen war. Auch das Verbrechen hat ein neues Gesicht in diesem Jahrzehnt.

Die Detektivinnen

Kaum ein Genre der populären Kultur hat patriarchale Bilder von Frauen und Männer so lange in den verschiedensten Subgrenes und in den verschiedensten literarischen Formen befestigt wie der Kriminalro-

Der Detektiv im Posthistoire: Zwei Schritte zurück und einer vor 255

man und in seinem Gefolge der Kriminalfilm. Und das, obwohl es ein stets für Autorinnen offenes Genre war und die Konsumenten durchaus weiblich wie männlich. Ja es scheint, als sei gerade die Detektion ein auf dem weiblichen Sektor der *popular culture* reüssierender Zweig, und zu den wenigen wahren Heldinnen des Genres gehören vor allem solche, die ihr Wissen ihrerseits aus der intensiven Lektüre von Kriminalromanen haben, wie noch Agatha Christies Miss Marple (man stelle sich einen Sherlock Holmes vor, der bekennt, seinen Scharfsinn aus anderen Detektivromanen zu beziehen!). Aus dieser kleinen Vermischung von Fiktion und Realität zieht der frühe Frauenkrimi (wenn man das so nennen kann) immer auch eine komödiantische Wirkung, etwa in dem deutschen Film JENNY UND DER HERR IM FRACK (1941 – Regie: Paul Martin), wo Gusti Huber eine junge Studentin der Kriminalistik spielt, die sogleich ihr theoretisches Wissen als Versicherungsdetektivin einsetzt, und – natürlich – nicht nur stets die falschen verdächtigt, sondern auch ihrem erfahrenen Kollegen (Johannes Heesters) beständig ins Handwerk pfuscht. Aber mit der Liebe vergeht der jungen Frau auch die Lust aufs Detektivspielen – ein gern gebrauchtes Motiv, was bei Gelegenheit durchaus ein wenig tiefenpsychologisch unter die Lupe genommen werden könnte.

Immer wieder übernahmen Frauen Detektivbüros, wie Shelley Winters als statuarische Schönheit in BIG ROSE („Big Rose" – 1973 – Regie:

VIVEMENT DIMANCHE (Jean-Louis Trintignant, Fanny Ardant)

Paul Krasny), die mit ihren Mitarbeitern die Erpresser einer Bank verfolgt und sich ihre eigenen Gedanken zu machen beginnt, als einer der Erpresser ermordet wird. Aber zumeist geraten Frauen ans gefährliche Handwerk der Detektion nicht so sehr aus Profession denn aus Passion; sie bleiben, wie ihre Ahnherrin Miss Marple, Amateurinnen. So geschieht es auch in François Truffauts so warmherziger Parodie auf Hitchcock und den *film noir* in VIVEMENT DIMANCHE („Auf Liebe und Tod" – 1983). Truffaut bezog sich dabei auf einen Roman von Charles Williams, den er liebte, „weil dieser Roman seine Kriminalgeschichte aus dem Blickwinkel der Heldin, einer ganz normalen Sekretärin, erzählt, und nicht nur mit Leichen gespickt ist, sondern auch mit einer gehörigen Portion Humor aufwarten kann".

Fanny Ardant ist die Sekretärin Barbara, die alles unternimmt, um die Unschuld ihres Chefs Vercel (Jean-Louis Trintignant) zu beweisen, in den sie heimlich verliebt ist. Man wirft ihm vor, den Liebhaber seiner Frau ermordet zu haben, und bald darauf wird auch seine Gattin selbst tot aufgefunden. Auf den Spuren der Toten kommt Barbara nach Nizza, wo sich der angebliche Schönheitssalon der Verstorbenen als Bordell erweist.

Erst in den achtziger Jahren entwickelte sich ein neues Genre, in dem nicht nur die Autorenschaft, sondern vor allem auch die Subjekte der Investigationen weiblich besetzt sind. Doch während der „Frauenkrimi" als literarisches Genre in dieser Zeit ein eigenständiges und auch im Mainstream populäres Genre wurde, hatten es weibliche Helden auf der Leinwand und auf dem Bildschirm noch schwerer als ihre männlichen Kollegen, den Niedergang des Detektiv-Genres zu überleben. (Bemerkenswerterweise wurden schließlich in den neunziger Jahren Polizistinnen nicht nur im Film und im Fernsehen akzeptiert, sondern entpuppten sich gar als Erfolgsgarantien, während es ihre Kolleginnen und Konkurrentinnen von den Privatermittlungen nie zu sonderlich viel Erfolg brachten.) Und auch hier blieb man zunächst einmal bei der Formel der Amateurdetektivin wie in COMPROMISING POSITIONS („Tödliche Beziehungen" – 1985 – Regie: Frank Perry), wo Susan Sarandon, eine ehemalige Journalistin, jetzt Hausfrau und Mutter spielt, die als passionierte Amateurdetektivin den Mord an einem bekannten Zahnarzt aufklärt und dabei vom lokalen Sheriff eher behindert als unterstützt wird.

Bei dieser Formel blieb es zunächst auch im Fernsehformat. Angela Lansbury war in der TV-Filmserie MURDER SHE WROTE („Mord ist ihr Hobby") die Verfasserin von Kriminalromanen, die sich als Detektivin in New York betätigt. Und immer wieder gerät sie dabei in ein Gestüpp von Krimi-Fiktionen und wirklichem Verbrechen. In MURDER SHE WROTE: THE MURDER OF SHERLOCK HOLMES (1984 – Regie: Corey

Allen) zum Beispiel muß sie den Mord an einem Verleger klären, der als Sherlock Holmes zu einem Kostümfest kommt und bald darauf ermordet wird.

Beinahe unmöglich schien es den Autoren, einen weiblichen Detektiv gänzlich ohne männlichen Beistand zu lassen. SADIE & SON („Detective Sadie schlägt zu" – 1987 – Regie: John Llewellyn Moxey) und die anschließende Serie zeigt Debbie Reynolds als Ex-Polizistin in New York, die zusammen mit ihrem Sohn (Brian McNamara) die Unterwelt der Stadt in einer eher lauen Handlung aufmischt.

Im Kino war Kathleen Turner in V.I. WARSHAWSKI („V. I. Warshawski – Detektiv in Seidenstrümpfen" – 1991 – Regie: Jeff Kanew) als Verkörperung der von Sara Paretsky geschaffenen ebenso schlagfertigen wie erotisch aufgeschlossenen Detektivin zu sehen. („In einer Champagnerlaune", so die Autorin, „habe ich mich entschlossen, eine Story über einen weiblichen Sam Spade zu schreiben".) Der berühmte Eishockeyspieler Boom-Boom, mit dem die Detektivin gerade eine kurze, heftige Affaire hatte, ist einem Bombenattentat zum Opfer gefallen, und der Ex der Detektivin, der immer noch eifersüchtig und mehr oder weniger zufällig um die Wege ist, gehört zu den Verdächtigen wie die Brüder Boom-Booms. Warshawski verspricht seiner reichlich verzogenen Tochter, der 13jährigen Kat (Angela Goethals), alles dranzusetzen, um den Täter zu finden. Aber es gibt eine ganze Reihe von Menschen und Organisationen, die sie mit allen Mitteln von ihrer Suche abhalten wollen, nicht zuletzt die intrigante Verwandtschaft des Opfers. V.I. wird bedroht, verprügelt und entgeht nur knapp mehreren Mordanschlägen. Und ansonsten sitzt sie in der Lebensmaxime von Chicago fest, die ein alter Afroamerikaner formuliert: „Everybody knows everything, nobody knows nothing – this is Chicago". Auf die Härte ihrer Umwelt reagiert die Detektivin mit nicht weniger harter Ironie: Ihren reichlich derangierten Wagen stellt sie unverschlossen in einer üblen Gegend ab und ruft den Mitgliedern einer auf die leichte Beute lauernden Gang zu: „Tut mir einen Gefallen, Jungs – und klaut ihn".

V.I. (im amerikanischen ausgesprochen wie „the eye") schien in die Parade der *„tough girls"* zu passen, die zu dieser Zeit die vordem männerorientierten Action-Genres vom Road Movie (THELMA & LOUISE) über den Western (BAD GIRLS) bis zum Polizeifilm (BLUE STEEL) eroberten. Ihrem literarischen Vorbild wird diese Hollywood-gemäße Film-Version freilich nicht gerecht. (In nicht geringem Maße mochte das damit zusammenhängen, daß man beim produzierenden Disney-Studio der Autorin kein Mitspracherecht einräumte, stattdessen drei – männliche – Autoren an eine von den Romanen weitgehend unabhängige Phantasie über die Figur ansetzte, was Ms Paretsky freundlich-süffisant kommentierte: „Der beste Film der Welt ist dabei nicht herausgekommen"). Die V.I. Warshawski auf der Leinwand ist moralisch Mainstream-kompatibel gemacht und verliert dabei etliches von ihrer Aura der femininen Revolte. Sie muß dann eben doch ihr Schicksal in die Hände eines Mannes legen, sie muß dann doch mütterliche Gefühle entwickeln, sie muß dann doch wenigstens ein wenig „besser" sein als ihre Widersacher. Schließlich verstand auch Kathleen Turner selbst ihre Rolle eher sanft: „V.I. möchte den Eindruck der Stärke erwecken, um von ihrer Verletzlichkeit und ihrer Angst vor Intimität abzulenken. Das ist ihr Problem. Das macht sie unglücklich".

Daß Frauen Positionen in der Polizei einnehmen, führte so klar zu einer Veränderung des verwandten Polizeifilm-Genres (und zu neuen dramatischen Verwicklungen darin), wie es problematisch erschien, den Privatdetektiv weiblich zu besetzen, der offenkundig vor allem ein krisenhaftes männliches Mythem war, sehr viel synthetischer als der Cop und sein weibliches Pendant. Anders als das *female cop movie* blieben weiblich besetzte Detektivfilme exotische Tupfer in einem verblassenden Genre: Nicht der Aufstieg der Privatdetektivin, sondern das Verschwinden des Privatdetektivs sprach von der Erosion des Mythos.

Immerhin konnte, gelegentlich, die Detektivin eine moralische Korrektur in der Struktur kriminalistischer Geschehnisse im B-Film vornehmen. Linda Kozlowski, die in den „Crocodile Dundee"-Filmen bekannt wurde, spielte die Privatdetektivin Keri, die gegen den Polizei-Officer Giarusso (Paul Sorvino) in einem schon lange zurückliegenden Fall ermittelt in BACKSTREET JUSTICE („Backstreet Justice – Knallhart und unbestechlich" – 1993 – Regie: Chris McIntyre). In BROKEN LULLABY („Das letzte Rendezvous" – 1994 – Regie: Michael Kennedy) spielt die Serienschauspielerin Mel Harris (DIE BESTEN JAHRE) eine New Yorker Privatdetektivin, die im Auftrag ihrer Tante auf die Suche nach einem wertvollen Fabergé-Ei und nach einer Familiengeschichte geht, die ihre Wurzeln in Osteuropa hat.

Nur wenig mehr Glück war weiblichen Detektiven im Fernsehformat beschieden (ganz im Gegensatz zu ihren Konkurrentinnen bei der Polizei); und dies, obwohl es in allen europäischen Ländern Serien gab, die das Format ausprobierten. In Frankreich ging Danielle Darrieux in der Serie MADAME auf die Suche nach Dieben und Betrügern. In England entwickelte sich Imogen Stubbs alias Detektivin Anna Lee in den Jahren nach 1993 als eine modernisierte Variante von Miss Marple zum Publikumsmagneten. Und in Deutschland erzählte etwa der Fernsehfilm DIE BEUTE von Dominik Graf nach einem Buch von Günter Seuren die Geschichte der Privatdetektivin Nelly (Martina Gedeck), und bemühte sich dabei, Mythos, Rolle und Wirklichkeit abzuwägen. Die Heldin wird auf den Fall des reichen Fabrikanten Lohmann angesetzt, der vor Jahresfrist bei einem Autounfall unter ungeklärten Umständen ums Leben kam. Es deuteten zwar einige Indizien auf Mord, aber die Polizei konnte keinen Täter finden. Die Schwester und der Bruder des Opfers verdächtigen seine Frau Gerda (Donata Höffer), ihren jungen Liebhaber mit dem Mord beauftragt zu haben. Die Detektivin setzt sich selbst ein, um den Mörder zu überführen. Dabei entsteht das Portrait einer Frau, die der Autor Seuren so charakterisiert: „Nelly ist wie eine Katze, die nicht gestreichelt werden will, bei der Aussicht auf Liebe sträuben sich ihr die Haare. Sie ist kein unbeschriebenes Blatt mehr, hat den schrägen Blick, der aus vergangenen Kämpfen kommt. Sie ist jung, trägt noch keine festsitzende Maske im Gesicht. Die Nervenarbeit einer Amateurdetektivin, die einen Mann zur Strecke bringen soll, zaubert kein verführerisches Lächeln in ihr Gesicht. Sie ‚arbeitet' mit nervöser Konzentration."

Ein französisches Pendant ist Anémone in PAS TRÈS CATHOLIQUE („Die Detektivin" – 1993 – Regie: Tonie Marshall). Sie spielt die eher burschikose Maxine, deren Job als Detektivin wenig Glamour hat: Sie beobachtet Leute im Auftrag anderer Leute, und die Motive dafür sind in der Regel nicht allzu aufregend und für den Zuschauer oft noch weniger auszumachen als für die Heldin. Doch für sie ist der Außenseiterjob gerade recht, ermöglicht er ihr doch das sozial und erotisch ungebundene Leben, das sie erstrebt. Schließlich gelangt Maxine durch Zufall auch an eine größere Sache, gar an einen Mord, und in den scheint überdies offensichtlich ihr früherer Mann verwickelt. Dabei trifft sie auch nach vielen Jahren wieder ihren Sohn, für den sie nun doch noch späte mütterliche Gefühle entwickelt. Doch anders als bei V.I. Warshawski (im Film) lösen sich die Widersprüche zwischen der Ungebundenheit und der Zuneigung keineswegs so ohne weiteres. Noch weniger als ihr männlicher Kollege ist die Detektivin in der Lage, den Detektiv-Job in einen Familienroman einzubauen. Der klassische Held der Detektion führte ein eher mönchisches Leben, Sexualität und Familie schienen ihm wenig zu bedeuten (oder umgekehrt: die Detektion mochte wundersamer Ersatz für ihr Fehlen sein), und auch Miss Marples kriminalistischer Scharfsinn hing gewiß mit dem Umstand zusammen, daß es Zeit ihres Lebens wohl bei platonischen Beziehungen zu Männern wie Mr. Springer geblieben war – nicht zuletzt deshalb, weil in der spätviktorianischen Kultur der talentierten Detektivin die Ehe nichts anderes als ein Gefängnis bedeutet hätte.So wurde die Detektion auch zum Freiheitstraum. Andere Detektive wie Charlie Chan konnten sich durch ein geradezu aufreizend normales, bürgerliches Familienleben gegen die Versuchungen des Berufes absichern, in denen sich schließlich der Held des *film noir* hoffnungslos verstricken mußte. Und seine Nachfolger wie Mike

Hammer nutzten den Job hemmungslos für ihre erotischen Abenteuer. Der Privatdetektiv als letzter puritanischer Held vermochte perfekt Sexualität und Liebe voneinander zu trennen. Und seine Krise hat möglicherweise nicht nur mit der Absurdität der Investigation in der potemkinschen Gesellschaft des Spätkapitalismus zu tun, sondern auch mit der Veränderung der Geschlechterrollen und Familienromane. Kann die Detektivin dieses Verhalten imitieren, oder muß sie der Rolle eine neue Qualität geben? Und wie wird sich dabei die Arbeit der Detektion selber ändern? Das Mainstream-Kino hat auf diese Frage keine Antwort gefunden, mehr noch: es hat sich diese Frage nicht zu stellen gewagt.

Spiritual Detectives

Gestalten der *popular culture*, die aus dem einen oder anderen Grund in eine innere Krise geraten, haben in der Regel vier Fluchtpunkte: die Flucht in die Vergangenheit, in Nostalgie und Retrospektion, den Umschlag in Parodie und Satire, die Entwicklung mal kritischer mal manieristischer Schleifen der Selbstbezüglichkeit und schließlich die Evasion in phantastische und spirituelle Zwischenreiche zwischen Wirklichkeit und Metaphysik. Genau besehen indes haben alle diese Transformationen ganz ähnliche Ursachen und Bedingungen: Eine Heldenfigur hat seine Selbstverständlichkeit, seine Verankerung in Geschichte und Mythos verloren, und während sie sich weiter (wenn auch mit gesteigerten Retardierungen) ihren Aufgaben widmet, wird sie sich vor allem selber zum Problem. Der Weg führt den Detektiv sodann nicht mehr so sehr in die Welt hinein, als ins eigene Innen. Die letzte Aufgabe des „Helden mit den tausend Gesichtern" ist dieselbe wie die erste: die Konstruktion der eigenen Identität.

ANGEL HEART („Angel Heart" – 1986 – Regie: Alan Parker) handelt von dem Privatdetektiv Harry Angel (Mickey Rourke), der in den fünfziger Jahren, von dem geheimnisvollen Mr. Louis Cyphre (Robert De Niro) den Auftrag bekommt, einen früher populären Sänger Johnny Favorite zu suchen, der nach einer durch den Krieg herbeigeführten Amnesie und einer Kriegsverletzung in ein Sanatorium eingeliefert wurde. Angeblich ist er gestorben; auch der Arzt, der ihn behandelte, wird brutal ermordet. In New Orleans, wohin ihn die Spur führt, gerät Angel in Satanskult und Voodoo-Zauber, und je mehr er den rationalen Boden unter sich verliert, desto mehr häufen sich die Leichen. Am Ende ahnen wir, daß Angel nach niemandem anderen als nach sich selbst sucht.

Am Anfang sehen wir diesen Harry Angel als den schmutzigsten aller schmutzigen Privatdetektive, und das ist in seinem Fall ausgesprochen

Der Detektiv im Posthistoire: Zwei Schritte zurück und einer vor

wörtlich zu nehmen. Er befindet sich in einem Zustand buchstäblichen Zerfalls, als er sich auf die Suche nach Favorite, dem „Sänger mit den goldenen Stimmbändern" aus der Zeit vor dem Krieg macht. Und sein Fall, den eine Kette von Morden begleitet, ist noch mehr als die Fortsetzung dieses Zerfallsproduktes, es ist die buchstäbliche Leerung einer Persönlichkeit. Sein Kontrahent Louis Cyphre ist daher nicht nur eine Abbildung eines Satans (Lucifer), sondern auch die Figur des „Entzifferns", der das Spiel leitet, in dem sich aus Harry Angel der gesuchte Johnny Favorite schält, der dessen Körper übernahm. Dieser Engel (des Todes) begegnet schließlich Epiphany Proudfoot (Lisa Bonet); sie ist Johnnys Tochter, wird seine Geliebte und bald von seinem bösen Ich ermordet wie viele andere Menschen, die den Weg dieses seltsamen Faustus' kreuzen. Während indes etwa Alan Rudolphs LOVE AT LARGE oder Kenneth Branaghs DEAD AGAIN das selbstreferentielle Spiel mit dem Genre-Helden vergleichsweise offen gestalten, bietet Parker mit dem Umweg über die Mythen des phantastischen Films schließlich doch eine „eindeutige" Lösung. Durch diesen Crossover-Trick kommt das Selbstreferentielle nicht ins Stadium der Selbstreflexion: über den Detektiv als den bürgerlichen Helden par excellence eines Jahrhunderts haben wir am Ende nichts erfahren.

Die Verknüpfung von Detektion und Übersinnlichem nahmen einige Filme in kleinerem Produktionsformat auf. THE DEAD CAN'T LIE/THE GOTHAM („Tote Engel lügen nicht" – 1988 – Regie: Lloyd Fonvielle) etwa führt Tommy Lee Jones als Privatdetektiv Eddie Mallard mit der Ex-Frau eines Millionärs zusammen, der von ihr nicht mehr belästigt werden will. Das seltsame an dem Fall ist indes, daß Rachel (Virginia Madsen) seit 1975 tot ist. Als die Tote dann sehr lebendig neben ihm steht, verliebt er sich prompt in sie und nimmt im Streit ihre Position ein. Doch nach und nach dämmert ihm, daß sie wirklich tot ist und er also ein Verhältnis mit einem Geist hat. In FOURTH STORY („Twilight Mystery" – 1990 – Regie: Ivan Passer) wird der Privatdetektiv David Sheperd (Mark Harmon) von der schönen Valerie McCoughlin (Mimi Rogers) damit beauftragt, ihren verschwundenen Mann zu suchen, den sie entführt glaubt. Sheperd (der natürlich von der schönen Frau fasziniert ist) entdeckt, daß der Verschwundene systematisch seine Spuren verwischt hat. Die Lösung aber liegt auch hier im Bereich des Übernatürlichen. Im Jahr darauf kam Dan O'Bannons THE RESURRECTED („Evil Dead – Die Saat des Bösen") heraus. Da hat eine Frau (Jane Sibbett) einen Privatdetektiv mit dem traditionsreichen Namen Charles Dexter Ward (John Terry) mit der Überwachung ihres Ehemannes (Chris Sarandon) beauftragt, der sich, nachdem er einen alten Koffer geerbt hat, mehr als merkwürdig verhält: Er hat Aufzeichnungen über ein magisches Elixier gefunden, mit dem er dessen Erfinder, einen seiner Vorahnen, wieder ins Leben zurückruft, der prompt den Zauberlehrling ermordet und dessen Identität annimmt. Der Detektiv und die Ehefrau bekommen es noch mit halbfertigen Versuchen neuer Kreaturen des verrückten Wissenschaftlers aus dem 18. Jahrhundert zu tun, die den beiden schließlich den Gefallen tun, ihren Schöpfer wieder ins Jenseits zu befördern. Das ganze ist eine moderne Paraphrase auf H.P. Lovecrafts Erzählung „The Case of Charles Dexter Ward", die mit einer *private eye*-Story im Stil der frühen vierziger Jahre umrahmt wurde. Alle diese Filme wirken ein wenig wie Suchbewegungen nach einer neuen Formel, die sich schließlich im enormen Erfolg der reichlich paranoiden Verfolgungsphantasien in der Fernsehserie „Akte X" und vergleichbaren Verbindungen von Detektion und Phantastik erfüllte (vgl. dazu den Band „Der Horrorfilm" in dieser Buchreihe). In der Welt der Fakten konnte der Detektiv in den neunziger Jahren nicht mehr viel ausrichten, er reüssierte erneut im Reich der Phantasmen und Dämonen.

Zum Crossover zwischen Detektion und Phantastik entwickelte sich naturgemäß auch eine komödiantische Seitenlinie. Das gebräuchlichste Medium für diese Verknüpfung war das Motiv der Seelenwanderung. In OH HEAVENLY DOG („Ein Himmelhund von einem Schnüffler" – 1979 – Regie: Joe Camp) ist Chevy Chase ein Privatdetektiv, der zusammen mit der Frau, die er beschützen sollte, ermordet wird. Benjamin Browning bekommt vom Himmel noch eine Chance: er darf auf die Erde zurück, um den Fall zu lösen, allerdings im Körper eines Hundes. In der Gestalt von „Benji" schließt er sich der Journalistin Jackie (Jane Seymour) an, die ebenfalls hinter dem Geheimnis her ist und klärt den Fall, hinter dem eine politische Intrige steckt, eingefädelt von eben jenem Mister Bart (Omar Shariff), der Browning zunächst überhaupt erst auf den Fall angesetzt hat. Wie viele der *white fantasy*-Filme erzielt auch dieser seinen Humor unter anderem durch die Schilderung des Jenseits als leicht vertrottelte Bürokratie und durch eine parodistische Zitierung anderer Filme wie Heaven CAN WAIT. (Der Hund Benji hatte sich im übrigen schon in BENJI [„Benji auf heißer Fährte" – 1973 – Regie: Joe Camp] als Detektiv bewährt; dort war er von zwei Kindern versorgt worden, die von Gangstern entführt werden und die er befreit.)

1988 entstand JUSTIN CASE („Justin Case – Ein himmlischer Schnüffler" – Regie: Blake Edwards), wo eine arbeitslose Schauspielerin Jennifer (Molly Hagan) vom Geist eines toten Privatdektivs, des Justin Case (George Carlin), engagiert wird. Als sie in sein Büro kommt, findet sie indes nur noch seine Leiche. Bald darauf steht jedoch sein Geist vor ihr und schlägt ihr vor, für ihn den „irdischen" Teil der Detektion zu übernehmen und die Frau zu finden, die ihn ermordet hat. Dabei muß sie,

Der Detektiv im Posthistoire: Zwei Schritte zurück und einer vor

während sie ein gewaltiges Komplott aufzudecken hat, auch noch den Verdacht der Polizei, an dem Mord beteiligt zu sein, entkräften und bekommt es mit einer geheimnisvollen „schwarzen Lady" zu tun. Das war der Pilotfilm zu einer nicht realisierten Fernsehserie, die aus Kombinationen von *film noir*, der „Topper"-Serie und typischen Blake Edwards-Running Gags bestehen sollte: Justin Case kann zwar nach Geisterart durch Mauern gehen, aber der geliebte Whisky läuft wirkungslos durch den Astralkörper.

Eine Variante bietet Love CAN BE MURDER („Ein Geist zum Küssen" – 1992 – Regie: Jack Bender): Elizabeth (Jaclyn Smith) ist erfolgreiche Juristin und mit Brad (Cliff De Young) verlobt, langweilt sich aber mit Beruf und Lover und wird überdies von rätselhaften Visionen geplagt, so daß sie ein Büro für Private Investigationen eröffnet. In ihrer neuen Wirkungsstätte indes spukt ein Geist mit Namen Nick (Corbin Bernsen), ein Berufskollege, der im Jahr 1948 ermordet wurde und sie nun dazu drängt, einen ungeklärten Fall aus den vierziger Jahren noch einmal aufzunehmen. Die beiden streiten sich nach Buddie-Art und raufen sich immer wieder zusammen.

Im B-Format mußten die Detektive immer wieder auf ausgesprochen übersinnliche Phänomene und nicht selten außerirdische Besucher treffen: In CAST A DEADLY SPELL („Hexenjagd in L.A." – 1991 – Regie: Martin Campbell) zum Beispiel spielt Fred Ward einen Privatdetektiv mit dem bezeichnenden Namen Lovecraft, der im Auftrag eines Millionärs das Zauberbuch „Necronomicon" herbeischaffen soll, mit dem man die Dämonen aus der Unterwelt zu holen vermag. Freilich sind auch andere Wesen hinter diesem Zauberbuch her, und nicht allen würde das Attribut „menschlich" vollkommen gerecht. Die Handlung dieser merkwürdigen Mischung aus Horror und *film noir* ist ins Los Angeles der späten vierziger Jahre verlegt, in die Atmosphäre der Raymond Chandler-Romane mit den schummrigen Bars und regennassen Straßen, und das (bescheidene) Vergnügen ergibt sich neben den parodistischen Verschiebungen (Zombies im Abendanzug) aus diversen literarischen und filmhistorischen Anspielungen. Im selben Jahr wurde das Thema vom Detektiv im Reich des Übersinnlichen in einer komödiantisch etwas wirksameren Weise aufgenommen: In SECOND SIGHT („Mein Partner mit dem zweiten Blick" – 1991 – Regie: Joel Zwick) geht es um die Detektei „Der zweite Blick" des Ex-Cops Wills (John Larroquette), des Psychiaters Preston (Stuart Pankin) und des Mediums Bobby (Bronson Pinchot), der mit Murray, einem Doppelgänger im Jenseits, Kontakt hält, mit dessen Hilfe er verschwundene Gegenstände und Personen zu finden imstande ist. Als jedoch das Trio einen verschwundenen Kardinal suchen soll, dreht Murray plötzlich durch: der

Kampf zwischen weißer und schwarzer Magie übersteigt alle detektivische Rationalisierung.

Philip Lovecraft ist auch der Name des Detektivs in Paul Schraders WITCH HUNT („Magie Murder" – 1994), der ins Hollywood des Jahres 1953 zurückführt, wo die Grenzen zwischen Wirklichkeit und Kinophantasien aufgehoben sind und Zauberei den Alltag bestimmt. Die Gesellschaft hat sich von den „lizensierten Magiern" abhängig gemacht. Der Präsidentschaftskandidat Trumble will den Kampf gegen die „unamerikanische" Magie aufnehmen, während der Privatdetektiv Philip Lovecraft (Dennis Hopper) der (auf magische Weise begangenen) Ermordung eines Filmproduzenten nachgeht. Nur der Protagonist selber enthält sich der Magie. Er wird von der schönen Kim Hudson (Penelope Ann Miller) damit beauftragt, herauszufinden, warum es mit ihrer Karriere so sehr bergab gegangen ist. Sie verdächtigt den Produzenten Gottlieb, sie durch einen neuen Star ersetzen zu wollen, doch der fällt gleich darauf einem Hexerei-Anschlag zum Opfer. Nun rückt eine der Freundinnen Lovecrafts, die Hexe Hypolita, zur Hauptverdächtigen auf. Deren Situation wird zusehends kritischer, als der Senator Crockett und sein „Kommitee gegen übernatürliche Tätigkeiten" in die Stadt gekommen ist. Schraders Film in seinem bizarren Genre-Mix ironisiert die berühmten Private Eye-Filme der vierziger Jahre und gibt überdies eine satirische Gesellschaftsdarstellung, in der die Verfolgung der Magier und Hexen deutliche Bezüge zur McCarthyschen „Hexenjagd" und der „Säuberung" Hollywoods hat (etwa wenn der Präsident verkündet „No More Magic in Hollywood").

So wie die Cops sich in Filmen wie ALIEN NATION („Spacecop L. A. 1991" – 1991 – Regie: Graham Baker) mit außerirdischen Besuchern der Erde zusammentun, so findet schließlich auch der Detektiv der Zukunft in einer wahrhaft multikulturellen Gesellschaft neue Aufgaben. SPACE DETECTIVE („Space Detective" – 1987 – Regie: Vik Rubenfeld) handelt von einem spitzohrigen Privatdetektiv namens Lemro (Nikki Fastinetti), der im zukünftigen Los Angeles hinter dem Drogendealer Kilgore (Cliff Aduddell) her ist, der knapp davor ist, sich vermittels einer mysteriösen Scheibe magische Kräfte einzuverleiben.

Doch wohin dieser Held sich auch wandte, er hatte seine Identität verloren, war zum Schatten seiner selbst verkommen: der Privatdetektiv, diese einst so mythische Gestalt der Rationalität und der Moral war aus dem Zentrum der großen urbanen Erzählung vertrieben worden. Er war zu einer komischen Gestalt geworden, von den gesellschaftlichen Peripherien drängten Vertreter ethnischer Minderheiten, Frauen, Kinder, Clowns, Tiere, Gespenster, Außerirdische gar in die Rolle des weißen, männlichen, puritanischen Spätromantikers. So lange er sich auch durch

Der Detektiv im Posthistoire: Zwei Schritte zurück und einer vor

Melancholie, Selbstironie und immer neue Metamorphosen gerettet haben mochte, dieses eine Gesicht des „heroe with a thousand faces" war am Ende des bürgerlichen Jahrhunderts zu einer komisch-bizarren Maske geworden. Mit dem Verschwinden des Detektivs, so scheint es, verabschiedete sich auch die populäre Kultur vom Traum der gesellschaftlichen Aufklärung. Der *private eye* hat die Geschichte des moralischen Niedergangs des Bürgertums begleitet; einmal als jemand, der ihn bekämpft, das andere Mal als sein Opfer. Verhindern konnte dieser melancholische Held ihn nicht. Und doch: Wie alle Helden der *popular culture* kann auch der Detektiv nicht wirklich sterben. Er verschwindet, um wiedergeboren zu werden, taucht erneut auf, wo man ihn nicht erwartet hätte, und macht sich vielleicht wieder auf die lange, beschwerliche Suche nach seinen Wurzeln.

Anhang

Zitierte Bücher und Aufsätze

Marcel Aimé: zitiert nach Georg Hensel
Michael Althen: Zu Tode photographiert. „Rendezvous mit einer Leiche" von Michael Winner. In: „Süddeutsche Zeitung" vom 28. November 1989
Helmut W. Banz: Charlie Chan & der Fluch der Drachenkönigin. In: „Die Zeit" Nr. 17, Hamburg 1981
Lorenz Belser: The Two Jakes. In: „Zoom" Nr. 19, Zürich/Basel 1991
Jürgen Berger/Bettina Thienhaus: Dashiell Hammett, Raymond Chandler. Berlin o.J. (1979)
Walter Blair: Dashiell Hammett. In: Jochen Vogt (Hrg.): Der Kriminalroman. München 1971
Jochen Brunow: City Heat. In: „epd Film" Nr. 6, Frankfurt am Main 1985
Jan Dawson: Über „The Late Show". In: Presseblatt zu den 27. Internationalen Filmfestspielen, Berlin 1977
Wolf Donner: Jackie in der Unterwelt. In: „Die Zeit" Nr. 52, Hamburg 1974
Franz Everschor: Teufel in Blau. In: „film-dienst" Nr. 9, Köln 1996
Franz Everschor/Klaus Lackschéwitz/Heinz Ungureit: Spielfilme im Deutschen Fernsehen ARD 1974. Frankfurt am Main 1973
William K. Everson: The Detective in Film. A Pictorial Treasury of the Screen Sleuth. From 1903 to the Present. Secausus 1972
Johannes Fischer: Die Stadt, der Blues und die Nacht. „Teufel in Blau" in der Tradition des New Black Cinema. In: „Filmforum" Nr. 1, Berlin 1996
Bodo Fründt: Ein Thriller als Spiegel der Zeit. In: „Süddeutsche Zeitung" vom 13. Juli 1992
Wolfgang J. Fuchs/Reinhold Reitberger: Comics – Anatomie eines Massenmediums. Reinbek 1973
Richard Gerber: Verbrechensdichtung und Kriminalroman. In: Jochen Vogt (Hrg.): Der Kriminalroman. München 1971
Tony Goodstone: The Pulps. 50 Years of American Pop Culture. New York 1970
Fritz Göttler: Die Unschuldige mit dem schmutzigen Gesicht. In: „Süddeutsche Zeitung" vom 11./12. Juli 1992
Ulrich Gregor: Der Unauffindbare. In: „Filmkritik" Nr. 3, München 1969
P.E. Grim: zitiert nach Jürgen Wehrhahn
Willy Haas: Die Theologie im Kriminalroman. In: Jochen Vogt (Hrg.): Der Kriminalroman. München 1971
Howard Haycraft: Murder for Pleasure. The Life and Times of the Detective Story. New York 1968
Lillian Hellman: zitiert nach Jürgen Berger/Bettina Thienhaus
Georg Hensel: Maigret und der Himbeergeist. In: „Weltwoche" Nr. 17, Zürich 1976
Knut Hickethier: Gebrauchsliteratur. Stuttgart 1976
Sabine Horst: Happy Birthday, Türke! In: „epd Film" Nr. 1, Frankfurt am Main 1992
Norbert Jochum: Murder My Sweet. In: „Filme" Nr. 5, Berlin 1980
Gad Klein: Ich, der Richter. In: „Sounds" Nr. 6, Hamburg 1982
Herbert Linder: Tote schlafen fest. In: „Filmkritik" Nr. 10, München 1967
Leonard Marsh: zitiert nach William Ruehlman
Michael Mason: Deadlier than the male. In: „Times Literary Supplement" vom 17. September 1976
Günter Metken: Comics. Frankfurt am Main 1970
Kaspar Mikurda: Mord im Orient-Expreß. In: „Multimedia" Nr. 5, Wien 1975
Don Miller: „B" Movies. An informal survey of the American low-budget film 1933–1945. New York o.J. (Copyright 1973 by Film Fan Monthly)
Vivian Naefe: Der Sohn des Mandingo. In: „Abendzeitung" vom 3. Oktober 1977
Frank S. Nugent: zitiert nach Jürgen Berger/Bettina Thienhaus
Ian Ousby: Bloodhounds of Heaven. The Detective in English Fiction from Godwin to Doyle. Cambridge/London 1976
Enno Patalas: Die Morde des Herrn ABC. In: „Filmkritik" Nr. 4, München 1966
Hans-Günther Pflaum: Bogey, Cagney und die anderen. In: „Süddeutsche Zeitung" vom 21. September 1982
Hans-Günther Pflaum: Konflikte von Außenseitern. In: „Süddeutsche Zeitung" vom 19. Februar 1971
Michael R. Pitts: Famous Movie Detectives. Metuchen, N.J./London 1979
Mario Pratz: Liebe, Tod und Teufel. Die schwarze Romantik. München 1963
William Ruehlman: Saint With a Gun. The Unlawful American Private Eye. New York 1974
Charles Rycroft: zitiert nach Julian Symons
Brigitte Scheerer: V.I. Warhsawski. In: „Video Magazin" Nr. 8, München 1992
Richard Schickel: Off the Wall. The Mirror Crack'd. In: „TIME" vom 29. Dezember 1980
Hans Schifferle: Die 100 besten Horror-Filme. München 1994
Hans Schifferle: Teufel in Blau. In: „epd Film" Nr. 5, Frankfurt am Main 1996
Neil Sinyard/Adrian Turner: Billy Wilders Filme. Berlin 1980
Michael Sragow: True Confessions: A Mixed Blessing. In: „Rolling Stone" Oktober 1981
Charles Tatum jr.: L'Homme à la longue rasée. In: „Visions" Nr. 6, Brüssel 1983
Bettina Thienhaus: Chandler - Ein Schriftsteller in Hollywood. In: Jürgen Berger/Bettina Thienhaus: Dashiell Hammett, Raymond Chandler. Berlin o.J. (1979)
Jon Tuska: The Detective in Hollywood. Garden City 1978
Gerhart Waeger: The Drowning Pool. In: „Zoom/Filmberater" Nr. 23, Bern/Zürich 1975
Jürgen Wehrhahn: Filmdetektiv Charlie Chan: Ein liebes Kerlchen. In: „Filmjournal F" Nr.14, Ulm 1979
Jürgen Wehrhahn: Meisterdetektiv Sherlock Holmes. In: „Retro Filmjournal" Nr. 1, München 1980
Edgar Wettstein: The Maltese Falcon. In: „Zoom/Filmberater" Nr. 16, Bern/Zürich 1976

Bibliographie

Anobile, Richard J. (Hrg.): The Maltese Falcon. NewYork 1974
Arnold, Armin/Josef Schmidt: Reclams Kriminalromanführer. Stuttgart 1978
Asfour, Jean-Claude: Meurtres par procuration. Les assassins à l'écran. Paris 1979
Baker, Robert A./Michael T. Nietzel: Private Eyes: 1010 Knights. A Survey of American Detective Fiction, 1922-1984. Bowling Green 1985
Baring-Gould, William S. (Hrg.): The Annotated Sherlock Holmes. New York 1978
Baring-Gould, William S.: Sherlock Holmes of Baker Street: A Life of the World's First Consulting Detective. New York 1962
Barzun, Jacques/Wendell Hertig Taylor: A Catalogue of Crime: A Reader's Guide to the Literature of Mystery, Detection and Related Genres. New York 1971
Bauer, Ludwig: Authentizität, Mimesis, Fiktion, Fernsehunterhaltung und Integration von Realität am Beispiel des Kriminalsujets. München 1992
Becker, Jens Peter: Sherlock Holmes & Co. Essays zur englischen und amerikanischen Detektivliteratur. München 1975
Benedict, Stewart H. (Hrg.): The Crime Solvers. New York 1966
Bennett, T./Susan Boyd-Bowman/Colin Mercer/Janet Wollacott: Popular Culture and Social Relations. Milton Keynes 1986
Bensen, D.R.: Sherlock Holmes in New York. New York 1976
Berger, Jürgen/Bettina Thienhaus: Dashiell Hammett, Raymond Chandler. Berlin o.J.(1979)
Binyon, T.J.: Murder Will Out. The Detective in Fiction. Oxford 1989
Boileau, Pierre/Thomas Narcejac: Der Detektivroman. Neuwied/Berlin 1967
Borde, Raymond/Etienne Chaumeton: Panorama du film noir américain (1941–1953). Paris 1955
Braun, Hans-Martin: Prototypen der amerikanischen Kriminalerzählung. Die Romane und Kurzgeschichten Carroll John Dalys und Dashiell Hammetts. Frankfurt/Bern/Las Vegas 1977
Breen, Jon L.: What About Murder?: A Guide to Books About Mystery and Detective Fiction. Metuchen 1981
Bruschini, Antonio: Profonde tenebre. Il cinema thrilling italiano 1962-1982. Bologna 1992
Buchloh, Paul G./Jens Peter Becker: Der Detektiverzählung auf der Spur. Darmstadt 1977
Buchloh, Paul G./Jens Peter Becker: Der Detektivroman. Studien zur Geschichte und Form der englischen und amerikanischen Detektivliteratur. Darmstadt 1973
Bullis, Robert Alan: An Analysis of the Interpersonal Communications of Private Detective Characters in Selected „Mean Streets" Motion Pictures. Diss., University of Wisconsin, Madison 1977
Cameron, Ian: A Pictorial History of Crime Films. London/New York 1975
Cargnelli, Christian/Michael Omasta (Hrg.): Schatten. Exil. Europäische Emigranten im Film noir. Wien 1997
Carr, John Dickson/Adrian Conan Doyle: The Exploits of Sherlock Holmes. New York 1976
Carr, John Dickson: The Life of Sir Arthur Conan Doyle. New York 1987
Cauliez, Armand-Jean: Le film criminel et le film policier. Paris 1956
Cawelti, John G.: Adventure, Mystery and Romance: Formula Stories as Art and Popular Culture. Chicago/London 1976
Chandler, Raymond: Chandler über Chandler. Frankfurt am Main/Berlin 1965
Chandler, Raymond: The Blue Dahlia. A Screenplay. London 1976
Chandler, Raymond/Billy Wilder: Double Indemnity. In: John Gassner/Dudley Nichols (Hrg.): Best Film Plays 1945. New York 1946
Chandler, Raymond: Die simple Kunst des Mordes. Briefe, Essays, Notizen und ein Romanfragment. Zürich 1975
Charlot, Alain: Die 100 besten Kriminalfilme. München 1991
Chertok, Harvey/Martha Torge (Hrg.): Quotations from Charlie Chan. New York 1968
Christ, Judith: The Private Eye, the Cowboy and the Very Naked Girl. New York 1970
Clark, Al: Raymond Chandler in Hollywood. Los Angeles 1996
Cocchiarelli, Joseph J.: Screen Sleuths: A Filmography. New York 1992
Conquest, John: Trouble Is Their Business. Private Eyes in Fiction, Film and Television, 1927–1988. New York/London 1990
Costello, Peter: The Real World of Sherlock Holmes: The True Crimes Investigated by Arthur Conan Doyle. New York 1991
Cox, Don Richard: Arthur Conan Doyle. New York 1985
Cullen, Tom A.: When London Walked in Terror. New York 1968
Davies, David Stuart: Holmes at the Movies. The Screen Career of Sherlock Holmes. London 1976
De Waal, Ronald Burt: The World Bibliography of Sherlock Holmes and Dr. Watson. New York 1975
Dooley, Dennis: Dashiell Hammett. New York 1984
Drummond, Phillip: Television Crime Fiction. London 1985
Durham, Philip: Down These Mean Streets a Man Must Go. Chandler's Knight. Chapel Hill 1963
Edwards, Owen Dudley: The Quest for Sherlock Holmes. Edinburgh 1983
Everson, William K.: The Detective in Film. A Pictorial Treasury of the Screen Sleuth. From 1903 to the Present. Secausus 1972
Eyles, Allen: Sherlock Holmes: A Centenary Celebration. New York 1986
Fosca, Francois: Histoire et technique du roman policier. Paris 1937
Gardiner, Dorothy/Kathrine Sorley Walker (Hrg.): Raymond Chandler: Die simple Kunst des Mordes. Briefe, Essays, Notizen und ein Romanfragment. Zürich 1975
Geherin, David: The American Private Eye. The Image in Fiction. New York o.J.
Gerteis, Walter: Detektive. Ihre Geschichte im Leben und in der Literatur. München 1953
Goodstone, Tony: The Pulps. 50 Years of American Pop Culture. New York 1970
Gouelaert, Ron (Hrg.): The Hard-Boiled Dicks. New York 1967
Gow, Gordon: Cops: Public and Private. A Survey of the Public and Private „Eye" on he Screen. In: F. Maurice Speed (Hrg.): Film Review 1973–1974. London 1973
Gow, Gordon: Suspense in the Cinema. New York 1971
Greenwald, Ken: The Lost Adventures of Sherlock Holmes. New York 1993

Grigoriadou, Hélène Lena: Esthétique et sociologie des thêmes du crime et de la peur dans les films américains de 1930 à 1950. Diss., Paris o.J. (1975)
Gross, Miriam (Hrg.): The World of Raymond Chandler. London 1977
Grossini, Giancarlo: Dizionario del cinema giallo. Tutto il delitto dalla A alla Z. Bari 1985
Guérif, Francois: Le film noir américain. Paris 1979/1981
Haining, Peter: A Sherlock Holmes Compendium. Secausus 1980
Haining, Peter: A Sherlock Holmes Scrapbook. New York 1975
Haining, Peter (Hrg.): The Final Adventures of Sherlock Holmes. New York 1993
Haining, Peter: The Television Sherlock Holmes. London 1991
Hammond, Lawrence: Thriller Movies. Classic Films of Suspense and Mystery. London 1974
Hardwick, Michael/Mollie Hardwick: The Private Life of Sherlock Holmes. New York 1971
Hardwick, Michael/Mollie Hardwick: The Sherlock Holmes Companion. New York 1962
Hardwick, Michael: Sherlock Holmes: My Life and Crimes. New York 1984
Hardy, Phil: Companion to Crime. London 1997
Harmon, Jim: The Great Movie Serials: Their Sound and Fury. New York 1972
Harmon, Jim: The Great Radio Heroes. New York 1967
Harrison, Michael: In the Footsteps of Sherlock Holmes. New York 1976
Harrison, Michael: A Study in Surmise: The Making of Sherlock Holmes. Bloomington 1984
Haycraft, Howard (Hrg.): The Art of the Mystery Story. A Collection of Critical Essays. New York 1946
Haycraft, Howard: Murder for Pleasure: The Life and Times of the Detective Story. New York 1968
Haydock, Ron: Deerstalker! Holmes and Watson on Screen. Metuchen/London 1978
Haydock, Ron: The History of Sherlock Holmes in Stage, Films, TV & Radio Since 1899. Sherman Oaks 1975
Haydock, Ron: Sherrlock Holmes. Sherman Oaks 1976
Hickethier, Knut: Gebrauchsliteratur. Stuttgart 1976
Higham, Charles: The Adventures of Conan Doyle. New York 1976
Hopwood, Clive: Sherlock Holmes Mystery Book. Secausus 1981
Hornby, George (Hrg.): How to be a Detective. The Reel Benchley. Robert Benchley at his Hilarious Best in Words and Pictures. New York 1950
Hoveyda, Féreydoun: Petite histoire du roman policier. Paris 1956
Hubin, Allen J.: Crime Fiction, 1749-1980: A Comprehensive Bibliography. New York/London 1984
Jaffe, Jacqueline A.: Arthur Conan Doyle. Boston 1987
Jansen, Peter W/Wolfram Schütte (Hrg.): Humphrey Bogart. München 1976
Johnson, Diane: Dashiell Hammett: A Life. New York 1983
Johnston, Claire: Double Indemnity. In: E. Ann Paklan (Hrg.): Women in Film Noir. London 1978
Kaminsky, Stuart/Jeffrey H. Mahan: American Television Genres. Chicago 1985
Karsunke, Yaak: Ein Yankee an Sherlock Holmes' Hof. Der Kriminalromancier Raymond Chandler. In: Erhard Schütz (Hrg.): Zur Aktualität des Kriminalromans. München 1978
Keating, H.R.F: Crime and Mystery: The 100 Best Books. New Yprk 1987
Keating, H.R.F: Whodunit: A Guide to Crime, Suspence and Spy Fiction. New York 1982
Kerr, Paul: The American Private Detective Film. Diss., Keele University 1977
Klinefelter, Walter: Sherlock Holmes in Portrait and Profile. New York 1975
Kreuzer, Helmut/Kurt Prümm (Hrg.): Fernsehsendungen und ihre Formen. Typologie, Geschichte und Kritik des Programms in der BRD. Stuttgart 1979
Lacassin, Francis: Mythologie du roman policier. Paris 1974
Lacombe, Alain: Le roman noir américain. Paris 1975
Lahue, Kalton C.: Bound and Gagged. New York 1970
Lambert, Gavin: The Dangerous Edge. London 1975
Landrum, Larry/Pat Browne/Ray B. Browne (Hrg.): Dimensions of Detective Fiction. Bowling Green 1976
Langman, Larry: A Guide to American Crime Films of the Forties and Fifties. Westport, Conn. 1995
Langman, Larry: A Guide to American Silent Crime Films. Westport, Conn. 1994
Larka, Robert: Television's Private Eye: An Examination of Twenty Years Programming of a Particular Genre. 1949 to 1969. Diss., Ohio University, Athens 1973
Layman, Richard: Shadow Man: The Life of Dashiell Hammett. New York 1981
Leblanc, Maurice: Arsene Lupin Versus Herlock Sholmes. Chicago 1910
Lebrun, Michel: Le guide du „polar". Paris 1987
Lellenberg, John L. (Hrg.): The Quest for Sir Arthur Conan Doyle: Thirteen Biographers in Search of a Life. Carbondale 1987
Luhr, William: Raymond Chandler and Film. New York 1982/1991
MacShane, Frank: The Life of Raymond Chandler. New York 1976
MacShane, Frank (Hrg.): The Notebooks of Raymond Chandler. New York 1976
MacShane, Frank (Hrg.): Selected Letters of Raymond Chandler. New York 1981
Madden, David: Tough Guy Writers of the Thirties. Carbondale/Edwardsville 1968
Markulan, Janina: Zarubeznyi kino detektiv. Opyt izucenija odnogo iz zanrov burzyaznoj massovoj kul'tury. Leningrad 1975
Marling, William: The American Roman Noir: Hammett, Cain and Chandler. Athens 1995
Martindale, David: Television Detective Shows of the 1970s. Credits, Story Lines and Episode Guides for 109 Series. Jefferson/London 1991
McCarty, John: The Fearmakers. New York 1994
Menendez, Albert J.: The Subject Is Murder: A Selective Subject Guide to Mystery Fiction. New York 1986
Meyer, Wlliam R.: Warner Brothers Directors. The Hard-Boiled, the Comic and the Weepers. New Rochelle 1978
Meyers, Richard: TV-Detectives. San Diego/London 1981
Morgan, Janet: Agatha Christie: A Biography. New York 1985
Murch, A.E.: The Development of the Detective Novel. London 1958
Nevins, Francis M.: The Mystery Writer's Art. Bowling Green 1970
Nevins, Francis M.: Royal Bloodline: Ellery Queen, Author and Detective. Bowling Green 1974
Nevins, Francis M.: The Sound of Detection: Ellery Queen's Adventures in Radio. Madison 1983

270 Bibliographie

Nolan, William F.: Dashiell Hammett. A Casebook. Santa Barbara 1969
Nolan, William F.: Hammett: A Life at the Edge. New York 1983
Nollen, Scott Allen: Sir Arthur Conan Doyle at the Cinema. Jefferson 1996
Nordon, Pierre: Conan Doyle. A Biographical Solution. New York 1977
Norris, Luther (Hrg.): The Pontine Dossier. Culver City o.J.
Olderr, Steven: Mystery Index: Subjects, Settings and Sleuths of 10 000 Titles. Chicago 1987
Ousby, Ian: Bloodhounds of Heaven. The Detective in English Fiction from Godwin to Doyle. Cambridge/London 1976
Palmer, Scott: The Films of Agatha Christie. London 1993
Panek, LeRoy Lad: Watteau's Shepherds: The Detective Novel in Britain 1914–1940. Bowling Green 1978
Parish, James Robert/Michael R. Pitts: The Great Detective Pictures. Metuchen 1990
Parker, Robert Brown: The Violent Hero, Wilderness Heritage and Urban Reality. A Study of the Private Eye in the Novels of Dashiell Hammett, Raymond Chandler and Ross MacDonald. Diss. University of Boston 1970
Pate, Janet: The Book of Sleuths. From Sherlock Holmes to Kojak. London 1977
Pendo, Stephen: Raymond Chandler on Screen. His Novels into Film. Metuchen 1976
Penzler, Otto/Chris Steinbrunner/Marvin Lachmann (Hrg.): Detectionary. A Biographical Dictionary of Leading Characters in Detective and Mystery Fiction. Woodstock 1977
Pitts, Michael R.: Famous Movie Detectives. Metuchen/London 1979
Pitts, Michael R.: Famous Movie Detectives II. Metuchen/London 1991
Pohle, Robert W./Douglas C. Hart: Sherlock Holmes on the Screen. South Brunswick/London 1977
Pointer, Michael: The Public Life of Sherlock Holmes. New Abbot/London/Vancouver 1975
Pratts, Armando Jose: When Logics Die: Moral Vision in the Private-Eye Movies. Diss. University of Florida 1975
Rathbone, Basil: In and Out of Character. New York 1985
Reilly, John M. (Hrg.): Twentieth-Century-Crime and Mystery Writers. New York 1985
Reinert, Claus: Das Unheimliche und die Detektivliteratur. Bonn 1973
Rose, Brian G. (Hrg.): TV Genres. A Handbook and Reference Guide. Westport/London 1985
Rosenberg, Samuel: Naked Is the Best Disguise: The Death and Resurrection of Sherslock Holmes. New York 1974
Ruehlman, William: Saint With a Gun. The Unlawful American Private Eye. New York 1974
Rutherford, Margaret: An Autobiography. London 1972
Sanders, Dennis/Len Lovallo: The Agatha Christie Companion. New York 1985
Scherer, Brigitte/Ursula Ganz-Blättler/Monika Großkopf/Ute Wahl: Morde im Paradies. Amerikanische Detektiv- und Abenteuerserien der 80er Jahre. München 1994
Shreffler, Philip A.: The Baker Street Reader: Cornerstone Writings About Sherlock Holmes. Westport 1984
Silver, Alain/Elizabeth Ward (Hrg.): Film noir. An Encyclopedic Reference to the American Style. Woodstock 1992
Skene Melvin, David: Crime, Detective, Espionage, Mystery and Thriller Fiction & Film. A Comprehensive Bibliography of Critical Writing Through 1979. Westport, Conn. 1980
Solomon, Stanley J.: The Search for Clues. In: Ders.: Beyond Formula. American Film Genres. New York 1976
Speir, Jerry: Raymond Chandler. New York 1981
Starrett, Vincent: The Private Life of Sherlock Holmes. New York 1988
Stedman, Raymond William: The Serials: Suspense and Drama by Installment. Norman 1971
Steinbauer-Grötsch, Barbara: Die lange Nacht der Schatten. Film noir und Filmexil. Berlin 1997
Steinbrunner, Chris/Otto Penzler (Hrg.): Encyclopedia of Mystery and Detection. New York/London/Henley 1976
Steinbrunner, Chris/Norman Michaels: The Films of Sherlock Holmes. Secausus 1978
Suerbaum, Ulrich: Krimi. Eine Analyse der Gattung. Stuttgart 1984
Symons, Julian: Bloody Murder. From the Detective Story to the Crime Novel: A History. London 1972 (dt: Am Anfang war der Mord. Eine Geschichte des Kriminalromans. München 1972)
Symons, Julian: The Detective Story in Britain. London 1969
Thompson, Peggy/Saeko Usukawa/Lee Server (Hrg.): Hard Boiled. Great Lines from Classic Film Noir Films. San Francisco 1996
Tibballs, Geoff: The Boxtree Encyclopedia of TV Detectives. London 1991
Tracy, Jack: The Encyclopedia Sherlockiana. New York 1979
Tracy, Jack (Hrg.): Sherlock Holmes: The Published Apocrypha, by Sir Arthur Conan Doyle and Associated Hands. Boston 1980
Tuska, Jon: The Detective in Hollywood. Garden City 1978
Tuska, Jon: In Manors and Alleys. A Casebook on the American Detective Film. New York 1988
Tuska, Jon: Philo Vance. The Life and Times of S.S. Vane Dine. Bowling Green 1971
Vogt, Jochen (Hrg.): Der Kriminalroman. Zur Theorie und Geschichte einer Gattung. 2 Bände. München 1971
Wacker, Holger (Hrg.): Enzyklopädie des Kriminalfilms: Filme, Fernsehserien, Personen, Themen/Aspekte. Meitlingen 1995
Weller, Philip/Christopher Roden: The Life and Times of Sherlock Holmes. New York 1992
Wilt, David: Hardboiled in Hollywood. Bowling Green, Ohio 1991
Wires, Richard: John P. Marquand and Mr. Moto. Spy adventures and detective films. Muncie, Ind. 1990
Wölcken, Fritz: Der literarische Mord. Eine Untersuchung über die englische und amerikanische Detektivliteratur. Frankfurt am Main 1953
Zmegac, Viktor: Aspekte des Detektivromans. In: Ders. (Hrg.): Der wohltemperierte Mord. Zur Theorie und Geschichte des Detektivromans. Frankfurt am Main 1971
Zurhost, Meinolf: Lexikon des Kriminalfilms. München 1985/1993

Anhang

Verzeichnis lieferbarer Filme auf Video

ACE VENTURA - EIN TIERISCHER DETEKTIV (Ace Ventura: Pet Detective)
Tom Shadyac 1993
Warner

Ach du lieber Harry
Jean Girault 1980
EuroVideo

ANGEL HEART (Angel Heart)
Alan Parker 1986
Marketing

AUF LIEBE UND TOD (Vivement dimanche)
François Truffaut 1982/83
Arthaus

DAS AUGE (Mortelle randonnée)
Claude Miller 1982
atlas

BASIL, DER GROßE MÄUSEDETEKTIV (The Great Mouse Detective/Basil: The Great Mouse Detective)
John Musker, Ron Clements, Dave Michener, Burny Mattinson 1986
EuroVideo; Buena Vista

BENJI - AUF HEIßER FÄHRTE (Benji)
Joe Camp 1973
New Media World; Philips; Avalon; PolyGram

Blood Simple - Eine mörderische Nacht/Blut für Blut (Blood Simple)
Joel Coen 1984
VPS

BLUTSPUR (Bloodline)
Terence Young 1979
CIC

DAS BÖSE UNTER DER SONNE (Evil Under the Sun)
Guy Hamilton 1981
Cannon; VMP; United Video

CHINATOWN (Chinatown)
Roman Polanski 1974
CIC Taurus

CITY HEAT - DER BULLE UND DER SCHNÜFFLER (City Heat)
Richard Benjamin 1984
Warner

CRAZY INSTINCT (Fatal Instinct)
Carl Reiner 1993
Warner

D.O.A. - BEI ANFUNFT MORD (D.O.A. - Dead on Arrival)
Rocky Morton, Annabel Jankel 1987
Touchstone; Buena Vista

DANGEROUS ACTION (Night Caller)
Fred Williamson 1992
VCL

DEADLY ILLUSION/TÖDLICHE TÄUSCHUNG (Deadly Illusion)
William Tannen 1987
Vestron; Concorde

DEATH ON SAFARI (Ten Little Indians/Death on Safari)
Alan Birkinshaw 1989
Cannon; VMP

DEFENDER (Private Wars)
John Weidner 1993
Starlight

DER DÜNNE MANN/DÜNNER MANN/MORDSACHE „DÜNNER MANN"/THE THIN MAN (The Thin Man)
William S. van Dyke 1934
Warner

DÜNNER MANN, 2. FALL/NACH DEM DÜNNEN MANN/DÜNNER MANN - MORD IN SAN FRANCISCO/AFTER THE THIN MAN (After the Thin Man)
Williaam S. van Dyke 1936
Warner

Er kann's nicht lassen
Axel von Ambesser 1962
UFA

EVERYBODY WINS (Everybody Wins)
Karel Reisz 1989
Cannon; VMP

FALSCHES SPIEL MIT ROGER RABBIT (Who Framed Roger Rabbit?)
Robert Zemeckis 1988
Touchstone; Buena Vista

FORD FAIRLANE – ROCK'N'ROLL DETECTIVE/DIE ABENTEUER DES FORD FAIRLANE (Ford Fairlane/The Adventures of Ford Fairlane)
Renny Harlin 1990
CBS; Fox

DAS GEHEIMNIS DES VERBORGENEN TEMPELS/ YOUNG SHERLOCK HOLMES (Young Sherlock Holmes/Young Sherlock Holmes and the Pyramid of Fear/Pyramid of Fear))
Barry Levinson 1985
CIC

EIN GEIST ZUM KÜSSEN (Love Can Be Murder)
Jack Bender 1992
RTLvideo; AVU; VMP

GENIE UND SCHNAUZE (Without a Clue)
Thom Eberhardt 1986
VCL

Hammett
Wim Wenders 1978/82
Constantin

Happy Birthday, Türke!
Doris Dörrie 1991
EuroVideo

DIE HEIßE SPUR (Night Moves)
Arthur Penn 1975
Warner

EIN HIMMELHUND VON EINEM SCHNÜFFLER (Oh Heavenly Dog)
Joe Camp 1979
Fox

ICH BEICHTE/ZUM SCHWEIGEN VERURTEILT (I Confess)
Alfred Hitchcock 1952
Warner

IRRE JAGEN IRRE (Murder By the Book)
Mel Damski 1987
VCL

JAKE SPANNER – AUFS KREUZ GELEGT (Hoodwinked/Jake Spanner, Private Eye)
Lee. H. Katzin 1989
Concorde

KLUTE (Klute)
Alan J. Pakula 1970
Warner

272 Verzeichnis lieferbarer Filme auf Video

Kommissar X – Drei blaue Panther
Frank Kramer (= Gianfranco Parolini) 1967
Jaguar; Movie Star

Kondom des Grauens
Martin Walz 1996
Starlight

LAST BOY SCOUT – DAS ZIEL IST ÜBERLEBEN (The Last Boy Scout)
Tony Scott 1991
Warner Home; Laser Disc: Warner

DIE LIEBE EINES DETEKTIVS (Love at Large)
Alan Rudolph 1990
RCA; Columbia

MAGIC MURDER (Witch Hunt)
Paul Schrader 1994
20th Century Fox Home

DER MALTESER DES FALKEN (Just Ask for Diamond)
Stephen Bayly 1988
UFA; BMG Video

MAN WITH A GUN (Man With a Gun)
David Wyles 1995
VMP; United Video

Der Mann, der Sherlock Holmes war
Karl Hartl 1937
atlas

MORD 101 (Murder 101)
Bill Condon 1990/91; CIC

MORD IM ORIENT-EXPREß (Murder on the Orient Express)
Sidney Lumet 1974
Thorn EMI; United Video; VMP

MORD IM SPIEGEL (The Mirror Crack)
Guy Hamilton 1980
Thorn EMI; United Video; VMP

DAS MÖRDERSPIEL (Deathtrap)
Sidney Lumet 1981; Warner

MURDER ROCK/DER FRAUENMÖRDER MIT DER HUTNADEL (Dancing Death/Murder Rock - Dancing Death))
Lucio Fulci 1984; VPS

DER NAME DER ROSE (Il nomine della rosa/Le nom de la rose)
Jean-Jacques Annaud 1986
Constantin; Taurus
Laser Disc: Constantin; Taurus

Orientexpress
Viktor Tourjansky 1944
UFA; BMG Video

REINE GLÜCKSSACHE (Pure Luck)
Nadia Tass 1991; CIC

RENDEZVOUS MIT EINER LEICHE (Appointment With Death)
Michael Winner 1987
VMP; United Video

RETTE DEINE HAUT, KILLER (Pour la peau d'un flic)
Alain Delon 1981
PolyGram

SAM MARLOW, PRIVADETEKTIV/DER MANN MIT BOGARTS GESICHT (The Man With Bogart's Face)
Robert Day 1979; CBS; Fox

SCHATTEN DER VERGANGENHEIT (Dead Again)
Kenneth Branagh 1990
CIC

Schwarz greift ein – Auge um Auge
Gert Steinheimer 1993
Sat1Video; Taurus

Das schwarze Schaf
Helmuth Ashley 1960
UFA; BMG Video

SHAFT (Shaft)
Gordon Parks 1970
MGM; UA; IMV

SHERLOCK HOLMES' GRÖßTER FALL/SHERLOCK HOLMES – SEIN GRÖßTER FALL (A Study in Terror)
James Hill 1965
marketing

Sherlock Holmes und das Halsband des Todes
Terence Fisher 1962
Toppic; Polyband

SPACE DETECTIVE (Space Detective)
Vik Rubenfeld 1987
Virgin Video

SPIEL GEGEN DEN TOD (Deadly Game)
Thomas J. Wright 1991
CIC

DIE SPUR DES FALKEN (The Maltese Falcon)
John Huston 1941
Warner

DIE SPUR FÜHRT ZURÜCK – THE TWO JAKES (The Two Jakes)
Jack Nicholson 1989
CIC

TEUFEL IN BLAU (Devil in a Blue Dress)
Carl Franklin 1995
Columbia TriStar

TOD AUF DEM NIL (Death on the Nile)
John Guillermin, 1977
Thorn EMI; VMP; United Video

TOTE ENGEL LÜGEN NICHT (The Dead Can't Lie/The Gotham)
Lloyd Fonvielle 1988
VMP

TOTE LEBEN LÄNGER/KILL ME AGAIN (Kill Me Again)
John R. Dahl 1989
Concorde

TOTE SCHLAFEN FEST (The Big Sleep)
Howard Hawks 1946
Warner

TWILIGHT MYSTERY (Fourth Story)
Ivan Passer 1990
VCL; Carolco

EIN UNBEKANNTER RECHNET AB (Ten Little Indians)
Peter Collinson 1974
Toppic; Polyband

UNTER VERDACHT (Under Suspicion)
Simon Moore 1991
Columbia TriStar

V.I. WARSHAWSKI (V.I. Warshawski - Detektiv in Seidenstrümpfen)
Jeff Kanew 1990
Buena Vista; Hollywood Pictures

WER IST HARRY CRUMB? (Who's Harry Crumb?)
Paul Flaherty 1988
Columbia TriStar

Titelregister

16 Uhr 50 ab Paddington 116
4:50 from Paddington 181 f.
A che punto è la notte? 196 f.
A Countess from Hong Kong 119
A Lovely Way to Die 145
A night of mystery 80
A Prayer For the Dying 191
A Study in Scarlet, *1914* 56
A Study in Scarlet, *1933* 59
A Study in Terror 157, 164 ff., 275
A Very Missing Person 130
Abbott and Costello Meet the Invisible Man 226
Ace Ventura - Ein tierischer Detektiv 226 ff., 273
Ace Ventura: Pet Detective 226 ff, 273
Ach du lieber Harry 225, 273
Adamski 243
Adela jeste nevecerela 220
Adele hat noch nicht zu Abend gegessen 220
After the , Man 111 ff., 273
Agatha 72 ff.
Agatha Christie - Das Mörderfoto 182
Agatha Christie - Mord à la Carte 177
Agatha Christie's "Thirteen at Dinner" 177
Agatha Christie's Poirot: The ABC Murders 178
Agatha Christies Poirot - Mord nach Fahrplan 178
Agenzia Riccardo Finzi... Praticamente Detective 225
Alien Nation 264
Alle Mörder sind schon da 203
Anatomie eines Mordes 141
Anatomy of a Murder 141
And Then There Were None 66
Angel Heart 260 f., 273
Another Thin Man 114
Appointment With Death 175 ff., 275
Arrest Bulldog Drummond 86
Assignment to Kill 145
At Bertrams Hotel 181
Atlantic 80
Attentation à la pointue 234
Au diable, les anges 95 f
Auf den Schwingen des Todes 191
Auf den Spuren von Sherlock Holmes 170
Auf Liebe und Tod 255 f, 273
Auf Sherlock Holmes' Spuren 226
Auge um Auge 196
Backstreet Justice - Knallhart und unbestechlich 258
Bad Girls 257
Balles perdues 233 f.
Basic Instinct 224
Basil, der große Mäusedetektiv 167, 273
Basil: The Great Mouse Detective 167, 273
Batman 108
Beichtgeheimnis 190
Benji - Auf heißer Fährte 262, 273
Big Rose 255 f.
Bizarre Morde 143
Black Eye 245
Black Magic 95
Black Widow 142
Blade Runner 213
Blood Simple - Eine mörderische Nacht 218, 273
Bloodline 181, 273
Bloody Weekend 83
Blue Iguana 224
Blue Steel 257
Blut für Blut (Blood Simple) 218, 273
Blutspur 181, 273

Body Puzzle - Mit blutigen Grüßen 239
Broken Lullaby 258
Bruderzwist 224 f.
Buffalo Bill and the Indians 154
Buffalo Bill und die Indianer 154
Bulldog Drummond's third round 83
Bulldog Drummond (1922) 83 f.
Bulldog Drummond (1929) 83 ff.
Bulldog Drummond - Abenteuer in Afrika 85
Bulldog Drummond - Das Geheimnis der Strahlenkanone 86
Bulldog Drummond - Mord im Nebel 85
Bulldog Drummond at Bay 85
Bulldog Drummond Escapes 85
Bulldog Drummond in Africa 85
Bulldog Drummond Strikes Back 85
Calling Bulldog Drummond 86
Calling Philo Vance 81 f.
Captain Midnight 108
Caribbean mystery 1945 132
Caribbean Mystery 1983 182
Casablanca 221
Cast a Deadly Spell 263
Castle in the Desert 94
Charlie Chan's Chance 89
Charlie Chan's Courage 90
Charlie Chan's Greatest Case 90
Charlie Chan - Das Schloß in der Wüste 94
Charlie Chan - Der Tod ist ein schwarzes Kamel 89
Charlie Chan - Die Falle 95
Charlie Chan - Ein wohlgehütetes Geheimnis 96 ff.
Charlie Chan - Gefährliches Geld 95
Charlie Chan am Broadway 91 f.
Charlie Chan and the Curse of the Dragon Queen 184 f.
Charlie Chan at Opera 91 f.
Charlie Chan at the Circus 91 f.
Charlie Chan at the Fights 92
Charlie Chan at the Olympics 91
Charlie Chan at the Race Track 91
Charlie Chan at the Wax Museum 94
Charlie Chan auf dem Schatzsucherschiff 94
Charlie Chan auf Kreuzfahrt 94
Charlie Chan bei den Olympischen Spielen 91
Charlie Chan beim Pferderennen 91
Charlie Chan Carries On 88 f.
Charlie Chan im Wachsfigurenkabinett 94 ff
Charlie Chan im Zirkus 91 f.
Charlie Chan in Ägypten 90, 92
Charlie Chan in der Oper 91 f.
Charlie Chan in Egypt 90, 92
Charlie Chan in Honolulu 93
Charlie Chan in London 90, 92
Charlie Chan in Panama 94
Charlie Chan in Paris 90
Charlie Chan in Reno 93
Charlie Chan in Shanghai 90
Charlie Chan in the City of Darkness 94
Charlie Chan in the Secret Service 95
Charlie Chan in Treasure Island 94
Charlie Chan on Broadway 91 f.
Charlie Chan und der Fluch der Drachenkönigin 184 f.
Charlie Chan's Murder Cruise 94
Charlie Chan's Secret 90 f.
Charlie Chan: Happiness is a Warm Clue 96 ff.
Charlie Chans Geheimnis 90 f.
Chick Carter, Detective 108

Chinatown 149 ff., 154, 214 ff., 273
City Heat - Der Bulle und der Schnüffler 225, 273
Clue 203
Come Die With Me 208
Compromising Positions 256
Confidential 207
Crazy Instinct 223 f., 273
D.O.A. - Bei Ankunft Mord 208 f., 273
D.O.A. - Dead on Arrival 208 f., 273
Dan Turner, Hollywood Detective: The Raven Red Kiss-Off 214
Dancing Death 239 f.
Dangerous Action 247, 273
Dangerous Money 95
Dark Passage 221 f.
Das Auge 232 f., 273
Das Böse unter der Sonne 175 f., 273
Das Cabinet des Dr. Caligari 57
Das einsame Haus 57
Das Geheimnis alter Meister 234
Das Geheimnis der Agathie Christie 72 ff.
Das Geheimnis der Puppe 244
Das Geheimnis der schwarzen Handschuhe 239
Das Geheimnis des verborgenen Tempels 169 f., 274
Das Geheimnis des Wachsfigurenkabinetts 94
Das Haus des Grauens 64
Das letzte Rendezvous
Das letzte Wochenende
Das Lied vom dünnen Mann
Das Mörderspiel 201 f., 275
Das Privatleben des Sherlock Holmes 157 ff., 164 f
Das schwarze Schaf 195, 275
Das Schweigen der Lämmer 224
Das Spinnennetz 64
Das Spinngewebe 69
Das unheimliche Zimmer 57
Daughter of the Dragon 89
Dead Again 217, 275
Dead Funny 204
Dead Man's Folly 177
Dead Man's Island 202 f.
Dead Men Don't Wear Plaid 222f.
Dead Men Tell No
Deadlier Than the Male 87
Deadly Game 202, 275
Deadly Illusion 247, 273
Death on Safari 182 f., 273
Death on the Nile 175, 275
Deathtrap 201 f., 275
Defender 253, 273
Der Dialog 251 f.
Der Diamantenpoker 233 f.
Der Dritte im Hinterhalt 146
Der dünne Mann 109 ff., 113
Der dünne Mann kehrt heim 114 f.
Der Erdstrommotor 57
Der Fluch des Hauses Dain 207
Der Frauenmörder mit der Hutnadel 239 f., 275
Der geheimnisvolle Gast 140
Der gelbe Revolver 236
Der gläserne Schlüssel *1935* 132 ff
Der gläserne Schlüssel, *1942* 132 ff
Der Gnadenlose 145
Der Golden-Gate-Mörder 192
Der große Trick 229 f.
Der Hund von Baskerville *1929* 58, 83
Der Hund von Baskerville *1937* 61
Der Hund von Baskerville *1939* 61 *ff*
Der Hund von Baskerville *1958* 157 *f*
Der Hund von Baskerville, *1972* 163
Der Hund von Baskerville, *1977* 165
Der Hund von Baskerville, *1983* 170 *f.*

274 Titelregister

Der Killer wird gekillt 142
Der letzte Mann 233
Der Malteser des Falken 222, 274
Der Mann mit Bogarts Gesicht 221, 275
Der Mann mit dem schiefen Mund 172
Der Mann, der seinen Mörder sucht 240
Der Mann, der Sherlock Holmes war 61, 225, 274
Der Mörder mit dem Rosenkranz 190 f.
Der Name der Rose 186 ff., 275
Der Privatdetektiv 207
Der Richter bin ich 141
Der Schatten des dünnen Mannes 114 f.
Der Schmalspurschnüffler 156, 220f.
Der schnellste Weg zum Jenseits 145
Der Schnüffler 144 f.
Der Sohn des Mandingo 246
Der Spürhund 149
Der Tod kennt keine Wiederkehr 146
Der Tote im Beichtstuhl 196
Der verkehrte Sherlock Holmes 160 ff.
Der Wachsblumenstrauß 116 ff., 119
Dernier été à Tanger 234
Détective 236 f.
Detective Sadie schlägt zu 257
Detective School Dropouts 239
Detektiv 236 f.
Devil in a Blue Dress 247ff., 275
Diamantenlady 145
Dick Tracy's Dilemma 106
Dick Tracy's G-men 105
Dick Tracy 104
Dick Tracy Detective 106
Dick Tracy Meets Gruesome 106 f.
Dick Tracy Returns 105
Dick Tracy vs. Crime, Inc. 106
Dick Tracy vs. Cueball 106
Die Abenteuer des Ford Fairlane 230 f., 274
Die Abenteuer des Kardinal Braun 195 f.
Die Beute 258 f.
Die Dame im See 137 f.
Die Detektivin 259 f.
Die falsche Schwester 206 f.
Die Funkstreife Gottes 190
Die Giftpiombe 57
Die heiße Spur Night Moves 154, 273
Die indische Spinne 57
Die Jagd nach dem Malteser Falken 153 f.
Die Katze kennt den Mörder 154 ff
Die Klugscheißer 239
Die Lady in Cement 145
Die Liebe eines Detektivs 231, 274
Die Maske des Fu Manchu 101
Die Morde des Herrn ABC 70 ff., 178
Die Nacht an der Kreuzung 35
Die nackte Tote 143
Die Narbenhand 94
Die Schlemmer-Orgie 201
Die schönen Morde des Eric Binford 201
Die Schwarze Natter 221 f.
Die seltsamen Wege des Pater Brown 194 f.
Die Spinne 202
Die Spur des Falken 123 ff., 131, 155, 221, 275
Die Spur des Mörders 207
Die Spur führt zurück - The Two Jakes 214 f.
Die Spürnase 235
Die Wiederkehr von Sherlock Holmes - Die Internatsschule 171
Die Wiederkehr von Sherlock Holmes 171
Dinner at Eight 183
Doomed to Die 102

Double Exposure - Blutige Enthüllung
Double Exposure 254
Dr. Jekyll and Mr. Hyde 58
Drunter und drüber 129
Dumb Dicks 239
Dünner Mann, 2. Fall/Nach dem dünnen Mann 111 ff, 203
Dünner Mann, 3. Fall 114
Ein Fall für Harper 143 f.
Ein Fall für Professor Chase 228
Ein Geist zum Küssen 263, 274
Ein gesegnetes Team - Fatales Geständnis 196
Ein Himmelhund von einem Schnüffler 262, 274
Ein himmlischer Schnüffler 261 f.
Ein Koffer für das Syndikat 206
Ein Mann weiß zuviel 236
Ein schwarzer Tag für den Widder 238 f.
Ein tödlicher Coup 202 f.
Ein Unbekannter rechnet ab 67, 182, 276
Eine Leiche kommt selten allein 233 f.
Eine Leiche zum Dessert 219 f.
Eine Pfeife in Amerika 167 f.
Eine Pfeife in New York 167 f.
Eine Probe für den Mörder 203
Endless Night 74
Er kann's nicht lassen 195, 273
Everybody Wins 216 f., 273
Evil Dead - Die Saat des Bösen 261 f.
Evil Under the Sun 175 f., 273
Fade to Black 201
Fahr zur Hölle, Liebling 153
Falsches Spiel mit Roger Rabbit 230, 274
Farewell My Lovely 134 f.
Farewell, My Lovely 153
Fatal Confession: A Father Dowling Mystery 196
Fatal Instinct 223 f., 273
Fatales Geständnis 196
Father Brown 194 f.
Father Dowling Mysteries: Fatal Confession 196
Feind im Dunkel 140
Fesseln der Macht 193 f
Find the Blackmailer 131
Follow that Woman 131
Ford Fairlane - Rock 'n'Roll Detective 230 f., 274
Forty Naughty Girls 130
Fourth Story 261, 276
Fox Trap (Foxtrap) 247
Friday Foster - Im Netz der schwarzen Witwe 246
Funkstreife XY - Ich pfeif auf mein Leben 190
Gang Busters 108
Gefahr im Verzug 237 f.
Gefährliche Beichte 193 f.
Geheimnis im blauen Schloß 120 f.
Geheimnisse 204
Genie und Schnauze 168 f., 274
Going Undercover - Yellow Pages 226
Good Night My Love 206
Grand Central Murder 131
Gumshoe 147
Hafen des Lasters 94
Hammett 205 f., 274
Happy Birthday, Türke! 241 f., 274
Harper 143 f.
Harte Fäuste, schnelle Kugeln 246
Haß 244
Heiße Katzen 87
Helden aus der Hölle 93
Hexenjagd in L.A. 263
Hoodwinked 199, 274
House of Fear 64
I Confess 189 f., 192, 274
I Love Trouble 140

I, the Jury 141
Ich beichte 189 f., 192, 274
Il nomine della rosa 186 ff., 275
Im Zeichen der roten Spinne 251
Im Zeichen der Vier 170 ff.
Imitation of Life 250
Inspektor Morse - Gottesdienst aller Toten 192
Irre jagen Irre 202, 272
It's a Wonderful World 129
Jake Spanner - Aufs Kreuz gelegt 199, 274
Jake Spanner, Private Eye 199, 274
Jaune revolver 236
Jenny und der Herr im Frack 255
Jigsaw 143
Judge Dee and the Monastery Murders 186
Just Ask for Diamond 222, 274
Justin Case 262 f.
Kein Koks für Sherlock Holmes 165 f
Key Largo 94
Kill Me again 208, 276
Kiss Me Deadly 141 f.
Klute 147 f., 274
Kommissar X - Drei blaue Panther 241, 274
Kommissar X - Drei gelbe Katzen 241
Kommissar X - Drei goldene Schlangen 241
Kommissar X - Drei grüne Hunde 241
Kommissar X - In den Klauen des Goldenen Drachen 241
Kommissar X - Jagd auf Unbekannt 241
Kommissar X jagt den roten Tiger 241
Kondom des Grauens 242 f., 274
La nuit du carrefour 35
Lady Ice 145
Lady in Cement 145
Last Boy Scout - Das Ziel ist Überleben 252 f., 274
Le nom de la rose 186 ff., 275
Leave Her to Heaven 192
Leb wohl, mein Liebling 134 f.
Les espions Caméléon 234
Letzter Sommer in Tanger 234
Liebesgrüße aus Pistolen 244
Limonaden-Joe 220
Limonadovy Joe 220
Lord Edgward Dies 65
Love at Large 231, 274
Love Can Be Murder 263, 274
Love From a Stranger 65
Love Happy 220
Magic Murder 264, 274
Man With a Gun 209, 274
Mandrake the Magician 108
Manhattan Melodrama 111
Manimal 228
Margin for Murder 207 f.
Marlowe 146
Mein Allerwertester 225
Mein Partner mit dem zweiten Blick 263 f.
Mein Revolver war schneller My Gun is Quick 142
Midnight Run - Fünf Tage bis Mitternacht 254 f.
Mike Hammer - Auf falscher Spur 208
Mike Hammer - Mord ab Abruf 208
Mike Hammer - Mörderische Geschäfte 207 f
Mirage - Trugbild des Todes 253
Mirage 143
Miss Marple - 16 Uhr 50 ab Paddington 116, 181 f.
Miss Marple - Bertrams Hotel 181
Miss Marple - Das Schicksal in Person 181
Miss Marple - Der Wachsblumenstrauß 116 ff., 119

Titelregister 275

Miss Marple - Die Schattenhand 181
Miss Marple - Die Tote in der Bibliothek 181
Miss Marple - Karibische Nächte 181
Miss Marple - Mörder ahoi! 118 ff.
Miss Marple - Ruhe unsanft 181
Miss Marple - Vier Frauen und ein Mord 118
Miss Marple 181
Mord 101 203, 274
Mord an der Themse 166
Mord auf der Golden Gate Bridge 192
Mord im Orient-Expreß 70 f., 174, 180, 275
Mord im Spiegel 120, 179 ff., 275
Mord mit doppeltem Boden 182
Mord mit kleinen Fehlern 147 f., 200
Mord mit verteilten Rollen 177
Mord nach Maß
Mörder ahoi! 118 ff.
Mörderisches Menü 250 f.
Mortelle randonnée 232 f., 273
Moses Wine, Privatdetektiv 229 f.
Mr. Moto in Danger Island 99
Mr. Moto Takes a Chance) 99
Mr. Moto Takes a Vacation 100
Mr. Moto und der China-Schatz 99
Mr. Moto und der Dschungelprinz 99
Mr. Moto und der Kronleuchter 99
Mr. Moto und der Schmugglerring 99
Mr. Moto und der Wettbetrug 99
Mr. Moto und die Flotte 99
Mr. Moto und die geheimnisvolle Insel 99
Mr. Moto und sein Lockvogel 100
Mr. Moto's Gamble 99
Mr. Moto's Last Warning 99
Mr. Wong in Chinatown 102
Mr. Wong, Detective 101
Müllers Büro 224
Murder 101 203, 274
Murder Ahoy 118 ff.
Murder at the Gallop 116 ff., 119
Murder by Death 219 f.
Murder By Decree 166
Murder by the Book 202, 274
Murder in Three Acts 177 f.
Murder Me, Murder You 208
Murder Most Foul 118
Murder on the Orient Express 70 f., 174, 180, 274
Murder Rock - Dancing Death 239 f., 274
Murder She Said 116
Murder She Wrote: The Murder of Sherlock Holmes 256 f.
Murder Will Out 59
Murder with mirrors 182
Murder, My Sweet 134 f.
Murder, My Sweet 134 f.
Murder: Ultimate Grounds for Divorce 183
Muss 'Em Up 128
Mysery 205
Mysterious Intruder 140
Mysterious Rider 93
Mystery of the Wax Museum 94
Nancy Drew and the hidden staircase 130
Nancy Drew, Detective 130
Nancy Drew, Reporter 130
Nancy Drew, Troubleshooter 130
Nemesis 181
Nestor Burma, Détective de choc 235
Nick Carter in Prag 220
Night Caller 247, 273
Night Moves 154, 273
Nightkill 199
No Place for a Lady 131
No Way to Treat a Lady 143
Novemberplan (November Plan) 154
Oh Heavenly Dog 262, 274

One False Move 251
One Shoe Makes a Murder 198 f.
One Way Passage 76
Operazione San Pietro 195 f
Opfer der Unterwelt (D.O.A.) 208
Ordeal by Innocence 183
Orientexpress 240, 275
P.J. 145
Paramount on Parade 59, 77
Parker Kane - Gewalt im Nacken 254
Parker Kane - Millionen aus Müll 254
Pas très catholique 259 f.
Pearl of Death 64
Peeper 206 f.
Per Saldo Mord 154
Péril en la demeure 237 f.
Pesthauch des Bösen 188
Phantom of Chinatown 102
Pink Cadillac 212 f.
Polar - Ein Detektiv sieht schwarz 234 f.
Polar - Unter der Schattenlinie 234 f.
Pour la peau d'un flic 232, 275
Présumé dangereux 236
Private Detective 129
Private Wars 253, 273
Probe für einen Mord 203
Profondo Rosso 239
Psycho 142
Pure Luck 229, 275
Pyramid of Fear 169 f.
Radioland Murders - Wahnsinn auf Sendung 202
Radioland Murders 202
Rattennest 141 f.
Ray Alexander: A Taste For Justice 250 f.
Rehearsal For Murder 203
Reine Glückssache 229, 275
Rendezvous mit einer Leiche 175 ff., 275
Rette deine Haut, Killer 232, 275
Richter Dee und der Klostermörder
Sadie & Son 257
Sam Marlow, Privatdetektiv 221, 275
Satan Met a Lady 122 f.
Sauf votre respect 236
Schatten der Vergangenheit 217, 275
Schluß mit lustig 204
Schwarz greift ein - Auge um Auge 196, 275
Search for Danger 139
Second sight 263 f.
Secret Agent X-9 108
Sein gefährlichster Auftrag 145
Service of All the Dead 192
Shadow of the Thin Man 114 f.
Shaft 244, 275
Shaft in Africa 244 f.
Shaft in Afrika 244 f.
Shaft's Big Score! 244
Shamus 149
Shanghai Express 89
Sherlock Holmes - Das Zeichen der Vier 172
Sherlock Holmes - Der begehrte Junggeselle 172 f.
Sherlock Holmes - Der Hund von Baskerville 172
Sherlock Holmes - Der letzte Vampir 172
Sherlock Holmes - Der Vampir von Lamberley 172
Sherlock Holmes - Die Geheimwaffe 64
Sherlock Holmes - Die Stimme des Terrors 63
Sherlock Holmes - König der Erpresser 172
Sherlock Holmes - Sein größter Fall 157, 166, 275
Sherlock Holmes and the Secret Weapon 64

Sherlock Holmes and the Voice of Terror 63
Sherlock Holmes in New York 157, 166
Sherlock Holmes jagt den Teufel von Soho 64
Sherlock Holmes kehrt zurück 167 f.
Sherlock Holmes sieht dem Tod ins Gesicht 64
Sherlock Holmes und das Halsband des Todes 157, 275
Sherlock Holmes und die graue Dame 240
Sherlock Holmes' cleverer Bruder 164 f.
Sherlock Holmes' größter Fall 157, 166, 275
Sherlock Holmes, *1916* 61
Sherlock Holmes, *1922* 58, 76
Sherlock Holmes, *1932* 59 f.
Sherlock Holmes, *1937* 61
Sherlock Holmes: The Master of Blackmail 172
Sherlock Holmes: The Vampire of Lamberley 172
Silver Blaze 61
Slaughter 246
Slaughter's Big Rip-Off 246
Sleeping Murder 181
Sleuth 147 f., 200
Smart Blonde 129
Soft Kill 203 f.
Solange es Menschen gibt 250
Some Girls Do 87
Song of the Thin Man 115
Space Detective 264, 275
Spacecop L.A. 264
Sparkling Cyanide 183
Spider woman 64
Spiel gegen den Tod 202, 275
Star of Midnight 128
Straße der Träume 253
Streets of Dreams 253
Ten Little Indians 120 f., 67, 182, 276
Ten Little Indians/Death on Safari 182 f., 273
Testament von einem Toten 234
Teufel in Blau 247 ff, 275
Thank You, Mr. Moto 99
The Adventures of Ford Fairlane 230 f., 274
The Adventures of Sherlock Holmes 63 f.
The Adventures of Sherlock Holmes' Smarter Brother 164 f.
The Adventurous bluide 129
The Alphabet Murders 70 ff., 178
The Benson Murder Case 77
The Big Blue 210 f.
The Big Fix 229 f.
The Big Sleep 136 f., 139, 143, 149, 221, 276
The Bishop Murder Case 77
The Black Bird 153 f.
The Black Bird 219
The Black Camel 89
The Body in the Library 181
The Bounty Hunter 254
The Brasher Doubloon 138 f.
The Canary Murder Case 75, 79
The Casino Murder Case 79
The Cheap Detective 156, 220 f.
The Chinese Parrot 90
The Chinese Ring 96
The Conversation 251 f.
The Dain Curse/Private Eye 207
The Dark Corner 140
The Dead Can't Lie 261, 275
The Docks of New Orleans 96
The Drowning Pool 151 f.
The Eligible Bachelor 172 f.
The Fatal Hour 102
The Feathered Serpent 96

276 Titelregister

The Girl Hunters 142 239
The Glass Key 1935 132 ff.
The Glass Key 1942 132 ff.
The Golden Gate Murders 192
The Gotham 261, 275
The Gracie Allen Murder Case 81
The Great Mouse Detective 167
The Great Train Robbery 54
The Green Hornet 108
The Greene Murder Case 76, 79 f.
The Hound of the Baskervilles 172
The Hound of the Baskervilles 1939 61 ff.
The Hound of the Baskervilles 1958 157 f.
The Hound of the Baskervilles 1972 163
The Hound of the Baskervilles 1977 165
The Hound of the Baskervilles 1983 170 f.
The Hound of the Baskervilles, 1921 58
The Hour of the Pig 188
The House Without a Key 88, 90
The Jade Mask 95
The Kennel Murder Case 78 f., 80, 82
The Lady in the Lake 137 f.
The Lady in the Morgue 128
The Last Embrace 211 f.
The Last Warning 128 f.
The Late Show 154 ff.
The Laurel and Hardy Murder Case 76
The Learning Tree 244
The Living Ghost 132
The Long Goodbye 146
The Long Kiss Goodnight 251
The Maltese Falcon 122f.
The Maltese Falcon 123 ff., 131, 155, 221, 275
The Man With Bogart's Face 221, 275
The Man With the Twisted Lip 172
The Mask of Death170
The Mask of Fu Manchu 101
The Mirror Crack'd 120, 179 ff., 275
The Moving Finger 181
The Musgrave Ritual 171
The Mysterious Dr. Fu Manchu 89

The Mysterious Mr. Moto 99
The Penguin Pool Murder 130
The Phantom of the Opera 91
The Pigeon 244
The Private Life of Sherlock Holmes 157 ff., 164 f.
The Red Spider 251
The Resurrected 261 f.
The Return of Bulldog Drummond 85
The Return of Fu Manchu 89
The Return of Mr. Moto 100
The Return of Sherlock Holmes 167 f.
The Return of Sherlock Holmes 59
The Return of Sherlock Holmes: The Priory School 171
The Rosary Murders 190 f.
The Scarab Murder Case 80
The Scarlet Claw 64
The Seven-Per-Cent-Solution 165 f.
The Shadow 108
The Shanghai Chest 96
The Sign of Four 58, 170 ff.
The Silence of the Lambs 224
The Sky Dragon 96
The Sleeping Cardinal 61
The Spider's Web 69, 109
The Spider Returns 109
The Studio Murder Mystery 76
The Swiss Conspiracy 154
The Thin Man 109 ff., 113
The Thin Man Goes Home 114 f.
The Trap 95
The Two Jakes 214f., 275
The Westland Case 128
The Yakuza 198
Thelma & Louise 257
They Might Be Giants 160 ff.
Think Fast, Mr. Moto 99
Thirteen at Dinner 177
This Gun for Hire 94
Three Godfathers 93
Titelregister
Tod auf dem Nil 175, 275
Tödliche Beziehungen 256
Tödliche Parties 177 f.
Tödliche Täuschung (Deadly Illusion) 247, 273
Tödliche Umarmung 211 f.
Tödliche Weihnachten 251

Tödlicher Irrtum 183
Todsünden 192
Tony Rome 144 f.
Torchy Plays with Dynamite 129
Tote Engel lügen nicht 261, 276
Tote kriegen keine Post 198 f.
Tote leben länger 208, 276
Tote schlafen fest 136 f., 139, 143, 149, 221, 276
Tote tragen keine Karos 222 f.
Totò, Vittorio e la dottoressa 225
Trau keinem Schurken 236
True Confessions 193 f.
Twilight Mystery 261, 276
Un privé au soleil 224 f.
Una giornata nera per l'ariete 238f.
Uncovered 204
Under Suspicion 213, 276
Unter Verdacht 213, 276
Unter Wasser stirbt man nicht 151 f.
Unternehmen Geigenkasten 169
V.I. Warshawski - Detektiv in Seidenstrümpfen 257f., 276
Valley of Fear 56
Varieté 80
Verschwörung im Dunkeln 196 f.
Verschwörung im Nebel 166
Vier Frauen und ein Mord 118
Vivement dimanche 255 f., 273
Vortex 209
Wer ist Harry Crumb? 224, 276
West of Shanghai 101
Who Framed Roger Rabbit? 230, 274
Who Is Killing the Great Chiefs of Europe? 201
Who's Harry Crumb? 224, 276
Witch Hunt 264, 274
Without a Clue 168 f., 274
Witness for the Prosecution 67 ff.
X Marks the Spot 131
Yakuza 198
Young Sherlock Holmes 169 f., 274
Young Sherlock Holmes and the Pyramid of Fear 169 f., 274
Zeugin der Anklage 67 ff.
Zum Schweigen verurteilt 189 f., 192, 274
Zwei Leichen beim Souper 183
Zwölf Minuten nach Zwölf 240

Personenregister

Abrahams, Derwin 96
Aldrich, Robert 141 f.
Allen, Corey 256f.
Altman, Robert 146, 154
Annaud, Jean-Jacques 186ff.
Antonio, Lou 177
Apfel, Oscar 83
Apted, Michael 72 ff.
Arcady, Alexandre 234
Archainbaud, George 130
Argento, Dario 239
Arnold, Jack 154, 245
Ashley, Helmuth 195

Beth und Scott 209.
Baker, Graham 264
Baker, Roy Ward 170
Barry, Morris 183
Bava, Lamberto 239
Bayly, Stephen 222
Bazzoni, Luigi 238f.
Beaudine, William 96, 132
Becker, Jens 243
Bellamy, Earl 243
Bender, Jack 263
Benjamin, Richard 225
Bennett, Ed 178
Bennett, Spencer Gordon 88, 90
Bentley, Thomas 61
Benton, Robert 154 ff.
Berke, William 106
Bertelet, Arthur 56
Bigelow, Kathryn 257
Birkinshaw, Alan 182f.
Blystone, John G. 89
Bogart, Paul 146
Boleslawsky, Richard 93
Boulting, Roy 181
Brabin, Charles 101
Brahm, John 138 f.
Bral, Jacques 234f.
Branagh, Kenneth 217
Brest, Martin 253f.
Bretherton, Howard 95
Brook, Clive 59
Burton, David 77
Butler, Alexander 56
Buzzell, Edward 115

Cabanne, Christy 128
Camp, Joe 262
Campbell, Martin 263
Carson, David 171
Castle, William 140
Chaplin, Charles 119
Clair, René 66
Clark, Bob 166
Clarke, James K. 226
Clemens, William 81 f., 130
Clements, Ron 167
Coen, Joel 218
Cohen, Eli 203f.
Collinson, Peter 67, 182
Comolli, Jean-Louis 233f.
Condon, Bill 203
Connor, Kevin 167f.
Coppola, Francis Ford 251f.
Corbucci, Bruno 225
Corrigan, Lloyd 89
Crane, Barry 163
Curtiz, Michael 78 f., 80, 82, 94, 221

Dahl, John R. 208
Damski, Mel 202
Daves, Delmer 221f.
Davies, John 181
Davis, Desmond 171 f., 183
Day, Robert 221
Dearden, Basil 59

Del Ruth, Roy 85, 122
Delon, Alain 232
Demme, Jonathan 211f., 224
Deville, Michel 237f.
Dieterle, William 122 f.
Dmytryk, Edward 134 f., 143
Donner, Clive 177 185
Dörrie, Doris 241f.
Douglas, Gordon 106, 144 f., 246
Dupont, Ewald André 80

Eberhardt, Tom 168f.
Edwards, Blake 262f.
Elvey, Maurice 58
Engel, Erich 241
Engels, Erich 61
English, John 105 f.
Essex, Harry 141

Farrow, John 101
Feldman, John 204
Fisher, Terence 157
Flaherty, Paul 224
Fonvielle, Lloyd 261
Forde, Eugene 90 ff., 94
Foster, Norman 93 f., 99 f.
Fox, Marilyn 170
Frank, Hubert 190
Franklin, Carl 247ff.
Frears, Stephen 147
Friedrich, Gunter 169
Friend, Martyn 181f.
Fulci, Lucio 195f., 239.

Garnett, Tay 76
Garrett, Otis 128
Giler, David 153 f., 219
Gilliat, Sidney 74
Ginty, Robert 254
Girault, Jean 225
Godard, Jean-Luc 236 f
Goldstone, James 143
Graf, Dominik 258f.
Graham, William A. 253
Grauman, Walter 192
Grayson, Godfrey 69
Green, Alfred E. 81
Greene, David 203
Gries, Tom 145
Grinde, Nick 77
Grosbard, Ulu 193f.
Guillermin, John 145, 175, 245 f.
Guter, Johannes 240

Hadden, George 90
Hale, Billy 198 f.
Haller, Daniel 207 f.
Hamer, Robert 194 f.
Hamilton, Guy 120, 175, 179 ff., 236
Hammond, Peter 172 f., 192
Hankison, Michael 80
Harlin, Renny 230 f., 251
Hartl, Karl 61, 225
Harvey, Anthony 160 ff.
Hathaway, Henry 140
Hawks, Howard 136 f., 139, 143, 149, 221
Heisler, Stuart 132 f.
Hibler, Christopher 196
Hill, James 157, 166
Hiscott, Leslie S. 61
Hitchcock, Alfred 142 189 f., 192
Hodges, Mike 191
Hogan, James 85 f., 131
Hoover, Claudia 254
Horn, Andrew 210 f.
Howards, William K. 59 f.
Humberstone, H. Bruce 91 f.
Hunt, Peter H. 202 f.

Huston, John 94, 123 ff., 131, 155, 221
Hyams, Peter 206 f.

Jameson, Jerry 251
Jankel, Annabel 208 f.
Johnson, Nunnally 143, 202
Jones, F. Richard 83 ff.
Julian, Rupert 91

Kagan, Jeremy Paul 186, 229 f.
Kanew, Jeff 257 f.
Kaplan, Jonathan 257
Katzin, Lee H. 199
Kennedy, Michael 258
Kerrigan, Michael 170
King, Louis 86, 90, 92
Kotcheff, Ted 201
Kramer, Frank 241
Krasny, Paul 255 f.
Kulik, Buzz 149

Lachman, Harry 91 f., 94
Lafia, John 224
Lamac, Carl 61
Lamont, Charles 226
Landers, Lew 131
Lanfield, Sidney 61 ff.
Langlois, Olivier 236
Lau, Patrick 172
Lauritzen, Lau 76
Lautner, Georges 236
Lee, Norman 85
Lee, Rowland V. 59, 65, 77, 89
Leeds, Herbert I. 94, 99
Leni, Paul 88, 90
Levinson, Barry 169 f.
Lewis, Robert 182 f.
Lipsky, Oldrich 220
List, Niki 224
Lowry, Dick 182
Loy, Nanni 196 f.
Lumet, Sidney 70, 175, 180, 201f.
Lynn, Jonathan 203

MacFadden, Hamilton 88 ff.
Madden, John 171
Mankiewicz, Joseph L. 147 f., 200
Marin, Edwin L. 59, 79
Marks, Arthur 246
Marshall, Tonie 259.
Martin, Don 139
Martin, Paul 255
Martinson, Leslie 96 ff.
Mastrocinque, Camillo 225
Mastroianni, Armand 208
Maté, Rudolph 208
Mattinson, Burny 167
Mauri, Roberto 241
May, Bradford 192
Mayberry, Russ 130, 228
McBride, Jim 204
McDonald, Frank 129
McIntyre, Chris 258
McMurray, Mary 181
Medford, Don 154
Megahey, Leslie 188
Meinert, Rudolf 57
Michener, Dave 167
Miesch, Jean-Luc 235
Miller, Claude 232 f.
Miller, David 226
Mills, Brian 172
Monnier, Philippe 234
Montgomery, Robert 137 f.
Moore, Robert 156, 221 ff.
Moore, Simon 213
Morgan, Sidney 83
Morris, Ernest 100
Morrissey, Paul 165
Morse, Terry 95

Personenregister

Morton, Rocky 208 f.
Moxey, John Llewellyn 257
Murnau, Friedrich Wilhelm 233
Musker, John 167

Narrizzano, Sylvio 181
Neill, Roy William 64
Nelson, Gary 177 f., 208, 250 f.
Niang, Philippe 224 f.
Nicholson, Jack 214 ff.
Nigh, William 101 f.

O'Bannon, Dan 261 f.
Oswald, Richard 57 f., 83
Ottoni, Filippo 239

Pakula, Alan J. 147
Parker, Alan 260 f.
Parker, Albert 58, 76
Parks, Gordon 244
Parolini, Gianfranco s. Kramer, Frank
Passer, Ivan 261
Pearson, George 56
Penn, Arthur 154
Perry, Frank 256
Perry, Steve 254
Petit, Christopher 181
Pittman, Bruce 207
Polanski, Roman 149 ff., 154, 214 ff.
Pollack, Sydney 198
Pollock, George 116 ff.
Post, Ted 198
Preminger, Otto 142

Rawlins, John 63, 106 f.
Reiner, Carl 224 ff.
Reiner, Rob 204
Reinl, Harald 241
Reisz, Karel 216 f.
Renoir, Jean 35
Reynolds, Sheldon 145

Rich, David Lowell 145
Richards, Dick 153
Roberts, Stephen 128
Robertson, John S. 58
Rogell, Albert S. 128 f.
Rosen, Phil 95, 102
Rosenberg, Stuart 152 f.
Ross, Herbert 165 f.
Rowland, Roy 142
Rubenfeld, Vik 264
Rudolph, Alan 231
Rye, Renny 178

Sagal, Boris 163 ff., 168
Saville, Victor 86
Schrader, Paul 264
Scott, Ridley 213, 257
Scott, Tony 252 f.
Seiler, Lewis 90
Selander, Lesley 93, 96
Shadyac, Tom 226 ff.
Sherman, George 131
Shores, Lynn 94
Simon, S. Sylvan 131, 140
Siodmak, Robert 240
Sirk, Douglas 250
Smight, Jack 143
Smith, Mel 202
Smith, Noel 129
St. Clair, Malcolm 75, 79
Starret, Jack 246
Steinheimer, Gert 196
Sullivan, Tim 172
Summers, Walter 85
Swackhamer, E. W. 207

Tannen, William 247
Tashlin, Frank 70 ff., 178
Tass, Nadia 229
Taylor, Ray 104
Thomas, Ralph 87

Thorpe, Richard 114 f.
Tinling, James 90, 99
Tourjansky, Viktor 190, 240
Truffaut, François 256
Tucker, David 181
Tuttle, Frank 76 f., 79 f., 94, 132 ff.

van Dyke, W. S. 109 ff., 114 f., 129
Van Horn, Buddy 212 f.
Verhoeven, Paul 224
Victor, Phil M. 142
Vidor, Charles 128
von Ambesser, Axel 195
von Sternberg, Josef 89

Walton, Fred 190 f.
Walz, Martin 242 f.
Webb, Robert 132
Weidner, John 253
Wenders, Wim 206
Werker, Alfred 63
White, George 142
Wiene, Robert 57
Wilder, Billy 67 ff., 157 ff., 164 f.
Wilder, Gene 165
Wiles, Gordon 90 f.
Williams, Paul 253
Williamson, Fred 247
Winner, Michael 175 ff.
Witney, William 105 f.
Wolf, Karl Heinz 57
Wright, Thomas J. 202
Wyles, David 209

Young, Terence 181

Zehetgruber, Rudolf 241
Zemeckis, Robert 230
Zimmerman, Vernon 201
Zwick, Joel 263 f.

Kultfilmer und Regiestars

Georg Seeßlen
David Lynch und seine Filme
3. Auflage 1997, 224 S., Pb. zahlr. Abb
DM 34,- (ÖS 248/SFr 31,50)
ISBN 3-89472-303-3

Uwe Nagel
Der rote Faden aus Blut
Erzählstrukturen bei
Quentin Tarantino
1997, 160 S., Pb., zahlr. Abb.
DM 29,80 (ÖS 218/SFr 27,50)
ISBN 3-89472-301-7

Annette Kilzer/Stefan Rogall
**Das filmische Universum von
Joel und Ethan Coen**
1998, 208 S. Pb., über 200 Abb..
DM 28,- (ÖS 204/SFr 26,-)
ISBN 3-89472-306-8
Zum Start des neuen Films
„The Big Lebowski"

Achim Forst
**Breaking the dreams –
das Kino des Lars von Trier**
1998, 208 S., Pb., über 200 Abb.
DM 28,- (ÖS 204/SFr 26,-)
ISBN 3-89472-309-2

Daniel Kothenschulte
**Der Regisseur Robert Redford
und seine Filme**
1998, 208 S., Pb., über 200 Abb.
DM 28,- (ÖS 204/SFr 26,-)
ISBN 3-89472-307-6

Homepage:
www.schueren-verlag.de

Deutschhausstr. 31
35037 Marburg

Georg Seeßlen
Grundlagen des populären Films

Diese Reihe erschließt die wichtigsten Genres des Unterhaltungsfilms, analysiert ihre Geschichte, erklärt ihre sozialen Bezüge und beschreibt ihre Merkmale.

Western
Geschichte und Mythologie
des Westernfilms
1995, 280 S., geb., zahlr. Abb.
DM 45,- (ÖS 329/SFr 41,50)
ISBN 3-89472-421-8

Abenteuer
Geschichte und Mythologie
des Abenteuerfilms
1996, 280 S., geb., zahlr. Abb.
DM 38,- (ÖS 277/SFr 35,-)
ISBN 3-89472-424-2

Thriller
Kino der Angst
1995, 300 S., geb., zahlr. Abb
DM 45,- (ÖS 329/SFr 41,50)
ISBN 3-89472-422-6

Erotik
Ästhetik des erotischen Films
1996, 300 S., geb., zahlr. Abb
DM 38,- (ÖS 277/SFr 35,-)
ISBN 3-89472-423-4

In Vorbereitung: Der Polizeifilm

„Seine Reihe ‚Grundlagen des populären Films' ist bereits ein Klassiker der deutschen Filmliteratur. Im Grunde zeigt Seeßlen, warum und wie uns Filme berühren, und das in einer klaren, verständlichen Sprache."
Badische Neueste Nachrichten

Homepage:
www.schueren-verlag.de

Deutschhausstr
35037 Marb